行政法研究双書 38

行政調査の法的統制

曽和俊文 著

関西学院大学研究叢書 第203編

弘文堂

「行政法研究双書」刊行の辞

　日本国憲法のもとで、行政法学が新たな出発をしてから、六〇有余年になるが、その間の理論的研究の展開は極めて多彩なものがある。しかし、ときに指摘されるように、理論と実務の間に一定の乖離があることも認めなければならない。その意味で、現段階においては、蓄積された研究の成果をより一層実務に反映させることが重要であると思われる。そのことはまた、行政の現実を直視した研究がますます必要となることを意味するのである。

　「行政法研究双書」は、行政法学をめぐるこのような状況にかんがみ、理論と実務の懸け橋となることを企図し、理論的水準の高い、しかも、実務的見地からみても通用しうる著作の刊行を志すものである。もとより、そのことは、本双書の内容を当面の実用に役立つものに限定する趣旨ではない。むしろ、当座の実務上の要請には直接応えるものでなくとも、わが国の行政法の解釈上または立法上の基本的素材を提供する基礎的研究にも積極的に門戸を開いていくこととしたい。

塩　野　　　宏
園　部　逸　夫
原　田　尚　彦

はしがき

　本書は、行政調査制度およびその法的統制法理に関する日米比較法研究である。わが国の行政法学において、行政調査論は、1970年代以降になって注目されてきた比較的新しい研究領域である（それ以前の教科書においては「行政調査」の項目すらなかった）が、今日では、教科書において1章を割いて解説される重要研究テーマとなっている。他方、アメリカにおいては、行政調査（Administrative Investigation）は古くから独立した研究対象として研究されており、行政調査の司法的執行の原則の下で、行政調査の適法・違法をめぐる多くの判例が蓄積されてきた。

　第1部「アメリカにおける行政調査の法的統制」では、行政調査に関する豊富な判例法理を素材として、連邦取引委員会の調査権、内国歳入庁の調査権、労働安全衛生委員会の調査権などに関する法的諸問題を検討している。
　第1章は、召喚令状（Subpoena）による調査を基本とするアメリカの行政調査制度をめぐる法的問題を、連邦取引委員会の調査権を素材として検討したものである。調査の必要性と私人の自由な活動領域の確保とをどう調整すべきかという問題は、アメリカにおいてもわが国においても普遍的に存在している問題である。それ故にアメリカの裁判所が判例法として確認してきた行政調査の法的統制基準は、わが国においても参考となるところがあろう。また第1章では、行政調査の司法的執行をめぐる問題も検討している。行政調査の強制を裁判所手続に委ねてきたアメリカの制度的特質を究明することは、行政調査の法的特質の解明に資するだけではなく、日米行政法の基本構造の解明にも役立つに違いない。
　第2章は、立入検査と令状主義の問題を検討している。アメリカでは、行政上の立入検査についても原則として令状が必要とされており、その意義や機能、令状主義の例外を認める要件等について議論が重ねられている。

第2章では、令状主義を確立した最高裁判決や、令状主義を批判してその代わりに行政手続を整備すべきことを主張する論文などを紹介している。いずれも小論であるが、議論の輪郭は示されている。

　第3章は、わが国で従来から議論の多い税務調査をめぐるアメリカでの問題を検討している。アメリカの税務調査は、最終的には召喚状（Summon）による調査が用意されている点でわが国の税務調査とは制度的仕組みを異にするが、納税者と課税行政機関との利益対立の構造に大きな違いはないはずである。第3章は、わが国ではあまり問題となってこなかった「不当目的調査の問題」や「反面調査と調査費用の補償の問題」などを扱っている点で、わが国の議論にも益するところがあると思われる。

　第2部「わが国における行政調査の法的統制」は、行政調査をめぐるわが国での判例・学説の動きを分析し、将来の行政調査のあり方を検討したものである。

　第4章は、行政法学において行政調査をどう分析すべきかについて、3つの視角（調査対象たる私人の権利・利益の視角、適切な調査を求める権利・利益の視角、行政情報の流れの一過程という視角）を提示し、それぞれの視角から見た行政調査の法的問題点を検討しようとしたものである。第一の視角は、従来の研究が目指してきたものであるが、令状主義の意義と機能、調査手段の選択裁量の法的統制、行政調査の司法的統制手段の究明などの分析において、多少なりとも新しい視点を打ち出そうとしている。第二の視角は、行政規制により保護された利益を持つ者の立場から見た行政調査のあり方、すなわち、調査義務の規範論的構造、調査発動請求権の生成などを究明しようとしたものである。試行錯誤的な議論の提示に留まっているが、最近この角度からの研究に注目が集まってきている中で、改めて読み直していただければ幸いである。

　第5章は、わが国の行政調査論が主として税務調査領域において展開されてきたことを踏まえて、税務調査をめぐる判例・学説の動きを、その社会的背景にまで遡って検討しようとしたものである。税務調査をめぐっては、これまで税法学を中心に優れた研究が多数蓄積されている。第5章は、

申告納税方式と税務調査の関係、紛争場面の特質に応じた法理の展開、わが国の税務調査をめぐる紛争の特質などに注目して検討しているところに、これまでの研究と比べての1つの特徴がある。また、アメリカの法理を参考として、反面調査の法的統制について一定の提案も行っている。

　第6章は、行政法執行システム（狭義には私人による行政法違反を是正・抑止するための法システム、広義には行政目的を実現するための法システム）全体の中での行政調査の重要性に着目した最近の研究成果をまとめたものである。第1節では、消費者事故調査委員会の設立に向けた議論を整理し、第2節では、詐欺的商法による消費者被害を避けるための行政手法、情報収集手法を検討し、第3節では、裁量的課徴金の導入と調査インセンティブの確保の重要性などを論じている。従来の行政調査研究がもっぱら調査対象となった私人の権利保護の見地から行われてきたのに対して、第6章では、行政規制の実効性を確保し、行政規制によって保護されるべき利益を持つ国民が適切な行政調査権の発動を求める局面に焦点を当てている。

　本書に収めた諸論文は、30数年前のものからごく最近のものに至るまで、長いスパンで公表されてきたものからなっている。本来ならば、今日の段階で改めて整序し、最新の情報として提供すべきところであるが、その時間的余裕がなく、原則として公表時のままの姿で本書に収録している。ただ、少しでも内容をアップデートすべく、それぞれの論文で扱ったテーマについてのその後の展開について、論文本文中に［　］内で補足し、あるいは、［補論］、ないし、《補足》を加えたりしている。また、第1部と第2部の冒頭には、【解題】を付して、それぞれの論文の成立事情、各論点に関するその後の研究状況、各論文の今日的意義、関連文献などをまとめている。第1部と第2部をあわせて2万5000字ほど新たに書き下ろしているのでご参照いただきたい。

　行政調査の研究は、筆者が大学院生となって最初に取り組んだ研究テーマである。思い返せば、1976年に大学院に入学し、1978年1月末に「行政調査の法的統制」というタイトルで修士論文を提出した。それから早や

40年。このたび、修士論文と同じタイトルの本書を公刊することができ、感慨深いものがある。

　筆者が行政調査研究を続けてこれたのは、多くの先生方の励ましがあってのことであり、ここに名前を挙げてお礼を申し上げたい。そもそも行政調査を研究テーマに選ぶきっかけは、（第1章や第4章の冒頭に書いたように）塩野宏先生や佐藤幸治先生の問題提起に刺激を受けたからであった。そして、最初の論文に対して塩野先生から封書で温かい励ましの言葉をいただいたことは、研究者として歩み始めた筆者のその後の研究の支えとなった。佐藤先生には、修士論文の審査から始まりその後も折に触れて行政調査研究を完成させるように叱咤激励の言葉をかけていただいた。また、行政訴訟法研究会の場などを通じて山村恒年先生や阿部泰隆先生からは、裁量統制の角度から行政調査を論ずることの重要性を教えていただき、阿部先生からは韓国の行政調査基本法に関する文献の提供も受けた。杉村敏正先生の後を受けて指導教授を引き受けていただいた故清永敬次先生からは、税務調査に関するバランスのとれた解釈論のあり方を教えていただいた。これらの先生方の励ましにもかかわらず、筆者の怠慢で、なかなか行政調査研究をまとめることができなかったが、ここに、ようやく単行本として公刊することができた。あちこちに不十分さが残る作品であるが、現段階の筆者としてはこれが精一杯であり、これでようやく長年にわたる宿題を果たせたとホッとしているところである。

　本書の出版に際しては関西学院大学から2度目の出版補助を受けることができた（関西学院大学研究叢書第203編）。快適な研究環境を保障していただいている上、退職間際にもかかわらず出版助成を認めていただいた関西学院大学には改めて感謝を申し上げたい。また、このたび塩野先生のご推挙を得て、定評ある「行政法研究双書」の一冊として本書を公刊できることは望外の喜びである。出版不況の中、このようなご支援がなければ本書の公刊は望めなかったであろう。末尾ながら、弘文堂編集部の北川陽子さんにも感謝を申し上げたい。出版企画が決まってから公刊までの期間があまりないにもかかわらず、北川さんには実に丁寧な編集をしていただき、

元論文の誤りもいくつか訂正することができた。また、ともすれば怠けがちな筆者を適時適切に叱咤激励して、無事に本書を完成に導いていただいたことにもお礼を申し上げたい。

 2019 年 1 月

曽和　俊文

目　次

はしがき　*i*
初出一覧　*xv*

第1部　アメリカにおける行政調査の法的統制　*1*

【第1部：解題】　*3*

第1章　召喚令状による調査
　　　　　──連邦取引委員会（FTC）の調査権を中心として……*11*

はじめに……………………………………………………………*11*

第1節　FTC調査権の制度的特質……………………*14*
　1.　FTC調査権の概略────*14*
　　　　(1) FTC調査権の意義と機能(*15*)　(2) FTC調査権の種別(*18*)
　　　　(3) FTC調査権の位置(*26*)
　2.　FTC調査の強制と司法的執行の原則────*29*
　　　　(1) 召喚令状の強制(*30*)　(2) 報告書要求命令の強制(*39*)　(3) アクセス
　　　　権の強制(*44*)　(4) 小括(*48*)

第2節　行政調査権に関する憲法原理の転換……………*49*
　1.　管轄権抗弁の否定──Endicott判決────*50*
　　　　(1) 管轄権抗弁：初期の判決(*50*)　(2) Endicott判決(*51*)
　2.　一般的審査基準の確立
　　　　──Oklahoma判決およびMorton Salt判決────*53*
　　　　(1) 1940年以前の判例(*54*)　(2) 1940年代の二判決(*55*)

第3節　個別事件調査の法的統制 …………………………………… 58
　1.　調査権限————58
　　　(1)　管轄権抗弁の否定——調査権と規制権との区別(59)　　(2)　調査授権規定の推認(61)　　(3)　正当な調査目的からの逸脱(64)　　(4)　Res judicata または collateral estoppel(67)
　2.　調査範囲————68
　　　(1)　調査範囲に対する一般的制限——修正4条による諸基準(68)　　(2)　非開示特権(73)
　3.　調査手続————78
　　　(1)　調査目的および調査範囲の事前通知(78)　　(2)　調査聴聞における証人の手続的権利(80)　　(3)　不合理な負担を軽減する調査手続の修正(85)

第4節　一般調査の法的統制 …………………………………… 90
　1.　調査権限————91
　　　(1)　一般調査権の発展(91)　　(2)　一般調査権と規制権の関係(95)・
　2.　調査範囲————97
　3.　調査手続————100
　　　(1)　調査計画の立案過程に対する統制(100)　　(2)　一般調査資料の公表(104)

第5節　行政調査の法的統制——総括と今後の課題 …………… 106
　1.　総括——行政調査の司法的統制の意義————106
　2.　今後の課題——情報化社会における行政調査の法的統制————109

おわりに ………………………………………………………………………… 114

第2章　立入検査 ……………………………………………………………… 117

第1節　行政上の立入検査と令状主義：1978年の二判決 …………… 117
　1.　Barlow's 判決————117
　　　(1)　事件の概要(117)　　(2)　判旨——5：3で原判決認容(118)　　(3)　解説(120)
　2.　Zurcher 判決————123
　　　(1)　事件の概要(123)　　(2)　判旨——5：3で原判決破棄(124)　　(3)　解説(126)

第 2 節　行政上の立入検査と行政手続の整備……………………………128
　　　　(1) はじめに(128)　　(2) 本論文の内容(130)　　(3) 本論文へのコメント(134)

第 3 節　上空からの工場撮影と修正 4 条：1986 年の一判決………139
　　　　(1) 事件の概要(139)　　(2) 判旨——5：4 で原判決認容(140)　　(3) 解説(142)

第 3 章　税務調査の法的統制
　　　——内国歳入庁（IRS）の調査権をめぐる諸問題…………147

はじめに………………………………………………………………………147

第 1 節　IRS 調査権制度………………………………………………149
　1．IRS 調査権制度の概略————150
　　　　(1) 調査権の種別(150)　　(2) 召喚状による強制調査(153)
　2．IRS 調査権制度の特色——わが国との比較————156

第 2 節　反面調査をめぐる問題………………………………………159
　1．反面調査と納税者の権利————159
　　　　(1) 訴訟参加権——判例法上の展開(159)　　(2) 訴訟参加権——立法的解決(162)
　2．反面調査と銀行等の権利————165
　　　　(1) 銀行に対する IRS 調査の拡大(165)　　(2) 調査費用の補償(167)

第 3 節　不当目的抗弁をめぐる問題…………………………………171
　1．悪意に基づく調査————171
　　　　(1) IRS 調査の特質と不当目的抗弁(171)　　(2) 悪意に基づく調査の具体例(172)
　2．刑事上の目的と行政上の目的————174
　　　　(1) 刑事目的抗弁(174)　　(2) 税務調査資料の刑事手続での利用(179)

おわりに………………………………………………………………………183

第2部　わが国における行政調査の法的統制　　187

【第2部：解題】　189

第4章　行政調査論再考　203

はじめに　203

第1節　行政調査の概念・位置づけ　203

1. 行政調査論の登場————203
2. 行政調査の位置づけ————206
3. 行政調査の法的統制：3つの検討視角————209

第2節　調査対象たる私人の権利・利益と行政調査　213

1. 調査対象者の権利・利益の多様性————214
    (1) 調査対象者の権利・利益概説(214)　(2) 反面調査をめぐる問題(217)
2. 調査手段の選択裁量の統制————220
    (1) 強制調査の三類型：立法裁量と令状主義(220)　(2) 調査形態の選択裁量の統制(226)　(3) 違法な行政調査に対する司法救済(228)　(4) 小括(233)

第3節　適切な調査を求める権利・利益と行政調査　234

1. 調査義務論の登場————234
    (1) 調査義務論登場の背景(235)　(2) 現代的課題としての調査義務論(238)
2. 裁量統制としての調査義務論————238
    (1) 調査権限の推定と調査義務(238)　(2) 判決例における調査義務(240)
    (3) 調査義務の構造と問題(252)
3. 調査権の発動を求める権利————264
    (1) 調査権の発動を求める権利を否定する論理とその批判(264)　(2) 調査請求権の生成(267)　(3) 調査請求権の現状と課題(270)
4. 小　　括————270

［補論1］ 行政調査手続の整備　273
 1. 行政調査手続の現状と課題————273
   (1) 現行法令による規律とその評価(273)　(2) 調査の実効性確保のための手続(278)
 2. 行政調査手続整備の立法提案————279
   (1) 税務調査手続の改正(279)　(2) 行政調査手続に対する一般法的規律(280)　(3) 行政調査手続整備の今後の課題(281)

 《補足1》税務調査手続の改正　285

 《補足2》韓国における行政調査基本法の制定　286

［補論2］ 刑事捜査と行政調査　288
 1. 行政警察作用としての調査————288
   (1) 行政警察と司法警察の二分論(289)　(2) 職務質問・所持品検査(290)　(3) 一斉交通検問と法律の留保(291)
 2. 企業犯罪と行政調査————292
   (1) 独禁法執行における行政手続と刑事手続の競合(293)　(2) 独禁法執行における行政調査と刑事調査の関係(294)
 3. おわりに：行政・刑事峻別論の再検討————297

 《補足3》公正取引委員会への犯則調査権の付与　299

［補論3］ 行政調査の瑕疵の効果　301
 1. はじめに————301
 2. 調査自体に瑕疵がある場合————301
   (1) 調査命令の取消訴訟(302)　(2) 行政調査の違法と国家賠償訴訟(302)　(3) 行政調査の違法と後続処分の取消訴訟(303)
 3. 調査の懈怠（調査義務違反）という瑕疵がある場合————304
   (1) 調査の懈怠と国家賠償訴訟(304)　(2) 調査の懈怠と後続処分の取消・無効確認訴訟(305)　(3) 調査の懈怠と義務付け訴訟(305)

第5章　税務調査の法的統制　307
 はじめに　307

第 1 節　問題の分析枠組み ………………………………………… 309
　1．申告納税方式と質問検査権———309
　2．社会的不公平の是正と質問検査権の強化———311
　3．納税者のプライバシー利益の明確化———313
　4．紛争場面の特質と質問検査権の法的評価———314

第 2 節　判例・学説の展開と今後の課題 ………………………… 316
　1．判例・学説の展開———317
　　　(1) 第一期（紛争の激化）(317)　(2) 第二期（判例基準の確立）(318)
　　　(3) 第三期（その後の展開）(320)
　2．これまでの議論の特徴と今後の課題———322
　　　(1) 令状主義の意義・機能の再検討(322)　(2) わが国の税務調査をめぐる紛争の特徴(324)　(3) 調査裁量の法的統制と裁判所の役割(325)

第 3 節　調査裁量の法的統制 ……………………………………… 328
　1．調査対象の選択裁量の統制———328
　　　(1) 調査の「必要性」(328)　(2) 調査対象選択の合理性(331)　(3) 調査開始裁量の統制(334)
　2．調査手続に関する裁量の統制———335
　　　(1) 事前通知(336)　(2) 調査理由の開示(338)　(3) 第三者の立会い(339)
　3．反面調査の法的統制———340
　　　(1) 反面調査と銀行の権利・利益(341)　(2) 反面調査と納税者の権利・利益(342)
　4．まとめ———343

おわりに ……………………………………………………………… 344

第 6 章　行政法執行システムと行政調査 …………………………… 345

はじめに ……………………………………………………………… 345

第 1 節　消費者事故調査機関のあり方について ………………… 346
　1．はじめに———346

2. 事故原因調査の必要性・重要性————347
   (1) 事故原因調査の必要性・重要性(347)　(2) 事故原因調査に求められる諸要素(348)
3. 事故に対する法制度と事故原因調査の現状————350
   (1) 被害者救済と事故原因の究明(350)　(2) 責任の追及と事故原因の究明(351)　(3) 再発防止と事故原因の究明(354)　(4) 小括(356)
4. 新しい事故調査機関のあり方————356
   (1) 事故調査機関に求められる組織的属性(356)　(2) 調査権限をめぐる問題(358)　(3) 再発防止策の提言等(360)

第2節　悪質業者の規制と被害者の救済――行政の役割……………361

1. はじめに————361
2. 悪質業者による詐欺的商法————362
3. 消費者保護のための行政規制の概観————363
   (1) 業界規制と消費者保護(364)　(2) 消費者庁による一般的規制(365)　(3) 消費者被害の救済における今後の課題(367)
4. 行政の早期介入————369
   (1) 早期介入の必要性・可能性(369)　(2) 説明命令(369)　(3) 供託命令(371)　(4) 調査権の拡充(373)
5. 経済的不利益賦課制度としての課徴金————374
6. 被害者に対する直接的救済と行政の役割————376
   (1) 行政による被害回復命令(376)　(2) 私人間紛争の解決と行政(378)
7. おわりに————378

第3節　裁量型課徴金の導入と協調的法執行………………………380

1. はじめに————380
2. 裁量型課徴金の導入をめぐる問題————382
   (1) 課徴金の法的性質(382)　(2) 法執行における裁量(383)　(3) 裁量型課徴金の導入に対する反対論・消極論の検討(385)　(4) 裁量統制のあり方(387)
3. 裁量型課徴金の導入と協調的法執行————388
   (1) 協調的法執行とは何か：アメリカでの一例(389)　(2) 独禁法の執行と協調的法執行(390)

あとがき　*393*
事項索引　*397*
判例索引　*407*

初出一覧

第1部　アメリカにおける行政調査の法的統制

【第1部：解題】……書き下ろし

第1章　召喚令状による調査──連邦取引委員会（FTC）の調査権を中心として
……「経済規制行政における行政調査の法的統制（一）～（四・完）」法学論叢 109 巻 3 号 29～59 頁、6 号 70～99 頁、110 巻 3 号 22～44 頁、111 巻 1 号 21～47 頁（1981 年～1982 年）

第2章　立入調査

第1節　立入検査と令状主義：1978 年の二判決
……「行政調査と令状主義──アメリカにおける最近の判例紹介」京大法院会・院生論集 8 号（1980 年）23～29 頁

第2節　行政上の立入検査と行政手続の整備
……「論文紹介，Note, Administrative Searches and the Fourth Amendment: An Alternative to the Warrant Requirment, 64 CORNELL L. REV. 856（1979）」【1982-1】アメリカ法 40～48 頁

第3節　上空からの工場撮影と修正 4 条：1986 年の一判決
……「（判例紹介）Dow Chemical Co. v. United States, 476 U. S. 227（1986）」【1988-1】アメリカ法 156～160 頁

第3章　税務調査の法的統制──内国歳入庁（IRS）の調査権をめぐる諸問題
……未公表

第2部　わが国における行政調査の法的統制

【第2部：解題】……書き下ろし

第4章　行政調査論再考
……「行政調査論再考（一）～（二）」三重大学法経論叢 4 巻 2 号（1987 年）33～71

頁、5 巻 2 号（1988 年）63～106 頁

［補論 1］　行政調査手続の整備
　　……「行政調査手続の適正」ジュリスト 1304 号（2006 年）72～80 頁〈一部抜粋して収録〉

　《補足 1》　税務調査手続の改正……書き下ろし
　《補足 2》　韓国における行政調査基本法の制定……書き下ろし

［補論 2］　刑事捜査と行政調査
　　……「行政調査とプライバシーの保護——捜査との接点にある問題を中心として」現代刑事法 49 号（2003 年）57～65 頁〈一部抜粋して収録〉

　《補足 3》　公正取引委員会への犯則調査権の付与……書き下ろし

［補論 3］　行政調査の瑕疵の効果
　　……「行政調査と，その瑕疵の効果」法学教室 457 号（2018 年）35～39 頁〈一部抜粋して収録〉

第 5 章　税務調査の法的統制
　　……「質問検査権をめぐる紛争と法」芝池義一・田中治・岡村忠生編『租税行政と権利保護』（ミネルヴァ書房・1995 年）95～135 頁

第 6 章　行政法執行システムと行政調査
はじめに……書き下ろし

第 1 節　消費者事故調査機関のあり方について
　　……「事故調査機関の在り方について」ジュリスト 1432 号（2011 年）37～44 頁

第 2 節　悪質業者の規制と被害者の救済——行政の役割
　　……「悪質業者の規制と被害者の救済——行政の役割」現代消費者法 22 号（2014 年）33～42 頁

第 3 節　裁量型課徴金の導入と協調的法執行
　　……「裁量的課徴金の導入と協調的法執行」ジュリスト 1510 号（2017 年）43～49 頁

第 1 部

アメリカにおける行政調査の法的統制

【第1部:解題】

1. 第1部:はじめに

　第1部には、「アメリカにおける行政調査の法的統制」に関する研究を収録した。ほとんどが、筆者の大学院生時代（1976～1981 年）、および、助手時代（1981～1984 年）の研究成果である。今から 30 数年前の研究成果を、ほぼそのままの形で、現時点（2019 年）で公表することの意義がどれほどあるのか、おおいに躊躇するところであったが、以下のような点を考慮して、今回、思い切って本書に収録することにした。

　各論考を本書に収録するにあたって、それぞれの論文等の成立過程や、その今日的意義（と筆者が勝手に考えていること）と限界、当該テーマのその後の展開、参考文献などについて、以下、簡単に説明しておきたい。

2. 第1章

　第1章は、「経済規制行政における行政調査の法的統制(1)～(4・完)」のタイトルで、法学論叢109巻3号～111巻1号（1981年6月1日～1982年4月1日）に、4回に分けて掲載されたものである（以下「FTC 論文」と言う）。筆者にとって、研究者としてのデビュー作であり、苦労して執筆した分だけ、今でも思い入れの強い論文である。本書に収録するにあたって、タイトルを変更し、レイアウトを少し修正した（章を節に変えたり、見出しを追加して改行を加えたりした）ほかは、ほぼ発表時のまま本書に収めている。

(1) アメリカの行政調査論研究の意義

　本書「はしがき」で述べたように、FTC 論文を執筆した当時は、「行政調査」はわが国の行政法学の主要なテーマではなく、教科書においても取り上げられていなかった。しかしアメリカにおいては、行政法教科書やケースブックで「行政調査」が1章を割いて検討されていた。アメリカでは召喚令状による調査が中心であり、最終的に行政調査を強制するためには司法手続を介する必要があったため、行政調査の適法性を争う多数の裁判例が存在していたのである。そこで、ア

メリカ法を素材として、行政調査をめぐる法律問題を包括的に検討しようとしたのがFTC論文であった。本論文で描き出した、調査権限、調査範囲、調査手続をめぐる多数の論点は、行政調査をめぐる法的問題を多面的に示すものとして、今日なお、参照される価値があるのではないかと思われる。

(2) 行政調査の司法的執行の原則

わが国とアメリカとを比較した場合に、一番大きな差異はアメリカにおける「行政調査の司法的執行の原則」であった。そこで「司法的執行の原則」とは何か、いかなる根拠でこのような原則が生まれたのか、司法的執行の原則は現実にどのような機能を果たしているのかについても検討せざるを得なかった。ところがアメリカ人にとって「司法的執行の原則」は自明のものであるためか、改めてそれ自体を詳しく説明するものが少なく、疑問が残るままに一定の結論を導いた結果が本書第1章第1節2の分析であった。今読み返してみると、「行政機関への侮辱処罰権付与論」や「刑罰による強制と執行訴訟による強制との関係」など、もう少し深めてみたい論点も残されており、この問題の難しさを改めて思い知っている。なお、FTC論文のこの部分の分析は、後に、筆者が宝塚市建築等規制条例事件の最高裁判決を批判的に検討する際にも1つの導きとなった。

(3) FTC調査権のその後の展開

FTC論文で検討した召喚令状の執行基準（すなわち行政調査の適法性基準）は、2018年の今日でも基本的に妥当しているようである（A. C. Aman, Jr. & W. T. Mayton, ADMINISTRATIVE LAW 3rd ed. (2014)（以下「Aman & Mayton」と略）at 691-696)。もっとも、連邦取引委員会の調査権制度のその後の変遷やその後の判例については調査できておらず、おそらく細部においては異なる展開が見られることだろう。本来ならば、その後の展開をフォローすべきであるが、本論文を執筆した当時のような密度の濃い研究をなす時間も気力も残されていない現状では、補充を断念せざるを得なかった。

(4) 他の行政領域における展開

FTC論文で検討した連邦取引委員会の調査権は、アメリカの行政調査制度のいわば基本モデルとも言えるものであり、行政調査をめぐる問題を一般的に検討する舞台としては適切であったと思われる。しかし、行政調査の分析としては、なお、他の行政領域におけるその展開を見る必要があり、とりわけ、個人情報を

広く扱う税務調査の法的統制、立入検査を不可欠とする労働安全衛生行政の調査権の法的統制などを検討すべきであることは、本論文執筆時点でも意識していた（第1章「おわりに」参照）。税務調査については本書第3章に収めた論文で、一応の検討をすることができたが、立入検査については、本書第2章に収めた断片的な研究しかできなかった。

(5) 今後の課題

FTC論文公表以降のアメリカにおける行政調査論の展開で、とくに注目すべき論点としては、コンピュータを通じての行政情報の結合が私人のプライバシーに及ぼす影響の問題（Aman & Mayton, at 699, 701-702）、国家安全保障の視点からする国民監視の進展と私人のプライバシーの問題（Aman & Mayton, at 702-703）、文書業務削減法（Paperwork Reduction Act）により行政調査権限に加えられた制限をめぐる問題（Aman & Mayton, at 714-717）などがある（立入検査と税務調査における展開については後述）が、本書では検討できなかった。

また、非開示特権については、第1章第3節2(2)で検討しているが、今日の問題関心から言えば、自己負罪拒否特権や弁護士・依頼人特権についてもう少し突っ込んだ検討をすべきだった。FTC論文以降に、アメリカの行政調査と非開示特権について検討した研究として、金子宏「行政手続と自己負罪の特権——租税手続を中心とするアメリカの判例法理の検討」国家学会百年記念『国家と市民第1巻』（有斐閣・1987年）105頁以下、安井哲章「自己負罪拒否特権と文書提出命令(1)〜(4・完)」法学新報111巻1=2号299頁以下、111巻3=4号331頁以下、111巻5=6号315頁以下、111巻11=12号231頁以下（2004〜2005年）、同「行政手続における自己負罪拒否特権の適用(1)(2・完)」桃山法学6号（2005年）1頁以下、7号（2006年）125頁以下、笹倉宏紀「行政調査と刑事手続(3)」法学協会雑誌125巻5号（2008年）968頁以下がある。これらの文献に学びながら、今後、時間と気力が許せばこの領域についても研究してみたい。

(6) 参考文献

FTC論文以前にこの主題を扱ったわが国での研究として、外間寛「行政調査——行政召喚令状の諸問題」鵜飼信成編『行政手続の研究』（有信堂・1961年）59頁以下、園部逸夫「行政手続当事者の資料提出強制権」法学論叢70巻1号（1961年）（後に、園部逸夫『行政手続の法理』（有斐閣・1969年）144頁以下に所収）があった。FTC論文公表後にアメリカの行政調査制度全体を対象とした研究と

しては、水野忠恒「行政調査論序説——アメリカ合衆国における租税調査および行政調査制度の概略」雄川一郎先生献呈論集『行政法の諸問題 中』（有斐閣・1990年）469頁以下がある（アメリカにおける立入検査・税務調査に関する研究については3、4参照）。

3. 第2章

　第2章には、立入検査に関する判例紹介と論文紹介を収録した。第1節は、「行政調査と令状主義——アメリカにおける最近の判例紹介」のタイトルで、京大法院会・院生論集8号（1980年4月2日）23〜29頁に掲載したものを、つなぎの文章を付加した上で、ほぼそのまま収録した。第2節は、「論文紹介，Note, Administrative Searches and the Fourth Amendment : An Alternative to the Warrant Requirment, 64 CORNELL L. REV. 856（1979）」というタイトルで、【1982-1】アメリカ法（1982年12月25日）40〜48頁に掲載されたものを、本書にあわせて形式を整えた上でほぼそのまま収録した。第3節は、「〔判例紹介〕Dow Chemical Co. v. United States, 476 U. S. 227 (1986)」というタイトルで、【1988-1】アメリカ法（1988年7月20日）156〜160頁に掲載されたものを、形式を整えた上でほぼそのまま収録した。

(1) 先行業績

　アメリカにおける行政上の立入検査と令状主義の関係については、既に、わが国でも以前から紹介・研究が進んでいた。例えば、高柳信一「行政上の立入検査と捜索令状——フランク判決によせて」社会科学研究11巻4号（1960年）1頁以下（後に、高柳信一『行政法理論の再構成』（岩波書店・1985年）341頁以下に所収）は、衛生検査官の令状なし立入検査を是認した1959年のFrank判決（Frank v. Maryland, 359 U. S. 360）についてその社会的背景も含めて検討しており、佐藤幸治「『行政調査』とプライバシーの保護(1)(2・完)」法学論叢97巻3号（1975年）1頁以下、4号（同年）1頁以下は、Frank判決を破棄して令状主義原則を確立した1967年のCamara判決（Camara v. Municipal Court, 387 U. S. 523 [住宅に対する衛生検査官の検査]）、および、See判決（See v. City of Seattle, 387 U. S. 541 [営業倉庫に対する防火目的の検査]）と、その後令状主義の例外を認めたColonnade判決（Colonnade v. United States, 397 U. S. 72 (1970) [酒類小売業者倉庫への立入検査]）、および、Biswell判決（United States v. Biswell, 406 U. S. 311 (1972) [猟銃取引業者倉庫

への立入検査］）までの法理の展開を詳しく分析していた。アメリカにおける行政上の立入検査と令状主義に関する基本的な論点は、以上の2論文でおおむね分析が尽くされていると言えよう。

(2) 令状主義原則とその例外

もっとも、令状主義原則の下で、いかなる例外（令状なし立入検査）が認められるのかについては、今日もなお、議論が続いている。

第2章第1節1で検討している、Barlow's 判決（Marshall v. Barlow's, Inc., 436 U. S. 307 (1978)）は、労働安全衛生法に基づき全国の事業所を対象として行われる行政上の立入検査に令状が必要であることを改めて確認した重要判決である。Barlow's 判決は、この分野での基本的先例として現在も妥当している（Aman & Mayton, at 729-737）ので、本書に収録する意義もあるであろう。

なお、行政上の立入検査と令状主義の妥当範囲に関しての、Barlow's 判決以後の展開については、山本未来「行政調査と合衆国憲法修正4条——緊密な規制を受ける事業における事業所への無令状立入検査」（行政法研究11号（2015年）155頁以下）が、Burger 判決（New York v. Burger, 482 U. S. 691 (1987)［自動車解体業者の中古品売り場への無令状立入検査］）の示した三基準（①検査の実施を含む規制制度に政府の実質的利益が存すること、②無令状検査が規制制度の促進に必要であること、③検査の適用の明確性と規則性に関して憲法上適切に令状の代替となる措置が講じられていること）を解説し、さらに三基準に基づき多数の下級審判決を分析しており参考となる。

(3) 学校内での所持品検査など

行政上の立入検査と令状主義の関係は、行政領域ごとの特質を踏まえて検討される必要がある。第2章では検討できなかった学校内での所持品検査について、荏原明則「生徒の人権と教職員による所持品検査・捜索」神戸学院法学16巻3=4号（1986年）153頁以下、田村泰俊「公立学校での所持品検査と合衆国修正4条の適用——アメリカ教育行政法における行政調査の考察」東京国際大学論叢20号（1999年）99頁以下、大島佳代子「合衆国の公立学校における所持品・身体検査の合憲性」法政理論33巻4号（2001年）37頁以下、山本未来「行政調査としての公立学校における校内検査——2002年合衆国最高裁判決の射程と下級審判決の動向」明治学院大学法科大学院ローレビュー2巻4号（2006年）39頁以下などを参照されたい。また、薬物検査と修正4条との関係については、山本未

来「行政調査と合衆国憲法修正4条における『特別の必要性』の法理」明治学院大学法科大学院ローレビュー5号（2006年）59頁以下が下級審判決も含めて詳しい分析を加えている。

(4) 調査手段・調査手法の統制

第2章第1節2で検討しているZurcher判決（Zurcher v. Stanford Daily, 436 U. S. 547 (1978)）は、新聞社への調査において、調査手段の選択（立入検査か文書提出命令か）が問題となった事例である。また、第2章第3節で紹介したDow Chemical判決（Dow Chemical Co. v. United States, 476 U. S. 227 (1986)）は、化学工場を上空から精密カメラで調査・撮影する行為が、修正4条で禁止された不合理な捜索に該当しないかが争われた事例である。いずれも、珍しい事例であるが、わが国における法理にとっても有益だと考えて紹介したものである。

(5) 令状主義に対する批判とわが国への示唆

行政上の立入検査に関するわが国とアメリカの法理を比較した場合、アメリカの方が令状主義の及ぶ範囲が広いと言える。しかし、アメリカにおいて、しばしば定期的・定例的に行われる行政上の立入検査において令状を要求してみても、緩和された「相当の理由」でよいとなれば、裁判官がスタンプを押すだけのゴム印令状になりかねないとして、令状主義を批判する見解もある。第2章第2節で紹介した論文は、行政上の立入検査に令状主義を適用することを批判し、行政上の立入検査の法的統制手段として、むしろ行政手続の整備を主張するものである。このような議論が、現在のアメリカにおいてどのように評価されているのかについては確認していないが、令状主義の適用が極めて限定されているわが国にとっては、今日もなお参考になるところがあるのではなかろうか。

4. 第3章

第3章は、筆者が1982年4月から京都大学の研究助手に採用されるにあたって、「税務調査の法的統制——アメリカにおける最近の展開」というタイトルで、当時の指導教授であった清永敬次先生に提出したものである。その時、清永先生からは「法学論叢」への掲載を薦めていただいたが、もう少し手を加えてから公表したいと考えて掲載に至らず、それからなぜか未公表のまま今日に至ったものである。この論文（以下「IRS論文」と言う）については、ほとんどその存在すら

【第1部：解題】 9

忘れていたのであるが、今回、行政調査の論文集を出すことになったことを契機に思い出したので、研究室の隅に埋もれていた手書き原稿を発掘し、本書に収録することにした。収録にあたっては、元原稿の単純な誤植を訂正し、レイアウトを本書にあわせたほかに、内容的には手を加えていない。「幻の論文」がようやく日の目を見たということで、情報が古いままでの収録につきお許しを願う次第である。

(1) アメリカの税務調査に関する研究

IRS 論文執筆当時には、アメリカの税務調査権に関するわが国での紹介はあまりなく（第3章「はじめに」注7）で挙げた文献参照）、したがって第2章も、まずは「IRS 調査権制度の概略」の説明（第2章第1節）から始めている。しかしその記述はもはや古くなっているきらいがある。その後、アメリカの税務調査権の紹介・研究として、中里実「アメリカにおける租税調査権の概観」一橋論叢94巻5号（1985年）18頁以下、佐伯彰洋「内国歳入庁の税務調査と合衆国憲法修正4条」税法学455号（1988年）30頁以下、金子宏「アメリカにおける税務調査——質問検査権を中心として」日税研究論集9号（1989年）1頁以下、市川深=飯塚亮介「アメリカと日本との税務調査の比較研究(1)～(3)」東京経大学会誌189号（1994年）11頁以下、191号（1995年）3頁以下、192号（1995年）141頁以下、下川環「アメリカの税務調査手続における適正手続と納税者の権利の保障——召喚状による質問検査を中心に」法律論叢68巻2号（1995年）109頁以下、増田英敏「アメリカ合衆国の税務調査と納税者の権利」松沢智先生古稀記念論文集『租税行政と納税者の救済』（中央経済社・1997年）101頁以下、今本啓介「アメリカ連邦税法における税務調査(1)～(3)」早稲田政治公法研究63号（2000年）325頁以下、64号（同年）317頁以下、65号（同年）287頁以下などが公表されている。アメリカにおける税務調査権制度全体の分析としては、これらの文献を参照していただきたい。

(2) IRS 論文の今日的意義

元の原稿にある「最近の展開」がもはや30数年前の出来事となってしまった今、IRS 論文を公表することの意義がどれほどあるのか、疑問が寄せられるところであるが、読み返してみると、自己満足かも知れないが、今読んでも面白いところがあった。それは第一に、直接の調査対象とはならないが実質的な利害を持つ納税者の立場から見た反面調査の統制のあり方を訴訟参加権の視角から検討し

ているところ（第3章第2節1）であり、第二に、反面調査によって不合理な調査負担を受けることのある銀行の立場から見た反面調査の法的統制のあり方を調査費用の補償の視角から検討しているところ（第3章第2節2）である。また、第三に、刑事調査と行政調査の関係を「不当目的抗弁をめぐる問題」として論じてきたアメリカでの議論（第3章第3節2）も今日参考になるところである。以上のように、第3章は、素材とした判例や立法は古いけれども、そこで議論されてきた問題が今日のわが国でも多少の参考になると思われる。

5. 第1部：おわりに

　本書第1章に収めたFTC論文を公表した際に、何人かの先生方から「早く一書にまとめて公刊しなさい」と奨めていただいた。当時の筆者の構想でも、FTC論文とIRS論文に加えて、労働安全衛生法に基づく立入検査に関する下級審判決を網羅的に検討した論文（OSHA論文）をまとめ、それら3つの論文をあわせて、『アメリカにおける行政調査の法的統制』を公刊したいと考えていた。しかしながら、京大助手を終え三重大学に就職してから、学生への教育や学内事務に追われ、また、生来の怠け癖が災いして、公刊できないまま、今日を迎えてしまった。30数年を経て今ようやく本書の形となって公刊することができ、感慨深いものがある。今となっては時代遅れの不十分な研究であるが、第2部に収録したその後の筆者の行政調査論研究の基礎となった研究である。お時間のあるときに、是非ご一読をお願いしたい。

第 1 章

召喚令状による調査
—— 連邦取引委員会 (FTC) の調査権を中心として

はじめに

　本章は、アメリカの経済規制行政における行政調査の意義と機能を分析し、その法的統制の法理を究明することを課題とする。はじめに、本章の問題意識および分析視角を簡単に述べておく。

　わが国において、「行政調査」の概念は、伝統的行政法学への批判的議論の中で最近〔1970年代後半〕とくに注目されてきたものであるが、その内容は一義的に確定されているわけではない。本章では、さしあたり、「行政機関が私人に対して行う情報収集活動」を行政調査と名づけ、このように機能的または現象的にとらえた行政調査（段階）を、「それ自体 1 つのまとまったもの」として分析対象とすることにする。

　研究対象としての行政調査は、「一方における適切な行政決定を担保するための資料収集の利益と、他方における私人の自由な生活領域の確保の調整」を基本的問題とする 1 つの行政過程であり、そこには、行政調査の強制と司法的抑制、行政調査の範囲とその限界、行政調査手続と適正手続、行政調査の違法と後続処分の違法等々の多くの解明すべき課題がある。包

---

1) 　行政調査をめぐる最近の議論をまとめるものとして、塩野宏「行政調査」法学教室〈第二期〉3 号 (1973 年) 132 頁以下、村井正「行政調査」行政法の争点 (1980 年) 114 頁以下等を参照。
2) 　わが国での最近の定義については、後掲注 5) 文献参照。アメリカにおけるとらえ方も、ほぼ同様である。See, e. g., B. Schwartz, ADMINISTRATIVE LAW, 87 (1976) [hereinafter cited as Schwartz, Text (1976)]; 1 K. C. Davis, ADMINISTRATIVE LAW TREATISE, 163-167 (1958).
3) 　塩野宏「『行政強制』論の意義と限界—序にかえて」ジュリスト増刊『行政強制』(有斐閣・1977 年) 7 頁。
4) 　塩野・前掲注 1) 133 頁。

括的概念としての行政調査概念が法解釈上の道具概念として有効であるか否かは今後の検討課題であるが、その前提として、従来十分な分析がされてこなかった行政調査を独自に分析の対象とする必要は、わが国において、近時次第に承認されつつあると言える[5]。

ところで、アメリカにおいては、行政調査（administrative investigation）[6]は、古くから行政法学上の問題として独自に考察されてきた。それは、後に詳しく見るように、行政的召喚令状（administrative subpoena）[7]を中心的な行政調査手段とし、行政調査の強制を原則として裁判所に委ねてきたアメリカ的制度の下で、行政調査自体を争う多数の判例が生み出されてきたことによる。アメリカにおける行政調査の理論は、これらの判例を通じて明らかとなった行政調査の法的統制の法理の解明および行政調査に固有の法的諸問題の検討を行うものである。

こうしたアメリカ行政法理論は、わが国の行政法理論とは異なる制度の上で組み立てられたものであるが、行政調査を独自に分析対象としてその法的統制をはかろうとするわが国の行政法学にとっても示唆するところがあると考えられる。この理由から、本章は、アメリカ法を対象に選び分析するものであるが、その分析視点として次の二点を重視することにした。

第一は、アメリカ法の展開をあくまで客観的に究明するとともに、わが

---

[5] 行政調査の用語を一項目として説明する最近の演習書、教科書として、杉村敏正=室井力編『行政法の基礎（基礎法律学大系(3)—入門編）』（青林書院新社・1977 年）141 頁以下［福家俊郎執筆］、室井力=塩野宏編『行政法を学ぶ1』（有斐閣・1978 年）193 頁以下［新井隆一］、広岡隆=田中館照橘=遠藤博也編『行政法学の基礎知識(1)』（有斐閣・1978 年）136 頁以下［広岡隆］、山田幸男=市原昌三郎=阿部泰隆編『演習行政法(上)』（青林書院新社・1979 年）350 頁以下［碓井光明］、杉村敏正編『行政法概説 総論〔改訂版〕』（有斐閣・1979 年）155 頁以下［広岡隆］などがあり、『判例体系〈第 II 期版〉行政法総則(2)』（第一法規出版・1980 年）4321 頁以下も、従来ばらばらの項目に配置されていた行政調査関係判例を独立した一章にまとめている。

[6] 一般には、investigation または investigational power の語が使われるが、inquisition, inspection の語も——とくに後者は立入検査の場合に——使われる。古くは examining power の語も見られる（See, e. g., E. Freund, ADMINISTRATIVE POWERS OVER PERSONS AND PROPERTY, 175 (1928)）。

[7] 行政機関の発する召喚令状には、証人から口頭証言を得ることを主眼とする証人召喚令状（subpoena ad testicandum）と、証言と共に文書を入手することを主眼とする文書持参証人召喚令状（subpoena duces tecum）とがある。本章では、両者を合わせて召喚令状として分析する。

国と比較してのアメリカ的特質にも留意することである。とくに、行政調査を独立した法的段階としてとらえ、行政調査の強制を原則として裁判所による強制の方法によらしめるアメリカ法制の特質ないし根拠の分析は、わが国との安易な比較を排する上でも、重視さるべきである。

　第二に、第一とは矛盾するかのようであるが、アメリカでの法理の展開の中に、普遍化し得る教訓を見出すことである。とくに、行政調査の強制の役割を与えられたアメリカの裁判所が作り上げてきた行政調査の法的統制基準の解明は、行政調査の必要と私人の自由の調整という普遍的課題にとって、重要である。

　最後に、本章の対象の限定について述べておく。行政調査は（おそらく）あらゆる行政領域において必要とされ、したがって、行政調査を一般的に論じることに理由がないわけではない。しかし、行政調査の目的、手段、方法等が当該行政領域の特質——例えば、求められる情報の性質、情報取得の緊急性または必要性の程度、行政調査の背後にある実体的権利・利益等——と密接に関係していることも否定しがたい。本章の対象であるアメリカの法理について見ても、行政調査を一般的に論じるが、行政領域による問題状況の差異を見出すことができる。

　それゆえ、本章では、今日の行政調査の法理の基本的枠組みを生み出し、一般的にもアメリカ行政法理論の「伝統的モデル」[8]を形成してきたと言われる、連邦の経済規制行政[9]における行政調査[10]に分析を限定する。ここでは、私人の経済活動に対する、何らかの公共目的で行われる行政規制が主たる問題であり、行政調査の発動も、営業活動の記録を求めて、主として企業に対して行われてきたという特色があり、また、行政調査手段としては、

---

8) R. B. Stewart, *The Reformation of American Administrative Law*, 88 Harv. L. Rev. 1667, 1671-1676 (1975). なお、この論文の紹介として、竹中勲・曽和俊文「〔論文紹介〕」【1979-1】アメリカ法 113 頁以下を参照。

9) 州における行政調査権の概観として、O. J. Rogge, *Investigations by Officials: A Study of Due Process Requirements in Administrative Investigations II*, 48 Minn. L. Rev. 557-596 (1964); 1 F. E. Cooper, STATE ADMINISTRATIVE LAW, 294-313 (1965) を参照。

10) アメリカにおける規制権限（regulatory power）の説明として、B. Schwartz & H. W. R. Wade, LEGAL CONTROL OF GOVERNMENT : ADMINISTRATIVE LAW IN BRITAIN AND UNITED STATES 26-34 (1972) を参照。

立入検査権を不可欠とする環境保護、衛生行政領域等とは異なり、主として召喚令状による調査が行われてきたという事情がある。

なお、以上の特色を持つ経済規制行政領域における行政調査の分析にあたって、本章では、数ある経済規制行政機関の中から、連邦取引委員会 (Federal Trade Commission——以下、「FTC」)の調査を取り上げて分析することにする。それは、しばしば個々の法律の具体的な解釈として示される行政調査の法理の分析として具体的な1つの調査制度を念頭に置いた分析が適切であるという一般的理由に加えて、FTCが、経済規制諸機関の中でも最も広範な規制、調査対象を有しており、かつ、州際通商委員会についで歴史の古い行政委員会であることから、調査権に関する多くの判例を生み出していることにもよる。[11]

第1節　FTC調査権の制度的特質

1.　FTC調査権の概略

FTCは、1914年、連邦反トラスト法を執行する行政機関として、連邦取引委員会法(以下、「FTC法」)に基づいて設立された独立行政委員会である。FTCの権限および活動については、FTCがわが国の公正取引委員会のモデルとされたこともあって既にわが国においても多くの紹介、研究がある。[12]本節では、第2節以下の分析の前提として、従来必ずしも十分に紹介されてこなかったFTC調査権の制度的仕組みを概説し((1)、(2))、合わせて、アメリカの行政調査権制度全体の中でのFTC調査権制度の位置を確認しておきたい((3))。

---

11)　なお、FTCを主たる対象とする本章の分析の及ぶ範囲については、FTC調査権の概略を述べた後に改めて検討する。

12)　例えば、FTCの組織・機構をめぐる問題について、上杉秋則「積極的消費者行政への挑戦——FTCの改組問題」公正取引241号(1970年)があり、最近のFTCの規制権の展開については、上杉秋則「FTC法第5条の規制範囲(1)～(7)」公正取引293～299号(1975年)、内田耕作「連邦取引委員会消費者保護命令の新展開(1)(2)」法学雑誌21巻3～4号(1975年)等がある。

(1) FTC調査権の意義と機能

　FTC調査権の意義と機能は、FTCの全体的権限との関係で、直接的には、次の三点でとらえることができる。

　第一は、FTCの規制権発動の前提としての情報収集である。FTC法5条は、「州際通商におけるもしくは州際通商に影響を及ぼす不公正な競争方法および不公正もしくは欺瞞的行為または慣行は、これを違法とする」[13]と定め、これらの行為の規制権限をFTCに付与している。すなわち、FTCは、これらの法違反行為の存在およびその規制の必要性を信ずる場合には、審判手続（adjudicative proceeding）を開始し、審判の結果法違反行為が認定されれば、法違反行為を差し止める命令（cease and desist order）を発しなければならない。この規制権発動の前提として、反トラスト法違反事実あるいは消費者保護法違反事実の調査を行うことが、FTC調査の第一の役割である。審判の前提たる個々の事件に向けられた調査であるので、本章ではこれを、個別事件調査（special investigation）と呼ぶことにする。[14]規制権行使とのかかわりで認められるので、規制的調査（regulatory investigation）または訴追的調査（prosecutorial investigation）と呼ばれることもある。[15]

　反トラスト法による規制対象の多くは近代的大企業であり、今日のような寡占的市場構造においてはとくに、外部に現われる明示的行動を伴うことなく反トラスト法違反行為が行なわれることもあることなど考えると、FTCによる規制の実効性を確保する上で、個別事件調査の役割はきわめて大きいと言える。

　第二は、FTCの準立法的権限行使の前提としての情報収集である。FTC法6条(f)項は、FTCの権限として「議会に対して年次報告をなし、追加立法の勧告を行うこと」を定め、同法6条(g)項は、「本法律の諸規定

---

13) 15 U. S. C. A. § 45 (a) (1) (1979). 訳文については、公正取引委員会事務局官房参事官室・海外独占禁止法令集IV（1979年）を参考にした。
14) See, e. g., H. A. Babcock, *Legal Investigation*, 4 ABA Antitrust Section 157, 160 (1954); J. T. Loughlin, *Investigation and Trial of Robinson-Patman Act Cases before the Federal Trade Commission (part I)*, 4 Antitrust Bull. 741, 757-758 (1959).
15) G. O. Robinson & E. Gellhorn, THE ADMINISTRATIVE PROCESS 371 (1974).

を遂行するための規則を制定すること」をFTCに授権する。これらのFTCの準立法的権限行使の前提として、広く一般的に経済実態および産業構造等についての調査を行うことが、FTC調査の第二の役割である。本章ではこれを一般調査（general investigation）と呼ぶが[16]、準立法的権限行使とのかかわりで認められるため、立法調査（legislative investigation）または情報調査（informational investigation）とも呼ばれる[17]。

　FTCに一般調査権を認めることは、元来FTC設立の1つの眼目でもあった。すなわち、FTCは、設立当初においてはむしろ規制権を持たない一般調査機関として構想されており（下院案）[18]、規制権を有する委員会の設立を求めた上院案[19]も、「調査機関としての新委員会の基本的性格を変えるものではなかった」[20]と言われる[21]。それゆえ、FTCの「二大機能」の1つとして、規制権行使とは独立した一般調査機能がしばしば語られ、実際に、FTC設立後25年間に行われた数多くの一般調査が[22]、ロビンソン・パットマン法を初めとする多くの経済規制諸立法を生み出す力となった[23]。

　第三に、以上の両者の中間的なものであり、最近とくに注目されてきたものとして、事前規制的性格を持つ情報収集がある。例えば、合併の事前報告制度（Pre-merger Notification Program）[24]や広告実証制度（Ad. Substan-

---

16）　前掲注14）参照。
17）　Robinson & Gellhorn, *supra* note 15, at 371.
18）　Covington bill, H. R. 15613. 1914年6月5日、下院を通過した。
19）　Newlands bill, S. 4160. 1914年8月5日、上院を通過した。
20）　P. R. Dixon, *The Federal Trade Commission: Its Fact-Finding Responsibilities and Powers*, 46 Marq. L. Rev. 17, 18 (1962).
21）　最初に、この点を立法史にさかのぼって解明し、当時の裁判所の一般調査否定論を厳しく批判したものとして、M. Handler, *The Constitutionality of Investigations by the Federal Trade Commission I*, 28 Col. L. Rev. 708, 720-733 (1928) がある。なお、FTC調査権の成立過程については、C. F. Randolph, *The Inquisitorial Power Conferred by the Trade Commission Bill*, 23 Yale L. J. 672 (1914); E. S. Jouett, *The Inquisitorial Feature of the Federal Trade Commission Act violates the Federal Constitution*, 2 Va. L. Rev. 584 (1915); G. C. Henderson, THE FEDERAL TRADE COMMISSION, 17-27 (1924) 等を参照。
22）　その概略については、*General Investigations by the Commission since 1915*, 1967 Annual Report of the FTC, 93-118 を参照。
23）　FTC調査を基礎に制定された法律として、例えば、証券取引法、公共企業持株会社法、連邦動力法などがある。*See*, Dixon, *supra* note 20, at 19; Babcock, *supra* note 14, at 159.

tiation Program) などがこれであって、FTC が規制権を有する事項について、規制対象からあらかじめ詳細な情報を求め、これらの情報の分析を通じて個別的な規制権の発動の必要性を発見したり、これらの情報の公表を通じて規制目的の実現をはかったりすることを目的とする。こうした調査権の発動は、実体的には FTC 法 5 条の規制権に根拠を持つが、違反事実の収集を直接の目的としないがゆえに第一の類型とは区別され、むしろ、手続的には従来の一般調査権の発展として考えられている。しかし、第二の類型を純粋に立法資料収集としてとらえればこれとも異なるので、調査権の意義と機能という視点から見れば、ひとつの新しい類型として考えることができる。

一般調査で得た資料が FTC の審判において背景資料として利用され得ること、および、FTC の規則制定権が規制権行使を含む FTC の全活動に関する政策立案のために認められることなどを考えると、一般調査が元来規制的機能を持つことは当初から認められていたとも言えるが、最近はとくに、非権力的な規制手段として情報の公表（publicity）の手段が注目されており、事前規制的一般調査は、こうした点からも独自の意義と機能を持つものとして、今後一層その役割が大きくなると思われる。

以上のように、FTC 調査権は、FTC が制定法上与えられた諸権限を適切に行使する上で不可欠のものであり、ある意味では、FTC の活動の範囲と実効性を実質的に決定するものであるとも言える。そこで、次項で、制定法上与えられた FTC 調査権制度を（本項の叙述と一部重なるが）概説する。

---

24) 1969 年に FTC が開始した調査・規制計画であり、1976 年のクレイトン法改正により法定された。その内容は、第 4 節 1 (1) で述べる。
25) 1971 年に開始された調査・規制計画であり、第 4 節 1 (1) で述べる。
26) *See, generally,* E. Gellhorn, *Adverse Publicity by Administrative Agency,* 86 Harv. L. Rev. 1380 (1973). なお、FTC に関する研究として、M. R. Lemov, *Administrative Agency News Releases; Public Information Versus Private Injury,* 37 Geo. Wash. L. Rev. 63 (1968); W. F. Lemke, Jr., *Souped up Affirmative Disclosure Orders of the Federal Trade Commission,* 4 J. of L. Reform 180 (1970) 等参照。

(2) FTC調査権の種別

　FTCの調査制度を概観するには、主な種別ごとに説明するのが便宜であろう。FTC調査は、さまざまな視角からの分類が可能であるが、法解釈上、次の種別が重要である。

　(i) 正式調査と非公式調査　　FTC調査は、その強制手段の有無に着目すれば、正式調査 (formal investigation) と非公式調査 (informal investigation) に分けられる。

　正式調査は法律で定められた強制調査権の発動であり、その詳細は後に述べる。非公式調査は、通常、正式調査に先立って行われる任意調査であり、FTC調査官による質問、立入検査等を内容とする。非公式調査としての立入検査は、正式調査としてのアクセス権（後述）と形態的には類似するが、その拒否には何ら強制の定めがない。[27]

　FTCは、その規則において、「任意調査の促進」を調査政策とすることを謳っており[28]、実際にも、ほとんどの調査は非公式（任意）調査の段階で終了する[29]。このことは、一般的には望ましいことであるが、問題がないわけではない。多くの会社が任意調査に協力するのは、その背後に強力な正式調査権が控えていることを考慮するからであると言われており[30]、ここでは文字通りの「任意」性の有無が問題となる。他方で、会社側の対調査戦術として、任意調査段階での調査官との非公式の接触の場を活用して審判開始不要の説得をなすこと等の意義が語られており[31]、調査過程がこうした[32]

---

27) 但し、実務上両者を混同しがちであることを批判するものとして、E. E. Pollock, *Pre-Complaint Investigations by the Federal Trade Commission*, 9 Antitrust Bull. 1, 14 (1964) を参照。
28) 16 C. F. R. §2.4 (1973). その理由を分析するものとしてLoughlin, *supra* note 14, at 757 を参照。
29) 少し古い資料であるが、FTC調査担当官であるウィリアムズによれば、任意調査段階で被調査人の抵抗に出会うのは5%以下である。S. L. Williams, *Investigations by the Federal Trade Commission*, 29 ABA Antitrust Section 71, 74 (1965).
30) Pollock, *supra* note 27, at 12.
31) 一般に、調査段階はFTCと会社との最初の接触の場であり、その時の対応の功拙が後の規制手続を実質的に規定するとして、会社側弁護士はその対応を重視する。*See, e. g.,* A. E. Stephan, *The Investigated Client in Antitrust Matters and his Attorney*, 13 Ad. L. Rev. 35 (1961); L. Wadmond, *Defense of an Antitrust Proceeding; Investigation*, 5 ABA Antitrust Section 32 (1954); Pollock, *supra* note 27.

会社側の働きかけにより歪曲される可能性が考えられないわけではない。[33]
このように、任意調査も、その現実の機能からすれば法的統制の必要を否定しがたいが、他面、その性格上法的統制になじみにくい面もある。

本章では、調査権をめぐる争いがより鋭く提起される正式調査を主たる分析対象とし、非公式調査をめぐる問題は、正式調査との対比で部分的に述べるにとどめる。

　(ii) **個別事件調査と一般調査**　FTC 調査は、その目的により区別すれば、個別事件調査と一般調査とに分けられる。[34] 両者の区別は、調査権の意義と機能について述べたところで既に述べたので、ここでは、調査権の発動過程について付け加える。

　　(a)　**個別事件調査**　個別事件調査の発動は、多くの場合、法違反事実の存在を訴える業者または公衆からの申告 (complaint) に始まる。[35] 申告を受けた FTC は、そのふるい分け (screening) を行った後に、予備調査 (preliminary investigation——通常、非公式調査として行われる) に入る。予備調査の結果、不問措置決定、審判開始決定または略式処分がなされる[36]ことになるが、被調査人が非公式調査に協力しない場合は正式調査が開始される。

　調査開始決定は、原則として FTC の裁量に属するとされ、申告人は

---

32) Pollock, *supra* note 27, at 8-9.
33) なお、審判開始決定後の被審人会社と FTC との非公式の接触 (ex parte communication) については、既に法律上の制約がある (5 U.S.C.A. § 554(d). *See, also,* 5 U.S.C.A. § 557(d))。
34) 但し FTC の場合、この区別が FTC 法の中で明確にされているわけではない (この点をめぐる問題は第 4 節 1 (2) で述べる)。しかし、FTC をモデルに設立されたわが国の公正取引委員会は、「その職務を行うために必要があるとき」の一般調査権 (私的独占の禁止及び公正取引の確保に関する法律 (以下、「独禁法」) 40 条) と、「事件について必要な」場合の個別事件調査権 (独禁法 46 条) とを区別して規定している。
35) FTC 規則によれば、FTC の調査は「大統領、議会、政府諸機関または司法長官の要請に基づき、あるいは裁判所の照会に基づき、あるいは公衆からの申告に基づき、あるいは委員会自身のイニシアティブにより開始される」(16 C.F.R. § 2.1 (1973)) と定められているが、実際には、個別事件調査の多くは申告により開始される。*See,* Loughlin, *supra* note 14, at 752-757.
36) 審判手続を経ないで事件を処理する略式処分には、自発的遵守手続 (voluntary compliance procedure) と同意命令手続 (consent order procedure) とがある。両手続の内容につき、16 C.F.R. § 2.21, §§ 2.31-2.35 (1973) を参照。

「調査の結果とられるいかなる手続においても当事者とは見なされない」。[37]
しかし、このように私人からの申告を中心とする調査開始方法に対しては、一方では、偶然的で恣意のおそれのある私人の申告に依拠することからくる事件選択の偏りと無計画性が批判され[38]、他方では、多くの場合に事件に直接の利害を有する申告人に何ら法的地位を与えない点が問題とされている[39]。適切な基準に基づく調査開始裁量の統制は、それ自体、行政調査の法的統制の法理の一内容として重要であるが、現在のところ、問題が指摘されるにとどまっている[40]。

個別事件調査は、審判手続との関連で、審判開始決定前調査（pre-complaint investigation）と審判手続における調査とに分けられる。すなわち、審判手続で審判官が有する調査権も FTC 法 9 条に根拠を持ち、個別事件調査の一態様として、審判開始決定前調査と同一の法的統制基準に服するものとされる[41]。しかし、両者の間には、調査主体、調査範囲の特定度、調査資料の公表可能性、調査に不服従の場合の制裁措置等において、なお若

---

37) 16 C. F. R. § 2. 2 (1973).
38) *See, e. g.,* Loughlin, *supra* note 14, at 752-757; Symposium, *How Government Cases get Selected—or why me?,* 46 Antitrust L. J. 562 (1977).
39) *See, e. g.,* Symposium, *Complaints of Antitrust Law Violations and their Investigations,* 7 Law & Comtemp. Prob. 90 (1940); V. G. Rosenblum, *Handling Citizen Initiated Complaints: An Introductory Study of Federal Agency Procedures and Practices,* 26 Ad. L. Rev. 1, 28-30 (1974). なお、わが国の場合、独禁法 45 条は私人の申告に対する公正取引委員会の調査義務を規定しており、阿部芳久『独占禁止法』（第一法規出版・1978 年）612 頁は、公正取引委員会の調査不開始に対し申告者は不作為の違法確認の訴えをなし得るとする。但し、FTC の場合も実務上、申告人に、申告に対する FTC の対応を示す通知を行うことになっている（Rosenblum, *ibid.,* at 29)。
40) この問題を、とくに連邦証券取引委員会について指摘するものとして、L. D. Lowenfels, *Securities and Exchange Commission Investigations: The Need for Reform,* 45 St. John's L. Rev. 575, 576-577 (1971); L. B. Merrifield III, *Investigations by the Securities and Exchange Commission,* 32 Bus. Law 1583, 1594 (1977) などがある。
41) Flotill Products, Inc. v. FTC, 278 F. 2d 850 (9th Cir. 1960) [審判官も『調査的』召喚令状を発し得る]。*See, also,* Menzies v. FTC, 242 F. 2d 81 (4th Cir. 1957); FTC v. Reed, 243 F. 2d 308 (7th Cir. 1957). なお公正取引委員会の場合も、審判手続における証拠調べは独禁法 46 条が準用され（同法 51 条の 2）、「その実質的性格は別として、法形式上は行政調査としての性格をもつ」（厚谷襄児「審査手続における調査と審判手続における調査」公正取引 270 号（1973 年）8 頁）と説明されている。

干の差異を指摘することもでき、その差異についてはそれぞれのところで後述する。1961年以後なされた一連のFTC規則改正は、全体として、審判開始決定に至る以前に事件を処理する非公式手続を整備し、審判開始決定前調査の重要性を以前より増大させたと言われる。[42]

(b) 一般調査　一般調査権の発動は、主として、議会による指示または要請（立法資料収集調査の場合）、あるいはFTC自身のイニシアティブ（FTCの政策形成資料収集調査および事前規制的一般調査の場合）により行われる。大規模な一般調査計画の立案、実施については、予算措置等の考慮に基づく特別の手続的統制がはかられることがあるが、詳しくは本章 4 節 3 で述べる。

(ⅲ) アクセス権、召喚令状権、報告書要求権　FTCの正式（強制）調査権は、その手段と強制方法の差異に着目すれば、アクセス権（right of access）、召喚令状権（subpoena power）および報告書要求権（report power）に分けられる。[43] わが国と比較しての大きな特徴は、それぞれの調査手段に多様な強制方法が予定されていることである。[44]

(a) アクセス権　3つの調査手段のうち、「少なくとも潜在的には、FTCの武器庫の中の原爆」[45]とでも言い得るほど強力な調査権は、アクセス・コピー権である。FTC法 9 条は、FTCが「合理的時刻であればいつでも、審査の目的で、調査対象もしくは審判手続の対象とされている個人、

---

42) *See,* Pollock, *supra* note 27, at 5-10.
43) J. R. Withrow, Jr., *Investigations by the Federal Trade Commission,* 29 ABA Antitrust Section 81 (1965); ABA Antitrust Section, Antitrust Law Development 212 (1975) [hereinafter cited as ABA, Development (1975)].
44) 独禁法46条は、個別事件調査手段として、出頭・証言命令（1号）、鑑定命令（2号）、物件提出命令（3号）、立入検査権（4号）を定めており、同法40条は、一般調査手段として、事業者等に「出頭を命じ、又は必要な報告、情報若しくは資料の提出を求めることができる」と定めている。調査手段としては、ほぼアメリカと同様の手段が定められていると言える。しかし、調査強制手段としては、46条 1 号ないし 3 号の調査および40条の調査不服従に対して「20万円以下の罰金」（同法94条の 2 ）が、46条 4 号の立入検査拒否、妨害に対して「6ヶ月以下の懲役又は20万円以下の罰金」（同法94条）が定められているのみであって、実力立入りの可否をめぐる議論を別にすれば、もっぱら刑罰による間接強制が予定されている。この点が、アメリカの場合とかなり異なる。
45) Pollock, *supra* note 27, at 12.

パートナーシップまたは会社のすべての文書証拠にアクセスし、それらをコピーする権限を持つ」と規定する。文言から見る限り、包括的な立入検査権を認めたものと解し得る。しかし、この規定がFTCに令状なしの実力による立入検査権を授権したと言えるかどうかについては、不合理な捜索・押収を禁止する憲法修正4条の保障との関連で争いがある。この点は次項2で論じる。

　実力強制を否定されたアクセス権の強制方法としては、職務執行令状（writ of mandamus）を求める訴訟による強制（FTC法9条4号）と、刑罰による強制（同法10条2号）とがある。

　職務執行令状訴訟による強制は、元来、報告書要求権の強制方法として意図されていたものであるが、条文上は、調査命令を含むすべての委員会命令の強制方法として規定されている。

　その手続は次のようである。① 私人がFTCの調査命令を拒否した場合、FTCの要請を受けて司法長官が、地裁に、私人が調査に従うよう命じる職務執行令状を求めて提訴する。② 裁判所は、この申請を受けて調査命令の適法性を審査し、それを適法と判断すれば、私人に調査に従うことを命じる命令を発する。③ 私人がさらに調査拒否を続ければ裁判所侮辱罪（contempt of court）となる（調査拒否を確認したFTCの申請により裁判所侮辱罪訴訟手続が開始される）。

　以上の強制手続は、後述する召喚令状の執行手続と同様、裁判所による強制手続であるが、召喚令状の場合と異なり、司法長官の申請を経る必要がある点で、FTCにとってよりめんどうな手続となっている。

---

46) *See*, H. A. Babcock, *supra* note 14, at 157, 160; M. A. Hoffman, *The Investigative Power of the Federal Trade Commission and the Department of Justice, Counterpart*, 1 Hoffman, ed., ANTITRUST LAW AND TECHNIQUES 217, 223-224 (1963).
47) *See*, L. W. Jacobs & T. J. Collin, *Summary Enforcement of Federal Trade Commission Orders under the Federal Rules of Civil Procedure*, 30 Ad. L. Rev. 331, 334-341 (1978).
48) FTC規則によれば、アクセス権は、アクセスを要求する命令（order）として考えられている（16 C. F. R. § 2. 11）。本章では、アクセス要求命令、召喚令状および報告書要求命令を総称して調査命令の語を用いる。
49) なお、1973年の法改正（Pub. L. 93-153, § 408(d)）は、委員会命令の強制として職務執行令状訴訟による場合、司法長官がFTCの要請後何ら手続を開始しないならばFTCが自ら訴訟

第1節　FTC調査権の制度的特質　23

　アクセス権を故意に拒否した者には、さらに、刑罰——1000ドル以上5000ドル以下の罰金もしくは3年以下の禁錮またはこれらの併科——の規定がある。しかし刑罰による調査の強制は、後述（次項2）する理由により、原則として発動されていない。
　　(b)　召喚令状権　　FTC法9条は、「委員会は、召喚令状によって、証人の出頭及び証言を求め、調査事項に関連あるすべての文書証拠の提出を要求する権限を有する」と規定する。このような召喚令状権の規定は多くの行政機関に共通するものであり、召喚令状権は、連邦行政機関の調査手段として広く活用されている。[50]
　召喚令状による、審判開始決定前調査としての証人の出頭および尋問は、調査聴聞（investigational hearing）と呼ばれ、通常の裁決型聴聞（adjudicative hearing）と区別される。
　FTCの場合、召喚令状が中心的調査手段として活用されてきた理由として、他の二調査手段と比べて調査対象が広かったことが挙げられる。すなわち、1975年以前には、アクセス権および報告書要求権の対象は「調査目標会社または審判の当事者である被審人会社」（FTC法9条1号1段）に限定されており、第三者としての証言、証拠を会社から求める場合または個人業者やパートナーシップから情報を求める場合には、アクセス権および報告書要求権は適用されないとされてきた。これに対し、召喚令状権については、FTC v. Tuttle, 244 F. 2d 605 (2d Cir. 1957) が、解釈論として召喚令状権とアクセス権等とを切り離し、第三者にも召喚令状が及ぶと判示し、また、FTC v. Harrell, 313 F. 2d 854 (7th Cir. 1963) が個人業者記録にも召喚令状権が及ぶと判示して以後、召喚令状権が積極的に活用されるよ

　　を提起し得ることを定めた。See, ABA Development, 218 n. 361 (1975).
50)　各行政機関の定める召喚令状権も細部では種々の差異を含むため、1962年に合衆国行政協議会は、技術的事項を中心とする召喚令状手続の統一を勧告している。See, The Subpoena Power in Federal Administrative Proceedings, Sen. Doc. No. 24, 88th, Cong. 1st, Sess. 209, 213-219 (1963). なお、同協議会は、1974年に、行政機関の正式手続（裁決および規則制定）において一般に召喚令状権が付与されるようにAPAを改正することも勧告している。See, Subpoena Power in Formal Rulemaking and Formal Adjudication, 3 Reports and Recommendations of Administrative Conference of The United States 36 (1974).

うになった（なお、1975年のFTC法改正により、アクセス権および報告書要求権も個人またはパートナーシップに及ぶとされた[51]）。

召喚令状の強制は、通常、執行訴訟（enforcement action）による（FTC法9条2号、3号）。すなわち、①私人がFTCの発した召喚令状に従うのを拒否すれば、FTCは自ら、地裁に、召喚令状の執行を求めて提訴する[52]。②裁判所は、この申請を受けて召喚令状の適法性を審査し、召喚令状を適法と判断すればその執行を命ずる。③私人が裁判所の執行命令をさらに拒否すれば裁判所侮辱罪となる[53]。

この執行訴訟による強制（職務執行令状訴訟による強制も同様）は、「事件または争訟」を裁断する司法手続であると考えられており、被調査人は、法廷で、召喚令状の違法を争うことができる。執行訴訟による強制の制度は、調査命令の強制手続の基本であり、これをめぐる問題は次項2で分析する。

召喚令状の強制方法として、この外に、職務執行命令訴訟による強制と、刑罰による強制（FTC法10条1号）──1000ドル以上5000ドル以下の罰金もしくは1年以下の禁錮またはこれらの併科──があるが、いずれもほとんど利用されていない。

　　(c)　報告書要求権　　報告書要求権とは、元来、一般調査の調査手

---

51)　Pub. L. 93-637 § 203 (1975).
52)　執行訴訟を提起し得る地裁の選択について、FTC法9条3号は「その管轄権内で調査が行われているすべての地裁」と規定する。この規定の解釈として、FTC v. Browning, 435 F. 2d 96 (D. C. Cir. 1970) および FTC v. MacArthur, 532 F. 2d 1135 (7th Cir. 1976) は、FTCによる地裁選択裁量を広く認め、被調査人による要求文書所在地の地裁への事件移送申請を拒否し、調査遂行地における地裁が他地区所在の文書提出をも命じることができると判示した。但し、FTC v. Western General Dairies, Inc., 432 F. Supp. 31 (N. D. Cal. 1977) は、執行訴訟を担当する地裁の選択がFTCの合理的裁量の範囲を超え、単にFTC事務所があるというだけで選ばれた場合の地裁の管轄権を否定し、召喚令状の執行を拒否した。
53)　FTC v. Stroiman, 428 F. 2d 808 (8th Cir. 1970) は、召喚令状の執行命令への不服従に対する民事上の裁判所侮辱罪訴訟（civil contempt proceeding）である。控訴裁は、民事上の裁判所侮辱罪は調査の強制手段であるから、侮辱罪確定後に文書を提出した被告は上訴して争うまでもないと判示した。FTC v. Gladstone, 450 F. 2d 913 (5th Cir. 1971) は、要求文書を破棄処分した被告人に対する刑事上の裁判所侮辱訴訟（criminal contempt proceeding）である。控訴裁は、事実を確認し、10日間の禁錮を命ずる地裁判決を支持した。

段として考えられたものであり、「個人、パートナーシップおよび会社の組織、事業、行動、慣行、経営に関して並びにそれらと他の個人、パートナーシップおよび会社との関係に関して委員会が必要とする情報」を、「委員会の定めた様式で、年次報告書、特別報告書もしくはその双方または特定質問に対する回答書」として要求する権限である（FTC法6条(b)項）。

報告書要求権は、文書要求召喚令状と同様に、文書の形で情報を求めるものであるが、後者が会社の日常記録している現存記録の提出を求めるのに対して、前者はFTCの定める様式・項目に従った回答——情報の整理と加工——を要求する点に違いがある。

さらに特徴的なのはその強制方法である。報告書要求命令の強制方法として、職務執行令状訴訟による強制の外に、前二者にはない過料（civil forfeiture）による強制が定められている（FTC法10条3号）。[54]

すなわち、①私人がFTCの報告書要求命令に従わない場合、FTCは、調査不服従を確認する通知（notice of default）を当該私人に行うことができる。②この不服従確認通知受理日から起算して30日以後は、報告書要求命令への不服従が継続する1日ごとに100ドルの過料が自動的に課せられる。③過料の徴収は、司法長官が提起する民事訴訟を通じて行われる。[55]

この過料は、もちろん、違法な報告書要求命令の不服従に対しては賦課されず、被調査人は、過料徴収の民事訴訟で調査の違法を抗弁することができる。しかし、民事訴訟をいつ提起するかは司法長官の裁量であるとされているため、不服従確認通知がなされて後に司法長官が手続をとらない場合、自動的に累積されていく過料は、被調査人に対する強い強制力を持つ。こうした過料による強制の特質は、デュープロセスの観点からも問題とされるところであるが、この点は次項2で論じる。[56]

---

54) わが国の執行罰に似た性質を有するが、司法手続で徴収される。一応「過料」と訳しておく。
55) 過料徴収訴訟に至る例はそう多くない。St. Regis Paper Co. v. United States, 368 U. S. 208 (1961) では、最終的に5万6700ドルの過料が確定し、United States v. San Juan Lumber Co., 313 F. Supp. 703 (D. Col. 1969) では1万6000ドルの過料が確定した。
56) FTC v. Maynard Coal Co., 22 F. 2d 873 (D. C. Cir. 1927).

(3) FTC 調査権の位置

以上で概説した FTC 調査権を本章の主たる分析対象とするにあたり、アメリカの行政調査権制度全体における FTC 調査権制度の位置について述べておく。

(i) **経済規制行政領域における行政調査の一典型** 1941 年に、行政手続に関する司法長官委員会報告書は、アメリカにおける行政調査権について、次のように述べている。「行政機関は、その職務の遂行において、根拠法律の目的を達成し提起された争いを解決するために、諸事実に関する情報を獲得しなければならない。これらの目的に必要な情報の大部分は、自発的な証言や文書提出により、または、公の記録と報告書の利用により、強制なしに獲得されている。しかし、時には、強制手段を用いなければ必要な情報を入手することができない場合がある。このような事態に応じるため、連邦議会は、自発的に提出されない事実資料を行政機関が獲得し得る3つの手段を定めた。すなわち、(1)報告書を要求する権限、(2)帳簿、記録および家屋を検査する権限、(3)証人を召喚し、文書を提出させる権限である。すべての行政機関にこれらの権限すべてが与えられているわけではなく、実際いくつかの行政機関には全く与えられていない」[57]。

アメリカの行政調査権制度に対する右の一般的特徴づけは、今日もなお妥当すると言える。そして、FTC 調査権は、報告書に言う3つの強制調査手段をすべて併せ持ち、それゆえに従来から、「連邦の各行政機関のうちで最も広範な調査権である」[58] と言われてきた。調査権制度として見る限り、FTC 調査権制度は、アメリカの行政調査権制度を一般的に代表し得るものと言える。

アメリカの行政法教科書の中にも、右の事情をも考慮してか FTC 調査権を中心において行政調査の法理を説明するものがある[59]。しかし、当然の

---

57) Report of the Attorney Gereral's Committee on Administrative Procedure, Sen. Doc. No. 8, 77th Cong. 1st Sess. 414 (1941) cited in W. Gellhorn & C. Byse, ADMINISTRATIVE LAW, CASES AND COMMENTS, 2nd ed. 565 (1960).
58) H. A. Babcock, *supra* note 14, at 157, 158.
59) Robinson & Gellhorn, *supra* note 15, at 385-411. なお、他の多くの行政法教科書は、現在も行政調査を一般的に分析し、行政領域の差異をとくには考慮しない。Robinson & Gellhorn の

ことながら、行政調査権をめぐるすべての法的諸問題が、FTC 調査権をめぐっても生じているわけではない。

とりわけ、行政上の立入検査権をめぐる問題は、FTC が（他の経済規制諸機関も同様）アクセス権の強制を自制してきたため、主として環境保護・衛生行政領域で展開しており、FTC 調査権をめぐっては生じていない。また、FTC と同様に召喚状（summon）による調査を中心的な調査手段とする税務調査は、FTC と共通に論じられる問題も多いが、広範な個人情報を対象とするその特質から、FTC 調査権をめぐってそれほど論議されない個人のプライバシー保護または自己負罪拒否特権について、新たな法理（判例および立法）の展開を生み出している。

それゆえ、FTC 調査権をめぐっては論じられることの少ないこれらの問題は、それぞれの領域における権利・利益状況を踏まえて別途考察される必要があり、FTC 調査権を主たる対象とする本章の分析は、さしあたり、独立行政委員会による経済規制行政領域に限定して理解される必要がある。すなわち、本章では、経済規制行政における行政調査の一典型として、FTC 調査権を主たる分析対象とする。

(ii) **反トラスト行政調査の一典型**　FTC 調査権は、反トラスト法執行上の行政調査権であるが、わが国との関連で、次の点に留意しておく必要がある。アメリカにおいて反トラスト法執行は、FTC と並んで司法省反トラスト局もこれを担当する。したがって、反トラスト法執行上の行政調査も、FTC と司法省反トラスト局の両者が担当する。

司法省反トラスト局が行う調査は、大きく分ければ次の三種である。[60]

　　(a)　**任意調査**　通常は連邦捜査局（FBI）または反トラスト局の職員が、調査目的を記載した書面を所持してこれを行う。関係者への質問や書類審査等を内容とする。

右の著書は、従来のアメリカ行政法体系が過度に一般化された手続法を中心としてきたことを批判し、手続法と実体法とを統一して分析する必要を強調する（*Ibid.*, at xi-xv (1974)）。*See, also,* S. G. Breyer & R. B. Stewart, ADMINISTRATIVE LAW AND REGULATORY POLICY, xxix-xxx (1979).

60) J. C. Davis, *Investigations by the Department of Justice—As seen by the Potential Dependent*, 29 ABA Antitrust Section, 50 (1965); ABA, Development 233-236 (1975); L. A. Sullivan, LAW OF ANTITRUST 756-759 (1977).

(b) 大陪審（Grand Jury）による調査　　強制調査として古くから認められてきたものであり、刑事訴追に至るであろう反トラスト法違反事件調査として行われる。大陪審が発する召喚令状により証人出頭・文書提出を要求し[61]、不服従に対しては裁判所がこれを執行するが、召喚令状に従うように命ずる裁判所の命令に対しては、行政的召喚令状の場合と異なり、上訴できない[62]。

　　(c) 民事調査請求（Civil Investigative Demand）　　1962年の反トラスト民事手続法で創設された強制調査権[63]で、司法長官がこれを発し、不服従に対しては地裁に執行訴訟を提起する。民事訴訟に至り得るであろう反トラスト法違反事件の調査手段として認められる。

　1962年法の下でのCIDは、反トラスト法違反容疑会社に対して文書提出を命じ得るのみであったが、1976年の法改正により調査権が強化され、新CIDは、①法人・団体だけでなく自然人に対しても発することができ、②法違反容疑者だけでなく第三者にも発することができ、③文書提出だけでなく証言および質問書回答をも要求することができ、④現在および過去の法違反に関してだけでなく将来の合併計画等に関しても情報を求めることができるようになった[64]。

---

61) 大陪審の発する召喚令状の範囲・限界等については、C. D. Mahaffie, Jr., *Criminal Antitrust Investigation*, 41 Antitrust L. J. 519 (1972); F. B. Lacey, *The Power of the Grand Jury*, 47 Antitrust L. J. 17 (1978) 等を参照。
62) Cobbledick v. United States, 309 U. S. 323 (1940).
63) CIDが創設される以前には、司法省は、反トラスト法違反民事事件についての強制調査権を有さず、任意調査による外は、(i)大陪審調査を民事事件にも利用するか、(ii)民事訴訟提起後に開示（discovery）手続を利用するかのいずれかしかなかった。(i)については、刑事事件に至るおそれの全くない事件にも大暗審を利用するのは大陪審の機能を歪めるもので許されないとの判決（United States v. Procter & Gamble Co., 256 U. S. 677 (1958)）があり、(ii)についても、被告に不公正な負担を課す本末転倒のやり方であって開示制度の濫用であると批判された。CIDはこれらの批判にこたえて創設されたものである。*See*, R. L. Perry & W. Simon, *The Civil Investigative Demand: New Fact-Finding Powers for the Antitrust Division*, 58 Mich. L. Rev. 855 (1960); R. K. Decker, *The Civil Investigative Demand*, 21 ABA Antitrust Section, 370 (1962); W. A. Carter, *U. S. Antitrust Application: A More Direct Approach, The Background of the Antitrust Civil Process Act*, 8 Antitrust Bull. 873 (1963).
64) *See*, I. Scher, *Emerging Issues under the Antitrust Improvement Act of 1976*, 77 Colum. L. Rev. 679, 682-692 (1977); E. H. Rosenthal, *Government Use of the Civil Investigative Demand to*

第1節　FTC調査権の制度的特質　29

　司法省反トラスト局に認められたこれらの調査権とFTC調査権とは、合わせて反トラスト調査権と呼ばれ、相互に密接な関連性を有している。司法省反トラスト局とFTCによる二元的執行のシステムは、それ自身考察すべき複雑な問題を含んでいるが[65]、調査命令の法的統制基準としては、これらは基本的に同様の基準の下にあるとされる[66]。

　本章では司法省反トラスト局の調査権をめぐる問題は直接分析していないが、本章でのFTC調査権分析は、反トラスト行政調査権の一典型分析であるとも言える[67]。

2.　FTC調査の強制と司法的執行の原則

　前項1で概説したFTC調査権制度の、わが国と比較しての最大の特徴は、行政調査の強制方法として裁判所手続が考えられている点であると思われ、この点こそが、行政調査の法的統制を論じる際に無視できないものであると考えられる。そこで、本項では、行政調査の強制を基本的に裁判所手続に委ねているアメリカ法制の特質を行政調査の司法的執行（judicial enforcement）の原則と名づけ[68]、この成立と展開を跡づけてみたい。

Obtain Materials Discovered in Private Antitrust Litigation, 79 Colum. L. Rev. 804 (1979).
65) *See, e. g.,* ABA, Development 229-232 (1975); D. L. Roll, *Dual Enforcement of the Antitrust Laws by the Department of Justice and the FTC: The Liaison Procedure,* 31 Bus. Law 2075 (1976).
66) もっとも、組織構成および調査目的において通常の行政調査とかなり異なる特質を持つ大陪審調査を、通常の行政調査と同様に考えることには問題がないわけではない。しかし、連邦最高裁は、召喚令状の発給基準の考察において、しばしば、行政的召喚令状を大陪審召喚令状となぞらえて説明してきた。*See e. g.,* United States v. Morton Salt Co., 338 U. S. 632, 642 (1950); *In re* Groban, 352 U. S. 330, 335 (1957).
67) 機能的に見る限り、FTC調査権は、わが国の公正取引委員会の調査権とほぼ同様のものと考えることができる。
68) 一般に、行政上の義務の実現方法として、アメリカでは、司法手続によって義務の実現を強行する judicial enforcement が原則となっていることは、既に指摘されている。広岡隆『行政上の強制執行の研究』（法律文化社・1961年）260頁以下参照。行政調査の司法的執行も右の原則の現われである。
　なお、enforcement の語は、広義には法律の執行または法目的の実現一般を意味する語として、狭義には右のうち強制過程を意味する語として使われており、行政調査の judicial en-

行政調査の司法的執行の原則は、3つの調査手段のうちでも中心的な調査手段である召喚令状権との関連で登場してきた。それゆえ、まず、召喚令状の強制をめぐる問題から分析することにする。

(1)　召喚令状の強制

　召喚令状の強制方法として、FTC 法は執行訴訟（または職務執行令状訴訟）による強制および刑罰による強制を定めており、実際の運用は、執行訴訟による強制がなされている。このような執行訴訟による強制方法は、連邦において、最初の行政委員会である州際通商委員会（ICC）が初めて採用したものである。そこで、召喚令状の強制をめぐる問題の分析も、ICC による召喚令状制度の成立にまでさかのぼる必要がある。

　(i)　召喚令状の司法的執行の原則の成立　　行政調査権の成立について述べた論文によると、召喚令状の司法的執行の原則は、基本的には、私的領域への公的介入を極力排斥せんとする英米の個人主義的自由主義に根拠を持つとされる。[69] すなわち、英米において、召喚令状権は、私人間の権利をめぐる争いを裁断する裁判所に不可欠のものとして、古くから裁判所に認められてきたが、他方で、「私的事項に対する広範な調査・介入権は個人主義的社会の伝統と習慣に反する」がゆえに「法廷でのみ強制され得る」ともされており、[70] この考えは、行政委員会の登場する19世紀後半においてもなお維持されていた。

　行政調査権についてのはじめての司法判断を示した *In re* Pacific Ry. Comm'n, 32 F. 241 (C. C. N. D. Cal. 1887) も、「裁判手続なしに、または裁判過程における以外の場合に、私人の私的事項や書類に介入し、これを強制

---

forcement は狭義の意味である。したがって、judicial enforcement は、「司法的強行」（広岡・前掲書260頁）と訳す方がニュアンスを正しく伝えているが、わが国でも、執行の語は広狭両義に用いられ、行政上の義務の強制的実現にも執行の語が用いられるため、本章では「司法的執行」と訳しておく。

69)　See, e. g., D. E. Lilienthal, *The Power of Governmental Agencies to Compel Testimony*, 39 Harv. L. Rev. 694 (1926); A. Langeluttig, *Constitutional Limitations on Administrative Power of Investigation*, 28 Ill. L. Rev. 508 (1933).

70)　Lilienthal, *ibid.*, at 695.

的に暴露することは、自由な政府の伝統に反し、イギリス人およびアメリカ人の本能とは相容れぬものである[71]」と改めてこの原則を判示している。行政機関への強制調査権付与は、このような、伝統的な権力分立論と英米の個人主義的伝統からくる強い抵抗に出会いつつ、試みられたものであった。

1887年に設立されたICCは、発展する鉄道会社がもたらした鉄道会社の不正、腐敗に対する行政規制を任務としたが、その任務遂行上、規制対象である鉄道会社の事業、経営に関する調査権を不可欠とすることは誰もが認めるところであった。そこで議会は、ICCに召喚令状発給権を与え、同時に、調査の強制方法として、「召喚令状に対する不服従がある場合には、委員会は……合衆国裁判所の援助を求め得る[72]」と定めた。この方法は、行政調査の強制を裁判所の命令にかからせることによって、行政調査の必要と英米の個人主義的伝統とを調和させようとしたものであり、ある論者はこれを、「器用に工夫された立法技術[73]」と評した。

行政機関の発する召喚令状を裁判所が執行するこの制度は、しかし、当初は裁判所により違憲とされた。先に判旨の一部を引用した *In re* Pacific Ry. Comm'n, 32 F. 241 (C. C. N. D. Cal. 1887) がこれである。

本件は、ICCと同様の調査権規定を持つパシフィック鉄道委員会の調査権に関するものであって、当時最高裁判事でもあったフィールド判事が巡回区裁判所としての意見を述べたが、それは、単なる調査委員会である本件委員会による裁判所に対する調査強制の申請が、「権利の保護もしくは執行または違法行為の防止、除去もしくは科罰を求める」といった訴訟人の主張とは認めがたく、したがって、本件は裁判所の権限が及ぶ「事件または争訟」とは考えられないとするものであった。本判決は、一方で行政機関による調査の強制をも否定していたから、本判決の論理によれば、行政機関は、私人からの自発的な情報提供による以外に調査手段を持たぬこととなる。

---

71) 32 Fed. 241, 251 (1887).
72) 24 Stat. 383 (1887).
73) Lilienthal, *supra* note 69, at 701.

In re Pacific 判決は、その後7年間、この分野における先例とされ、同様の判示がICCについても確認された（*In re* ICC, 53 F. 476 (C. C. N. D. Ill. 1892)）。しかし、連邦最高裁は、ICC v. Brimson, 154 U. S. 447 (1894) でこのような考えを否定し、裁判所による行政的召喚令状の執行手続をはじめて合憲と判示した。

　重要な判決なので、少し長くなるが、中心部分をそのまま引用する。中心的判示内容は次の三点である。

　(ア)「ICCがその求める証拠を得る権限を有するか否か、および、証人の証言拒否またはその所持する帳簿書類の提出拒否が証人の義務違反となるか否かは、ICCと証人との間での明確な争点である。それらの争点は、法律の効力を争いその執行に抵抗する証人と合衆国との間での争点であり、法律で定められたこれらの争点は、司法権が行使し得るように提起されている」。[74]

　(イ)「[召喚令状の執行という] 義務は、その性質上司法的（judicial）である。行政委員会での証人が彼に提起された特定の質問に答えなければならないかどうか、彼が所持し委員会が要求する帳簿書類を提出せねばならないかどうかの審査は、その最終決定を従属的な行政審判所に委ねることのできぬものである。わが国の統治制度の下で、かつ、デュープロセス・オブ・ローと両立させようとすれば、行政機関は、自ら罰金または拘禁の決定をなすことにより、自らの命令に対する服従を強制する権限を与えられ得ない」[75]（傍点は筆者）。

　(ウ)　ICCに召喚令状権を付与することは「明らかに議会の権能である」[76]が、「立法部のいかなる部門も──議会により設立された単なる行政委員会はなおさら──一市民の私事に対して調査をなす一般的権限を持っているわけではない」[77]。そこで、個人の人権の視点よりする調査権の限界が保障されねばならないが、この保障は、証人が法廷で調査に対する異議を述

---

74)　154 U. S. 447, 476–477 (1894).
75)　*Ibid.*, at 485.
76)　*Ibid.*, at 473.
77)　*Ibid.*, at 478.

べ裁判所がこれを審査することにより守られるのである。

　以上の判示のうち、中心争点は事件性について述べた(ア)であり、(イ)と(ウ)は傍論にあたる。しかし、Brimson 判決は、裁判所による執行によって裏づけられた行政調査権の合憲性を確立し（判示部分(ウ)）、さらに、裁判所による執行が行政調査の強制方法として憲法上許される唯一の方法であることを示唆して（判示部分(イ)）、以後の行政調査権制度の確立に大きな影響を及ぼした。実際、「この判決の結果、行政委員会を設立しそれに行政的召喚令状権を付与する議会の権限が強められ」、以後、多数の召喚令状授権法が制定されるようになるが、そのすべては司法的執行を命じたものであった。

　Brimson 判決（とくに判示部分(イ)）が今日もなお妥当するか否かについては、後述するように議論があるが、歴史的に見て、召喚令状の司法的執行の原則とそれに基づくアメリカ的行政調査制度は、この Brimson 判決によって、理論的にも実際的にも基礎づけられたと言うことができる。

　(ii)　**召喚令状の司法的執行をめぐる問題**　こうして成立した召喚令状の司法的執行制度に対しては、その後、一方では行政調査の迅速な実現を求める立場から、他方では行政調査の濫用からの私人の保護を求める立場から、それぞれ問題点の指摘がなされてきた。学説および判例上争われてきた問題として、次の三点を挙げることができる。

　　(a)　**行政機関への侮辱処罰権付与論**　行政的召喚令状の司法的執行の方法の第一の問題は、被調査人が頑に調査拒否を続ける場合に迅速な調査の実現が妨げられることである。すなわち、司法的執行の原則の下では、最終的な調査の強制までに、① 行政的召喚令状の適法性を審査しその執行を命ずる執行訴訟手続、② 裁判所の調査執行命令に対する不服従を罰する侮辱罪訴訟手続の、いわゆる「二段階訴訟手続（two-stage proceeding）[79]」を経ることが要求される。しかも、第一段階での調査執行命令

---

78)　E. J. Eberling, CONGRESSIONAL INVESTIGATIONS, 400 (1928).
79)　W. Gellhorn, C. Byse & P. L. Strauss, ADMINISTRATIVE LAW, CASES AND COMMENTS, 7th ed. 573 (1979) [hereinafter cited as Gellhorn-Byse-Strauss, Case (1979)].

も、それ自体上訴可能と考えられるため、頑固に抵抗する証人は、場合によっては、何年間もかけて調査の違法を争うことができる。

調査の遅延は、全体としての行政活動の遅延をもたらし、時として、行政活動により保護される利益を直接的に侵害する。それゆえ、行政機関の果す役割りが増大してくるニューディール期以後、行政調査の迅速化を求める主張が繰り返されることになり、これらの論者は、行政機関に、裁判所と同様に調査拒否者を侮辱罪で罰する権限を与えて調査の迅速化を図ることを提案した。

しかし、行政機関に侮辱処罰権を付与して行政調査命令に自力執行力を付与しようとする主張は、行政調査の司法的執行の原則を確立したBrimson判決と真正面から対立する。そこで、侮辱処罰権付与論者は、Brimson判決を次のように批判する。

第一に、Brimson判決によれば、調査の最終的強制力である侮辱処罰権は元来裁判所にのみ内在し、「わが国の統治制度［＝権力分立制度］の下では」行政委員会に付与することはできないとされる。しかし、侮辱処罰権が元来司法権として観念されてきたか否か自体が議論の余地のあるところであり、しかも最高裁は、その後、議会がその調査の強制手段として

---

80) Clarke v. FTC, 128 F. 2d 542 (9th Cir. 1942).

81) 例えば、調査の遅延例としてよく引用されるのがPenfield Co. v. SEC, 330 U. S. 585 (1947)である。本件では、執行訴訟（地裁―控訴裁）、侮辱処罰訴訟（地裁―控訴裁―最高裁）と争われたため、最終的に"文書提出まで拘禁"との判決が確定するまで4年1か月が費やされた。なお、園部逸夫「行政手続当事者の資料提出権」同『行政手続の法理』（有斐閣・1969年）160頁以下参照。

82) 代表的なものとして、Note, *The Power of Administrative Agencies to Commit for Contempt,* 35 Colum. L. Rev. 578 (1935); E. F. Albertsworth, *Administrative Contempt Powers: A Problem in Technique,* 25 ABA J. 954 (1939); F. H. Sherwood, *The Enforcement of Administrative Subpoenas,* 44 Colum. L. Rev. 531 (1944); Note, *Use of Contempt Power to Enforce Subpoenas and Orders of Administrative Agencies,* 71 Harv. L. Rev. 1541 (1958); J. B. Benton, *Administrative Subpoena Enforcement,* 41 Texas L. Rev. 874 (1963) がある。本文の記述は、これらの論者がほぼ共通に指摘するところをまとめたものである。

83) FTC職員でもあるベントンは、侮辱処罰権の起源が英国国王および英国議会の権限にあったとして、「歴史からすれば、侮辱処罰権は司法的性格を有するものではない」とする (Benton, *ibid.,* at 880)。しかし、シュオーツは、「そのような主張は歴史を誤解するものである。英

議会固有の侮辱処罰権を持つことを明らかにしている。それゆえ、既に準立法権と準司法権とを持つ行政委員会が、侮辱処罰権をのみ「権力分立原理」を理由に持ち得ないとするのは根拠がない。

第二に、Brimson 判決によれば、行政機関に侮辱処罰権を与えることは「デュープロセス」に反するとされる。しかし、この判示の根拠はあいまいである。裁判手続を経ない強制調査権の付与がデュープロセス違反であるとすれば、同様の批判は議会調査権にも妥当することになり、行政機関による侮辱権行使がデュープロセス違反であるとすれば、既に行政機関の侮辱処罰権行使を認める州の行政調査権[86]とデュープロセスとの関連が問題となる。

第三に、政策論としても、行政委員会は、Brimson 判決当時と比べて奇異な存在でなくなっており、とりわけ ICC や FTC などの信頼性ある行政委員会には侮辱処罰権を付与しても濫用のおそれは少ない。迅速な行政調査の実現の必要性はますます大きくなっており、行政調査の司法的執行を命じる Brimson 判決は、今日もはや妥当な法であるとは言えない。

以上のような侮辱処罰権付与論者の Brimson 判決批判に加えて、行政機関への侮辱処罰権付与を否定する Brimson 判決判示部分が傍論であることもあって、今日では、「行政機関への侮辱処罰権付与が違憲であるか否か……は、未解決の問題（open question）である」[87]とされる。しかし、1935 年以後繰り返された侮辱処罰権付与論は、理論的かつ政策的提言と

国議会は、初期の英国裁判所の資格において侮辱処罰権を有していたのである」とベントンの主張を否定する（Schwartz, Text, 72-73 (1976)）。なお、伊藤正己「国政調査権の史的背景」国家学会雑誌 63 巻 10=11=12 号（1949 年）48 頁参照。

84) McGrain v. Daugherty, 273 U. S. 135 (1927); Jurney v. MacCracken, 294 U. S. 125 (1935). なお、芦部信喜「議院の国政調査権―アメリカにおけるその発展と法理(1)(2)」国家学会雑誌 68 巻 3=4 号（1954 年）、11=12 号（1955 年）参照。

85) Note, *supra* note 82, 71 Harv. L. Rev. 1541, 1553.

86) その具体例については、Davis, *supra* note 2, at 215; Benton, *supra* note 82, at 895-902 (1963) 等参照。但しシュオーツは、これらの例を「変則的な逸脱」（Schwartz, Text, 111 (1976)）と批判する。

87) G. O. Robinson, E. Gellhorn & H. H. Bruff, THE ADMINISTRATIVE PROCESS, 2nd ed. 490 (1979) [hereinafter cited as Robinson-Gellhorn-Bruff, Case (1979)].

しては注目されつつも、今日に至るまで、連邦行政機関に現実に採用されてはいない。

　むしろ現実の対応としては、1946年の連邦行政手続法（以下、「APA」）6条(c)項は、裁判所による行政的召喚令状の執行手続を一般的手続として確認し、また、行政的召喚令状の慣行の統一を検討した1962年の行政協議会の勧告も、「［行政的召喚令状の執行方法について］現行法を変更する必要はない」と断じている。

　その後はとくに議論がないが、以上の経過を考えると、連邦においては、なお、行政的召喚令状の司法的執行を維持すべきであるとする見解が大勢を占めていると言え、その背景としては、行政調査による人権侵害可能性の拡大あるいは侮辱処罰権自身が有する潜在的危険性の考慮があると思われる。

　裁判所も、召喚令状の司法的執行の原則を基本的に維持しようとする。その例は、次に示す通りである。

　　(b)　刑罰による強制と執行訴訟による強制との関連　召喚令状の強制方法として執行訴訟による場合には、被調査人は、召喚令状の違法性を法廷で事前に争うことができる。しかし、法律が定めるもうひとつの強制方法である刑罰による強制による場合には、被調査人は、刑罰を科せられる危険を覚悟で召喚令状を拒否し、その違法性を刑事訴訟における抗弁として主張しなければならない。そこで、両者の関連あるいは行政調査の司法的執行の原則からみた刑罰による強制の評価が問われることとなる。

　この点について裁判所は、原則として、行政調査の違法性を事前に法廷で争うことを可能とする司法審査が保障さるべきであるとする。そのリーディングケースは、税務調査の領域での Reisman v. Caplin, 375 U. S. 440 (1964) である。

---

88)　*See,* FMC v. New York Terminal Conference, 373 F. 2d 424, 426 n. 2 (2d Cir. 1967).
89)　The Subpoena Power in Federal Administrative Proceedings, Sen. Doc. No. 24, 88th Cong. 1st Sess. 209, 219（1963）.
90)　*See, e. g.,* Schwartz, Text, 73 (1976); Gellhorn-Byse-Strauss, Case 578 (1977).
91)　本判決については、帆足昭夫「〔解説〕」【1966-1】アメリカ法144頁以下、大塚正民「アメリカ連邦税法における質問検査権(1)」税法学231号（1970年）23頁以下等参照。

本件は、内国歳入庁（IRS）の発した行政的召喚状（summon）に対して、証人が召喚状の違法の宣言およびその強制の差止めを求めた訴訟である。予防的なプリ・エンフォースメント訴訟（pre-enforcement review）[92]を提起する理由として、証人は、召喚状の不服従に対する刑罰規定の発動の危険を挙げていた。これに対して最高裁は、善意で召喚令状の効力を争うものには刑罰規定はただちに発動されず、召喚令状に対する異議はその執行訴訟で十分に争い得ると述べ、他に十分な救済手段があることを理由にプリ・エンフォースメント訴訟の必要を否定した。

この Reisman 判決は、ジャッフェ教授によれば、「司法審査を受ける機会に先立って科せられる罰則は違憲となり得るかも知れないことを示唆した」ものとして、「伝統的な司法的執行手続への裁判所の固執」を示すものされる[93]。Reisman 判決をこのように一般化してとらえられるか否かはさておき、この判決はその後、経済規制行政における召喚令状についても妥当する先例とされていく。

例えば、Anheuser-Busch, Inc. v. FTC, 359 F. 2d 487 (8th Cir. 1966) では、FTC の個別事件調査において発せられた召喚令状に直面した会社が、召喚令状の違法の宣言およびその強制の差止判決を求めて提訴した。しかし、控訴裁は、Reisman 判決に依拠して、召喚令状に対する異議は FTC による執行訴訟を待ってそこで提起し得ると述べて請求を拒否した。

同様の判示は、一般調査における召喚令状を事前に争う First Nat. City Bank v. FTC, 538 F. 2d 937 (2d Cir. 1976) にも見られる。本件は、議会の要請により開始されたエネルギー産業に関する FTC の一般調査の一環として、銀行に対して発せられた召喚令状が事前に争われた事例である。控訴裁は、判決時段階で既に FTC による執行訴訟が別に提起されていることを指摘し、かつ、刑罰規定を発動するつもりはないとの FTC 側弁護士の証言を確かめた後、召喚令状に対する異議は執行訴訟で争えるとして、銀

---

92) アメリカにおけるプリ・エンフォースメント訴訟の概念およびその許容基準につき、細川俊彦「行政事件訴訟における『争訟の成熟性』に関する米国裁判所判例および我国判例の比較法的研究(1)～(4)」民商法雑誌 78 巻 1～4 号（1978 年）参照。

93) L. L. Jaffe, JUDICIAL CONTROL OF ADMINISTRATIVE ACTION 116 (1965).

行によるプリ・エンフォースメント訴訟の請求を拒否した。[94]

　これらの判決は、直接には、被調査人の側から事前に召喚令状の違法を争うプリ・エンフォースメント訴訟を否定したものであるが、実質的には、不服従に対する刑罰の発動の可能性を否定し、執行訴訟による強制を基本的方法として確認したものと言える。[95]

　刑罰による強制は、以前からその実効性に疑問が持たれており現実にも発動されてこなかったが、Reisman判決以後は、理論的にも、その発動に大きな制限が課せられることになった。

　　(c) 召喚令状の執行訴訟手続の性格および司法審査の範囲　こうして、今日でも、召喚令状を強制する基本的な方法は、執行訴訟である。そこで、問題は、執行訴訟手続において、迅速な調査の必要と証人の権利保護の必要とがいかに調和されるかである。この問題は、結局、行政調査命令に対する執行基準を裁判所がどのように確立してきたのかにかかわる問題であり詳細は第2節～第4節で分析する。

　但し、執行訴訟の性格にかかわって、次の点を指摘しておく必要がある。すなわち、迅速な行政調査の実現という要請に応えるために、裁判所は、執行訴訟手続を原則として略式手続（summary proceeding）で行うこととしており、連邦民事訴訟規則もこれを確認している。[96]しかし、Brimson判決での判示によっても確認されているとおり、召喚令状の執行手続は、「事件または争訟」に対する司法審査であり、本質的に対審的（adversary）なものである。[97]したがって、略式手続の下で召喚令状に対する異議が十分に争われないとすれば、それは証人の保護の視点から問題となる。

　この点について裁判所は、略式手続を原則としながらも、具体的な審理

---

94)　*See, also,* Atlantic Richfield Co. v. FTC, 546 F. 2d 646 (5th Cir. 1977).
95)　それゆえ、召喚令状に対する事前の攻撃の必要性が、不服従に対する刑罰の危険ではなく、提出資料の公表による損害のおそれ等であった場合に、召喚令状に対するプリ・エンフォースメント訴訟を許容した例がある。*See, e. g.,* Graber Manufacturing Co. v. Dixon, 223 F. Supp. 1020 (D. D. C. 1963); Exxon Corp. v. FTC, 588 F. 2d 895 (3d Cir. 1978).
96)　Federal Rules of Civil Procedure, 81(a)(3). *See, also,* Jacobs & Collin, *supra* note 47.
97)　*See,* Reisman v. Caplin, 375 U. S. 440, 446 (1964); Atlantic Richfield Co. v. FTC, 546 F. 2d 646, 650 n. 5 (5th Cir. 1977).

第1節　FTC調査権の制度的特質　39

手続はケースバイケースで判断しているようである。すなわち、召喚令状に対する異議が事実についての具体的争点にかかわって提起されれば、裁判所はその裁量において口頭弁論を含む事実審理を行うことができ、また、実際にそのような例も少なくない。さらに、執行訴訟手続における証拠調べとしての文書開示（discovery）の可否もこの関連で争われるところであるが、FTC v. Kujawski, 298 F. Supp. 1288（N. D. Ga. 1969）で、地裁は、召喚令状の執行手続が「略式手続と名づけられているか否かによらず……裁判所が召喚令状の執行の可否につき賢明な（intelligent）判断をなすために」、審理に先立って当事者に一定の文書開示が許さるべきであると判示している。

(2) 報告書要求命令の強制

報告書要求命令の強制方法として、FTC法は、職務執行令状訴訟による強制および過料による強制を定めており、実際にも、両者のいずれか一方または両者の併用による強制がなされている。このうち、職務執行令状訴訟による強制は執行訴訟による強制と同様に考えられるので、ここでは、過料による強制をめぐる問題を分析することにする。

(i) プリ・エンフォースメント訴訟の原則的肯定　　過料による強制は、調査拒否が継続する日数ごとに過料額が累積されるため、その強制力には他の場合と異なる特質がある。裁判所は、刑罰による強制の危険を理由に召喚令状を事前に攻撃するプリ・エンフォースメント訴訟を原則として否定するが、報告書要求命令に対するプリ・エンフォースメント訴訟に対しては、原則としてこれを肯定しつつある。

---

98) 具体例は第3節参照。*See, also,* Gellhorn-Byse-Strauss, Case 554 n. 2 (1979).
99) もっとも、学説の一部には、執行訴訟の略式手続性を肯定しつつ、職務執行令状訴訟およびそれに代わる作為的インジャンクション（mandatory injunction）訴訟については連邦民事訴訟手続規則が完全に適用される完全審理手続が妥当するとする見解がある（*See, e. g.,* Jacobs & Collin, *supra* note 47）。しかし裁判所は、調査強制のための職務執行令状訴訟も執行訴訟とその本質は変わらないから略式手続でもよいと判示している。*See, e. g.,* United States v. Associated Merchandising Corp., 256 F. Supp. 318 (S. D. N. Y. 1966); *In re* FTC Line of Business Report Litigation, 595 F. 2d 685, 704-705 (D. C. Cir. 1978).

もっとも、この問題について、最高裁の先例は明確であるとは言えない。まず、FTC v. Claire Furnace Co., 274 U. S. 160 (1927) では、FTC の報告書要求命令に対して被調査人会社からその差止訴訟が提起されたが、最高裁は、調査強制のための手続（職務執行令状訴訟手続または過料の徴収訴訟手続）で調査命令の違法を十分に争えることを理由に、差止判決の必要性を否定していた[100]（この事件では、FTC による不服従確認通知はなされておらず、したがって過料累積も開始されてなかった）。

しかし、United States v. Morton Salt Co., 338 U. S. 632 (1950) では、過料累積を背景とする強制が司法審査を経ない調査権の濫用を生むと抗弁され、それに応えて最高裁は、「報告書要求命令が恣意的であり……政府が過料徴収訴訟を提起することを控えて過料額の累積をはかろうとする場合に、裁判所はそれらを防ぐ手だてを持たないわけではない」[101]と述べ、過料累積の停止を認め得ることを示唆しており、さらに、St. Regis Paper Co. v. United States, 368 U. S. 208, 227 (1961) では、Claire Furnace 判決後制定された宣言判決法または APA 10 条に基づくプリ・エンフォースメント訴訟の可能性があることを認めて、過料累積がデュープロセスに反するという会社の主張を退けた[102]。

こうした判例の流れの上に立って、FTC の報告書要求命令に対するプリ・エンフォースメント訴訟をはじめて認容したのは、Genuine Parts Co. v. FTC, 445 F. 2d 1382 (5th Cir. 1971) である。

本件は、FTC の一般調査において控訴人会社に対して発せられた報告

---

100) この判決の批判的分析として、Handler, *supra* note 21, at 714-720.
101) 338 U. S. 632, 654 (1950).
102) St. Regis 判決では、過料賦課について次の三点が争われた。第一に、過料賦課による強制が及ぶ範囲として、年次・特別報告書要求命令のみであるのか質問書回答要求命令（本判決で争われたもの）にも及ぶのかが争われ、最高裁は後者にも及ぶとの見解をとった。第二に、FTC の調査命令の一部に違法な部分（非開示特権を侵す）があるから過料は賦課されないとの地裁判決（181 F. Supp. 862, 866-867 (S. D. N. Y. 1960)）について、最高裁は、控訴裁と同じく、調査命令の一部違法を否定し、かつ、過料累積開始の時点を不服従確認通知後 30 日後とした。第三に、過料賦課は被調査人からデュープロセスなしに財産を奪うとの主張に対し、最高裁は、本文で述べた点を根拠に、会社が「過料累積を防ぐ『機会がなかった』とは言えない」と述べ、これを否定した。

書要求命令が争われた事例である。FTC による不服従確認通知がなされ、過料累積の危険に直面した会社は、報告書要求命令の違法の宣言とその差止判決を求めて地裁に提訴し、同時に、事件係争中の過料の累積を停止する予備的差止命令を求めた。

　控訴裁は、基本的に St. Regis 判決によりながら、①プリ・エンフォースメント訴訟で攻撃されている命令が「疑わしいもの」であり、②命令に対する攻撃が「善意のもの」であれば、過料の累積停止命令は認められると述べ、この基準に従って、被調査人への不合理な負担を避ける目的で過料累積の停止を認めた地裁判決を支持し、調査命令の違法性に関する本案審理に入った。[103]

　続いて、A. O. Smith Corp. v. FTC, 530 F. 2d 515 (3d Cir. 1976) では、LB プログラム（Line of Business Report Program）と呼ばれる FTC の大規模な一般調査計画に基づく報告書要求命令が争われた。[104]多数の会社が合同で調査の違法を争うプリ・エンフォースメント訴訟を提起したが、FTC はそれに対して、報告書要求命令は自力執行力を持たず、また、本件では不服従確認通知がなされていないがゆえに過料累積も開始されていないとして、FTC による調査強制手続以前に裁判所はプリ・エンフォースメント訴訟を受理すべきでないと主張した。

　しかし、控訴裁は、主として Abbott Laboratories v. Gardner, 387 U. S. 136 (1967) によりつつ、[105]明示的禁止規定無き司法審査は積極的に推認されると述べ、①「事案が司法判断に適しているか」（すなわち、当該行為が行政機関の最終決定であり、かつ、法律上の問題を提起しているか否か）、および、②「司法判断を回避することにより当事者に過酷な結果（hardships）が生じないか」の二基準に照らして、本件でのプリ・エンフォースメント訴訟を審理する裁判所の管轄権を肯定した。すなわち、②の基準に関連して、裁判所は、報告書要求命令に従えば会社にとってかなりの出費となり、

---

103)　但し、本案において地裁および控訴裁は、報告書要求命令の適法性を認めた。
104)　本調査計画については、本章第4節1で分析する。なお、松下満雄「連邦取引委員会の強制調査権に関する判例」ジュリスト591号（1975年）43頁以下参照。
105)　本判決の内容および一般にプリ・エンフォースメント訴訟の許容性をめぐる議論については、細川・前掲注92）参照。

従わない場合には日々累積される過料の危険があるから、司法介入を否定すれば原告に過酷な結果が生じると認定したわけで、ここでも過料による強制の特質が考慮されている。

報告書要求命令に対するプリ・エンフォースメント訴訟の本案での審査基準（差止命令の許容基準）についてはなお議論の余地が残されているが[106]、プリ・エンフォースメント訴訟を受理し審査する裁判所の権限は、今日では認められており、被調査人はここで過料累積の停止を求めることができる。

このことは、被調査人に負担を課することなく事前に調査命令の違法を争う司法審査が保障さるべきであるとする、行政調査の司法的執行の原則のひとつの現れと考えることができる。

(ii) **FTC調査権強化の提案**　しかし、行政調査命令に対するプリ・エンフォースメント訴訟を一般的に肯定することは、プリ・エンフォースメント訴訟が通常完全審理訴訟であると考えられていることからしても、迅速な調査の実現という点で問題がないわけではない。実際、LBプログラムに対する多数のプリ・エンフォースメント訴訟提起による調査遅延は議会でも問題となり[107]、これを契機に、FTC調査の強制方法を改良してFTC調査権を強化するFTC法改正案がいくつか提案された。以下では、1975年から1978年にかけて行われた議会での議論を素材に、問題の所在を示しておく。

例えば、FTC調査権の強化改正を最初に提起した1975年の改正案（S. 642）によれば[108]、FTC調査権の強化として、次の内容が提案されていた。

---

106) A. O. Smith 判決では、原告の求める差止命令の許容基準として、(i)本案勝訴蓋然性、(ii)回復不可能な損害、(iii)他の関係者への影響、(iv)公益性の4つが挙げられている。地裁 (396 F. Supp. 1108 (D. Del. 1975)) は、本件調査命令についてこれらの基準がすべて満たされるとして調査命令の予備的差止命令を肯定したが、控訴裁は、(ii)の証明が不十分であるとしてこれを否定した。なお、この点についての議会での議論として、Federal Regulation and Regulatory Reform, H. Doc. 95-134, 95th Cong. 1st Sess. 636-637, 722-723 (1976) を参照。
107) See, H. Doc. 95-134, ibid., at 86-87.
108) FTC Amendments of 1975, Hearing before the Subcommittee on Consumer Protection and Finance of the Committee on Interstate and Foreign Commerce, House of Representatives, 94th Cong. 2nd Sess. [Serial No. 94-106] 6-9, 14-15 (1976).

すなわち、①過料による強制手続を報告書要求命令以外の調査命令にも適用し得るようにすること、②過料額を引き上げ、不服従一日当たり1000～5000ドルとすること、③調査命令に対するプリ・エンフォースメント訴訟提起は、FTCが不服従確認通知をなした後にはじめて行い得るとすること、④過料累積の停止を求める申請の認容基準として伝統的なエクイティ上の基準（本案勝訴蓋然性、回復不可能な損害性等）を要求することを明確にすること、などである。

この改正案に対しては、企業をはじめとする反対論が強く、以後、会期ごとに同様の改正案が提出されているが、現在（1980年1月現在）も成立には至っていない。反対論の論拠のひとつは、改正案が過料の停止申請の許容範囲を限定することに対して向けられている。議会の公聴会で証言したアメリカ法律家協会の代表は、「もし新立法によるその基準が、被調査人に対して、彼が合理的異議を持つ行政手続を裁判所で争えるということを萎縮させる効果を持つとすれば、それは違憲である」と述べている。[109]

1978年の改正案（H. R. 3816およびそれを基にした両院協議会修正案）によると、過料累積停止の認容基準の明記（前記④）は条文上からは削られている。そして、先に挙げた案と比較すれば、前記①および③は同一であり、②については、過料額を不服従一日当たり0～5000ドルの範囲とし、最終的な額については裁判所が、調査命令に対する会社の異議の「善意と合理性」を考慮して決定するとされる。[110]

さらに、過料の累積開始期限について、(ア)会社がFTCの不服従確認通知後15日以内に地裁に過料の累積の停止申請をしない場合には通知後30日以後過料が累積され、(イ)会社が不服従確認通知後15日以内に停止申請をなしたがそれが容れられない場合には通知後45日以後から過料が累積されるとする。

改正案が最終的にいかなる内容で成立するか（あるいは成立しないか）

---

109) Testimony of C. D. Hobbs in Hearing before the Subcommittee on Consumer Protection and Finance, House Committee on Interstate and Foreign Commerce, 95th Cong. 1st Sess. 264-265 (1977).
110) FTC Amendments of 1978, H. Rep. No. 95-1557, 95th Cong. 2nd Sess. 17-18 (1978).

については予測し得ない。しかし、以上で明らかなように、議会で検討されている過料手続による調査の強制の強化は、以前に主張された行政機関への侮辱処罰権付与論とは異なり、事前の司法審査を限定して保障しつつ調査命令の迅速な実現をはかろうとするものであり、行政調査の司法的執行の原則から見ても、今後の動向が注目される。

(3) アクセス権の強制

アクセス権の強制方法として、FTC 法は、職務執行令状訴訟による強制および刑罰による強制を定めている。これらの強制方法をめぐる問題は、既に分析した召喚令状の場合とパラレルに考えられるのでここでは述べない。

アクセス権に固有の問題としては、アクセス権規定の解釈として、実力による立入検査の強制が許されるか、あるいは、その場合に裁判所の事前の令状を必要とするかという問題がある。FTC は今日まで、実力による立入検査の強制を試みたことはなく、この問題に直接答えた判例はない。

そこで、この問題の考察の手掛りとして、さしあたり、次の二点を指摘することができる。

第一に、歴史的に見れば、FTC の場合、アクセス権の強制をめぐる争いは 1940 年以後はなく、それ以前の例は職務執行令状訴訟手続で強制が試みられたものばかりであり、裁判所によりそのすべてが拒否されてきた。[111]

最高裁判例としては、FTC v. American Tobacco Co., 264 U. S. 298 (1924) がある。本件は、上院決議に基づく一般調査であるが、同時に、被上告人会社の法違反を訴える私人からの申告に基づく個別事件調査であった。FTC は、被上告人会社の記録・文書の検査とコピーを求めたが拒否されたので、会社が FTC のアクセス権に従うよう命ずる命令を求めて

---

111) 初期の判決例として、United States v. Basic Products Co., 260 F. 472 (W. D. Penn. 1919); FTC v. Baltimore Grain Co., 284 F. 886 (D. Md. 1922) がある。これらはいずれも一般調査におけるアクセス権行使が争われた事例であり、裁判所は、法違反容を前提としない一般調査を強制することはできないとの当時の一般的見解に基づいて、これらの調査の強制を拒否した。
See, e. g., B. MacChesney & D. Murphy, *Investigatory and Enforcement Powers of the Federal Trade Commission*, 8 Geo. Wash. L. Rev. 581, 591-594 (1940).

職務執行令状訴訟を提起した。

しかし最高裁は、次のように述べて、FTC の要求を拒否した。

(ア) アクセス権の対象として法律上規定のある「文書証拠 (documentary evidence)」とは、すべての文書ではなく、証拠となる文書をいう。要求する文書の中に証拠が含まれると想定される何らかの根拠が示されねばならない。

(イ) アクセス権は、会社記録に対して無制限にアクセスする権利を許したものではない。「何かが発見されるであろうとの期待から、関係あるものも無関係のものも含めてすべての被上告人会社の記録の捜索を許すことは、正義の第一原則に反するものである」。[112]

この American Tobacco 判決は、行政調査権行使に制限的であった当時の裁判所の一般的傾向を代表するものである。それゆえ、その判旨のすべてが今日もなお妥当する先例といえるか否かについては争いがあるが[113]、調査と関連性のない資料に対しても及ぶような包括的なアクセス要求を違法とする判示部分は、後の最高裁もこれを支持しており[114]、最近の下級審判決も、FTC とは別の経済規制委員会の事案ではあるが、このことを確認している[115]。

また、これらの判例は、アクセス権に基づく調査範囲の限定性を保障するために、裁判所が事前にアクセス要求の適法性を審理することを当然としていたように思われる。

---

112) 264 U. S. 298, 306 (1924).
113) 本判決が今日も妥当する判例であるとする見解は、本判決が、一般調査におけるアクセス権の場合であることを強調し、またその判決理由が調査要求の広汎性ゆえの執行拒否であることを強調する (See, e. g., Note, 53 Nw. U. L. Rev. 109, 110-112 (1958); Withrow, *supra* note 43, at 88-94)。しかし、本判決が全体として示している行政調査権行使に制限的な立場は、大部分、後の諸判例により否定または修正されたと思われる。
114) United States v. Morton Salt Co., 338 U. S. 632, 652 (1950).
115) 例えば、Burlington Northern, Inc. v. ICC, 462 F. 2d 280 (D. C. Cir. 1972) では、ICC のアクセス権規定 (49 U. S. C. § 20 (5)) が争われ、控訴裁は、すべての会社記録への無制限なアクセスを主張する ICC の見解を否定し、統一会計制度に基づく記帳義務記録にのみアクセスが限定されると判示した。また CAB v. United Airlines, Inc., 542 F. 2d 394 (7th Cir. 1976) では、企業が CAB の立入りを受忍するよう命ずる命令を求めて CAB が提訴したインジャンクション訴訟において、控訴裁は、調査目的、範囲を特定しない CAB の立入権限を否定した。

下級審判決であるが、T. C. Hurst & Son v. FTC, 268 F. 874 (E. D. Va. 1920) は、これを明示した例である。すなわち、本件では、FTCによる違憲の立入検査のおそれを主張して立入検査の差止めを求めた被調査人の訴えに対して、裁判所は、アクセス権の強制は職務執行令状訴訟による外はなく、被調査人はFTCによる職務執行令状訴訟において調査の違法を争えるから差止判決の必要はないと判示している。

　第二に、他の行政領域で展開されてきた行政上の立入検査と令状主義をめぐる判例がFTCのアクセス権の場合にも適用されるかという問題がある。

　最高裁は、Camara v. Municipal Court, 387 U. S. 523 (1967) およびSee v. City of Seattle, 387 U. S. 541 (1967) において、不合理な捜索・押収を禁止する修正4条の保障は行政上の立入検査に対しても原則として令状を要求すると判示し、この令状主義原則は、例外を容記しつつも現在も維持されている[116]。それゆえ、FTCのアクセス権の強制との関連では、㋐アクセス権は立入検査権と同視し得るか、および、㋑同視し得るとしてアクセス権にも令状主義原則が及ぶか、が問題となる。

　㋑の問題に関して、最近のMarshall v. Barlow's, Inc., 436 U. S. 307 (1978) が注目される[117]。本件は、州際通商にかかわる私企業一般に対する、労働安全健康法に基づく労働省検査官の立入検査について令状の要否が争われ、令状主義の原則を改めて確認した判決である。このMarshall判決は、注

---

116) 行政上の立入検査と令状主義の問題については、近年、判例法理がめまぐるしく展開しており、わが国でも詳しい紹介がある。高柳信一「行政上の立入検査と捜索令状―フランク事件判決によせて」社会科学研究11巻4号（1959年）1頁以下、園部逸夫・田中館照橘〔判例解説〕【1971-1】アメリカ法111頁以下、佐藤幸治『『行政調査』とプライバシーの保護(1)(2)―アメリカ法における立入検査の問題を中心として」法学論叢97巻3号（1975年）1頁以下、4号（同年）1頁以下、綿貫芳源〔判例解説〕英米判例百選I公法（1978年）80頁以下等参照。以下では、本章にとって必要な限りで述べるにとどめている。

117) この判決は、Camara-See判決で確立された令状主義原則が、令状主義の例外を認めるその後の判例（佐藤・前掲注116）論文参照）により侵蝕され、「例外が原則をのみこむやにみえた」(92 Harv. L. Rev. 213 (1978)) 状況の中で、改めて令状主義原則を再確認した意義を持つ。本判決の紹介として、曽和俊文「行政調査と令状主義―アメリカにおける最近の判例紹介」京大法院会・院生論集8号（1980年）23頁を参照。

意深くその適用を労働安全健康法に関する法・事実に限定してはいるが、「州際通商にかかわる営業をなしているという事実だけでは」調査への自発的同意があるとは言えぬとして令状を要求するその判旨は、州際通商事業に対する一般的規制であるFTCの場合にも当てはまると言えそうである。但し、令状が必要とされるとした場合に、その発給要件たる「相当の理由」をどう解するか、あるいは個別事件調査だけでなく一般調査においても令状によるアクセス権が適用し得るのか等、問題はなお残される。

さらに、右の前提問題である(ア)の問題に関して、最近、FTC法と同様の文言のアクセス権について、これを否定的に解する下級審判決があり注目される。Midwest Growers Co-op. Corp. v. Kirkemo, 533 F. 2d 455 (9th Cir. 1976) がこれである。

本件は、原告農業協同組合の法違反を調べるICCの個別事件調査において、ICCが令状に基づく立入検査を行ったことに対し、原告団体が、立入検査の違法を主張し、損害賠償および押収書類の返還等を命ずる命令を求めた訴訟である。本件の中心争点は、アクセス権の強制として令状による立入検査が許されるか否かであった。控訴裁は、この点につき、①ICCに団体記録へのアクセスおよびそれらの検査・コピーを授権する制定法は、検査のために同意なしに立ち入る (enter) 権限まで授権したものではない、②ICCのアクセス権の強制のためにはインジャンクション訴訟をICCが提起すべきである、と判示して、令状による立入検査が違法であることを認め、書類の返還を命令した。控訴裁によれば、令状主義原則を確立したCamara-See判決およびその後の立入検査をめぐる判例は、制定法が立入る (enter) 権限を授権する場合の判断であり、アクセス権はこれらとは異なるというのである。

従来、アクセス権は立入検査権とほぼ同様に考えられるのが普通であり、[118] この判決によるアクセス権解釈が一般性を持ち得るかはかなり疑問もあるが、[119] この判決の論理によるとすれば、FTCのアクセス権の強制は、職務

---

118) *See, generally,* C. E. Muller, *Access to Corporate Papers under the FTC Act,* 11 Kan. L. Rev. 77 (1962).
119) 行政調査権の行使に制限的なシュオーツでさえ、「本判決は不当に限定的であるように思

執行令状訴訟による外はないということになる。

　以上の簡単な分析からもうかがえるように、アクセス権の性格およびその強制方法についてはなお不明確な点が少なくない[120]。しかし、アクセス権に基づく調査範囲の限定性を保障するために、何らかの形で事前の裁判所の関与を必要とするという点では共通した確認があり、この点に、行政調査の司法的執行の原則の影響を見てとることができる。

(4) 小　括

　アメリカにおいて、行政調査は──令状なしの立入検査を認める「例外[121]」を除けば──現在もなお、基本的に裁判所により強制される。この制度的特質は、召喚令状による調査を中心とする経済規制行政においてより顕著であり、「FTC のどの調査手続も自力執行力を持たない (None of the Commission's Investigatory processes is self-executing)[122]」と説明される。

　被調査人は、召喚令状または実力強制を否定されたアクセス要求の違法を争おうとすれば、調査要求を拒否し、FTC が調査を強制する訴訟を提起するのを待って法廷でこれを争うことができる。過料による強制に対しても、行政機関による強制のための訴訟を待つか、自らプリ・エンフォースメント訴訟を提起するかによって調査権をめぐる争いは、調査が実現される前に、法廷で争われることになる。

　このように、行政調査の司法的執行の原則は、最終的な強制を裁判所侮辱処罰権という強力な手段に委ねている反面で、行政調査の違法を事前に

　　える」とこれを批判している (B. Schwartz, *Administrative Law during 1976*, 29 Ad. L. Rev. 137, 154 (1977))。
120)　わが国の公正取引委員会の立入検査の法的性格についても、(i)「一応の結論」としてこれを行政上の即時強制と解して令状主義の適用を主張するもの (根岸哲「独禁法上の立入検査の性質と限界」企業法研究 216 号 (1973 年) 12 頁、(ii) 行政上の即時強制と解して刑事事件に関連して行われる場合に令状を要するとするもの (阿部芳久『審決独占禁止法 I』(法学書院・1974 年) 246 頁以下、(iii) 刑罰による間接強制をのみ予定する行政行為──受忍を命ずる下命行為──と見るもの (PQR「公正取引委員会の活動とその立入検査権」時の法令 562 号 (1966 年) 22 頁、阿部・前掲注 39) 623 頁、などの見解がある。
121)　Marshall v. Barlow's, Inc., 436 U. S. 307, 313 (1978).
122)　ABA, Development 218 (1975).

法廷で争うことを保障する原則として、それ自身、行政調査の法的統制の法理の1つであると言える。

　行政調査の司法的執行の原則は、私人のプライバシーの保護を尊重し、行政調査の濫用から私人の権利を保護せんとする英米の個人主義的伝統に根ざすものであり、一時期には憲法上の原則と考えられた。今日では、憲法上の要請であるか否かは明確でないとされるが、既に見たように連邦において、少なくとも経済規制行政領域においては、議会および裁判所は、なお、行政調査の司法的執行を基本的に維持するものと言える。[123]

　行政調査の司法的執行の原則は、行政機関の果たす役割が増大する中で、迅速な調査の実現を阻害するものとして攻撃されてもきた。行政調査の司法的執行の原則は、迅速な調査の実現と被調査人の権利保護という2つの要求の調整を裁判所の判断によらしめようとするものであるから、この原則およびそれに基づく調査制度を評価する際には、裁判所が、具体的にどのような実体的基準で行政調査を許容してきたか——言い換えれば、行政調査の法的統制のためにいかなる基準を確立してきたか——が問われなければならない。この点を、本章第3節、第4節で分析する。

第2節　行政調査権に関する憲法原理の転換[124]

　行政調査の司法的執行の原則の下で、これまで、行政調査命令の執行の可否を争う多くの訴訟が提起されてきたが、そこにおいて裁判所は、当該調査授権法律の解釈あるいは行政調査命令に対する憲法上の制約原理の解釈として、調査命令の適法、違法を判断してきた。裁判所により示される

---

123)　本章では、行政調査命令の司法的執行の原則を分析したが、より深くは、行政命令一般について司法的執行を原則とすると言われてきた（但し例外もあり、その全体像は必ずしも明らかではない）アメリカの行政法制度の基本にまでさかのぼって分析する必要がある。この点は今後の課題である。なお、わが国においても、最近、行政上の義務の民事執行に肯定的な研究が発表されている。阿部泰隆「行政上の義務の民事執行」自治研究55巻1号（1979年）3頁以下、細川俊彦「公法上の義務履行と強制執行」民商法雑誌82巻5号（1980年）57頁以下等参照。

124)　Davis, *supra* note 2, at 159.

行政調査命令の審査・執行基準は、この意味で、行政調査命令に対する法的統制基準と考えることができる。

本節では、次節以下で具体的に FTC 調査権を分析する前提として、行政調査命令に対する裁判所の審査基準を一般原則として確立した、1940年代に下された3つの最高裁判例を概観する。[125]

これらの判例は、行政調査権行使に制限的なそれ以前の判例——実際、1940年以前には、争われたほとんどの調査命令が裁判所により執行を拒否された——を否定ないし修正し、行政調査命令に対するゆるやかな審査基準を確立したものとして知られており、デーヴィス教授によれば「行政調査権に関する憲法原理を転換」したものとすら評価される。[126]

1. 管轄権抗弁の否定——Endicott 判決

(1) 管轄権抗弁：初期の判決

アメリカにおいて、「議会が法律に基づき行政機関を設立した場合、行政機関の権限は当該法律で授権された範囲内に留まる」ことは古くから認められた基本原理であり、無権限の行政活動は、権限逸脱の法理（ultra vires theory）により司法部によって無効とされる。[128]

管轄権抗弁（jurisdictional defense）とは、右の法理の一内容として、調査対象となった者が当該行政機関の管轄権内にないことを理由に調査権限を否定する抗弁であり、1940年以前には、規制権の限定的解釈とも相まって、かなり有効な調査拒否理由であった。

例えば、この点についての従来の先例とされたのは Ellis v. ICC, 237 U.

---

125) なお、本節で分析した判例については、既にわが国で詳しい紹介がある。外間寛「行政調査—行政的召喚令状の諸問題」鵜飼信成編『行政手続の研究』（有信堂・1961年）159頁以下、園部逸夫「行政手続当事者の資料提出強制権」法学論叢70巻1号（1961年）——後に、同・前掲注81）『行政手続の法理』144頁以下に所収——等を参照。

126) Davis, *supra* note 2, at 159. 1940年代の「法理の転換」は何人もこれを否定しないが、これを憲法原理の転換ととらえるのがデーヴィスのかねてからの主張である。

127) Stark v. Wickard, 321 U. S. 288, 309 (1944).

128) さしあたり、Schwartz, Text, 429 (1976) を参照。

S. 437 (1915) である。本件では、鉄道会社と取引先会社との不正な結びつきを調査するために、取引先会社に対して発せられた ICC の召喚令状が争われた。最高裁は、本件調査が ICC の規制権と関連性を有することを認めつつも、調査対象たる取引先会社に対する直接的な規制権を ICC が有していないことを理由に、本件召喚令状の執行を拒否した。

この Ellis 判決の判旨は、調査権を規制権と一体のものとしつつ、規制権限外にあるものには調査権も及ばないとの原則を述べたものと解され、その後、下級審ではさらに拡大された。

すなわち、FTC 調査権との関連では、FTC 調査権は法違反容疑会社または審判の当事者会社にのみ及ぶとされ[129] (United States v. Basic Products Co., 260 F. 472 (W. D. Penn. 1919); FTC v. Claire Furnace Co., 285 F. 936 (D. C. Cir. 1923))、あるいは、FTC の規制権が及ぶ州際通商に従事する会社の記録であっても、その中の「州内通商に関する記録には FTC 調査権は及ばない」(FTC v. P. Lorillard Co., 283 F. 999, 1002 (S. D. N. Y. 1922); *See also*, FTC v. Smith, 34 F. 2d 323 (S. D. N. Y. 1929))とされた[130]。

(2) Endicott 判決

このような行政調査に対する限定的解釈は、1940 年代の一連の最高裁判例により修正されることになるが、その「重大な一歩」[131]となったのが、Endicott Johnson Corp. v. Perkins, 317 U. S. 501 (1943) であった（本件は、

---

129) この解釈は、召喚令状に関しては、FTC v. Tuttle, 244 F. 2d 605 (2d Cir. 1957) 以後改められた。本章第 1 節 1(2)参照。

130) このような州際・州内記録二分論の批判的分析として、M. Handler, *The Constitutionality of Investigations by the Federal Trade Commission II*, 28 Colum. L. Rev. 905, 918-923 (1928); B. MacChesney & W. D. Murphy, *Investigatory and Enforcement Powers of the Federal Trade Commission*, 8 Geo. Wash. L. Rev. 581, 584-587 (1940) 等参照。

131) N. Kallen, *Investigatory Power of Administrative Agency: Historical Development*, 44 Chi-Kent L. Rev. 50, 53 (1967). なお、行政調査権に対する最高裁の新しい態度を示す「最初の第一歩」が、1940 年に、広範な行政調査を是認した下級審判決のサーシオレイライを拒否する形でそっと踏み出されていたことを指摘するものとして、Note, J. T. Curtis, *FCC v. Schreiber—A New Weapon in the Administrative Arsenal*, 20 Sw. L. J. 374, 376 (1966); Davis, *supra* note 2, at 229 がある。

直接には労働長官の召喚令状権を争うものであるが、以後、FTC をはじめとする経済規制行政における行政調査に関しての先例ともされる)。

　本件では、ウォルシュ・ヒーリー政府契約法に基づき政府契約の相手となった会社に対する労働長官の調査が争われた。同法は、政府契約の相手方会社に政府が定める一定の労働基準（最低賃金、最高労働時間等）の遵守を要求し、これらの基準の遵守状況の調査権を労働長官に与えていた。上告人会社は、靴を製造し政府に供給する政府契約を結んでおり、政府の指定工場である靴工場において労働基準はほぼ守られていた。ところが労働長官は、指定工場以外の上告人会社の工場における労働基準違反の調査を開始し、その過程で本件召喚令状を発した。そこで上告人会社は、本件召喚令状が政府契約の対象外の――したがってウォルシュ・ヒーリー法の適用範囲外の――工場に向けられたものであることを理由に調査を拒否し、地裁 (37 F. Supp. 604 (S. D. Cal. 1941)) も会社の主張を認めて調査の執行を拒否した。

　しかし最高裁は、本件召喚令状で求めた情報（給料支払額名簿等）が長官の調査権に関連することを認めつつ、「いかなる被雇用者にこれらの契約および本法律が及ぶのかの決定」は第一次的に長官の判断に委ねられており、この「長官の判断の参考として、証拠の提出を命じることは地裁の義務であった」[132] と述べ、地裁判決を破棄し、調査の執行を命じた。

　Endicott 判決は、当初、調査段階における管轄権抗弁を一切否定したものと受けとめられ、他方で、それは、無権限の行政活動を否定する合衆国法の基本原理に反するものであると批判された[133]。

　例えば、同判決におけるマーフィー判事の反対意見は次のように述べていた。「もし上告人会社の工場が本法律の対象外であるとすれば、長官は、当該工場に対する行政手続を発動する権利も、記録の提出を求める権利も持っていないはずである。……裁判所に行政的召喚令状の執行権限を付与する現在の法制度の下では、上告人会社は、そのプライバシーが侵害され

---

132) 317 U. S. 501, 509 (1943).
133) See, e. g., B. Schwartz, *A Decade of Administrative Law 1942-1951;* 51 Mich. L. Rev. 775, 787-789 (1953).

る以前に、この問題［上告人会社工場が本法の適用範囲にあるか否かの問題］についての司法部による決定を受ける権利を有する」[134]。

こうした批判は、規制権限外のものには調査権は及ばないとするこれまでの原則を前提とする限り当然のものであり、当時の多くの論者は、Endicott 判決を「自発的に政府と取引関係に入った」政府契約者にのみ妥当する例外と解していた[135]。

しかし、最高裁は、3 年後の Oklahoma Press Publishing Co. v. Walling, 327 U. S. 186 (1946) で、Endicott 判決の判断が一般的にも成立することを認め[136]、その後、調査段階における管轄権抗弁の否定は、行政調査命令の執行訴訟においてしばしば言及される一つの原則となった。

この原則の正当化理由としては、① 調査開始以前に当該調査対象が行政機関の管轄権内にあるか否かが不明確な場合があること、② 管轄権についての抗弁は審判手続で争い得ること、③ 行政活動に対する早期の司法介入は行政活動を不必要に妨げること、などが早くから指摘されてきた[137]。しかし、この原則と無権限の行政活動を否認する権限逸脱の法理との関係はその後も争われるところであり、この点は、FTC 調査権についての分析（第 3 節 1 (1)）において改めて述べることにする。

2. 一般的審査基準の確立——Oklahoma 判決および Morton Salt 判決

行政調査に対する憲法上の制限として、アメリカでは、一般に、不合理な捜索・押収を禁じる修正 4 条と、自己負罪となる証言の強要を禁じる修

---

134) 317 U. S. 501, 513 (1943).
135) 例えば、当時制定が準備されつつあった APA 草案もこのような見解を示していた (APA Legislative History 363 (1946) cited in Schwartz, Text, 118 (1976))。しかし、Oklahoma 判決後成立した現行 APA は管轄権抗弁を否定する Endicott-Oklahoma 原則を認めたものとされる (Note, 22 N. Y. U. L. Q. Rev. 465, 471 (1947))。
136) 327 U. S. 186, 212-212 (1946).
137) *See, e. g.*, Note, *Judicial Review of the Administrative Exercise of the Subpoena Power*, 52 Yale L. J. 175, 176-180 (1942); Note, *Non-Coverage as a Defence against Judicial Enforcement of the Administrative Subpoenas*, 56 Yale L. J. 162, 168-170 (1946). なお、これらの正当化理由の批判として、Schwartz, Text, 115-118 (1976) を参照。

正5条とが挙げられる。[138]そして、経済規制行政の領域では、種々の法理により修正5条による制約はそれほど大きくないので、[139]行政調査の濫用からの私人の保護は、主として、修正4条によって保障されてきたと言える。

もっとも、修正4条は、元来、植民地時代の一般令状（援助令状）による私宅の無制限な捜索への反感を直接的契機として成立したもので、行政調査——とくに文書提出命令——への制約を意図したものではない。しかし、判例は、修正4条の保護の核心が公的介入から私人のプライバシーを保護することにあることをしだいに明確にし、行政調査に対する修正4条の適用を肯定してきたのである。[140]

(1) 1940年以前の判例

1940年以前の裁判所は、行政調査命令に対する修正4条の直接的適用については触れていないが、英米の個人主義的伝統に支えられた憲法解釈を背景とする制定法の限定解釈により、行政調査権行使に制限的な諸基準を生み出してきた。

例えば、Harriman v. ICC, 211 U. S. 407 (1908) では、職権で開始されたICCの個別事件調査における召喚令状が争われたが、最高裁は、召喚令状

---

138) この外に、特定の行政調査に関して、例えば、新聞社への行政調査が表現の自由を保障する修正1条との関連で争われ (See, e. g., Oklahoma Press Publishing Co. v. Walling, 327 U. S. 186 (1946); SEC v. Wall Street Transcript Corp., 422 F. 2d 1371 (2d Cir. 1970))、あるいは証人の手続的権利がデュープロセスとの関連で争われる (See, e. g., Hannah v. Larche, 363 U. S. 420 (1960)) が、一般的かつ中心的な制約原理は、修正4条、5条により与えられる。
139) この点は、第3節2(2)で述べる。
140) その第一歩は、Boyd v. United States, 116 U. S. 616 (1886) により与えられた。本件は、関税法違反事件の被疑者にその私文書の提出を命じた裁判所の召喚令状が争われた事例であるが、最高裁は、「当事者を有罪にしまたは彼の財産を没収するために彼の私文書を強制的に提出させること」も現実の捜索・押収と同様に修正4条、5条の保護を受け得ると判示した。さらに、反トラスト法違反事件を調べる大陪審の召喚令状が争われた Hale v. Henkel, 201 U. S. 43 (1906) では、修正4条が単独で私文書の強制的提出に適用されること、および、法人も修正4条の保護を受け得ることを認めた。これらの判例により、法人に対する行政的召喚令状にも修正4条の適用があることは積極的に推認されるところであったが、このことは、FTC v. American Tobacco Co., 264 U. S. 298 (1924) で前提とされつつ、Oklahoma Press Publishing Co. v. Walling, 327 U. S. 186 (1946) で確認された。なお、河原畯一郎「捜索・押収の保障と行政手続の問題」ジュリスト88号 (1955年) 22頁以下参照。

の発給要件として州際通商法が定める「本法律の諸目的のために」を狭く解して、召喚令状の発給は「ただ、法違反を訴える申告に基づく場合のみ認められる」と判示し、申告に基づかない本件召喚令状を拒否した。この Harriman 判決は、直接には州際通商法の解釈を示したのであるが、同時に、この解釈の背景として、「証言を要求する権限は、少なくとも英語圏諸国において通常そうであるように、ただプライバシーの犠牲が必要な場合のみ——すなわち調査が特定の法違反に関係している場合のみ——に限定される」と述べていた。それゆえ、この判決は、その後、法違反容疑を前提としない一般調査権は許されないとの基準を示した先例として受けとめられていった。

また、既に述べた FTC v. American Tobacco Co., 264 U. S. 298 (1924) では、最高裁は、「法違反の証拠を発見できるかも知れないという可能性によって私人の書類に対して行う探り出し的調査 (fishing expedition)」を否定し[142]、行政調査権発動の前提として、法違反事実が発見されるであろうと信ずる「相当の理由」の疎明の必要性を示唆した。そして、これは、その後、「修正4条の文言とともにその精神をも尊重する」[143]裁判所の示す一般的基準として受けとめられてきた。

(2) 1940 年代の二判決

これらの判例を否定または修正し、行政調査命令に対する修正4条の適用基準を確立したのが、1940 年代に下された、次の二判例であった。

(i) **Oklahoma 判決**　　まず、Oklahoma Press Publishing Co. v. Walling, 327 U. S. 186 (1946) では、公正労働基準法の下で、労働省賃金・労働時間局長官に付与された召喚令状権が争われた。本件召喚令状は、上告人会社が公正労働基準法の定める労働基準を遵守しているか否かを調べるために職権で開始された個別事件調査において発せられた。上告人会社は、事前に法違反を訴える申告なしに開始された本件調査は「探り出し的調

---

141)　211 U. S. 407, 419 (1906).
142)　264 U. S. 298, 306 (1924).
143)　*Ibid.*

査」であって、修正4条に違反すると主張した。

　しかし、これに対して最高裁は、まず、本件で提起されている問題が「現実の捜索・押収の事件」とは区別される行政的召喚令状に関する事件であることを指摘した後、次のように修正4条の適用基準を述べた。

　すなわち「修正4条は、仮に［行政的召喚令状に］適用されるとしても、精々次のような場合──［1］その調査が当該機関に法律上授権された類のものであり、［2］指定された資料が調査と関連性を有することを前提に、［3］要求された事項が極めて無限定かつ広範なゆえに［修正4条の要件である］『個別的に記載される』という要件に欠ける、として濫用に対する防壁となる場合──であり、この保護の核心は、求める開示が不合理であってはならないということである」。[144]

　このように述べて最高裁は、本件召喚令状で求められた書類が議会の授権した調査目的に関連したものであること、文書の指定も過度に広範であるとは言えないことを認定し、これらの認定で修正4条の基準は満たされるとして、本件召喚令状の執行を命じた。

　この Oklahoma 判決は、直接には行政調査に制限的な従来の先例を覆すとは述べていないが、法違反の申告を前提としない職権調査を授権する議会の意図を尊重し、修正4条による行政調査に対する制限を、不合理な調査を許さないために調査範囲を限定する一般的制約としてのみ理解した点で、明らかに従来の先例とは異なる立場にたったものと言えるであろう。

　(ⅱ)　**Morton Salt 判決**　　Oklahoma 判決で展開された最高裁の新しい立場は、United States v. Morton Salt Co., 338 U. S. 632 (1950) で完成された。

　本件は、反トラスト法違反行為に対して発せられた FTC の差止命令に被上告人会社が従っているか否かを調査するため、被上告人会社に命令遵守状況を示す報告書の提出を要求した FTC 調査権が争われた。被上告人会社は、「新奇な」調査手段である報告書要求命令で、何ら法違反の容疑[145]

---

144)　327 U. S. 186, 208 (1946).
145)　地裁 (80 F. Supp. 419 (N. D. Ill. 1948)) および控訴裁 (174 F. 2d 703 (7th Cir. 1949)) は、報告書要求命令は一般調査手段としてのみ使われるとして執行を拒否した。しかし最高裁は、この点について、報告書要求命令を本件のように活用することは確かに「新奇」ではあるが、

第 2 節　行政調査権に関する憲法原理の転換　57

に基づかぬ「探り出し的調査」を行うことは修正 4 条に違反すると主張し、調査命令を拒否した。

　これに対して最高裁は、本件報告書要求が「探り出し的調査」にあたることを認めつつ、次のように述べて調査の執行を命じた。すなわち、行政機関の調査権限は「大陪審の調査権限に似たもの」であり、「調査義務、告発義務が制定法により行政機関に委ねられている場合、行政機関は、一定の法違反があるか否かについて確認するためのステップをとってもよい」[146]、つまり、「たとえ本件での情報要求が公的好奇心（official curiosity）そのものによって引き起こされたと考えられるとしても、法執行機関は、会社の行為が法および公益に一致していることを確認する正当な権利を持つのである」[147]。

　Oklahoma 判決および Morton Salt 判決は、このようにして、1940 年以前に考えられていた行政調査権に対する制限基準（行政調査の前提に法違反容疑を要求する「探り出し的調査禁止（no fishing expedition）の原理」等）を取り払い、行政調査の執行に好意的なその後の判例の基礎を築いた。

　両判決で確立された修正 4 条の適用基準は、その後、①「調査目的と求める情報との関連性」要件、および、②「調査範囲のゆるやかな特定性」要件として要約され、これらにさらに、修正 4 条による制約を「合理性」の枠内で把える両判決から導かれるもう 1 つの要件——③「被調査人に不合理な負担を与えてはならない」との要件[148]——が加わって、ことに行政調査命令に対する一般的審査基準が確立した。

　　立法史の分析によれば制定法上可能であると判示した（338 U. S. 622, 647-651（1950））。この判示は、審判開始決定前個別事件調査における報告書要求命令の利用を認めた St. Regis Paper Co. v. United States, 368 U. S. 208（1961）とともに、報告書要求命令の利用範囲を拡大したものとして重要である。
146)　338 U. S. 632, 642-643（1950）.
147)　*Ibid.*, at 652.
148)　この「不合理な負担」要件は、Oklahoma 判決が「求める開示は不合理であってはならない」と述べたことに由来するが、その後の下級審により、調査範囲および調査手続におけるさまざまな「不合理な負担」を否定または修正する要件として発展させられていく、*See*, F. E. Cooper, *Federal Agency Investigations: Requirements for the Production of Documents*, 60 Mich. L. Rev. 187, 192-195（1961）; Gellhorn-Byse-Strauss, Case 565-569（1979）.

これらの審査基準の具体的適用例は、FTC調査権について、第3節、第4節で分析する。

第3節　個別事件調査の法的統制

FTCの個別事件調査は、FTCがその規制権限を行使する前提として、FTCが執行権限を持つ反トラスト法または消費者保護法違反事実の有無を調べるために行われる。法違反事実が確定されれば、それを是正する行政規制またはそれに対する刑事罰[149]が発動されることになるから、規制・被規制関係にあるFTCと会社とは、個別事件調査において、潜在的な対立関係にあると言える。それゆえ、FTC調査権をめぐる争いは、主として個別事件調査をめぐって展開されており、FTC調査権の法的統制基準も、こうした個別事件調査をめぐる争いの中から形成されてきた。

本節では、前節で分析された一般的審査基準の確立以後にFTCの個別事件調査権が争われた判例を素材として、今日においてFTC個別事件調査権にいかなる法的制約が課せられているかを分析する。被調査人が抗弁として提起する調査権にかかわる論点は多岐にわたるが、以下では、一応、調査権限（1）、調査範囲（2）、調査手続（3）に分けて、検討する。

1. 調査権限

行政調査権の発動は、法律の根拠に基づかねばならず、また、法律で授権された正当な目的を逸脱してはならない。この原則は、Oklahoma判決（第2節2参照）で確認されるまでもなく、古くから自明のこととされてきた[150]。しかし、調査権限の存否ないし調査目的の性格は、法律上常に明確で

---

149) 一定の反トラスト法違反（または消費者保護法違反）に対しては刑事罰の定めがあるが、FTC自身は刑事処罰をなす権限も起訴をなす権限もないため、FTC調査で刑事法違反事実が明確になった場合、事件は司法省に送付される。なお、坪内利彦「アメリカ合衆国における独占禁止法刑事罰則運用の実情について(1)～(5)」法律のひろば28巻12号（1975年）36頁、29巻1号（以下1976年）61頁、2号59頁、3号50頁、5号60頁を参照。

150) 行政調査権の成立当初は、むしろ、法律による授権のみで行政機関への強制調査権付与が

あるわけでなく、それが法律の解釈問題として争われる場合には、これらの原則の適用は必ずしも容易でなかった。

FTC個別事件調査に関しては、次の諸点が争われてきた。

(1) **管轄権抗弁の否定——調査権と規制権との区別**
　(i) **管轄権抗弁と法律の根拠**　Endicott判決（第2節1参照）は、行政調査の対象が調査授権法による規制対象であるか否かの判断は第一次的には行政機関にあると判示し、調査の執行訴訟段階における管轄権抗弁を否定した。しかし、行政調査の執行訴訟の段階で、法律により授権された行政機関の権限の存否が争い得ないとすれば、行政調査に法律の根拠を要求することも意義を失うことになるのではないか。こういう考えに基づいて、Endicott-Oklahoma判決後も、被調査人の管轄権抗弁を認めて調査の執行を拒否する判決があった。

FTCについて言えば、Craft v. FTC, 244 F. 2d 882 (9th Cir. 1957) がこれである。本件では、欺瞞的広告の規制のために開始されたFTCの審判手続において、被審人である保険会社に対して発せられた召喚令状が争われた。会社は、保険業に対する州法の優先的規制とFTC規制権の適用制限を定める法律により、本件審判手続および本件召喚令状はFTCの権限を越えていると抗弁し、召喚令状に従うことを拒否した。地裁は、Endicott判決を引用して召喚令状の執行を命じた。しかし控訴裁は、「行政的召喚令状の執行手続は事件または争訟である。［それゆえ］裁判所管轄権に関する、行政機関の権限に関する、要求の合理性に関する……すべての問題は司法審査の対象となる。FTCは積極的性格を持つ措置を求めているの

許されるかが争われた（本章第2節1(1)参照）。行政調査と法律の根拠については、今日、APA6条(b)項が、従来の法原則を確認する形で、次のように規定する。「強制令状、報告の要求、検査、その他の調査上の行為または要求は、その方法または目的の如何を問わず、法の認めるところによる外、これを発し、行いまたは強制してはならない」(5 U. S. C. A. § 555(c))。

なお、純粋に任意の協力を得て行われる任意調査と法律の根拠の要否について、APA6条(b)項あるいはFTC法6条（本章第1節1(2)参照）は、任意調査も含めた調査授権を想定しているが、これらの規定が法律による授権のないすべての任意調査を許さぬ趣旨であるか否かは明確でなく、任意調査がその性格上法廷で争われにくいため、判例もこの点に答えていない。

であるから、自らが当該領域で活動する法的権限を持つことを積極的に立証しなければならない[151]」と述べ、被調査人の抗弁を認めて召喚令状の執行を拒否した。

控訴裁は、さらに、本件と先例との区別として、① Endicott 判決は管轄権についての第一次的決定権を議会が行政機関に明示的に与えていた場合であり、② 包括的規制権を付与する法律の下での調査範囲の決定は行政機関に判断権があるが、議会が特定分野の除外を定めた法律の下での規制権の及ぶ範囲の決定は法律問題であり裁判所がこれを行うべきであると述べた。

ところが、最高裁は、サーシオレイライを認めた後、Endicott 判決と Oklahoma 判決の名を挙げるだけの簡単なパーキュリアム判決で控訴裁判決を破棄し、召喚令状の執行を命じる地裁判決を支持した（FTC v. Craft, 355 U. S. 9 (1957)）。

最高裁のパーキュリアム判決は、この問題を結着済とする最高裁の意思を改めて確認させ、したがって Craft 判決は、調査段階での管轄権抗弁を否定する Endicott 原則をこの後定着させる判例となった[152]。

　(ii)　**調査権と規制権の区別論**　そして、この原則と無権限の行政活動を否定する権限逸脱の法理との関連は、最近の下級審判決によれば、調査権と規制権の区別論により説明されている。

例えば、FTC v. Miller, 549 F. 2d 453 (7th Cir. 1977) では、審判開始決定前調査で発せられた FTC の召喚令状が争われた。控訴人会社は、FTC 調査権の適用除外の定められている一般陸運会社であることを理由に調査[153]

---

151) 244 F. 2d 882, 890 (9th Cir. 1957).
152) もっとも、Endicott 原則への批判がその後なくなったわけではない。例えばクーパーは、Endicott 原則が APA 6 条(b)項に反するおそれがあるとし、調査段階での管轄権抗弁を認めるべきとするフーバー委員会の見解（Proposed Administrative Code § 204 (b), Commission on Organization of the Executive Branch of the Government, Legal Services and Procedure, A Report to the Congress 368 (1955)）を支持している。See, Cooper, *supra* note 148, at 195-197 (1961).
153) FTC 法 6 条は、「銀行または一般陸運会社」に対する FTC 調査権の適用除外を明示する。なお、この規定は、1973 年の法改正（Pub. L. No. 93-153）によって、銀行等が第三者として FTC の調査を受ける場合を妨げる趣旨でないことが明確にされた。さらに、1979 年の法改正

を拒否した。地裁は、召喚令状の執行訴訟段階では管轄権抗弁は主張できないと述べて執行を命じた。しかし控訴裁は、本件での争点が制定法上の除外規定の解釈たる法律問題であり、かつ、問題となっている控訴人会社の権利が「調査からの自由」である以上、後の審判手続でこれを争うのでは遅いとして、召喚令状執行手続における調査権限外の抗弁を認め、地裁判決を破棄、差し戻した。

また、FTC v. Swanson, 560 F. 2d (1st Cir. 1977) では、控訴人会社は自社に向けられたFTCの召喚令状を拒否し、その理由として、自社が民間航空委員会の排他的管轄権の下にありFTCの規制権は及ばないことを主張した。しかし、控訴裁は、控訴人会社がFTC調査権の適用除外が定められた「銀行または一般陸運会社」でないことを認定した後に、FTC規制権の適用除外の定められた「航空会社」であるか否かの争いは召喚令状執行段階では「未成熟 (premature)」であるとしてこの抗弁を拒否し、調査の執行を命じた。

これらの判決の立場は、調査権と規制権の区別を明確にした上で、規制権についての抗弁は後の審判手続で主張し得るがゆえに調査段階では主張できぬとしつつ、制定法上明示的に定められた調査権限の存否については調査段階で争い得るとするものであった。[154] こうした調査権と規制権の区別論は、従来の管轄権抗弁の一般的否定論に内在した不明確さを解消するものと言えるが、同時にそれは、個別事件調査権を規制権から切り離し、調査後にとられる諸手続にとらわれない広い個別事件調査を可能にするものであった（その例は調査範囲の拡大として後に分析する）。

(2) 調査授権規定の推認

調査権限の存否をめぐって争われた第二の問題として、明文の委任規定がない場合の調査権の地方局長への委任、および、明文の準用規定がない

(Pub. L. No. 96-37) は、調査権の適用除外として、「貯蓄、貸付機関 (savings and loan institutions) を追加している。
154) 同様の趣旨を示す判決として、FTC v. Texaco, Inc., 555 F. 2d 862, 879 (D. C. Cir. 1977); Blue Ribbon Quality Meats, Inc. v. FTC, 560 F. 2d 874, 875-876 (8th Cir. 1977) 等を参照。

場合の調査権の準用の問題がある。裁判所は、いずれにおいても、行政調査の必要性の認識を背景に、行政調査権の存在を積極的に認めてきた。

　(i) **召喚令状発給権の地方局長への委任**　召喚令状発給権は行政機関の長または行政委員会にのみ与えられるのが通常であり、FTC も例外ではない。しかし、全国的規模で行われる行政の場合、召喚令状発給権を持つ必要は、行政機関の長または委員会（多くはワシントンに集中して所在する）のみならず、その地方事務所においても否定できない。そこで、法律で明文の委任規定がない場合の召喚令状発給権の地方局長への委任の可否が問題となる。

　この点について、最高裁の先例としては、行政的召喚令状の圧制的使用可能性を理由に委任を拒否した Cudahy Packing Co. v. Holland, 313 U. S. 357 (1942) と、現実の委任の不可避性を強調して委任を推認した Fleming v. Mohawk Wrecking & Lumber Co., 331 U. S. 111 (1947) とがある。

　いずれも具体的な法律解釈論として結論を導いているため、一般原則は明確ではないが、Cudahy 判決では少数意見であったダグラス判事が、Fleming 判決では多数派となって委任を推認する法廷意見を書いており、この変化の背景に、行政調査権に対する制限的解釈を変更した 1940 年代の一般的傾向を指摘することができる。

　もっとも、Fleming 判決の立場にたつとしても、委任の不可避性の承認は調査権の法的統制の必要を否定するものではない。ダグラス判事は、発給基準を明確に示した上での委任は許されると述べ、同意意見を書いたジャクソン判事は、「十分な司法審査の保障の存在」こそが重要であると述べていた。

---

155) Fleming 判決は、Cudahy 判決を是認した上で、両者の違いとして、(i) 立法史の違い、(ii) 調査権限（召喚令状発給権とは別）の委任規定の有無、(iii) 規則制定権の有無等を挙げていた。しかし、問題となった規定の文言は両者においてほぼ同様であった。これらの批判的分析として、Note, *Statutory Construction of the Delegation of Administrative Subpoena Power*, 42 Ill. L. Rev. 672 (1947); W. B. Arnold, *Subdelegation of the Subpoena Power by Federal Administrative Officials*, 27 Texas L. Rev. 537 (1949) を参照。
156) 315 U. S. 357, 368-369 (1942).
157) 331 U. S. 111, 123-124 (1947).

FTCに関してこの問題が争われたのは、FTC v. Gibson, 460 F. 2d 605 (5th Cir. 1972) である。本件では、FTC 規則によって召喚令状発給権の委任を受けた地方局副局長により発せられた召喚令状が争われた。控訴人会社は、委任の根拠となった1949 年の再組織法の違憲、および、同法に基づく 1961 年の再組織計画 NO. 4（FTC が規則に基づきその権限を部下に委任し得ることを認める）の限定解釈等を主張して委任の効力を争ったが、控訴裁はこれらの異議を退け委任の有効性を認めた。その後、規則による調査権の委任を争う事例は無く、現在の FTC 規則では、召喚令状発給権は、FTCとその 5 名の委員および審判官の外に、「競争局、消費者保護局および経済局の各長官、副長官ならびに各地方局の局長、副局長」に、「再委任を許さず」との限定を付して委任されている。[158]

(ii) クレイトン法執行手続における FTC 調査権の準用　明文の調査権授権規定がない場合の調査権行使が争われたその二として、FTC 調査権に特殊の問題であるが、クレイトン法（およびその改正法たるロビンソン・パットマン法）違反事件における FTC 法上の調査権の準用問題がある。

FTCは、さまざまな制定法の執行権限を与えられており、各制定法はその中で、その執行手続において FTC 法上の調査権を準用することを明記している。しかし、クレイトン法 11 条は FTC がクレイトン法 2 条、3 条、7 条および 8 条を執行する機関であることを明確にはしていたが、その執行手続における召喚令状権について FTC 法の準用に言及していなかった。それゆえ、「数十年間にわたり、FTC の内外では、FTC 法 9 条の調査権はクレイトン法の下での事件には適用されないという見解が広く支持されて」いた。[159]

この見解は、1950 年代後半になって、初めて裁判所が審査するところとなった。FTC v. Rubin, 145 F. Supp. 171 (S. D. N. Y. 1956) は、制定法の文言を厳格に解釈して、クレイトン法違反事件での FTC 法上の調査権規定の準用を否定した。しかし、同じ問題が争われた他の裁判所は、クレイト

---

158)　16 C. F. R. § 2. 7 (a) (1973).
159)　Pollock, *supra* note 27 at 21.

ン法と FTC 法が同一会期に同一事項に関して (*in pari materia*) 制定されたものであるから、これらを制定した議会の目的に適うようひとつのものとして解釈きるべきであるとして、FTC 法の準用を認めた (Menzies v. FTC, 242 F. 2d 81 (4th Cir. 1957); FTC v. Reed, 243 F. 2d 308 (7th Cir. 1957); FTC v. Rubin, 245 F. 2d 60 (2d Cir. 1957) rev'g 145 F. Supp. 171)。

論者の中には、法解釈論としては準用を否定する判決(地裁)が正しいとしつつ法律改正を提唱するものがあったが[160]、多くの論者は準用を肯定する諸判決を支持した[161]。

(3) 正当な調査目的からの逸脱

調査権限についての第三の問題は、調査目的が不当であると抗弁する場合、すなわち、調査の真の動機、目的が議会の授権した正当な目的以外にあると抗弁する場合である。正当な調査目的からの逸脱が認定されれば、もちろん調査命令は違法として執行が拒否される。しかしこの抗弁は、調査目的の不当性の立証の困難もあって、一般に認められることは少ない。

(i) **行政上の目的と刑事上の目的との区別と関連** 不当な目的による調査として抗弁されるその一は、行政上の目的で発動さるべき行政調査が主として刑事事件における証拠収集手段として使われる場合である。

この抗弁は従来からとくに税務調査領域において多く見られるものであり、そこでは、納税者の刑事責任の追及を唯一の (sole) 目的として発せられた行政的召喚状を違法とする「不当目的禁止の原則 (improper purpose doctrine)」を基本法理として、調査目的が刑事上の目的であると判断される指標のあり方等が議論されてきた[162]。

---

160) Comment, 32 N. Y. U. L. Rev. 1292 (1957).
161) *See, e. g.*, Note, 53 Nw. U. L. Rev. 109, 116 (1958); Loughlin, *supra* note 14, at 758-759; Pollock, *supra* note 27, at 21.
162) *See,* United States v. O'Connor, 118 F. Supp. 248 (D. Mass. 1953); Reisman v. Caplin, 375 U. S. 440, 449 (1964); Donaldson v. United States, 400 U. S. 517 (1971); United States v. LaSalle National Bank, 437 U. S. 298 (1978). これらの判例の分析および問題点の解明は、税務調査の法的統制を扱う別稿で論じる予定であるので、ここでは触れない。さしあたり、C. S. Lyon, *Government Power and Citizen Right in a Tax Investigation,* 25 Tax Law 79, 79-85 (1971); N. I. Kenderdine, *The Internal Revenue Service Summons to Produce Document: Powers,*

この税務調査領域での法理が他の行政領域においても妥当するか否かは「未確定（uncertain）である」とされるが[163]、経済規制行政においても、行政規制の対象となる法違反事実が同時に刑罰の対象ともなる場合が少なくないため、個別事件調査権と刑事調査権との区別と関連をどうとらえるかという問題は、それ自身検討すべき問題であると言える[164]。
　しかし、FTC の場合、この問題は、調査目的の不当性の抗弁の問題としてはほとんど議論されてこなかった。それは、制度上刑事法の執行権限を持たない FTC が当初から刑事上の責任追及を「唯一」の目的に行政調査を発動することがほぼ考えられなかったことによると思われるが、同時に、反トラスト刑事事件の調査を担当する大陪審の召喚令状が FTC 召喚令状とほぼ同様の基準（調査範囲・手続）で認められることから、被調査人にとって、「不当目的」の抗弁は単に FTC 調査を大陪審調査に変えるだけの効果しかないと考えられたことにもよると思われる[165][166]。

Procedures, and Taxpayer's Defences, 64 Minn. L. Rev. 73, 102-111 (1979); L. S. Wertheimer, *The Institutional Bad Faith Defense to the Enforcement of IRS Summones*, 80 Colum. L. Rev. 621 (1980) 等参照。

163) Development in the law, *Corporate Crime: Regulating Corporate Behavior through Criminal Sanctions*, 92 Harv. L. Rev. 1227, 1329 (1979).

164) この問題は、主として、経済犯罪（economic crimes）における証拠収集をめぐる問題として、刑法学者により分析されている。*See, e. g.*, S. V. Wilson & A. H. Matz, *Obtaining Evidence for Federal Economic Crime Prosecutions: An Overview and Analysis of Investigative Methods*, 14 Am. Crim. L. Rev. 651 (1977); D. C. Smaltz, *Tactical Considerations for Effective Representation during a Government Investigation*, 16 Am. Crim. L. Rev. 383 (1979).

165) *See*, Development in the law, *Corporate Crime, supra* note 163, at 1329 n. 110.

166) FTC の場合、この問題はむしろ、行政調査で得た資料の刑事事件での利用可能性の問題——つまり、結果的に行政調査が刑事上の目的にも貢献し得るか否かの問題——として考えられる。司法省反トラスト局の民事調査手段である CID の場合には、明文でこれを積極的に認めている（15 U. S. C. A. §313 (d)）が、FTC の場合も実務上、司法省反トラスト局との非公式合意書において FTC 調査資料の司法省への送付を認めている（Roll, *supra* note 65, at 2078. *See, also*, ABA, Developments 231 n. 11 (1975)）。この場合、刑事事件において証人が有する諸権利——とくに自己負罪拒否特権——との関連が問題となるが、(i) FTC の調査対象の多くが自己負罪拒否特権の主張適格の否定される法人であること（本節2(2)(i)参照）、(ii) 自己負罪となる情報提供には前もって免責が付与され得ること（16 C. F. R. § 3. 39 (1973))、(iii) 調査命令の司法的執行の原則の下で FTC 調査命令についても刑事調査と同様の厳格な手続が保障されていること、などの事情から、それほど問題とされていないようである。アメリカとは事情

(ⅱ) **「悪意」に基づく調査**　不当な目的による調査として抗弁されるその二は、行政調査が「悪意」に基づいてなされたと抗弁する場合である。

この「悪意」の内容としては、調査官の個人的怨恨、他事考慮、制裁手段の代替などさまざまなものが考えられ得る。しかし、「動機の審査はきわめて微妙で、複雑かつ困難な作業の最たるもの」[167]であるので、この抗弁が認められるのは例外的である。[168]

例えば、この抗弁が認められた事例として、FTC v. Crowther, 430 F. 2d 510 (D. C. Cir. 1970) が注目される。本件は、審判手続において被審人会社と競争関係にたつ控訴人会社に発せられた召喚令状が争われ、控訴人会社は、当該召喚令状は企業秘密性を有する情報を求めて控訴人会社に対してのみ差別的に発せられていると抗弁した。これに対して控訴裁は、FTCが調査理由を説明すべきであるとして執行を拒否し、事案をFTCに差し戻した。

しかし、FTC v. Dresser Industries, Inc., CCH 1977-1 Trade Cases 61400 (D. C. Cir. 1977) においては、同じく審判手続で被審人会社の競争会社に対して発せられた召喚令状の「悪意」が問題とされたが、裁判所は、「悪意または不適正な動機を示唆する何か」を本件では被調査人会社が証明し得ていないとしてこの抗弁を否定した。

の異なるわが国でこの問題をどのように考えるべきかは今後の課題であるが、この点につき、阿部・前掲注120) 394頁以下は、行政調査資料の刑事事件での証拠としての採用を否定する。

なお、FTCが行政調査の過程で刑事法違反容疑事実を発見した場合、FTCは司法省にその旨を通知し、その後司法省が当該事件を大陪審に付託するならば、FTCは当該事件を司法省に移送 (transfer) する (ABA, Developments 231 n. 11)。このようなFTCと司法省との調査権の分業は、「二重調査を避ける」ための政策的考慮として説明されている (Roll, *ibid.*, at 2080) が、一般的に言って、同一対象に対する同一容疑での行政手続 (行政調査または行政決定手続) と刑事手続 (刑事調査または刑事裁判手続) との並行実施は、いわゆる並行手続 (parallel proceedings) をめぐる問題の1つとして、両手続の公平性を損わないかとの視点から問題とされるところである。See, e. g., Development in the law, *Corporate Crime, supra* note 163, at 1311-1364; Smaltz, *supra* note 164, at 434-440; Merrifield Ⅲ, *supra* note 40, at 1615-1621.

167)　その例につき、Cooper, *supra* note 148, at 193 n. 20 (1961); Gellhorn-Byse-Strauss, Case 560-562 (1979) を参照。

168)　Gellhorn-Byse-Strauss, Case 560 (1979).

(4) Res judicata または collateral estoppel

最後に、最近新しく主張される抗弁として、res judicata または collateral estoppel の抗弁がある。この抗弁が調査権限に関するものか、調査範囲に関するものかは明確でないが、例えば、次の例がある。

FTC v. Markin, 532 F. 2d 541 (6th Cir. 1976) では、不公正な方法による競争制限行為を調査する FTC の調査命令が争われたが、控訴人会社は、調査目標となった違反容疑については既に同一事情の下で下された違反容疑なしとの確定判決があり、その判決の既判力原則 (the principles of res judicata and collateral estoppel) により FTC は調査を禁じられると主張した。しかし控訴裁は、違反の有無については後の審判手続で争い得るため調査段階では管轄権問題を争えないとする原則を示して執行を命じ、さらに、既判力が主張された判決が 30 年前のものであることによる事情の変更も付け加えた。[169]

FTC v. Texaco, Inc., 555 F. 2d 862 (D. C. Cir. 1977) では、天然ガス備蓄量を過少報告した疑いに基づいて天然ガス会社数社に対して発せられた FTC の召喚令状が争われた。会社は、召喚令状への抗弁として、調査対象となったガス備蓄量報告の正確性については既にそれらを基に新料金を定めた連邦動力委員会 (FPC) の料金制定手続で認定されており、その認定の既判力 (collateral estoppel) により FTC の調査が制限を受けると主張した。しかし控訴裁は、既判力の主張は管轄権抗弁の主張と同様に調査段階では未成熟であるとしてこの主張を退けた。なお、同判決には、既判力の主張は FTC 調査権限の否定の根拠としてではなく、被調査人に対する何回にも及ぶ「不合理な負担」を避けるための FTC 調査範囲の制限の根拠として主張されているとして、この主張を認める反対意見が付加されている。[170]

---

169) *See, also*, FTC v. Feldman, 532 F. 2d 1092 (7th Cir. 1976).
170) *See, also*, Gellhorn-Byse-Strauss, Case 566 n. 1 (1979). なお、行政的召喚令状の執行訴訟においても、一定の要件を前提に collateral estoppel の適用を主張するものとして、Note, *Administrative Collateral Estoppel: The Case of Subpoena*, 87 Yale L. J. 1247 (1978) がある。

2. 調査範囲

　行政調査の濫用からの私人の保護は、調査範囲の限定によってもはかられる。調査の及ぶ事項的範囲について、FTC法自身には見るべき規定はないが、判例法上、次のような制約基準が形成されている。

(1) 調査範囲に対する一般的制限――修正4条による諸基準

　第一にあげられるのは、修正4条による制約である。Oklahoma判決（第2節2(2)(i)参照）は、行政調査命令に対する修正4条の適用基準として、「調査目的と求める情報との関連性」要件および「調査範囲のゆるやかな特定性」要件を示したが、これらの要件は、「被調査人に不合理な負担を与えてはならない」との要件と相まって、調査範囲が無限定なまたは過度に広範な、あるいは無関連の情報を求めるような調査命令を違法とする。
　しかし、Oklahoma判決が同時に強調しているように、「関連性および召喚令状の範囲の十分性または広範性は、調査の性格、目的および範囲との関連で変わり得る事項である」[171]から、これらの要件が実際に調査範囲をどの程度制約するものかは、その後の下級審における具体的適用を見る必要がある。
　FTCについて代表的な例をあげてみると、次のような判決例がある。

(i) 調査範囲に対する裁判所の審査：無関連性・広範性・不合理な負担

　まず、Adams v. FTC, 296 F. 2d 861 (8th Cir. 1961) では、審判手続で発せられた召喚令状が争われた。本件召喚令状は、控訴人会社の不公正な取引制限行為の有無を判断する資料として、14項目にわたり会社の資料を求めていた。会社は、無関連性または範囲の広範性を理由に提出を拒否したが、これに対して裁判所は、次のように各項目別に判断を示した。
　例えば、項目1は「(a)会社設立時［1941年1月］から1959年9月24日までに製造、加工、配置、販売された製品の型および(b)それらが配置さ

---

171) Oklahoma Press Publishing Co. v. Walling, 327 U.S. 186, 209 (1946). なお、Oklahoma判決での諸基準が具体的な解釈基準としてなおあいまいであることを批判するものとして、Cooper, *supra* note 148 at 205; Withrow, *supra* note 43, at 82 等参照。

れた地域を示す帳簿、記録等」を要求していた。地裁はこれに対して、「設立時から 1954 年までの分で十分」と述べ、範囲をそのように修正して執行を命じた。しかし控訴裁は、1954 年から 1959 年までの分も必要であるとの FTC の疎明を認めて FTC の要求通りの執行を命じた。[172]

項目 2 は「設立時から 1959 年 9 月 24 日までに株主へ配布した年次報告書のコピー及び損益勘定書のコピー」を要求していた。地裁はこれを「あまりに範囲が広い」として執行を拒否した。しかし控訴裁は、審判手続との「関連性ある限り広範性のみの理由では執行拒否を十分正当化できない」と述べて FTC の要求通りの執行を命じた。

項目 3 は「1950 年 1 月 1 日から 1959 年 9 月 24 日までのライセンス獲得または維持に関するすべての文書、書類および法律により要求される許可書」を要求していた。地裁は、「不合理で恣意的かつあまりに広範である」として執行を拒否したが、控訴裁は、期限を「1954 年から」に修正した上で執行を命じた。

以下、項目 4 から 14 までも同様の判断が示され、結局、地裁が調査範囲をかなり限定的に解したのに対して、控訴裁は、期限についての若干の修正を加えたのみでほぼ FTC の要求通りの執行を命じた。

Hunt Food & Industries, Inc. v. FTC, 286 F. 2d 803 (9th Cir. 1961) では、控訴人会社に対するクレイトン法違反容疑の審判開始前調査で発せられた召喚令状が争われた。控訴人会社は範囲の広範性および不合理な負担を理由に調査を拒否したが、その際「提供すべき文書を確認するためには 23 万に及ぶ取引書類を詳しく検査せねばならず、それには 15 万 7798 時間あるいは 20 人の従業員によっても 4 年間かかる仕事量を必要とする」と主張した。これに対して FTC は、FTC 職員が被調査人会社内でファイルのサンプル審査をなすことにより要求文書範囲が限定され、被調査人の検査負担も軽減されると答弁した。地裁はこの FTC の見解を「了解書」として確認し、「了解書」により召喚令状の範囲が制限されることを理由に

---

172)「執行訴訟手続において、裁判所が文書提出に関して合理的な条件、制限を課す権限を有する」(296 F. 2d 861, 870 n. 7) は、エクイティ上の権限として認められてきた (Jaffe, *supra* note 93, at 263-266)。具体的な修正例については次項 3(3) 参照。

広範性の抗弁を退け、執行を命じた。控訴裁も地裁の執行命令を支持した。[173]

FTC v. Texaco, Inc., 555 F. 2d 862 (D. C. Cir. 1977) では、天然ガス製造、販売会社である控訴人会社7社に対する審判開始前調査における召喚令状が争われた。本件調査の端緒は、控訴人会社がガス料金値上げの認可を受けるために共謀してガス備蓄量を過少報告している疑いがあるとの上院議長からFTCへの書簡であり、これを契機にFTCは、エネルギー関連産業における反トラスト法違反の有無を調べる包括的な調査を開始していた。召喚令状の範囲の広範性、無関連性および不合理な負担を主張する会社の抗弁に答えて、地裁は、本件調査目的をガス備蓄量過少報告容疑事実の調査ととらえた上で、召喚令状の範囲を過少報告容疑と関連する事項にのみ限定する修正をなした後にその執行を命じた。

しかし控訴裁は次のように述べてFTCの要求通りの執行を命じた。① 関連性要件について——本件調査目的を過少報告容疑の確定ととらえ、それとの関連性を審査する地裁の判断は狭すぎる。審判開始前調査段階では「将来の事件可能性につき狭く視野を限定する必要はなく」、本件調査開始決定書に書かれた一般的目的（FTC法5条違反の有無）との合理的関連性[174][175]

---

173) なお、控訴裁において会社は、地裁の執行命令が、(イ)召喚令状で要求された文書すべての提出を命じたのか、(ロ)FTC職員による立入検査の受忍を命じたのか、(ハ)前記(イ)(ロ)の選択を被調査人に強要したのか、その趣旨が不明確であると抗弁した。これに対して控訴裁は、会社は「了解書」によるFTC職員の審査により限定された文書のみの提出を要求されると述べて、地裁命令は明確であると判示した。本件では、「了解書」が会社側要望も容れつつ作成された点で、FTC職員の審査を強制的立入検査と同視することはできないが、一般的に言えば、FTCの立入りを条件に召喚令状の執行を命じることに問題がないわけではない。次項3(3)参照。

174) 555 F. 2d 862, 874 (1977).

175) なお、「関連性」を評価する基準については、2つの立場、すなわち、(i)「明らかに無関連であるとは言えない」として執行を命じた判決 (See, e. g., FTC v. Standard American, Inc., 306 F. 2d 231 (3d Cir. 1962); Moore Business Forms v. FTC, 307 F. 2d 188 (D. C. Cir. 1962); FTC v. Feldman, 532 F. 2d 1092 (7th Cir. 1976) と、(ii)「合理的に関連している」として執行を命じた判決 (See, e. g., Adams v. FTC, 296 F. 2d 861 (8th Cir. 1961); FTC v. Green, 252 F. Supp. 153 (S. D. N. Y. 1966); FTC v. Browning, 435 F. 2d 96 (D. C. Cir. 1970) とがある。Texaco事件において、FTCは、求める資料が調査目的と「明らかに無関連」でない限り調査が執行さるべきであると主張したが、控訴裁は、「この『明らかに無関連』基準が現実に審査権を一層制限するものであるか否かの判定はさておき、本件の処理のためには、FTCにより求められた資料

があれば十分である。②広範性および不合理な負担要件について——本件召喚令状の範囲は確かに広いが、それは被調査人会社の業務の規模にも対応するものであって「広範性のみの抗弁では召喚令状拒否の抗弁としては不十分である」。また、調査に伴う一定の負担は当然受忍すべきであり、それを不合理というためには「通常の業務作用が不当に阻害されまたはひどく妨害されるおそれ」を会社側が証明する必要がある。本件では不合理な負担があるとは認められない。

　(ⅱ) 調査範囲に対する裁判所の審査：小括　　以上の三判決からうかがえることは、少なくとも企業に対するFTC調査において、調査範囲はかなり広く認められているということである。この理由として、さしあたり、次の三点を挙げることができる。

　第一は、FTC調査がその性格上、広範な企業情報を対象とすることである。この点は、消費者保護法違反調査の場合と反トラスト法違反調査の場合とであるいは若干の差異を指摘することが可能であるが、後者の場合にとりわけ調査範囲が広範に及び得ることは容易にうなずけるところである。

　第二は、審判開始決定前調査において規制権行使と調査権行使が切り離され、「将来の事件可能性」にとらわれない広い調査権行使が可能とされ

　がFTCの調査目的に『合理的に関連している』ということで十分である」(555 F. 2d 862, 874 n. 23) と述べて執行を命じている。
176)　555 F. 2d 862, 882 (1977). See also, Adams v. FTC, 296 F. 2d 861, 867 (8th Cir. 1961).
177)　555 F. 2d 862, 882 (1977). See also, FTC v. Standard American, Inc., 306 F. 2d 231, 235 (3d Cir. 1962).
178)　本文で挙げた三判決例以外にも調査範囲の広範性を争う判決例は多いが、ほとんどがFTCの要求通りの執行を認めている。注175) で挙げた判決の外に、FTC v. Scientific Living, 150 F. Supp. 495 (M. D. Pa. 1957); FTC v. Hallmark, Inc., 265 F. 2d 433 (7th Cir. 1959); FTC v. Associated Merchandising Corp., 261 F. Supp. 553 (S. D. N. Y. 1966) [一部修正の上で執行]; FTC v. United States Pipe and Foundry Co., 304 F. Supp. 1254 (D. D. C. 1969); FTC v. Texaco, Inc., 517 F. 2d 137 (D. C. Cir. 1975); FTC v. MacArther, 532 F. 2d 1135 (7th Cir. 1976); FTC v. Gibson Products of San Antonio, Inc., 569 F. 2d 900 (5th Cir. 1978); FTC v. Carter, 464 F. Supp. 633 (D. D. C. 1979) 等を参照。
179)　この点は既に本節1(1)で「管轄権抗弁の否定」として分析した。言い換えれば、審判段階での調査では、審判開始決定前調査の場合と比べて、関連性審査もより厳格になるということである。

ているため、「関連性」ないし「特定性」要件が、調査目的の一般性と結びつくことにより、十分に限定的な基準となっていないことである。この点は、FTC v. Texaco, Inc. によく現われている。

　第三に、調査実施前に調査範囲を審査する司法審査に内在する困難があるということである。この最後の点は、FTC 調査権に限らず一般的に問題となる点でもあるので、もう少し詳しく説明する必要がある。

　行政調査命令の執行訴訟段階で、裁判所が調査範囲につきどの程度審査し得るのかという問題は、既に CAB v. Hermann, 353 U. S. 322 (1957) において争われたところであった。

　本件では、審判手続で発せられた召喚令状が一般的文言で被上告人会社の 38 か月間の「ほぼすべての」業務記録を要求していたため、調査授権法律に定められた「関連性」、「重要性」の要件に欠けると抗弁されていた。これに対して地裁は、「召喚令状で要求された帳簿、書類が委員会手続にとって無関連または重要でないと言うためには、これら書類すべてを審査する必要があるが、その審査を裁判所が執行訴訟の段階で要求されているわけではない」と判示して、執行を命じた。[180]

　しかし控訴裁は、「関連性、重要性は、裁判所によって決定さるべきであり」[181]、「もし状況により要求されるならば、これらの問題を判断するために、私人の文書が裁判所により法廷で検査さるべきである」[182] と述べて、地裁判決を破棄、差し戻した。

　こうして執行訴訟における司法審査範囲が争われたわけであるが、最高裁は簡単なパーキュリアム判決で控訴裁判決を破棄し、地裁判決を確認した。

　この Hermann 判決について、ある論者は、行政的召喚令状の司法審査が事実審手続のない書面上の審査にとどまることを一般的に認めたものと解釈した。[183] しかし別の論者は、① Hermann 判決での抗弁が一般的であっ

---

180) Hermann v. CAB, 237 F. 2d 359, 362 (1956).
181) Ibid.
182) Ibid., at 364.
183) Note, *Use of Contempt Power to Enforce Subpoenas and Orders of Administrative Agencies*,

たこと、② 地裁が前もって行政機関による「関連性」審査のための立入りを求めたところ、会社がこれを拒否していたこと、③ 地裁の執行命令が会社の業務阻害をさけるための記録の分割提出の条件を付していたこと、などの Hermann 判決の特殊性を強調し、召喚令状に対する異議がより具体的に特定記録に関して主張される場合には、裁判所は口頭弁論を含む事実審査ができるし、すべきであると論じていた。[184]

既に見てきたように、その後の FTC 調査権をめぐる判決例は、口頭弁論を含む実質審査を保障しており、この点では後者の見解を裏書きするものであった。しかし、「関連性」要件充足の実質的司法審査といえども、「未だ特定化されぬ事件と未だ知られぬ文書との関連性」を審査するということになるから、現実には、「関連する可能性」についての判断とならざるを得ないという限界があることを否定できず、この点を示したのが Hermann 判決およびその後の FTC 調査権についての判決例であったとも言えるのである。[185]

(2) 非開示特権

調査の事項的範囲を制約する第二は、「非開示特権を持つ情報（privileged information）には調査権は及ばない」との原理である。非開示特権として主張されるものには、憲法上のもの、制定法上のもの、コモン・ロー上のものがある。

　(i) **自己負罪拒否特権**　憲法上の非開示特権としては、修正5条により保障された自己負罪拒否特権（self-incrimination privilege）がある。

修正5条は「いかなる人も……刑事事件において、自己に不利な証人となることを強制されない」と規定し、自己を有罪とするような情報の強制

---

supra note 82, at 1543-1546.
184) Note, *Resisting Enforcement of Administrative Subpoenas Duces Tecum: Another Look at CAB v. Hermann,* 69 Yale L. J. 131, 134-140 (1959).
185) Cooper, *supra* note 148, at 190-192. *See also,* Note, *Constitutional Rights and Administrative Investigations: Suggested Limitations on the Inquisitorial Powers of the Federal Agencies,* 58 Geo. L. J. 345, 346-349 (1969); 2 W. R. LaFave, SEARCH AND SEIZURE 195-201 (1978); Gellhorn-Byse-Strauss, Case 564-565 (1979).

的開示から証人を保護する。この特権は、判例上、「刑事事件において」との文言にもかかわらず行政手続を含むすべての政府手続に適用があるとされ[186]、「証人となる」には文書提出を含むとされているため[187]、行政的召喚令状に対するひとつの制約となっている。

しかし、FTC調査権(に代表される経済規制行政における調査権)に関しては、判例法上確立されてきた次の諸法理——(a)法人および団体の記録に対してこの特権は主張し得ないとの法理[188]、(b)制定法による免責が付与される場合にはこの特権を理由に調査を拒否し得ないとの法理[189]、(c)法律により記帳を義務づけられた記録に対してはこの特権は及ばないとの法理[190]

---

186) Smith v. United States, 337 U. S. 137 (1949); Quinn v. United States, 349 U. S. 155 (1955).
187) Boyd v. United States, 116 U. S. 616 (1886).
188) Hale v. Henkel, 201 U. S. 43 (1906). FTC調査の対象の多くは法人であるため、この法理により、自己負罪拒否特権の適用範囲は著しく縮減される。なお、この法理の及ぶ団体の範囲を争うものとして、United States v. White, 322 U. S. 694 (1944); Bellis v. United States, 417 U. S. 85 (1974) を参照。この法理の批判的分析として、さしあたり、Note, *The Constitutional Rights of Associations to Assert the Privilege against Self-Incrimination*, 112 U. Pa. L. Rev. 394 (1964); G. R. Higgins, *Business Records and the Fifth Amendment Right against Self-Incrimination*, 38 Ohio S. L. J. 351 (1977); 1 K. C. Davis, ADMINISTRATIVE LAW TREATISE, 2d ed. 276-279 (1978) を参照。
189) Brown v. Walker, 161 U. S. 591 (1896). FTC法はその成立当初より免責規定を有していたが、現在、この規定は1970年の組織犯罪取締法 (Organized Crime Control Act of 1970, 84 Stat. 92) の中の連邦イミュニティ法 (18 U. S. C. §§ 6001-6005) に統合された。具体的な免責手続については16 C. F. R. §§ 2. 15, 3. 39 (1973) を参照。但し、免責法による免責は、文書提出や証言により被る他の社会的、経済的不利益からの免除を含まぬとされ (Ullman v. United States, 350 U. S. 422 (1956))、また、刑事罰からの免責も絶対的免責ではなく証言の証拠としての使用禁止にとどまるとされる (Kastiger v. United States, 406 U. S. 441 (1972); Zicarell v. New Jersey, 406 U. S. 472 (1972)) ため、この法理には限界がある。*See also*, Davis, *supra* note 188, at 284-287.
190) Wilson v. United States, 221 U. S. 361 (1961); Shapiro v. United States, 335 U. S. 1 (1948). なおMarchett v. United States, 390 U. S. 39 (1968) およびGrosso v. United States, 390 U. S. 62 (1968) はこの法理の適用範囲につき、(i)調査目的が本質的に行政規制上のものであり、(ii)習慣的に記帳されてきたような記録に関するものであり、(iii)記録が公的側面を有する場合であると述べる。しかし、政府が記帳義務を定めたことを理由に私人の記録を「準公的」なものとして自己負罪拒否特権の放棄を認めるShapiro判決の論理には批判も多い。*See*, B. D. Meltzer, *Required Records, the McCarran Act, and the Privilege against Self-Incrimination*, 18 U. Chi. L. Rev. 687 (1951); Note, *Required Information and the Privilege against Self-Incrimination*, 65 Colum. L. Rev. 681 (1965); Davis, *supra* note 188, at 288-290.

——により、この特権はほとんど独自の意義を有していない。

　自己負罪拒否特権の意義を減殺するこれらの法理のそれぞれに問題がないわけではないが、ここでは、以上の諸法理により、FTC 調査権において修正 5 条の特権を争う判例が少なくなっていることを確認するにとどめておく。

　(ⅱ)　**センサス法上の非開示特権**　　制定法上の非開示特権が FTC 調査権とのかかわりで争われた例として、センサス法による秘密性保障の範囲を争った次の判決例がある。

　センサス法 9 条は、統計目的以外での統計調査資料の利用を禁じており、資料の秘密性を保障するその趣旨は、統計調査依頼文や大統領声明などにより繰り返し国民に説明されていた。FTC v. Dilger, 276 F. 2d 739 (7th Cir. 1960) では、審判手続で発せられた FTC の召喚令状が、会社が所持するセンサス資料のコピー（1954 年度工業センサスのコピーであり、センサス局は常日頃から提出資料のコピー保存を奨励していた）の提出を求めたためこの問題が争われた。第七巡回区控訴裁は、センサス法が与える秘密性保障は私人が所持するコピーにも及ぶと判示して、当該召喚令状の執行を拒否した。

　しかし、United States v. St. Regis Paper Co., 285 F. 2d 607 (2d Cir. 1960) では、同じく FTC の審判開始決定前調査手続でこの問題が争われ、第二巡回区控訴裁は、センサス法の秘密性保障は行政機関が保持するオリジナル資料について、公務員に対する制限規定としてのみ考えられるとセンサス法を厳格に解釈し、私人の所持するコピーに対するセンサス法の秘密性保障を否定した。

　このような控訴裁判断の分裂の後、最高裁は、後者の上告審で、原審判決を認容し秘密性保障を否定する判決を下した（368 U. S. 218 (1961)）。この結論は、「委員会は、上告人会社に対して要求できる情報を……単に既に整理された形で獲得したにすぎない」とも説明されたが、このような法廷意見には、形式的法解釈により政府に対する国民の信頼を損うものであ

---

191)　368 U. S. 208, 220 (1961).

るとの反対意見が付されていた。

　議会は、本判決後まもなくセンサス法を改正し、私人の保持するセンサス報告書のコピーに対しても行政調査からの免除が及ぶことを明確にした。[192]

　(ⅲ)　**コモン・ロー上の証言拒否特権**　コモン・ローに基礎を持つ証言拒否特権は、例えば、弁護士と依頼人間、医者と患者間、牧師と信者間等の関係において、信頼保護の必要を根拠に認められてきた。[193]これらの非開示特権のあるものは州法律の中に規定され、あるいはこの外にも新しい特権[194]が主張されつつある。しかし、行政調査権を授権する連邦諸法律は今までこれらの特権に全く言及することがなく、連邦行政手続におけるこれらの特権の及ぶ範囲には不明確な点が少なくない。

　FTC調査において主として問題となるのは、企業と弁護士との間での法的助言にかかわる情報についての非開示特権である弁護士・依頼人特権（attorney-client privilege）であるが、この点については、他の行政領域におけると同様に、[195]FTCについても、「議会の沈黙およびFTC規則による指針の欠落にもかかわらず、弁護士・依頼人特権……を有する情報は、FTC調査権の範囲外にあると思われる」と指摘されている。[196]

　但し、営業記録を対象とする行政調査においてしばしば問題となる会計

---

192)　13 U. S. C. § 9 (a) (1964). なお、最近、Corporate Patterns Report Programと呼ばれるFTCの一般調査計画との関連で、この改正されたセンサス法の秘密性保障規定の解釈が争われた。*In re* FTC Line of Business Report Litigation, 595 F. 2d 685, 697-701 (D. C. Cir. 1978) がこれである。会社は、FTCの調査項目がセンサス局の統計調査項目と同様の形式で同様の内容を質問するものであることを理由にセンサス法の秘密性保障の適用を主張した。しかし控訴裁は、センサス資料と同一の回答を求めているのではなく同様の質問をしているにすぎないとしてFTCの調査計画を支持した。

193)　*See generally*, Note, *Privileged Communications before Federal Administrative Agencies: The Law Applied in the District Courts,* 31 U. Chi. L. Rev. 395 (1964).

194)　新しい特権として主張されるものとしては、例えば、心理学者と患者間、会計士と顧客間、報道機関と情報提供者間の情報などがある。Gellhorn-Byse-Strauss, Case 571 (1979).

195)　例えば税務調査における適用につき、R. L. Lofts, *The Attorney-Client Privilege in Federal Tax Investigations,* 19 Tax L. Rev. 405 (1964); Lyon, *supra* note 162, at 88 等を、証券取引委員会（SEC）における適用につき、Merrifield III, *supra* note 40, at 1609 を参照。

196)　E. Gellhorn, *The Treatment of Confidential Information by the Federal Trade Commission: Pretrial Practice,* 36 U. Chi. L. Rev. 113, 124 (1968).

士・顧客特権（accountant-client privilege）は、一般に否定されている。[197]

　(iv)　**企業秘密**　以上の外に、要求された情報内容の特質を理由にFTC調査権を争うものとしては、今日、むしろ企業秘密の主張が重要である。この点については、FTC法6条(f)項が「[FTCは]取引上の秘密（trade secret）および顧客の氏名を除き、委員会が入手した資料の一部であって公共の利益に資すると認めるものを随時公表し得る」と定めていることの意味が問題となる。

　FTC v. Tuttle, 244 F. 2d 605, 616 (2d Cir. 1957) では、右の規定を理由に、取引上の秘密に該当する情報にはそもそもFTC調査権が及ばないとの会社の主張が見られた。しかし、控訴裁は、右の規定は公表からの除外を定めるのであって調査からの除外を定めるものではないとして会社の主張を否定した。

　こうして、今日では、取引上の秘密または企業秘密に対してもFTC調査権が及ぶこと自体は問題とされない。しかし、企業秘密が当該企業に対して有する価値の大きさを強調する立場からは、企業秘密に対する行政調査の適法性要件が通常の行政調査の場合と同一でよいのか、あるいは、企業秘密に対する調査の段階で被調査人が前もって、秘密性保護措置を要求することができないのかという問題が提起されている。

　前者について、FTC v. Lonning, 539 F. 2d 202 (D. C. Cir. 1976) では、審判手続で企業秘密を求めた召喚令状につき、通常の「関連性」要件に加えて「当該情報が審判手続に必要である」という「必要性」要件を満たすべきであると会社が主張し、審判官がこれを認めて「必要性」疎明を審査官に命じている。但し、控訴裁は、「必要性」疎明が十分であるとの審判官および地裁の判断を尊重して執行を命じたが、「必要性」要件が適法性要件であるか否かについては判断を示していない。

　後者の問題は、調査手続の修正として具体的に問題となっているところであり、次項3 (3) (ii) で分析する。

---

197)　See, e. g., Couch v. United States, 409 U. S. 322, 335 (1973); Falsone v. United States, 205 F. 2d 734 (5th Cir. 1953); United States v. Pizzo, 260 F. Supp. 216 (S. D. N. Y. 1966).

3. 調査手続

調査手続を制約する原理は、憲法上は、修正5条で保障されたデュープロセスの要請として主張される。[198] しかし、連邦においては、1946年のAPAが調査聴聞（investigational hearing）における証人の権利を一定範囲で保障し、また、行政調査の司法的執行の原則の下で裁判所が調査手続にも具体的な統制を及ぼしてきたため、調査手続の不備が憲法問題として直接に争われることは少ない。

さらに、1962年に、合衆国行政協議会は、調査手続における証人の権利を保障する規則を各行政機関が作成すべきことを勧告しており、[199] 調査手続の具体的統制という点では、行政機関の規則による統制も無視できない。

本項では、以上を念頭に置いた上で、連邦行政機関の中でも整備された調査手続規則を持つと言われるFTCについて、検討を加えることにする。[200]

(1) 調査目的および調査範囲の事前通知

(i) 調査目的・調査範囲の事前通知　　まず、調査手続に関して、一般

---

198)　行政調査手続における証人の手続的権利保障の必要は、早くは1941年に主張されていたが、そこではこれらの保障は憲法上の要請とは解されていなかった（Note, *Rights of Witnesses in Administrative Investigations,* 54 Harv. L. Rev. 1214 (1941)）。1950年代に入り、政府の国家忠誠計画との関連でデュープロセス条項の拡大を認める一連の判例が続き（*See, e. g.,* Joint Anti-Fasist Refugee Committee v. McGrath, 341 U. S. 123 (1951); Green v. McClroy, 360 U. S. 474 (1959)）、これらを先例として調査手続とデュープロセス条項との関係を一般的に争うHannah v. Larche, 363 U. S. 420 (1960) が現われて以後、調査手続における証人の手続的権利が憲法上のデュープロセス条項の要請として主張され始めた。*See, e. g.,* F. C. Newman, *Federal Agency Investigations: Procedural Rights of the Subpoened Witness,* 60 Mich. L. Rev. 169 (1961); D. C. Murchison, *Rights of Persons Compelled to Appear in Federal Agency Investigational Hearing,* 62 Mich. L. Rev. 485 (1964); Comment, *Confrontation and Cross-Examination in Executive Investigations,* 56 Va. L. Rev. 487 (1970). 判例については後掲注213)参照。

199)　Right to Counsel in Administrative Proceeding, Selected Reports of the Administrative Conference, Sen. Doc. No. 24, 88th Cong. 1st Sess. 225 (1963).

200)　なお、主要な行政機関毎に調査手続を網羅的に分析したものとして、Hannah v. Larche, 363 U. S. 420, 454-478 [Appendix to opinion of the Court] (1960); Right to Counsel in Administrative Proceeding, *ibid.* at 237-243 (1963); Annotation, *Right to Assistance by Counsel in Administrative Proceedings,* 33 A. L. R. 3d 229, 249-256 (1970) 等を参照。

的かつ伝統的に確認されてきた基準としては、調査目的および調査範囲の事前通知の必要性がある。

これは、行政調査命令の司法的執行を原則とするアメリカの行政調査制度に内在する保障であるとも言える。すなわち、行政的召喚令状（報告書要求命令も同様）は、通常、調査目的、調査範囲（要求文書範囲）、担当部局および根拠法律等の記述を含んでおり、仮にこれらの記述がない召喚令状が発せられたとしても、それは、召喚令状の適法性要件のひとつである「調査目的と求める資料の関連性」要件に照らして違法となる。

それゆえ、召喚令状に記載される調査目的と調査範囲の内容の詳細度に問題がないわけではないが、これらが事前に被調査人に伝えられ、被調査人が調査に応じる準備をすることは、原則として保障されていると言える。

(ii) **調査理由の事前通知**　他方で、個々の具体的な調査理由の事前開示については、法律・規則においても、判例上も、一律に要求されるわけではない。

1940年頃までの裁判所は、調査の前提要件として法違反容疑の存在または法違反証拠の存在を信じる「相当の理由」の必要性を判示していたが、今日の裁判所は、これらを調査開始の前提要件として要求していないからである[201]。

しかし、現実には、調査理由の説明はしばしば行われているようであり、また、被調査人の抗弁内容によっては、裁判所が調査理由ないし根拠資料の開示を行政機関に要求する場合もある。

例えば、既に調査権限の項で触れた FTC v. Crowther, 430 F. 2d 510 (D. C. Cir. 1970) は、召喚令状の「差別的適用」を訴える被調査人に対して、裁判所が FTC により詳しい調査理由説明を求めて調査の執行を拒否した例であった。

また、FTC v. Page, 378 F. Supp. 1052 (N. D. Ga. 1974) では、審判手続での召喚令状が争われ、被調査人は、当該召喚令状が以前の違法な捜索、押収の結果に基づくものであるから違法であると抗弁したところ、裁判所は、

---

201)　第2節1参照。

この点についての事実関係が明確ではないとしつつ、被調査人がこの点についての証拠開示を調査に先立ってFTCに要求し得ると述べ、調査の執行を拒否している。

このように、正式調査命令に関しては調査目的（場合によっては個別的調査理由）と調査範囲の事前通知が原則として保障されているが、このことは、非公式調査としての任意立入検査の場合にも妥当する。すなわちFTC規則は、「調査対象となったすべての者は……調査の目的および範囲に関して通知され得る」と一般的に定めており、被調査人は調査目的および範囲の説明を調査官に要求することができる。

(2) **調査聴聞における証人の手続的権利**

調査手続の適正さが中心的に争われてきたものとして、調査聴聞における証人の手続的権利をめぐる問題がある。

行政調査手段として、文書提出命令や立入検査の外に証言を要求する権限も必要であるか否かに関しては、口頭証言が直接に審判における証拠となることが少ないことを理由に、これを否定的に解する見解もある。しかし、現実には、証人から証言を求める調査聴聞は、法違反事実の証言を得るのみならず提出文書の存否ないし範囲を確認するためにも有益であるとして、今日も多用されている。そこで、行政機関に召喚された証人がいかなる手続的権利を保障さるべきかが問題となる。

調査聴聞における証人の手続的権利の内容はさまざまなものが考えられるが、これまでに問題となってきた代表的なものとして、次のようなものがある。

(i) **弁護士依頼権** 調査聴聞における証人の弁護士依頼権（the right to counsel）に関しては、1946年のAPA 6条(a)項が、次のように定めてい

---

202) 16 C. F. R. § 2. 6 (1973).
203) 但し、FTC規則は要求のない場合の通知義務までも定めたものでないから、事前通知のない任意立入検査の違法性を事後的に争うのは困難である。See, Tractor Training Service v. FTC, 227 F. 2d 420 (9th Cir. 1955).
204) Newman, *supra* note 198, at 181-185 (1961).
205) Workshop I: *Government Investigation,* 42 Antitrust L. J. 144, 164 (1973).

る。

　「官庁またはその代表者のもとに自ら出頭を命ぜられた者は、弁護士、または官庁が許可するその他の資格ある代理人によって、随伴され、代理され、かつ助言を受ける権利（［the right］ to be accompanied, represented, and adviced by counsel）を有する」[206]。

　この規定が成立する以前には調査聴聞における証人の弁護士依頼権は否定的に解されていたが[207]、この規定により、今日では一般に調査聴聞でも弁護士依頼権が保障されることになった。但し、この規定により保障される弁護士依頼権の内容についてはなお明確さを欠き、後に争われることになった。

　まず、Wandere v. Kaplan, 1962 Trade Case 70535（D. D. C. 1962）では、自動車部品製造業における反トラスト法違反を調べる非公開の調査聴聞における弁護士依頼権が争われた。当時の FTC 規則は、「非公開の調査聴聞において証言を求められまたは文書証拠の提出を求められた者は、弁護士に随伴され、助言を受けることができる。しかし弁護士は、権利としては、それ以外の方法で調査聴聞に参加してはならない」[208]と定めていた。召喚された証人は、この現則を APA 6 条(a)項違反およびデュープロセス違反であると攻撃し、司法手続または裁決手続と同様の完全な弁護士依頼権を要求する異議を提出したが、FTC はこの異議を棄却した。そこで証人は地裁に提訴し、地裁は、次のように判示して、調査聴聞の差止命令を発した。

　(ア) APA 6 条(a)項は裁決手続においてばかりでなく調査手続にも適用される。(イ) APA の保障する弁護士依頼権の内容として、被調査人は、弁護士の随伴、助言権に加えて、① 弁護士が「不適切と思料される質問に対して異議を唱える」権利、② 弁護士が「記録に基づいて異議の理由を簡潔に説明する」権利をも有する。

　続いて、同じく非公開調査聴聞における弁護士依頼権が争われたものと

---

206) 5 U. S. C. A. § 555 (b) (1978).
207) Bowlos v. Baer, 142 F. 2d 787 (7th Cir. 1944).
208) Section 1. 40 of Commission's rules (1962).

して Mead Corp., 62 F. T. C. 1467 (1963) がある。「完全な弁護士依頼権」を要求する証人の異議に対して、FTCは、次のように述べて、弁護士依頼権に関する新しい基準を決定する裁決をなした。

　(ア) APA 6条(a)項は調査手続にも適用されると解されるが、その内容は裁決手続とは異なる調査手続の性格に対応して柔軟に考えられねばならない。

　(イ) 本件では「非公開の審判開始前調査を行う行政上の効率性の利益と、弁護士依頼権により保障される証人の利益との合理的な衡量」の視点から新基準を定める。

　(ウ) 新基準の定める弁護士依頼権は次の内容を含む。①「自己の選択する弁護士」[209]により随伴され、助言を受ける権利、②助言に基づき証言を拒否した場合に、弁護士が「拒否理由を簡潔に説明する」権利、③「求められた証言または証拠が調査範囲外あるいは非開示特権事項であると思料される場合に」、弁護士が証人にかわって異議を唱え簡潔にその理由を述べる権利、④但し、異議のくりかえしによる調査引き延ばしは許されず、調査官は調査の遅延、妨害行為に対してはそれを規制する適切な行為をとることができ、弁護士が調査官の指示に従わない場合には最終的にFTCが弁護士退室命令を含む措置をとることができる。

　(エ) 証人の求める「完全な弁護士依頼権」については、「調査手続を不当に遅らせたり、調査を裁判や対決の場に変えたりするような弁護士依頼権を許す必要はないし、許すべきでもない」から拒否される。[210]

　この Mead Corp. 事件での裁決で確立された新基準は、その後争われる

---

209) なお、行政機関の中には、調査手続の秘密を保障する必要から、一人の弁護士が同一調査手続において複数の証人を代理することを制限する規則を定める場合があり（例、内国歳入庁、証券取引委員会）、この制限の適法性が証人の弁護士依頼権との関係で争われてきた。See, e. g., United States v. Steel, 238 F. Supp. 575 (S. D. N. Y. 1965)［制限是認］; SEC v. Higashi, 359 F. 2d 550 (9th Cir. 1966)［制限否定］; Backer v. Commissioner of IRS, 275 F. 2d 141 (5th Cir. 1960)［制限否定］。

210) 以上の裁決は3対2である。1名の反対意見は、(i) APAの保障が調査手続にも及ぶかは不明確であること、(ii) 調査と裁判は区別さるべきことを根拠として旧規則による保障で十分であると述べ、あと1名の反対意見は、同一論点を争点として当時控訴裁で係争中であった FCC v. Schreiber, 329 F. 2d 517 (9th Cir. 1964) の判示を待つべきであると述べていた。

ことなく、今日の FTC 規則の中にとり入れられている。それは、APA 6 条の保障が憲法上のデュープロセスに基づく保障を上回る保障であると考えられること、および最高裁が、調査手続と裁決手続との区別論にたってデュープロセスの保障に差異を認めようとしてきており、このような区別

---

211) 16 C. F. R. § 2. 9 (b) (1973).
212) Gellhorn-Byse, Case 6th ed. 555 (1974).
213) ここで、行政調査手続における証人の手続的権利とデュープロセス条項との関係に関する最高裁判例をまとめておく。まず、(i) *In re* Groban, 352 U. S. 330 (1957) では、州の消防署長による火災原因調査での証人の弁護士依頼権が争われた。最高裁は、本件手続が「刑事裁判でも、証人の出火責任を決定する行政上の裁決手続でもない」単なる調査手続であるとして、証人の要求した弁護士随伴・助言権を否定した。ブラック判事は、消防署長が放火犯に対する逮捕権等を有していることを指摘して、自己負罪拒否特権の実質的保障のためにも弁護士依頼権は要求されると主張する反対意見を述べ、これには合わせて 4 名の支持があった。(ii) Hannah v. Larche, 363 U. S. 420 (1960) では、公民権委員会による人種差別事件の調査手続において、人種差別容疑で出頭を命じられた証人（白人）が申告者（黒人）名の告知および彼との対決・反対尋問権を要求し、これらを保障しない委員会規則をデュープロセスに違反すると攻撃した。最高裁は、「公民権委員会の機能が純粋に調査・事実認定であり、裁決機能を持っていない」ことを強調して、証人の要求する権利を否定し、公開調査であるがゆえに証人への悪評、失業のおそれがあるとの証人の主張についても、推測上の主張であり、仮に損害が生じたとしても「それは本委員会の積極的な決定の結果ではない」とこれを退けた。この法廷意見に対しては、公表による損害および調査結果に基づく訴追の可能性を強調して、対決・反対尋問権の保障を主張する 2 名の反対意見があった。(iii) Jenkins v. McKeithen, 395 U. S. 411 (1969) では、州の労使関係調査委員会の調査手続において、対決・反対尋問権を否定する規則の合憲性が争われた。最高裁は、本件委員会は裁決機能を持たぬ調査委員会であるが、特定個人の刑法違反事実の認定を主機能とするものであるから、刑事訴追の場合に匹敵する厳格な手続的保障を要すると判示した。
　以上の三判例は、行政領域も事実関係も異なるものであるから、これらから一般的な結論を導き出すことはできない。しかし Hannah 判決は、その傍論部分で連邦の行政調査手続の概観を試みた上で結論を導いており、当時この判決は、調査手続と裁決手続とを二分して、前者に対するデュープロセス条項の適用を制限または否定したものと受けとめられていた (*See, e. g.*, Note, 47 Cornell L. Q. 71, 73-74 (1961); Note, *The Distinction between Informing and Prosecutorial Investigations: A Functional Justification for "Star Chamber" Proceedings*, 72 Yale L. J. 1227, 1233 (1963))。しかし、Hannah 判決は、一般論としては、デュープロセスの要件が「剥奪されたと主張されている当該権利の性質、手続の性質、手続に対して予想される負担」を考慮して決定さるべきであると述べており (363 U. S. 420, 442 (1960))、むしろ、対決・反対尋問権を否定するその結論は、Hannah 判決の個別的特殊性との関連で解釈さるべきとも言える。そして、このような特殊性としては、(a) 本件が裁決機能を持たぬ調査委員会である点 (Murchison, *supra* note 198, at 490; Mead Corp. 62 F. T. C. 1467, 1469 (1963))、(b) 本件が「きわめて複雑な領域」である人種差別是正行政におけるものであり、申告者である黒人名を秘匿す

論が、APA 6 条(a)項の解釈としても妥当するとされてきたからである。[214]

　(ii)　**証言記録のコピーを得る権利**　証人が調査聴聞における自己の証言記録のコピーを得る権利は、APA 6 条(b)項によって一般的に保障されている[215]。FTC 規則も、一定の実費を支払って証言記録のコピーを得ることを認めているが、FTC が調査を非公開にする必要性につき「十分な理由」を示した場合にはこの権利が制限されるとも規定する[216]。

　(iii)　**自己に不利な証人との対決・反対尋問権**　APA 7 条(c)項は、聴聞当事者の対決・反対尋問権について規定するが、この規定は裁決（審判）手続に関するものであって調査手続には適用されない。そこで、調査聴聞における証人の対決・反対尋問権が憲法上のデュープロセスの保障として要求されるか否かが問題となる。

　この点につき、最高裁は、公民権委員会による人種差別事件調査手続とデュープロセスとの関連が争われた Hannah v. Larche, 363 U. S. 420 (1960) において、調査と裁決との区別論に立って、調査手続における証人への対決・反対尋問権保障は憲法の要請するところではないと判示した。

　しかし、9 年後の Jenkins v. McKeithen, 395 U. S. 411 (1969) では、州の労使関係調査委員会の調査手続について、当該手続が裁決手続ではない調査手続であっても「特定個人による刑法違反を暴露することのみに関係」する場合には、刑事訴追の場合に匹敵する厳格な手続保護が要求されるとも判示しており、場合によっては、対決・反対尋問権が認められることを示している[217]。

る必要がとくに高かった点（F. C. Newman, *Due Process, Investigations, and Civil Rights*, 8 U. C. L. A. L. Rev. 735, 745-746 (1961); Note, 72 Yale L. J. 1227, 1240 (1963)）等が指摘されている。なお、本判決がデュープロセスの一般理論に対して持つ意味について、松井茂記「非刑事手続領域における手続的デュープロセス理論の展開(3)」法学論叢 107 巻 1 号（1980 年）74 頁以下を参照。

214)　FCC v. Schreiber, 329 F. 2d 517, 526 (9th Cir. 1964).
215)　5 U. S. C. A. § 555 (c) (1978).
216)　16 C. F. R. § 2. 9 (a) (1973).
217)　以上につき、前掲注 213) 参照。なお、Jenkins 判決と Hannah 判決との関連に関する批判的分析として Comment, *supra* note 198 (1970); O. J. Rogge, *An Overview of Administrative Due Process, Part 1*, 19 Vill. L. Rev. 1, 6-15 (1973) を参照。

経済規制行政における行政調査手続においては、この問題について直接に判断した判例はなく、FTC 規則も証人の対決・反対尋問権を否定する。[218]

(3) 不合理な負担を軽減する調査手続の修正

調査手続の法的統制として第三に指摘されるべきは、不合理な負担を軽減するために裁判所または行政機関が行う調査命令の修正である。

調査命令を修正する裁判所の権限は、エクイティ上の権限に根拠を持つとされ[219]、また、行政調査に対する修正4条の制約基準である「不合理な負担を与えてはならない」との要件に基づくものと説明される。こうした修正は基本的に裁判所の裁量に委ねられているために、そこに一貫した法理を見ることは困難であるが、以下に、代表的な調査手続の修正類型を挙げ、おおまかな特徴を検討する。

調査命令の修正執行の類型としては、既に前項で分析した調査範囲の修正の外に、次の3つの場合がある。

(i) 調査場所または調査期限の修正　　FTC v. Ace Book, Inc., 1961 Trade Case 70164 (S.D.N.Y. 1961) は、調査場所の修正を認めた例である。本件では、被調査人会社は、FTC の調査権限自体は争わず、「大量の記録を、それらを必要としている事務所から移動することを避けるため」調査場所を自社の事務所とすることを要求していた。裁判所はこれを合理的要求であると認めて、召喚令状をそのように修正した上で執行を命じた。

FTC v. Standard American, Inc., 306 F. 2d 231 (3d Cir. 1962) は、被調査人の「不合理な負担」の主張を退けた例である。被調査人会社は、召喚令状に従えば日常利用している何千もの記録を奪われることになって業務が遂行できないと主張したが、控訴裁は、この主張は事実によって証明され

---

218)　なお、1962年に合衆国行政協議会は、「行政手続における弁護士依頼権」についての勧告を行い、その中で、証人の法違反行為に関する特定の公開調査聴聞においては適切な範囲での反対尋問権および反証権が保障されるべきことを主張している。しかしFTCの場合、個別事件調査は原則として非公開でなされている（後掲注221）参照）こともあり、この勧告は実現されていない。See, Gellhorn-Byse-Strauss, Case 6th ed. at 557 (1974).

219)　See, FCC v. Cohn, 154 F. Supp. 899, 913 (1957); Adams v. FTC, 296 F. 2d 861, 870 n. 7 (8th Cir. 1961). 前掲注199）参照。

ていないとして、30日間を限度として文書をワシントンに移送することを認める地裁命令を支持した。

　(ii)　**調査資料の秘密性の保障**　　FTC調査権が取引上の秘密（trade secret）または企業秘密に対しても及ぶことは既に述べた。しかし、これらの秘密情報の公表を制限するFTC法6条(f)項および公表による不合理な負担を禁じる修正4条の要請は、秘密性を有すると主張される情報に対する行政調査の執行段階において、一定の秘密性保護措置を要求する場合がある。

　例えば、FTC v. Continental Can Co., 267 F. Supp. 713 (S. D. N. Y. 1967) では、審判手続で被審人と競争関係にある会社に対して発せられた召喚令状が争われたが、地裁は、本件情報（製品原価等）の企業秘密性の主張を認め、情報が対立会社に開示されぬようにとの条件を付して執行を命じた。

　また、FTC v. United States Pipe and Foundry Co., 304 F. Supp. 1254 (D. D. C. 1969) では、同じく審判手続で競争会社に発せられた召喚令状が争われた。地裁は、具体的な秘密性保護措置はまず審判官およびFTCにより決定さるべきであると述べつつ、同時に、当該審判手続での被審人会社側弁護士が被審人会社の役員でもあることに鑑みて、単に弁護士以外に開示せずとの秘密性保護措置では不十分であるとの見解を示していた。

　これらの例は、とくに調査対象が審判に関して第三者である点を考慮して、第三者に対する「不合理な負担」を軽減するために秘密性保護を条件に執行を命じた例である。

　右のPipe and Foundry判決での、秘密性保護措置はまず審判官およびFTCにより決定さるべきであるとの判示は、秘密性保護措置についての行政機関の第一次的責任を認めたFCC v. Schreiber, 381 U. S. 279 (1965)[220]での最高裁判決の趣旨に沿うものであり、今日しばしば強調される原則でもある。そして、行政機関が秘密性を有する情報に対する取扱規則を整備し、行政機関が前もって秘密性保護措置を与えることが多くなった今日では、裁判所は、行政機関の秘密性保護措置を追認することが多いと言える。

---

220)　本件は一般調査に関するものであり、第4節3(2)で紹介する。

例えば、FTC v. Lonning, 539 F. 2d 202 (D. C. Cir. 1976) では、審判手続で被審人会社に対し発せられた召喚令状が争われた。会社が当該情報（製品原価等）の企業秘密性を主張し、これに応えて審判官が、情報へのアクセスを弁護士に限定する秘密性保護命令（protective order）を命じた。しかし会社は、アクセスを許される弁護士の範囲が広すぎること等を理由に、審判官の秘密性保護命令の不十分性を主張して調査を拒否した。地裁および控訴裁は、会社の主張を退け、審判官による秘密性保護命令を支持した。

以上はすべて審判手続における行政調査の場合である。審判手続は原則として公開で行われ、そこでの調査資料も証拠として公表される可能性が高いため、秘密性保護措置は比較的与えられやすいと言える。これに対して審判開始決定前調査は原則として非公開で行われ[221]、調査の結果審判に至るか否かは明確でなく、収集された調査資料が情報公開法等に基づき開示される可能性も一般的可能性にとどまるから、審判開始決定前調査の執行訴訟段階での秘密性保護措置のあり方については、審判段階での調査の場合と区別して考えられている。

もっとも、この場合のひとつの対応のタイプとして、秘密情報の公表可能性を広くとらえ、審判手続におけると同様に、被調査人の主張する秘密性保護措置を裁判所が命じる例もある。

例えば、FTC v. Texaco, Inc., 517 F. 2d 137 (D. C. Cir. 1975) では、個別事件調査における秘密情報の取扱いが争われ、地裁は、召喚令状の執行訴訟で、①提出資料が非公開の調査手続以外のFTC手続で使われてはならない、②提出資料が審判手続で使用される場合またはFTCの裁量で公表される場合には、それに先立って裁判所の許可を要する、との条件を付して

---

221) 一般に公開調査をなすか否かは原則として行政機関の裁量に委ねられているとされる (FCC v. Schreiber, 381 U. S. 279 (1965)) が、FTCの場合、1961年から1962年にかけて初めて試みられた個別事件調査の公開聴聞が、証人の手続的権利との関係で各方面から激しく批判を受け (See, Hall v. Lemke, 1962 Trade Case 70338 (1962); Arkey v. Lemke, 1962 Trade Case 70417 (1962))、以後の個別事件調査はすべて非公開で行われている (See, 16 C. F. R. § 2. 8 (1973))。学説上も、非公開と公開の区別を個別事件調査と一般調査との区別に対応させて論じるものが多く (See, Note, supra note 213, 72 Yale L. J. 1227; Gellhorn, supra note 196, at 121-123)、今日では個別事件調査の非公開原則が確立されていると言える。一般調査については次節で論じる。

執行を命じており、控訴裁もこれを支持した。

また、Wealy v. FTC, 462 F. Supp. 589 (D. N. J. 1978) では、企業秘密の財産価値を重視する立場から、地裁は、「秘密性を保障する十分な保護措置なしに、政府が開示を強制する場合には、憲法に違反する財産の『収用』に該当する」と判示し、個別事件調査において発せられたFTCの召喚令状に対するプリ・エンフォースメント訴訟を認容した。[222)]

しかし、このような対応は、むしろ例外に属する。もう1つの、より多く見られる対応は、調査段階と公表段階とを区別して、調査段階での秘密性保護措置を限定ないし否定するものである。

例えば、FTC v. Green, 252 F. Supp. 153 (S. D. N. Y. 1966) では、要求された情報（製品原価等）の公表を禁じる秘密性保護命令を裁判所に求めた被調査人の主張が、審判開始前調査の段階では「未成熟」であるとして拒否された。

また、上記1975年の Texaco 判決の再審である FTC v. Texaco, Inc., 555 F. 2d 862 (D. C. Cir. 1977) では、控訴裁は、裁判所の許可なしにFTCが提出資料を公表することの制限を命じる地裁の条件は「あまりに広範」で、裁判所をFTCの監督者の地位におくものであって許されないと批判し、改めて、調査段階での秘密性保護措置として、当該情報の公表に先立ってFTCは被調査人に10日間の猶予のある事前通知（ten-day notice）を行うこととの条件を付して執行を命じた。

このような10日間の猶予のある事前通知は現在のFTCが慣行とするところであり、[223)] 最近、調査の執行訴訟段階での秘密性保護条件として裁判所により命ぜられることも多くなっている。[224)]

---

222) 462 F. Supp. 589, 598 (1978). なお同判決は、控訴裁において、プリ・エンフォースメント訴訟の不必要を理由に破棄されている（616 F. 2d 662 (3d Cir. 1979)）。

223) *See,* 43 Fed. Reg. 3581 (1978). なお本章第5節2参照。

224) *See, e. g.,* FTC v. Cockrell, 431 F. Supp. 561 (D. D. C. 1977); Exxon Corp. v. FTC, 436 F. Supp. 1012 (D. Del. 1977); FTC v. Anderson, 442 F. Supp. 1118 (D. D. C. 1977); FTC v. Carter, 464 F. Supp. 633 (D. D. C. 1979). これらの判例を分析し、10日間事前通知の不十分性を批判するものとして、S. Z. Johnson, *Treatment of Confidential Document by the Federal Trade Commission,* 46 Antitrust L. J. 1017 (1978) を参照。

(iii) **調査費用の補償**　最後に、厳密な意味では調査手続の修正とは言えず、また、FTC についての肯定例はないのであるが、最近一部の裁判所が調査命令の執行訴訟において被調査人の「不合理な負担」を軽減するために認めてきたものとして、調査費用の補償（reimbursement）命令がある。これは、調査に応じることによって被調査人に生じる費用——要求文書の検索・コピー・移動等の費用——の補償を行政機関に命ずる裁判所の命令であって、銀行等の第三者に対する税務調査の領域で発展してきた。[225]

従来、証人出頭を要求する行政調査においては、裁判所での証人の例にならって証人に旅費および手当が支給されてきたが、文書提出を要求する行政調査の場合には、調査に応じることにより生じる費用は被調査人が負担するとされてきた。しかし、行政調査範囲が拡大し要求文書量が増大するにつれ、調査に応じる費用も増大してきた（多い場合には数万ドルないし数十万ドルの費用が主張されている）ため、とりわけ法違反容疑者ではない第三者に対する行政調査の場合に、市民としての一般的な調査協力義務にのみ基づいて膨大な調査費用を負担させることの合理性が問われることになった。

この意味で、調査費用の補償を命じる判決例の登場は、調査の必要性と被調査人保護とを調整する新しい試みであると言えるが、なお、理論的には、(a) 補償を命じる裁判所の命令と行政機関の公金支出に法律の根拠を要求する法規定（31 U. S. C. §§ 628, 665 (a)）との関連をどう解するか、[226] (b) 補償を命じる裁判所の権限の根拠をどう解するかの問題が残されている。[227]

---

225) 銀行に対する内国歳入庁の召喚状について調査費用の補償を認めた判決として、United States v. Davey, 426 F. 2d 842 (2d Cir. 1970); United States v. Farmers & Merchants Bank, 397 F. Supp. 418 (C. D. Cal. 1975); United States v. Friedman, 532 F. 2d 928 (3d Cir. 1976) 等がある。こうした判決例の後に、議会は、1976 年の租税改革法（Pub. L. No. 94-455, 26 U. S. C. A. § 7610) で、銀行に対する内国歳入庁の行政的召喚状にかかわる費用の補償原則を確立し、この問題の立法的解決をはかった。この展開については、税務調査に関する別稿で論じる予定である。

226) See, Note, *Reimbursement of Costs of Compliance with Administrative Subpoena Duces Tecum,* 48 Geo. Wash. L. Rev. 83, 95-97 (1979).

227) 補償を命ずる裁判所の権限の根拠として、(i) 不合理な負担を禁じる修正 4 条の要請と解

FTCの場合、FTC v. Rockefeller, 591 F. 2d 182, 191 (2d Cir. 1979)で控訴裁は、「地方裁判所は政府に対して調査費用の支払いを命じる権限を有している」ことを一般的には認めたが、それは「裁量事項である」として、結論として補償を否定しており、現在（1980年1月現在）までのところ補償を認めた例はない。[228]

第4節　一般調査の法的統制

FTCの一般調査は、FTCがその政策形成または立法勧告を行う前提として、広く一般的に経済動向あるいは産業構造を知るために行われる。個別事件調査の場合と異なり、直接に法違反事実の究明を目的とするものではないから、従来、一般調査が争われる例は少なかった。しかし、1970年代に入り、FTCが一般調査権を規制権と結合して積極的に活用するようになって、一般調査権をめぐる争いも増加してきた。[229]

本節では、主として1970年代においてFTCの一般調査権が争われた判例を素材として、今日においてFTCの一般調査権にいかなる法的制約が課せられているかを分析する。その際、前節で分析した個別事件調査に対する法的統制基準がどこまで一般調査に対しても妥当するかがひとつの問題であるが、判例は、調査権限と求める資料との関連性要件、あるいは、

する立場（United States v. Deposit Trust Co., 385 F. 2d 129 (3d Cir. 1967)——但し結論は否定）、(ii)修正5条のデュープロセスの要請と解する立場（United States v. Farmers & Merchants Bank, 397 F. Supp. 418 (C. D. Cal. 1975)）、(iii)民事訴訟での召喚状に関する補償を定める民事訴訟手続規則（Fed. R. Civ. P. 45 (b)）の準用を根拠とする立場、(iv)裁判所に固有のエクィティ上の権限を根拠にする立場（United States v. Friedman, 532 F. 2d 928 (3d Cir. 1976); SEC v. Arthur Young & Co., 584 F. 2d 1018 (D. C. Cir. 1978)）がある。(iv)の立場を支持しつつこれらを分析するものとして、Note, *supra* note 226. at 97-103を参照。

228) *See also,* FTC v. Ace Book, Inc., 1961 Trade Case 70164 (S. D. N. Y. 1961); FTC v. Dresser Indus., Inc., CCH 1977-1 Trade Case 61400 (D. D. Cir. 1977).

229) 一般調査と個別事件調査との区別については、既に本章第1節1(2)で簡単に触れている。そこでは、FTC調査権を、調査権の意義と機能に着目して三類型に分けたが、本節ではそのうち、第二類型（立法資料収集一般調査）と第三類型（事前規制的一般調査）を対象として分析する。事前規制的一般調査の法的性格には議論もあるが、従来は一般調査権の発展と考えられてきたからである。詳細は次項1参照。

調査範囲のゆるやかな特定性要件、不合理な負担を課すことの禁止要件などが、一般調査においても適用されることを明らかにしている[230]。

それゆえ、本節では、前節までの分析を前提としつつ、さらに、一般調査に固有の特質から、個別事件調査の場合には見られなかったかまたは顕著でなかった問題を中心に検討することにする。

1. 調査権限

わが国の独禁法の場合と異なり、FTC 法は、個別事件調査権と一般調査権とを条文上で区別していない[231]。そのこともあってか、一般調査権の性格については、とくにそれが強制的に実現し得るのかに関して、長い間争われてきた。そこでまず簡単に、一般調査権の発展を歴史的にまとめておくことにする。

(1) 一般調査権の発展

FTC が一般調査権を持つことは、FTC を設立した議会意思に明らかである[232]。しかし、1940 年頃までの裁判所は、行政機関の強制調査権限を行

---

230) *In re* FTC Line of Business Report Litigation, 595 F. 2d 685, 703 (D. C. Cir. 1978).
231) なお、一応の区別として、FTC 法 6 条が一般調査権、9 条が個別事件調査権を規定しているとされることがある。6 条(b)項の報告書要求命令が主として一般調査手段として、9 条の召喚令状が主として個別事件調査手段として使われることが多いのは事実であるが、必ずしもそれに限定されているわけではなく（例えば United States v. Morton Salt Co., 338 U. S. 632 (1950); St. Regis Paper Co. v. United States, 368 U. S. 208 (1961) は個別事件調査における報告書要求命令の例、FTC v. Atlantic Richfield Co., 567 F. 2d 96 (D. C. Cir. 1977); FTC v. Rockefeller, 591 F. 2d 182 (2d Cir. 1979) は一般調査における召喚令状の例）、立法史上もそのような限定はない。
232) ここで、Handler, *supra* note 21, at 720-733 によって、調査権規定との関連で FTC の設立経過をまとめておく。FTC 設立の直接の契機となったのは、1914 年 1 月 20 日のウィルソン大統領の議会への教書であるが、この中で同大統領は、反トラスト法違反認定の困難さにふれ、反トラスト法執行において「公衆と大企業経営者の双方に行動の指針となる諸事実を提供する機関であり、情報収集と公表権限とをあわせ持つ」（Sen. Rep. No. 597, 63d Cong. 2d Sess., Ser. No. 6553, Appendix at 7 (1914)）行政委員会の設立を提案した。この提案の背景には「産業をコントロールする手段として情報公表手段に依拠するという考え」があったとされ（Handler,

政機関の準司法的権限行使との関連でのみ認められるとし、「調査が特定の法違反に関係している場合」でない一般調査権の強制を否定してきた。[233) それゆえ、FTC 設立後数多く行われた立法資料収集目的の一般調査も、当初は任意の協力を得て行われたものであった。

強制的一般調査の是認の契機となったのは、既に第1節で分析した Oklahoma 判決および Morton Salt 判決であった。これらの判決は、直接には個別事件調査権にかかわるものであるが、調査権行使の要件として法違反容疑は必ずしも必要でないとするその判旨は、従来の一般調査否定の論拠を実質的に覆したものであるとも言えた。

さらに、Morton Salt 判決および St. Regis Paper Co. v. United States, 368 U. S. 208 (1961) は、それ以前にはあまり活用されなかった報告書要求命令

---

ibid. at 722)、既に 1903 年には、このような考えに基づいて、労働・商務省の一部に調査機関としての企業局が設置されていた。ウィルソン大統領の提案は、企業局の調査権限の拡大をめざす諸提案を受け継いだもので、1914 年 6 月 5 日、Covington 法案 (H. R. 15613) として下院を通過した。Covington 法案によれば、設立される新委員会の中心的権限は調査、公表権限であり、独立の法執行 (規制) 権限は付与されていなかった。調査権限の主なものとしては、(i) 一定規模以上の会社に対する年次報告書要求権、(ii) 大統領または司法長官の指示により反トラスト法違反調査をなす権限 (この場合の調査手段としてアクセス権)、(iii) 反トラスト法事件での裁判判決のその後の履行状況の調査権限などがあり、さらに、(iv) ICC と同様の召喚令状権も付与されていた。他方、上院では、反トラスト法強化に関する議論の中で、調査権だけでなく独自の規制権を持つ準司法的審判所として FTC を設立すべしとの見解が強まり、この見解は Newlands 法案として、同年 8 月 5 日、上院を通過した。Newlands 法案は、調査権と並んで、「不公正競争」に対する停止命令権を有する行政委員会の設立を定めており、現行 FTC 法の直接の原案となった。しかし、規制委員会しての FTC の性格は、調査委員会としての FTC の性格を否定または制限するものではなく、Newlands 法案では、(i) 本法に服する会社の組織、事業寺に関して随時調査をなし得ること、(ii) すべての調査における調査手段としてアクセス権を用い得ることを定める点で、むしろ Convington 法案よりも広い調査確限が認められていた。両案は、両院協議会での調整を経て、同年 9 月 26 日、FTC 法として成立した。以上の制定過程は、FTC が一般調査権を持つことを明瞭に示している。*See also,* C. F. Randolf, *The Inquisitorial Power Conferred by the Trade Commission Bill,* 23 Yale L. J. 672 (1914); E. S. Jouett, *The Inquisitorial Feature of the FTC Act Violates the Federal Constitution,* 2 Va. L. Rev. 584 (1915); G. C. Henderson, THE FEDERAL TRADE COMMISSION 17-27 (1924).

233) Harriman v. ICC, 211 U. S. 407, 419 (1908). FTC に関して一般調査の強制を否定した判決として、FTC v. Claire Furnace Co., 285 F. 936 (D. C. Cir. 1923); FTC v. Maynard Coal Co., 22 F. 2d 873 (D. C. Cir. 1927); FTC v. Millers' National Fed'n, 47 F. 2d 428 (D. C. Cir. 1931) 等参照。

の強制を支持したため[234)]、ここに、報告書要求命令を中心的調査手段とする一般調査の展開の法的基礎が与えられた。

現実にFTCが強制調査としての一般調査を積極的に行うようになったのは、1970年代に入ってからであった。そこでの1つの特徴は、以前によく見られた立法資料収集目的での一般調査と異なり、事前規制的一般調査が企画されてきたことである。代表的な調査・規制計画として、次のようなものがある。

第一に挙げられるのは、「合併事前報告制度（Pre-merger Notification Program）」である。これは、1969年に、FTC法6条の報告書要求権を根拠に企画された調査・規制計画であり、一定規模以上の会社が合併を計画する場合、(a)その事前通知をFTCに行うこと、(b)合併合意後10日以内かつ合併完了60日以前にFTCに特別報告書を提出すること等を会社に求めるものであった。FTCは、こうして獲得した情報の第一次的分析に基づき反トラスト法違反のおそれのある合併計画を知り、違反容疑のある会社にはさらに詳細な調査を行うとしていた。[235)]

この計画に対しては、未だ非公式の合併計画の段階で、しかも何ら法違反容疑のない段階で、一律に、規制目的での調査をなすことはFTC法6条に定める一般調査権を逸脱したものであるとの批判があった。[236)] しかし、この点について裁判所が直接に判断を下す前に、この調査・規制計画は、1976年のクレイトン法改正により、報告書提出先を司法省およびFTCとし、不提出に対する過料額を一日当たり最高1000ドルに引き上げる等の

---

234) 本章第2節2(2)注145)参照。なお、両判決を根拠に、FTCは、1960年代に入って、報告書要求命令により、出版業、薬品製造業などの各業界全体を対象とする審判開始決定前調査を行ってきた。他方で、このような業界全体を対象とする（industry-wide）調査は、従来の個別事件調査の枠を超えるものであるとして、批判も受けてきた。これらの問題を論じるものとして、G. E. Weston, *Antitrust Highlight II, FTC Industry-wide Investigations by Mail Effective Trade Regulation or Raid on Trade?*, 19 ABA Antitrust Section 221 (1961); P. H. LaRue, *FTC Investigations: Special Reports and Investigational Hearings*, 45 Chi. B. Rec. 476 (1964) 等を参照。

235) FTC Resolution, April 8, 1969, CCH 1972 Trade Reg. Report 4540.

236) D. P. O'Brien, *The Federal Trade Commission's Pre-merger Notification Requirements*, 14 Antitrust Bull. 557 (1969).

改正を加えた上で、改めて法定された。[237]

　第二に挙げられるのは、「広告実証制度（Ad. Substantiation Program）」である。これは、消費者に商品に関する正確な情報を与えることを目的として、1971年より開始された調査・規制計画であり、(a)会社に対して、自社製品の広告内容を実証的に裏づける検査資料等の報告書をFTCに提出することを要求し、(b)FTCが提出資料を公表することにより消費者に正確な情報を伝え、(c)事実による裏づけのない広告に対してはFTCが審判手続を開始する、という内容を持っていた。[238]

　この調査・規制計画については、その前提となる実体的なFTCの広告規制権をめぐっても議論があるが、調査権とのかかわりで言えば、次の二点が注目される。

　その一は、欺瞞的広告の規制という規制目的自体が、消費者に商品に関する正確な情報を保障するという「情報に対する規制」の側面を持っていることである。このような場合には、調査権と公表権との結合が、直接に規制手段として働くことになる。

　その二は、この調査・規制計画のために新たに定められたサンクションの問題である。FTCは、この調査・規制計画の実効性を高めるため、1977年に審判手続に関する規則を改正し、本計画に基づき開始された欺瞞的広告規制の審判手続において、会社は、事前の報告書提出命令に応じなかった資料を原則として証拠として提出できないと定めた。[239] しかしこの規則改正に対しては、被審人の審判手続上の権利制限を報告書要求命令の

---

237) Title II of the Hart-Scott-Rodino Antitrust Improvement Act of 1976, 15 U. S. C. § 18 (a) (1976). 本法の成立によりFTCは新しい「合併事前届出制度に関する規則」(16 C. F. R. §§ 801-803 (1978)) を定め、従来の制度は廃止された。新しい合併事前届出制度についてはわが国でも詳しい紹介がある。中川政直「米国における合併事前届出制の導入」公正取引326・328・329号（各1978年）、矢部丈太郎「〔解説と資料〕」国際商事法務6巻（1978年）420頁以下等参照。

238) FTC Resolution, June 9, 1971, CCH Trade Reg. Report 7573 (1972). *See also,* Note, *The FTC Ad. Substantiation Program,* 61 Geo. L. J. 1427 (1973); Breyer & Stewart, *supra* note 59, at 823-837.

239) 42 Fed. Reg. 56489, 56500 (1977).

強制手段として新たに導入するものであって許されないとの批判があった。[240]

このように、広告実証制度には多くの解明すべき問題が含まれるが、判例が十分に展開していないため、ここでは指摘するにとどめる。

規制的一般調査の第三は、1974 年から開始された Line of Business Report Program、および、1975 年から開始された Corporate Patterns Report Program である。これらは、前二者の調査・規制計画が特定の規制目的と結合された事前規制的調査計画であったのと比べて、より一般的な、FTC の政策形成資料を求める一般調査計画である。その内容は調査範囲をめぐる論点を分析する次項で紹介するが、裁判所は、Morton Salt 判決（第2節2(2)(ⅱ)参照）を引用して、このような一般調査を報告書要求命令によって強制すること自体はもはや問題としなかった。[241]

(2) 一般調査権と規制権の関係

右に見たような一般調査権の活用の拡大は、一般調査権と規制権との関係を改めて問い直す契機となった。それはとくに、同一会社の同一事項に対する一般調査と審判手続とが並行して行われる場合に、問題が典型的に現れる。

まず、United States v. Litton Industries, Inc., 462 F. 2d 14 (9th Cir. 1972) では、審判手続の対象となった会社に対する一般調査が争われた。1968 年に FTC は、合併に関する一般調査を企画し、翌年、控訴人会社をはじめとする九会社に対し召喚令状および報告書要求命令が発せられた。控訴人会社はこの調査命令に対する破棄または修正の異議を FTC に申請したが、この異議が係属中に、FTC は控訴人会社に対する審判手続の開始を決定した。かくして、控訴人会社に対する審判手続と一般調査手続とが同

---

240) R. L. Williams, *Through the Looking Glass—The FTC's Advertising Substantiation Exclusionary Rule*, 27 Am. U. L. Rev. 76 (1977). なお同じ論者は、審判手続における召喚令状の不服従に対して証拠法上の不利益を課し得ることを定める FTC 規則（16 C. F. R. § 3. 38 (1976)）に対しても、同様の視点から批判する。*See*, R. L. Williams, *Authority of Federal Agencies to Impose Discovery Sanctions: The FTC—A Case in Point*, 65 Geo. L. J. 739 (1977).

241) A. O. Smith Corp. v. FTC, 396 F. Supp. 1108, 1121 (D. Del. 1975); *In re* FTC Line of Business Report Litigation, 595 F. 2d 685, 701-703 (D. C. Cir. 1978).

時に並行して行われることになったため、会社は、(a)同一会社に対する調査手続と審判手続との並行実施は、それだけで、修正5条のデュープロセス条項に違反する、(b)本件調査命令で得た一般調査資料を審判手続での「背景」資料として使用するのは、被審人会社から「公正な聴聞」の機会を奪うもので、デュープロセスに違反する、と抗弁した。

しかし控訴裁は、(a)に対しては、「調査機能と準司法的機能との結合がそれ自体で違憲となるわけではない」として退け、(b)に対しても、FTCが不適切な証拠を採用するとの会社の主張は、この段階では純粋に推測の域を出ず、あまりに漠然としていると、これを退けた。

また、In re FTC Line of Business Report Litigation, 595 F. 2d 685 (D. C. Cir. 1978) では、一般調査の対象となった時点でFTCの審判手続の被審人となっていた九会社が、提出資料が被審人会社に対する事前開示なしに審判手続で使われるのはデュープロセスに違反すると主張し、調査拒否を正当化づけようとした。しかし地裁は、「審判手続における手続的権利が侵害される可能性は、当該一般調査をなすFTCの権限を否定する論拠とならない」と述べて、この抗弁を否定し、控訴裁もそれを支持した。

以上の判決例は、審判手続における抗弁と調査手続における抗弁とを区別し、調査段階では審判手続でなされるべき抗弁は未成熟であるとする原則に従ったものである。[242] しかし、被調査人が主張する実質的な争点——一般調査資料の審判手続での利用とデュープロセスとの関連——についても、審判段階での異議としてこの問題を扱う従来の判例は、FTCの立場を支持してきた。すなわち、裁判所およびFTCは、一般調査資料をFTCが審判手続での証拠とすることを肯定しつつ、被審人会社が、審判手続での証拠収集手段として、召喚令状に加えて報告書要求命令の発動を要求することは許さず、[243] また、FTCが所持する一般調査資料の開示（discovery）を求める被審人の要求に対しても、おおむね否定的であった。[244]

242) But see, FTC v. Atlantic Richfield Co., 567 F. 2d 96 (D. C. Cir. 1977).
243) Papercraft Corp. v. FTC, 307 F. Supp. 1401 (W. D. Pa. 1970).
244) Union Bag-Camp Paper Corp. v. FTC, 233 F. Supp. 660 (S. D. N. Y. 1964); Texas Industries, Inc., 67 F. T. C. 1378 (1965).

2. 調査範囲

　一般調査で求め得る資料の範囲が激しく争われたのは、Line of Business Report Program をめぐる訴訟であった。

　この調査計画は、合衆国内の 400 余の主要製造業企業を対象に、各会社の資産（生産設備、財産等）、原材料原価、人件費、売価、売上額、利益等について、FTC の指定する営業カテゴリー（Line of Business. 以下、「LB」）に沿っての詳細な情報を毎年度求めるもので、この計画の目的は、(a) 経済動向、市場構造に関する基礎資料として FTC の政策形成に役立てること、(b) これらの情報を統計処理した上で公表し、投資家または経営者が競争経済秩序を形成する上での有益な情報を提供すること等とされていた。[245]

　LB プログラムで求められる情報の広範性、調査に応じることによる負担の大きさなどから、多くの会社がこの調査計画を争い、または不服従を続けた。

　例えば、1974 年の最初の LB レポート提出命令（1973 年度分要求）は、345 の主要大企業に対して発せられ、そのうち 108 の会社が調査命令を争うプリ・エンフォースメント訴訟を提起した（Aluminium Co. of America v. FTC, 390 F. Supp. 301 (S. D. N. Y. 1975); A. O. Smith Corp. v. FTC, 396 F. Supp. 1108 (D. Del. 1975)）。1975 年には、453 の会社に対して 1974 年度分 LB レポート提出命令が発せられ、そのうち 145 の会社がこれを争うプリ・エンフォースメント訴訟を提起した（A. O. Smith Corp. v. FTC, 417 F. Supp. 1068 (D. Del. 1976)）。

---

245) LB プログラムの内容および法的問題点の分析として、Note, *The FTC's Annual Line-of-Business Reporting Program*, 1975 Duke L. J. 389 (1975); T. A. Frannery, *FTC Line of Business Program Upheld by United States District Court*, Hearing before the Committee on Banking, Housing, and Urban Affaires, Senates, 95th Cong. 1st Sess. 925-938 (1977); Note, *Analysis of the FTC Line of Business and Corporate Patterns Report Litigation*, 28 Clev. St. L. Rev. 83 (1979); 松下満雄「連邦取引委員会の強制調査権に関する判例」ジュリスト 591 号（1975 年）43 頁以下等参照。なお、松下・前掲論文末尾には LB レポート質問書の一部が転載されているが、全文は、例えば Hearing before the Committee on Appropriations, House of Representative, 93th Cong. 2d Sess. 601-639 (1974) にある。

このような会社側の抵抗に対し、FTC は、報告書要求命令の強制を求める職務執行令状訴訟を提起して対抗し（FTC v. American Standard, Inc., Civ. No. M-18-304 (1975)）、さらに、「執行が争われる舞台を選択するという戦術上の有利さ」をねらって、すべての係争中のプリ・エンフォースメント訴訟を併合審査のためにコロンビア地区地裁（職務執行令状訴訟を提起したところ）へ移送する申請をなした。この申請は容れられ、1974 年度分 LB レポート提出命令については一括した併合訴訟として処理されることになった（In re FTC Line of Business Report Litigation, 432 F. Supp. 274 (D. D. C. 1977)）。

1975・1976 年度分の LB レポート提出命令は 481 の会社に対して発せられた。

こうして一連の LB レポート関連訴訟が審理されるようになったが、ここでは、LB 関連訴訟の総決算とも言うべき In re FTC Line of Business Report Litigation, 595 F. 2d 685 (D. C. Cir. 1978) を中心に、その多岐にわたる論点のうち、調査範囲に関するものを検討する。[247]

会社は、調査範囲に関する抗弁として、従来の行政調査に関する訴訟と同じく、調査範囲の広範性、無関連性、不合理な負担を次のように主張した。すなわち、① 求められる資料およびそれらの統計処理により得られる資料は、経済データとしても市場データとしても不完全であり、主張されている調査目的の達成に資するものではないから、調査目的との合理的関連性がない。② 調査に従うことにより生じる負担の合理性は、本調査計画の適切性（suitability）と衡量されるべきところ、①で述べたごとく本計画の適切性はかなり疑問である。③ 本調査計画に毎年度従うためには新しい会計情報システムを確立する必要があり、かなりの出費となるが（数

---

246) Gellhorn-Byse-Strauss, Case 577 (1979).
247) 一連の LB 関連訴訟での争点は、(i) プリ・エンフォースメント訴訟の許容性、(ii) 規制的一般調査をなす FTC の権限、(iii) 調査範囲の広範性、(iv) 調査手続と規則制定手続の関係、(v) 調査資料の秘密性保障等であった。このうち、(i)は既に本章第 1 節 2(2)(i)で分析し、(ii)は、本節 2 で見たように、基本的に Morton Salt 判決で結着済みとされた。(iv)および(v)は、次項 3 で分析する。

社の試算として100万ドル以上の見積り額が表明された)、このような不合理な負担を伴う本件調査計画は違法である。

これらの抗弁に対し、裁判所は次のように判示して調査計画を支持した。①「関連性」要件は、召喚令状の場合と同様、調査の一般的目的と求められた資料との合理的関連性があれば満たされ、その際「合理的関連性基準は広く解釈さるべきである」。LBプログラムの不完全さは今後改善していくべきで、調査拒否理由とはならない。②「不合理な負担」基準を適用するためには、「服従により生じる業務の不当な妨害、深刻な障害」を会社が立証しなければならない。「関連性」あるいは「不合理な負担」基準とのかかわりで、調査計画の適切性に関する広範な審査を裁判所に要求する会社の主張はとることができない。③調査計画に従うことによる費用見積りは、FTCによれば、1万ドルから10万ドルの間——平均2万4000ドル——と試算されており、また、既にLBプログラムに従っている多くの会社もあることからして、「不合理な負担」が立証されているとは思われない。[248] ④「関連性」および「不合理な負担」をそれぞれ独立に審査することの誤りを言う会社の主張には理由がない。

会社の主張とFTCの主張のひとつの対立点は、LBプログラムが、主張されている目的を真に実現できる適切な調査計画であるか否かにあった。データの非信頼性と調査コストの非効率を主張する会社に対して、FTCは調査計画の合理性を主張した。[249] しかし裁判所は、調査計画の政策的妥当性に深入りすることなく、個別事件調査において伝統的に確立されてきた諸基準をそのまま適用して調査の執行を命じた。

しかし、個別調査と異なる一般調査の特質を強調する立場からは、一般

---

248) LBプログラムに従うことによる費用負担については、各会社による試算、FTCのによる試算によって差異がある。しかし、FTCの試算によっても1万ドルから10万ドルにも及ぶコストが「不合理」でないとされた背景には、調査対象が大企業であり、その総売上額と比べると調査コストはささいなものであるとの判断があった。*See*, Note, 28 Clev. St. L. Rev. 83, 103 (1979).
249) このように、LBプログラムの政策的妥当性を検討するものとして、G. J. Benston, *An Appraisal of the Costs and Benefits of Government-Required Disclosure: SEC and FTC Requirements,* 41 Law & Contemp. Prob. 30, 35-41, 54-60 (1977); Note, *supra* note 248, at 107-112 (1979) を参照。

的な調査目的を前提とした「関連性」審査が困難であること、調査対象が法違反容疑者でないにもかかわらず被調査人に情報の加工を要求し、膨大な調査負担を課すことの「不合理」などが、なお問題となるところである。

3. 調査手続

調査手続に対する法的統制基準として、前節で述べた個別事件調査に関する基準は、一般調査においてもほぼ妥当する。しかし一般調査の場合には、それに加えて、調査対象が多数にのぼり、調査費用も特別の考慮を要するというその特質から、特別の手続的統制が考えられる場合がある。ここでは後者に重点を置いて分析する。

(1) **調査計画の立案過程に対する統制**
(i) **連邦レポート法による規制** 連邦レポート法[250]は、1942年に、行政機関の一般調査に応じる会社(とくに中小企業)の負担を軽減すること等を目的に制定され、調査対象が10以上に及ぶ行政上の一般調査計画について、①予算局長官(Director of the Bureau of Budget)の承認を得ること、②「利害関係人の要請に基づき」予算局長官が調査の適切性につき審査できること等を定めていた。この規定は、10社以上を対象とするFTCの一般調査にも適用されることは明確であったが、承認のない調査計画に基づく調査命令の効力については明確でなく、また、現実には承認を拒否される場合がなかったことから、1970年以前には、FTCに関しても、この制約の意味は大きいものではなかった。[251]

ところが、1970年代に入って、一般調査が強化されてくるにつれ、それに対する会社側の抵抗も強まり、この規定の意味が争われるようになった。

一般調査の対象となった各社で構成する業界諮問委員会は、行政管理予算庁(Office of Management and Budget——以前の予算局)長官による一般

---

250) Federal Report Act, 56 Stat. 1078 (1942). 44 U. S. C. A. §§ 3501-3512.
251) *See,* Weston, *supra* note 234, at 228; Pollock, *supra* note 27 at 19.

調査計画の承認手続への影響力を行使して、不承認を働きかけるようになった。[252] そこで議会は、「承認手続が、行政規制の諸機能遂行に不可欠な調査・情報収集を遅延または妨害する手段となるのを避けるために」[253] 法改正を行い、① 独立行政委員会の調査計画に対する承認権限を、行政管理予算庁長官から、議会の一機関である会計検査院長（Comptroller General）に移すこと、② 調査の必要性に関する最終的決定権を行政委員会に認めること等を明確にした。[254]

こうして、連邦レポート法は、今日、独立行政委員会の一般調査計画に対する議会による統制を定めるものとなった。

FTC の LB プログラムは、1974 年に会計検査院長に提出され、会計検査院長は、FTC が、① 漸次データの信頼性を高めかつ会社の負担を軽減する努力をなすこと、② この努力を会社側代表との協議を通じて進めること、③ 既に他の行政機関に収集されている記録との重複を避ける調整をなすことの三点を条件に、LB プログラムを承認した。[255]

In re FTC Line of Business Report Litigation, 595 F. 2d 685 (D. C. Cir. 1978) では、この会計検査院長の審査範囲がどこまで及ぶかが争われた。会社は、改正前のレポート法の場合と同じく計画の適切性を審査すべきであると主張したが、控訴裁は、改正されたレポート法の解釈として、(i) 調査による会社側負担の軽減策の考慮、(ii) 行政機関相互間での情報の重複の回避策の考慮の二点に会計検査院長の審査は限定されると判示し、審査の不十分性を争う会社の主張を拒否した。

---

252) 行政管理予算庁長官による承認は、通常、業界諮問委員会の承認を前提とする慣行であった。LB プログラム案は既に 1970 年秋に行政管理予算庁に提出されていたが、諮問委の反対により、承認拒否を受けていたという。*See,* R. Kinscheck, *Administrative Investigative Authority and APA Rule Making Procedures,* 57 B. U. L. Rev. 225, 233 (1977).
253) H. R. Rep. No. 93-624, 93d Cong. 1st Sess. 33 (1973) cited in Kinscheck, *supra* note 252, at 233.
254) 44 U. S. C. A. § 3512 (1973).
255) この会計検査院長による三条件は、その中に「データの信頼性」への言及を含んでいたため、FTC は、会計検査院長の審査範囲を超えるものであると批判した。*See,* Note, *The FTC's Annual Line-of-Business Reporting Program,* 1975 Duke L. J. 389, 391 n. 16 (1975).

(ii) **一般調査計画と規則制定手続**　調査計画と規則制定手続との関連という問題は、LB プログラムが争われた A. O. Smith Corp. v. FTC, 396 F. Supp. 1108 (D. Del. 1975) において初めて提起された。

地裁は、次のように述べて、LB プログラムの制定が APA 4 条に定める規則制定手続（調査計画案の公告と利害関係人からの意見聴取の手続）に従うべきことを判示した。(ア) FTC 法 6 条(f)項は FTC が調査に関する規則制定権を持つことを明記するが、これは、調査権と規則制定権が「相互に排斥しあうものではなく、重なりあうもの」であることを示す。(イ) APA で定める規則制定手続に従うべきか否かは、当該調査計画が規則としての特質（地裁はこれを ① 一般的適用性、② 将来的効力発生性の二要件としてまとめている）を有しているか否かによる。LB プログラムは、数百の会社に一律に適用され、将来にわたって情報を求めている点で、規則としての特質を有する。(ウ) LB プログラムは複雑な分類項目に従って情報の加工を要求し、将来的にもこれに応えていくためにはそれなりの会計情報処理システムが要求される。それゆえ、LB プログラムは「単なる調査機能を超えたもの」として規則制定手続によるべきである。

これに対して *In re* FTC Line of Business Report Litigation, 595 F. 2d 685 (D. C. Cir. 1978) では、控訴裁は、次のように述べて、LB プログラムに対する規則制定手続の適用を否定した。(ア) LB プログラムの根拠規定である FTC 法 6 条(b)項は規則制定手続に従うことを明文で要求しているわけではなく、APA も「行政機関の活動を規則制定、裁決および調査の 3 つの基本カテゴリーに分類すること」を前提としているように解せられる。し

---

256) APA 4 条に定める規則制定手続およびその法的コントロールに関する最近の分析として、小高剛『住民参加手続の法理』（有斐閣・1977 年）、紙野健二「アメリカにおける規則制定の法的コントロール」名大法政論集 80 号（1979 年）166 頁等参照。

257) この点は、連邦証券取引委員会（SEC）および連邦動力委員会（FPC）が、その一般調査計画決定において規則制定手続に従っていることをひとつの根拠とする会社側主張に応えて強調されたところである。控訴裁は、SEC および FPC はそれぞれ明文の法律の要請として規則制定手続に従っていると述べ、明文の要請のない FTC の場合と区別されるとした。595 F. 2d 685, 694 n. 46 (1978).

258) 595 F. 2d 685, 695 (1978). 控訴裁はその根拠として、APA 制定時におけるワルター議員の発言（92 Cong. Rec. 5648 (1948)）等を挙げる。

たがって、その性質上調査であることの明確な LB プログラムには規則制定手続は要求されない。なお、(イ)調査資料が規制目的で使われるがゆえに、情報収集行為が APA 2 条の規則の定義に言う「法または政策を規定するもの (prescription of law and policy)」に該当するとの会社主張は広範にすぎる。(ウ)将来の効力発生性に関する会社主張は、過去の記録の提出を求める現調査命令の抗弁としては成立せず、また、LB プログラムは会計情報処理システムの改善それ自身を要求するものではない。

　以上のように、両判決は調査と規則制定との関係につき対照的な判断を示しており、この外にこの問題に触れるものはないから、現在この問題は結着を見ていないと言える。

　A. O. Smith 判決を批評したある論者は、APA 制定時に議会が「調査手続を規則制定または裁決と切り離された一領域として認めていた」ことを承認しつつ、私人の権利を手続的に保障せんとする APA の解釈として、「あらゆる調査活動が一連の手続的保障から免除されるという結論は、APA の中心思想と矛盾する」と述べ、A. O. Smith 判決に好意的な判断を示している。[259]

　なお、A. O. Smith 判決では、会計検査院長による LB プログラムの承認手続の存在が規則制定手続に従うことを不要にするか否かも争われたが、地裁は、「会計検査院が LB プログラムの実効性につき広く審査し、各方面の多くの関係者から書面または口頭のコメントを得ている」ことを認めつつ、その審査範囲の限定性を理由に、「APA に基づく手続に十分代替し得るものではない」と述べた。

　一般調査計画が APA の定める規則制定手続に従うとしても、あるいは会計検査院長の承認手続に服する場合でも、その最終的決定権は行政委員会に残されている。それゆえ、これらの手続の実効性にはなお検討すべきところがあるが、以上の手続保障をめぐる議論の展開は、関係人の利害を事前に考慮して調査計画の立案を図ろうとするものであり、注目される。

---

259) Kinscheck, *supra* note 252, at 230-231.

(2) 一般調査資料の公表

　調査資料の秘密性保障をめぐる問題は、個別事件調査においても生じるところであったが、一般調査の場合には、個別事件調査の場合以上に調査資料の公表への要請が高いため、この問題が独自に取り上げられる必要がある。現在までのところ裁判所は、秘密性保護措置のあり方をとくに個別事件調査の場合と異なって考えているわけではないが、一般調査資料の公表要請には好意的な判断を示している。

　第一に、一般調査として行われる調査聴聞は、個別事件調査として行われる調査聴聞と比べて、公開への要請が高いとされる。

　この点に関する先例は、FCC v. Schreiber, 381 U. S. 279 (1965) である。本件は、テレビ番組編成に関する政策作成資料収集目的でなされた連邦通信委員会（FCC）の一般調査に関する事件である。FCC 規則によれば、この種の調査は原則として公開されることになっており、FCC は、「情報開示により私人の競争上の利益が回復しがたい損害を受け、かつ、その損害が公開調査をなす利益を上回ると調査主宰官により認定される場合」にのみ調査聴聞を非公開にし得ると述べていた。被上告人会社（プロダクション会社）は、提出資料（番組契約等）の企業秘密性を主張して非公開措置を要求したが、FCC は非公開措置決定をしなかった。最高裁はこの点について、公開調査を原則と定める FCC の規則制定の裁量性を広くとらえ、本件での非公開措置の否認もその裁量内のものであると判示し、情報の秘密性保護措置を命じていた下級審判決を破棄した。

　右の最高裁の判断は、一般的には規則制定に対する司法審査の限定を述べたものであり、直接には被上告人会社の企業秘密の主張が十分に「事実に基づいて説明されていない」点を指摘して調査主宰官の裁量濫用を否定

---

260) この理由として本文で述べる展開の外に、元来行政機関の一般調査が、公開調査を原則とする議会調査権の片腕として位置づけられてきたことも挙げられる。この点の分析として、Note, *supra* note 213, 72 Yale L. J. 1227 を参照。

261) 地裁 (201 F. Supp. 421 (S. D. Cal. 1962)) は、情報の秘密性を認め、(i)すべての提出資料を秘密取扱いすること、(ii)FCC が記録公表を望む時は地裁に改めて許可を求めることの二点を条件に付して執行を命じており、控訴裁 (329 F. 2d 517 (5th Cir. 1954)) もこれを支持していた。

したものであった。しかし本判決は、政策資料を求める一般調査の場合に、(i) 提供された情報が公開されることにより他人からの異なる視点から批判・補足され、(ii) 情報の流れを刺激し、(iii) 関係利益を持つ公衆に情報を伝達するなどの点で、公開調査が必要であるという FCC の判断を支持したものでもあり、一般調査の公開性に積極的判断を示したものと言えた。[262]

　FTC の場合、調査聴聞は原則として非公開で行われることになっており（FTC 規則 2-8 (c)）、一般調査も郵送による報告書要求命令で行われるのが普通であるため、今のところ右の問題が直接争われたことはない。しかし、一般調査の公開裁量を広くとらえる Schreiber 判決の判示は、FTC にも妥当すると考えられる。

　第二に、一般調査は、その目的において、調査資料の公表を前提とする場合が多い。例えば、LB プログラムは、収集した情報を統計処理した上で公表し、投資家または経営者等に情報を伝達することをひとつの目的としていた。また、1975 年より 1100 の会社を対象に開始された一般調査である Corporate Patterns Report Program は、調査資料そのままの公表を予定していた。したがって、審判での調査の場合と同様、情報の秘密性保護がとくに求められるところであるが、裁判所は、審判開始前調査の場合と同様に、情報収集過程と情報公表過程とを切断してこの問題を処理しようとする。

　例えば、*In re* FTC Line of Business Report Litigation, 595 F. 2d 685 (D. C. Cir. 1978) は、この点について次のように判示した。(i) 調査資料に「取引上の秘密」が含まれることはそれだけでは調査を無効ならしめるものではない。(ii) LB プログラムについては、統計処理の上での公表であり、行政機関による秘密性保護措置はそれで十分である。[263] (iii) CPR プログラムについては、情報公表決定時に提出者に 10 日の猶予ある事前通知をなすこ

---

262) 本判決の批判的分析として、Note, Curtis, *supra* note 131; S. L. Cohn & H. L. Zuckman, *FCC v. Schreiber: In Camera and the Administrative Agency,* 56 Ga. L. J. 451 (1968) 参照。

263) 会社は、統計処理後の公表も、逆の情報処理操作により個別企業情報を確認し得るがゆえに、秘密性保護として不十分であると主張したが、控訴裁はこの主張を認めなかった。*See,* Note, *supra* note 255, at 399-404.

とをFTCに義務づける条件を付すことで、調査段階で与える秘密性保障としては十分である。

第5節　行政調査の法的統制——総括と今後の課題

1.　総括——行政調査の司法的統制の意義

　FTC調査命令の適法性が争われた判例により確立されてきた行政調査命令の法的統制基準は、今日、次のようにまとめることができる。[264]
- (a) 行政調査は、法律により授権された正当な調査目的に従って行われなければならない（法律の授権および正当な調査目的）。
- (b) 行政調査で求める情報は、調査目的と関連性を有するものでなければならず、また調査要求範囲が無限定であってはならない（関連性および特定性）。
- (c) 調査要求は不当に広範であってはならず、被調査人に不合理な負担を課するものであってはならない（負担の合理性）。
- (d) 行政調査は、非開示特権を侵してはならない（非開示特権保障）。
- (e) 行政調査は、適正な形式・手続に従って行われなければならない（適正手続）。

　そして、このようにまとめられた法的統制基準は、抽象的には、個別事件調査と一般調査の区別を問わず、さらには、FTC調査権に限定されず、行政調査命令に対する一般的な法的統制基準としても説明されている。[265]

　これらの基準の背景と内容については、既にFTC調査権について分析してきたところである。そこで、これまでの分析の一応のまとめとして、ここでは、右の諸基準に基づく行政調査の法的統制の意義についてまとめておきたい。このことは、第1節で結論を保留した問題、つまり、行政調

---

264) *See,* ABA Development 215-216 (1975); Symposium, *Antitrust Investigations and Procedures,* 29 ABA Antitrust Section 49-106 (1965).
265) *See,* Gellhorn-Byse-Strauss, Case 558-573 (1979); Cooper, *supra* note 148; Note, *supra* note 185, 58 Geo. L. J. 345; LaFave, *supra* note 185, at 188-213.

査の司法的執行の原則をどう評価するのかにかかわっている。

　右の諸基準は、細部の展開を別にすれば、基本的に、第2節で分析した1940年代の最高裁判例によって確立されたものである[266]。1940年代の三判例は、行政調査権行使に制限的であったそれまでの法理を転換し、行政調査権行使に好意的な審査基準を確立したものと評されており、実際、FTC 調査権について見ても、裁判所は、右の基準の適用として、FTC 調査命令をほぼ FTC の要求通りに執行してきた。

　この点をとらえて、一方では、行政調査に対する司法審査は形式だけであり、被調査人の権利を十分に保護するものではないとの批判が、他方では、形式的審査の無駄を排して行政機関に自力執行力を付与して迅速な調査の実現をはかるべきであるという批判が、加えられるかも知れない。この問題は、多面的に考察される必要がある。

　第一に、本章第3節および第4節で見た FTC 調査権に関する判決例を見る限りにおいても、裁判所による行政調査命令の司法審査が形式的であるとは言えない。確かに、既に見てきたように、調査段階での司法審査には限界（調査範囲の事前審査の困難、調査目的の不当性の立証の困難等）があることも否定できないが、裁判所は、被調査人の抗弁に応じて、場合によれば口頭弁論を繰り返して結論を導いている。このような手続保障を経た上で、最終的に調査命令がほぼ要求通りに執行されたとしても、そこでの判断は裁判所の判断であると言える。

　第二に、数は少ないが、裁判所が行政調査命令の執行を拒否する例もある[267]。FTC 調査権について見れば、それらは手続的理由によるものが多いが、調査に先立つ事前の司法審査の保障は、明らかに不当・違法な調査命

---

266) これらの基準が1940年代に確立されたということは、それ自体、1940年代の歴史、社会状況の中で説明さるべきことである。シュオーツは、1940年代を「行政権限の一貫した拡大とそれに対応する司法権の制限」の時期ととらえ、その中で行政調査権に対する新しい審査基準の確立を位置づけ（Schwartz, *supra* note 133, at 861）、デーヴィスは、行政調査権に対する「法理の転換」を、戦時体制の確立による行政権限の拡大との関連で説明している（Davis, *supra* note 188, at 229）。これらの主張の分析も含めて、この点は今後の課題としたい。

267) *See, e. g.,* FTC v. Guignon, 390 F. 2d 323 (8th Cir. 1968); FTC v. Crowther, 430 F. 2d 510 (D. C. Cir. 1970); FTC v. Page, 378 F. Supp. 1052 (N. D. Ga. 1974); FTC v. Western General Dairies, Inc., 432 F. Supp. 31 (N. D. Cal. 1977).

令に対する抑止力となる。また、調査命令を執行する場合でも、被調査人を保護する修正を条件づける場合がある[268]。これらの場合は、現実に被調査人保護がはかられた例であると言える。

　第三に、被調査人に事前に行政調査の適法性を争う機会を与えることが、必ずしも迅速な調査の妨げとなるわけではない。行政調査は、その性格上、被調査人の協力を抜きにしては迅速な実現が困難であると言えるが、この点で、行政調査の司法審査は、行政調査に対する疑問の解決を第三者たる裁判所の裁定に委ねることにより、行政調査をめぐる合意を公開の場で、対審手続を経て形成し得る場としての意味を持つ。こうして形成された行政調査に関する基準が、潜在的な争いに対する基準ともなっていく[269]。

　第四に、行政調査の事前の司法審査は、他面で言えば、行政調査命令の強制手続であるということが留意さるべきである。裁判所によって適法性の確定された調査命令は、裁判所侮辱罪の威嚇を背景に強制されることになる。調査に協力するまで被調査人を拘束することさえも可能にする裁判所侮辱罪の威嚇は、調査実現方法として強力かつ確実な方法であるとも言える。

　最後に、裁判所が、右の諸基準の適用として、かなり広範な行政調査をも多くの場合要求通りに執行してきた理由として、争われている行政領域の特質を指摘することができる。すなわち、FTC調査権判例で争われてきた調査対象は、「歴史的にも広範な検査権に服してきた……会社」の営[270]

---

268) *See, e. g.*, Adams v. FTC, 296 F. 2d 861 (8th Cir. 1961); Hunt Food & Industries, Inc. v. FTC, 286 F. 2d 803 (9th Cir. 1961); Graber Manufacturing Co. v. Dixon, 223 F. Supp. 1020 (D. D. C. 1963).

269) 調査権をめぐる争いが司法審査にまで至る場合がどの程度あるのかについて、正確な情報は入手できなかった。ただ、FTCの年次報告書中の「訴訟となったFTC関係事件」欄や、Antitrust L. J. に毎年まとめられる Development in Antitrust Law during past year の1957〜1973年を見た限りでは、FTC調査権を争う司法審査は多くて年に10余件が挙げられているだけであった。なお、FTC調査の全体像は、例えば1972年の場合、公衆からの申告数4万5195、その年に新たに開始された予備調査6411、その年に新たに開始された正式調査474、その年に終了した調査671、年度末に進行中の調査1236、である（Robinson-Gellhorn-Bruff, Case 376 (1979)）。

270) Oklahoma Press Publishing Co. v. Walling, 327 U. S. 186, 204 (1946).

業記録であり、判例上、「会社は、プライバシーの権利の享有において個人と全く同様の主張ができるわけではない[271]」とされている。他方で、FTC規制に必要な情報がその性格上広範なものとなることも、既に見てきた通りである。したがって、別の行政領域、別の調査対象に対しては、同じ基準の適用が異なる結果をもたらす余地がある[272]。

以上のように考えると、広範な内容のFTC調査が裁判所によってほぼFTCの要求通りに支持されたことをもって、その審査基準の無意味、行政調査の司法的統制の無意義を結論づけることはできない。

むしろ、アメリカにあっては、行政調査が被調査人に対して持つ侵害的性格を重視する立場から、その適法性を争う事前の司法審査手続が原則として保障さるべきであると考えられ、他方、調査の最終的実現を重視する立場から、十分な手続的保障を経た上での強力な調査実現方法が是認されてきたのである。そして、経済規制行政における調査の必要性との調整は、裁判所による調査の適法性基準をゆるやかに解することによってはかられたと言えよう[273]。

2. 今後の課題——情報化社会における行政調査の法的統制

1で要約した行政調査の法的統制基準は、基本的に、(i)行政機関と被調査人との二元的対抗を前提に、(ii)行政調査が強制される局面を念頭に置

---

271) United States v. Morton Salt Co., 338 U. S. 632, 652 (1950).
272) 調査対象が営業上の記録（または営業所）であるか個人にかかわる記録（または住居）であるかによって、行政調査の法的統制に差異があってしかるべきであると主張するものとして、R. S. Miller, *Administrative Agency Intelligence-Gathering: An Appraised of the Investigative Powers of the Internal Revenue Service*, 6 B. C. Ind. & Com. L. Rev. 657, 697-704 (1965); LaFave, supra note 185, at 210-211; Note, *The Civil Investigative Demand: A Constitutional Analysis and Model Proposal*, 33 Vand. L. Rev. 1451, 1465-1470 (1980) 等参照。See also, Note, *Rationalizing Administrative Searches*, 77 Mich. L. Rev. 1291 (1979).
273) 但し、行政調査の司法的執行の原則は、調査命令の司法審査が単に調査延期策として悪用される可能性をはらみ、迅速な調査の実現という点での問題を持つことを否定できない。それゆえ、情報取得の緊急性が高い場合、または、証拠湮滅が予想される場合などにおいては、別個の考慮が必要とされる。この問題は、とくに、不意打ち調査を不可欠とする衛生行政上の立人検査と令状主義をめぐる問題として、アメリカにおいても議論のあるところである。

いて、調査の必要性と被調査人の利益保護とを調整する基準として考えられている。しかし、行政調査の意義と機能の拡大は、行政調査の法的統制のあり方にも新しい問題を提起してきている。

それは、第一に、行政調査（さらに行政規制）によって保護される利益をもつ者の立場からする行政調査の法的統制の必要性であり[274]、第二に、従来行政機関の裁量とされてきた、調査手段の選択ないし調査対象の選択に対する法的統制の必要性であり[275]、第三に、行政情報のコントロールの視角からする行政調査の法的統制の必要性である。

いずれも問題が萌芽的に指摘されるにとどまっているが、ここでは、第三の点について、FTCの最近の対応を中心に、問題の輪郭を示しておく。

行政調査は、行政機関が行う諸決定の前提資料を得るために行われる。従来の法的統制基準によれば、行政機関が収集し得る情報の種類、範囲については、特別に認められる非開示特権を有する情報を除けば、当該調査目的との「関連性」を満たせば収集し得るとされる。しかし、ある論者の指摘によれば、「近年、行政調査の役割は、行政機関の裁決、規則制定お

---

274) この点は、一般に、規制権限の発動裁量（prosecutorial discretion）をめぐる問題として、近年、新たに論じられる一テーマである。デーヴィスは、国際電信電話公社に対する司法省による調査が、政権政党に対する政治献金によって棚上げにされた事実をひいて、規制権不発動決定の持つ問題性を指摘する（K. C. Davis, ADMINISTRATIVE LAW: CASES, TEXT, PROBLEMS, 6th ed. 469-513（1977））が、これをより具体的に言えば、行政調査によって保護される利益を持つ者が行政調査の発動を求める権利を持つか否かという問題となる。従来の法的統制基準は行政機関と被調査人の対抗関係でつくられたものであるから、この問題に十分に応えるものではない。FTCに関しては、本章第1節1(2)注35)、注37)を参照。

275) 調査手段の選択裁量の問題が争われた例として、刑事捜索の場合であるが、Zurcher v. Stanford Daily, 436 U. S. 547 (1978) がある。本件では、事件の容疑者ではない新聞社に対する令状による捜索の合憲性が争われ、地裁は、第三者としての地位または修正1条の考慮により、この場合は被調査人の権利侵害度が低い調査手段である文書提出召喚令状によるべきであったと判示した。しかし最高裁はこのような調査手段に対する特別の考慮を否定した。なお、根岸哲「独禁法上の立入検査の性質と限界」企業法研究216号（1973年）12～13頁は「比例原則の適用［から］……強制調査も、出頭・陳述命令、物件提出命令→承諾に基づく立入検査→実力による立入検査という人権侵害の可能性の少い手段から順次行なわれるべきである」と述べる。FTCの場合、強制的立入検査が行われないためか議論はない。また、調査対象の選択については、さしあたり、Symposium, *How Government Cases Get Selected—or Why Me?*, 46 Antitrust L. J. 562 (1977) を参照。

よび訴追の前提をなすという伝統的役割をはるかに超えてきている。政府諸機関は、現在、あらゆる種類の情報を扱う中心的な情報センター（clearing house for information）として活動し……コンピュータ技術により、これらの情報の多くは簡単に再発見し、取り出し得る。その結果、政府によって獲得された情報が不適切に使用される可能性が、明確に指摘し得るようになっている」。こうした状況の中で、従来、限定された調査目的との関連性を前提に収集された行政調査資料も、それが他の目的に利用され、あるいは一般に広く公表される可能性が高くなっている。そこで、行政情

276) Robinson-Gellhorn-Bruff, Case 33 (1979).
277) プライバシー法 (5 U. S. C. § 552(a)) は、個人を特定し得る情報が本人の同意なしに他の行政機関に引き渡されることを原則として禁止し、金融上のプライバシー法 (12 U. S. C. §§ 3401-3422) は、金融機関が所持する個人情報が当該個人の同意なしに行政機関にひきわたされることを原則として禁止する。しかし以上の制限は、正式の要請がある場合の拒否の抗弁とはならず、法人記録も対象とならないから、本章で扱う FTC 調査権について大きな意味を持つものではない。See, M. E. Smith, *The Public Need for Disclosure v. The Individual's Right to Financial Privacy: An Introduction to the Financial Right to Privacy Act of 1978*, 33 Ad. L. Rev. 511 (1980).
278) 行政調査資料が一般に公表される可能性は、(i) FTC 法 6 条(f)項により FTC が裁量的に公表する場合、(ii) 情報公開法に基づく公開請求に応じて公表される場合、(iii) 議会委員会の調査要求に応じて公表される場合などが考えられる。(i)の場合、「取引上の秘密または顧客名簿を除いて」との限定がついているが、FTC は取引上の秘密を「製品の製造技術、工程等」と狭く解する立場をとっているとも解され (H. P. Hood & Sons, Inc., 58 F. T. C. 1184 (1961))、原価等の企業秘密に対する公表の可能性は存在する。(ii)の場合、情報公開法の適用除外として「取引上の秘密および第三者から獲得した……秘密性を有する商業上または金融上の情報」（4 号）、「法執行目的で編集された調査ファイル」（7 号）が規定されているため、行政調査で収集された企業秘密等は、一応、情報公開法の適用除外に入ることが推定される。しかし、7 号は「但し」以下にさらに要件の限定があり、4 号も「秘密性」の解釈に議論があるため、問題が残るところである。さらに、仮に適用除外に入ることが明らかな情報であっても、適用除外規定は実体的な公表禁止規定でない (Chrysler Corp. v. Brown, 441 U. S. 281 (1979)) から、行政機関の裁量による公表を妨げない。(iii)の場合が問題となったのは、Ashland Oil, Inc. v. FTC, 548 F. 2d 977 (D. C. Cir. 1976) である。本件では、結局、FTC の一般調査資料を受け取った議会小委員会が当該情報を公表するおそれはないとして、FTC が議会小委員会に一般調査資料をひきわたすことの差止めを求めた資料提出会社の訴えが否定されたが、行政調査資料を議会が求める傾向は最近とみに増大しているといわれる (P. C. Rosenthal & R. S. Grossman, *Congressional Access to Confidential Information Collected by Federal Agencies*, 15 Harv. J. Legis. 74, 75 (1977))。なお、情報公開法制をめぐるわが国の文献は数多くあるが、著書として、奥平康弘『知る権利』（岩波書店・1979 年）、清水英夫編『情報公開と知る権利』（三省堂・1980 年）参照。

報の保管、利用の体制と切り離しては、行政調査の法的統制も論じ得ないのではないかということが問われることになる[279]。

FTC の場合、行政情報の公開の要請と情報提供者の利益保護との対立は、主として、いわゆる企業秘密の取扱いをめぐって現れる。そこで FTC は、その基準として 1978 年 1 月に、営業上の秘密情報に関するそれまでの取扱慣行を集大成した規則案を公表した[280]。

それによると、営業上の秘密情報の取扱いは次の手続で行われる。

(i) 行政調査過程において、被調査人が提出資料の秘密性を主張 (*prima facie* な疎明でよいとされる) した場合、担当官 (各部局長官、副長官) は、当該情報部分について、3 年間の開示からの免除を与えることができる。

(ii) 免除付与後に当該情報に対し第三者から公開請求がなされた場合、情報提供者にその旨通知され、公開請求はひとまず拒否される。

(iii) 公開請求を拒否された者がさらに公開を求めて FTC に上訴した場合、FTC は情報提供者に通知し、非公開要求を正当化する詳しい理由書の提出を求める。

(iv) そうした後に FTC は、改めて、当該情報の公開を許すか否かを、個別の利益衡量に従って行う。

(v) FTC が公開決定をなした場合には、公開まで 10 日間の猶予のある通知を情報提供者になす (その間に情報提供者は公開を差し止める訴訟を提訴できる)。

以上の手続は、情報公開の要請と企業秘密等の保護の要請とを調整するための手続であると言うことができ、FTC が、単に当該情報が企業秘密にあたるというだけで一律に非開示決定とはしないことを明示する点でも、注目すべきものである。しかし、逆に、以上の手続は、企業秘密の財産的価値を重視し、行政調査段階での被調査人と FTC との信頼関係を強調す

---

279) わが国でこの点を指摘するものとして、例えば、佐藤幸治「行政と国民のプライバシー」ジュリスト 589 号 (1975 年) 36 頁、畠山武道「行政調査がいま問題とされつつあるのはなぜか」新井隆一ほか『行政法 第 1 巻 (有斐閣新書)』(有斐閣・1980 年) 163 頁以下参照。
280) 43 Fed. Reg. 3581 (1978).

る立場からは批判があり[281]、「FTC が、行政調査段階でいったん与えた開示からの免除を尊重しないならば、企業は FTC に対する信頼を失い、自発的な文書提出をしたがらなくなり、提出に先立って企業秘密の十分な保護措置を求める訴訟が増加するであろう」[282]との指摘もある。

このように、情報公開の要請の強まりの中で、行政調査をめぐる状況も新たな局面を迎えている。しかし、現在のところ、右の問題は従来の法的統制基準を変更する必要としては意識されていない。多くの裁判所は、行政調査段階で提出資料の秘密性保護を求めるこうした訴訟において、基本的に、情報収集過程と情報公表過程とを区別して、将来の違法な情報公表の可能性は現在の行政調査を違法ならしめるものではないとする。そして、行政調査段階で与える秘密性保護措置としては、せいぜい、開示決定に先立つ10日前告知で十分であるとするのである[283]。

確かに、調査過程と公表過程とは別個の過程であるから——もっとも、審判での調査や公開調査の場合のように両者が現実に結びつく場合もあり、このような場合の秘密性保護措置については既に FTC 調査の法的統制として述べてきた——、両者をそれぞれ独立に争わせる現在の解釈にも十分な理由がある。しかし、機能的に見た場合の両者の関連性は否定できないところであり、また、両者が同一の基準で判断されない場合、あるいは情報の保存・利用過程で十分な保護が存在しない場合、両者の切り離し論ですべて割り切るわけにもいかないようにも思われる。

これらの問題の解決は、結局のところ、個々の情報の利用に対する価値判断の問題と言えるかも知れない。しかし、右のことは、情報化社会と言われるほど情報の価値が強調される現代において、行政調査は、情報をとり扱うという特質を持つ行政過程として、それが強制的に行われる場合を越えて、より広く行政情報のコントロールの視角からも分析さるべきであ

---

281) Comment, *The Proposed Federal Trade Commission Rules Regarding Protection of Confidential Business Information*, 46 Antitrust L. J. 1193 (1978); Johnson, *supra* note 224.
282) Comment, *ibid.*, at 1198 (1978).
283) FTC v. Texaco, Inc., 555 F. 2d 862, 891-892 (D. C. Cir. 1977); FTC v. Anderson, 442 F. Supp. 1118, 1124 (D. D. C. 1977); *In re* FTC Line of Business Report Litigation, 595 F. 2d 685, 706-707 (D. C. Cir. 1978); *But see*, Wealy v. FTC, 462 F. Supp. 589 (D. N. J. 1978).

ることを示しているとも言える。行政調査を独立した法的段階としてとらえるアメリカにおいては、この問題の一部は裁判所のエクイティ権限の活用により解決されつつあるが、なお全面的な検討は、今後の課題として残されている。

おわりに

本章は、アメリカの経済規制行政における行政調査（具体的にはFTC調査権）を対象として、第1節では、その法的根拠および制度的特質を検討し、第2節～第4節では、その法的統制諸基準の展開と論理を分析した。それぞれについてのまとめは既に述べてきたところであるので、ここでは、本章の分析を通じて明らかとなった今後の課題について述べておく。

第一に、言うまでもないことであるが、本章で分析してきたアメリカでの法理の展開は、そのままわが国において妥当するものではない。本章で主たる分析対象としたFTC調査権の制度およびその現実の運用は、FTCをモデルとして設立されたわが国の公正取引委員会の場合ともかなり異なるものがあり[284]、有意義な比較の出発点としては、むしろ、何ゆえに両国における差異が生じているのかの検討がされるべきであろう。

そのために本章では、行政調査の司法的執行を原則とするアメリカの制度的特質にひとつの焦点を当てて分析してきたが、この点をさらに深め、またわが国の行政調査の制度的特質と比較して、あるべき行政調査制度を考察することは、今後の課題として残されている。

---

284) もっとも、本章で分析したFTC調査権判例は、FTCの調査数からすればほんの一部であり、実際のFTC調査のほとんどは任意調査としての立入り、書類審査等により行われている。したがって、実際上の運用として、任意調査を中心とするわが国の公正取引委員会の場合とFTCとでそれほど大きな違いはないではないかとの指摘がなされるかも知れない。しかし、同じく大部分が任意調査で処理されるとしても、その前提——不服従の場合の措置——に大きな差異があり、この点では、行政調査に対する異議を自らに対する負担なく事前に裁判所で争い得ることを原則とするアメリカと、刑罰の危険を覚悟して行政調査を拒否し、行政調査に対する異議を事後的にしか提起し得ないわが国との差異はかなり大きいと言わざるを得ない。なお、FTCと公正取引委員会との具体的な対照は、本章第1節2(2)注34)、注39)、注41)、注44)等を参照。

第二に、制度的仕組みを異にするとはいえ、アメリカでの法理の展開は、わが国での法理に何らの示唆も与えないと言うものではない。わが国においても最近、行政調査は私人の権利・利益と対抗するひとつの行政過程であって、即時強制とは独立して取り扱うべきではないかということが指摘されている。そして、独立した行政過程として取り扱った場合の行政調査の法的特質ないし法的統制の解明は、税務行政領域を除けば、なお一般的指摘にとどまっていると言える。[285]

　本章で分析した FTC 調査権をめぐるさまざまな角度からの法的紛争は、それぞれ、行政調査段階の法的特質を示すものとして、わが国における行政調査論の検討の一素材となるものである。

　さらに、わが国では従来、行政調査は主として立入検査を念頭に分析されてきた。しかし、本章での分析が示すように、文書提出または証言を求める行政調査手段にも行政調査に固有の問題が存在するのであり、これらも含めて行政調査の法的統制が検討される必要がある。

　わが国の場合、制定法上の規定がある場合でも、文書提出命令はそれほど活用されていないようであり、したがって文書提出命令をめぐる法的紛争の審査手続・審査基準の解明も遅れているように思われる。今後、例えば公正取引委員会がその調査手段として文書提出命令を積極的に活用するようになれば、本章で分析したアメリカでの基準も解釈論上の参考となるであろう。

　第三に、アメリカにおける行政調査の法的統制の法理の究明という点でも、本章での分析は経済規制行政領域に限定されていたから、今後さらに、他の行政領域における行政調査の具体的分析が深められる必要がある。個々の行政領域の特質が反映されているという点からすれば、さしあたり、税務行政における行政調査権、環境保護・衛生行政における行政調査権、福祉行政における行政調査権等が、それぞれ独自に検討される必要がある。

---

285)　北野弘久編『質問検査権の法理』(成文堂・1974年)、清永敬次「所得税法における質問検査権行使の要件等」シュトイエル200号 (1978年) 1頁等参照。

【付記】　本稿脱稿後入手した資料により、1980年5月にFTC法改正（Federal Trade Commission Improvements Act of 1980, Pub. L. No. 96-252, 94 Stat. 374 (1980)）があり、調査権についても重要な改正——①消費者保護法違反事件調査手段としてのCivil Investigative Demandの新設、②調査資料の秘密性保護の強化、③調査拒否に対する刑事罰の限定等——が加えられたことを知ったが、本章に収録できなかった。この内容については、別の機会に検討を加えたいと考えている。

〔第1章　初出、1981〜1982年〕

第 2 章

立入検査

第 1 節　行政上の立入検査と令状主義：1978 年の二判決

　1978 年に、アメリカの連邦最高裁判所は、捜索・押収と令状主義に関する 2 つの重要な判決を下した。それらは、わが国において、行政調査の法的統制を検討する上での素材となり得るものであるから、以下で紹介してみたい。

1. Barlow's 判決

　第一に検討するのは、Marshall v. Barlow's, Inc., 436 U. S. 307, 98 S. Ct. 1816 (1978) である。本判決は行政上の立入検査に裁判所が発する令状が必要であることを改めて確認した判決〔2018 年の今日でも妥当する先例〕である。行政調査に対する事前の司法介入を原則的に保障してきたアメリカ的特質が、人権保障を目的とする営業規制の局面で改めて問題となっており、行政調査をめぐる利益、権利状況のより詳しい検討を促していることが、とくに興味深い。

　(1)　事件の概要
　本件は、令状のない行政上の立入検査の合憲性が争われた事件である。
　1970 年に成立した労働安全健康法（The Ocupational Safety and Health Act―以下、「OSHA」）は、労働現場の衛生、安全を確保することを目的とした法律であるが、その目的遂行の一手段として、労働長官（およびその授権を得た検査官）に対し、(1)「合理的時刻に遅滞なく」労働現場に立ち

入る権限、(2)「通常の労働時間またはそれ以外の合理的時刻に、合理的制限内でかつ合理的方法により」労働現場を検査・調査する権限等を与えていた (84 Stat. 1590, 29 U. S. C. § 657 (a))。しかし、同法は、検査官の立入りにあたって令状を要求してはいなかった。

　1975年9月11日、電気・水道管取付業を営むBarlow's, Inc.に、OSHA検査官が検査のために訪れた。会社社長であるBarlow'sは、本検査が、何らかの法律違反の訴え（complaints）に基づく検査ではない定期的検査であること、検査官が令状を持っていないこと等を確認したあとで、不合理な捜索・押収を禁じる修正4条の権利を理由に立入りを拒否した。

　3か月後、労働長官は、Barlow'sが本件検査に従うよう命じる裁判所の命令を求めて地裁に申請し、1975年12月30日、同命令が発せられ、翌年1月5日に、Barlow'sに届けられた。そこで、Barlow'sは、OSHAの令状なし検査計画の差止めを求めて提訴した（なお、一時的停止命令も要求したが、緊急性、回復困難な損害可能性の証明が不十分であるとして拒否されている）。

　第一審（Barlow's, Inc. v. Usery, 424 F. Supp. 437 (1976)）は、Camara-See判決（下記）により確立された令状主義原則が本件にも当てはまるとして、OSHAの令状なし検査を違憲と判示した。労働長官が上訴し、事件は連邦最高裁に持ち込まれた。

(2)　**判旨──5：3で原判決認容**

(i)　**ホワイト判事による法廷意見**　① 修正4条の歴史から見て、「令状条項が、私人のホームと同様に営業用建物をも保護していること」は明らかであり、また、「令状なし捜索が一般的にいって不合理であること」、「令状なし捜索に対する修正4条の保護が刑事調査ばかりか民事調査にも及ぶこと」も、Camara v. Municipal Court, 387 U. S. 523 (1967) およびSee v. City of Seattle, 387 U. S. 541 (1967) において明らかにした通りである。したがって、問題は、令状なし捜索が許容される例外に本件が入るか否かである。

　令状なしの行政上の検査が許される例外として、Colonnade v. United

States, 397 U. S. 72 (1970) は、「厳密な (close) 監督と検査の下に長期間服してきた、厳密に規制された」営業に対する令状なし検査を認め、United States v. Biswell, 406 U. S. 311 (1972) は、「広範囲に規制された営業 (pervasively regulated business)」に対する令状なし検査を認めてきた。しかし、これらは、「比較的ユニークな状況」にある「例外」であり、これらの営業（Colonnade—酒類販売、Biswell—火器販売）にたずさわる者は、「政府規制に服することを進んで選んだのである」。

しかし、本件 OSHA 検査は、上述の例外にはあたらず、「州際通商にかかわる営業をなしているという事実だけでは［1970 年に法律で新たに創設された］捜索への自発的同意」があるとは言えない。

② OSHA の執行上、令状なし検査が不可欠であるとする主張に対しては、次のように反論し得る。すなわち、(1)本法律で禁止する危険状態（構造上の欠陥を含む）には、即座に隠したり除去したりできないものもあり、(2)調査拒否のおそれがある場合には、事前に令状を得ての告知なし検査が可能であり、(3)検査拒否後に令状を求めて再度検査を要求することによって OSHA 執行が妨げられないことは OSHA 規則でも認めている（29 CFR 1903-4 は、検査拒否があった場合の措置について、刑事罰をすぐ発動するのでなく、拒否理由を究明した後、強制手続を含めた適切な措置をとるとしている）。

③ 令状発給要件である「相当の理由 (probable couse)」は、刑事調査と比してゆるやかでよく、本件 OSHA 検査について言えば、中立の資料から割り出した一般的行政計画に基づく検査であることの疎明で十分である。

なお、このような一般的理由による令状の発給は、被調査人の保護として意味がないと言うかも知れないが、令状は、当該検査が制定法に基づく合法・合憲のものであること、および、検査の範囲、対象を、被調査人に対し、中立のマジストレイトが知らせる点で、大きな意義を持つ。

④ 本判決は、OSHA に関する法・事実についてのものであり、他の行政計画に及ぶものではない。

(ii) **スティーヴンス判事による反対意見**——ブラックマン判事、レーンクエスト判事同調　① 憲法起草者の恐れたのは、令状なし捜索ではなく、

一般令状による捜索であった。それゆえ、令状要件と厳格な「相当の理由」疎明とは不可避に結びついており、法廷意見のようなゆるやかな「相当の理由」疎明は認められない。本件のような行政規制目的での立入り検査では、修正4条のもうひとつの柱である「合理性」基準による審査が妥当する。

　②仮に、ゆるやかな「相当の理由」による令状発給があり得るとしても、本OSHA検査では令状は不要である。すなわち、(1)令状なし検査を拒否できるとすると拒否者が増えるであろうし、それを避けるためにすべてについて事前の令状を得るとすれば、法執行上大きな負担となる。(2)それゆえ、裁判所は、令状なし検査の必要性を認めた議会の判断に自らの判断を置き換えるべきではない。(3)OSHA規則は令状なし検査が合法であり、かつ、拒否はそれほどないであろうことを前提とするものであって、法廷意見が言うような令状が負担とならぬ証拠ではない。

　③厳格な「相当の理由」なしに発せられる令状は、既に法律・規則等で与えられている保護以上の保護を被調査人に与えるものではなく、単なる「形式」であり、資源（時間・労力等）の浪費である。

　④法廷意見がBiswell、Colonnade両判決を例外とする論理も疑問である。すなわち、(1)行政規制が古くから存在することが調査の合理性を説明するものではない（Biswell判決での検査計画は1968年からのものである）。(2)個別業種に特定された行政規制であることも調査の合理性根拠ではない。問題は、行政調査の対象が一営業分野に限定されているか否かではなく、議会がその調査権眠を限定しているか否かである。(3)行政規制に服していることから被規制者の調査への黙示的同意をいうことは、いずれにしても擬制である。

(3) 解　説

　行政上の立入検査と令状主義については、衛生検査官の令状なし立入検査を是認した1959年のFrank判決（Frank v. Maryland, 359 U. S. 360）、Frank判決を破棄して令状主義原則を確立した1967年のCamara判決（Camara v. Municipal Court, 387 U. S. 523［住宅に対する衛生検査官の検査］）、

および、See 判決（See v. City of Seattle, 387 U. S. 541 ［営業倉庫に対する防火目的の検査］）があり、さらに、その後、令状主義の例外を認めた Colonnade 判決（Colonnade v. United States, 397 U. S. 72（1970）［酒類小売業者倉庫への立入検査］）、および、Biswell 判決（United States v. Biswell, 406 U. S. 311（1972）［猟銃取引業者倉庫への立入検査］）、Wyman 判決（Wyman v. James, 400 U. S. 309（1971）［公的扶助受給者宅へのケースワーカーの家庭訪問には令状はいらないと判示］）が続くなど、最近、めまぐるしく法理が展開してきた。Biswell 判決後の下級審は、令状主義の例外としての「広範に規制を受けた営業」を広く解し、令状なし行政調査を強く支持しつつあったと言われる。本判決は、このような動きに対して、令状主義の原則を再確認した。

　本判決の論理自体は、Camara-See 判決の論理とほぼ同様である。しかし、Camara-See 判決後の Biswell-Colnnade 判決が「比較的ユニークな状況」での例外であったことを改めて確認しているため、判決が「OSHA に関する法と事実」に限定されてはいても、令状主義原則はかなり広く推定されよう。例えば、OSHA と同じく「州際通商にかかわる営業」に対する行政規制である ICC、FTC 等の経済規制委員会による立入り検査にも令状が必要ということになるかも知れない。但し、実際にこれらの機関は、調査手段として文書提出命令（subpoena）等に主としてよっているため、さほど影響はないかも知れない。最も影響するととろが大きいのは、OSHA と同じく、その性質上立入検査を不可欠とする行政分野——例えば FDA による食品・薬品規制——においてであろう。

　一般的には、令状主義原則の推定が強まるであろうことは予想されるが、しかし、本判決の論理からはその及ぶ範囲は明らかではない。法廷意見の説明にもかかわらず、令状主義の「例外」の認められる基準ははっきりせず（92 Harv. L. Rev. 211（1978））、また、例外としての令状なし検査の根拠

1）　詳しくは、佐藤幸治「『行政調査』とプライバシーの保護(1)(2)」法学論叢 97 巻 3 号（1975 年）1 頁、4 号（同年）1 頁を参照。
2）　「例外が原則を飲み込むやに見えた」（92 Harv. L. Rev. 213（1978））、同旨、M. A. Rothstein & L. F. Rothstein, *Administrative Searches and Seizures*, 50 Wash. L. Rev. 341, 382（1975）.

を被規制者の黙示的同意に求めた点についても問題が残るところである。それゆえ、「令状要件の将来の範囲は何ら確信をもって予想することができない」とも評されている。

一方で行政調査の必要性を承認し、他方で令状主義の貫徹を求めるならば、緩和された「相当の理由」による令状システムが、あるいは「唯一の論理的解決」かも知れない。しかし、このような令状システムが、(1)果して修正4条の文言、歴史から見て許される解釈であるのか、(2)実際に被調査人を保護するものとなるのか等の問題がある。

なお、アメリカにおいて十分に意識的に論じられているわけではないが、そもそも、多種・多様な行政調査（にかかわる利益・権利状況）の法的統制を、どの程度一般理論として構成し得るかの困難が、これらの判決の背後にあるように思われる。それゆえ、さしあたりは、個別行政領域における行政調査の現実的機能との関連で、その法的統制のあり方を考えることも必要であろう（こうした視角は、わが国の行政調査を考える場合にも重要であるように思われる）。

OSHA 検査については、その成立が最近（1970年）であり、しかも、その対象が州際通商にかかわるすべての営業所に及ぶため（第一審判決によればその数は 600 万に及ぶ）、Camara-See 判決に照らしても、その合憲性が疑われるところであった。他方、OSHA による規制・調査は、労働者の生命・健康という人権に直接かかわりを持つものであり、労働現場への物理的立入りが法執行上必要であることも否定しがたい。

法廷意見の採用した令状システムは、憲法論をさておけば、迅速な調査の必要性との関連で問題があるかも知れない。しかし、事前の一般的説明による令状の獲得→実力による立入りというプロセスは、被調査者をさほど保護するものではないことに注意する必要がある。そうして、このような令状プロセスは、対象が営業所であり（したがって私人のホームとは異な

---

3) 92 Harv. L. Rev. 214 (1978).
4) 69 J. of Crim. L. & Criminology 558 (1978).
5) 例えば、Time 1978年1月2日号によれば、この時点で、18の下級審が、令状なし OSHA 検査を違憲と判示している。

りプライバシー侵害度が低いと考えられる)、調査目的が人権にかかわるものである(したがって、例えば内国歳入庁による税務調査の場合とは明らかに異なる)という、OSHA 検査の特質から考察されるべきであろう。

なお、本判決後まもなく、OSHA 官吏は、検査拒否には即座に令状を求めるように検査官に指示する命令を出した。

本判決の後、最高裁は同開廷期で、再び行政調査と令状主義の問題をとり扱った。Michigan v. Tylar, 436 U. S. 399 (1978) がそれである。この事件は、消防官による火事の原因調査に関するものである。スチュワート判事による法廷意見は、火事の原因調査にも令状主義原則が適用されるとしつつ、消火のための立入りおよび消火後の「合理的時間内」の消防官による火事の原因調査には令状は不要であると判示した。この事件では、深夜の消火後数時間後の早朝再立入調査も、消火後調査の継続として令状なし調査を認めた点等が争点となっているが、かなり特殊的事案であるので、ここではこれ以上触れない。

2. Zurcher 判決

第二に検討するのは、Zurcher v. Stanford Daily, 436 U. S. 547, 98 S. Ct. 1970 (1978) である。本判決では、新聞社に対する調査手段として、立入検査ではなく文書提出命令 (subpoena) によるべきではないかが争われている。被調査人に対する利益・権利侵害度合から見た調査手段の特質が問題となっており、このような観点から見た調査手段の選択裁量の統制は、調査対象の選択裁量(および調査するかしないかの裁量)の統制とともに、行政調査の法的統制の法理の一課題となり得るものであろう。

(1) 事件の概要

本件は、事件の容疑者ではない(第三者である)新聞社に対する令状による捜索の合憲性が争われた事件である。

1971 年 4 月 9 日、スタンフォード大学病院の事務室を占拠していたデモ隊を排除するため警官が動員され、両者の衝突により 9 名の警官が傷害

をうけた。衝突現場には写真班はいなかったため、加害者のうち2名しか確認できなかった。4月1日、学生による学園新聞 Stanford Daily が、この衝突を特集する記事を出し、その中に、衝突現場で撮ったと思われる写真が掲載されていた。次の日、検察官は、衝突時の加害者を特定し得る写真等が存在すると信じる「相当の理由」疎明に基いて令状を申請し、令状が発給された。同日午後、4名の警官が、Stanford Daily の部屋を令状により捜索した。捜索は、写真室、ファイルキャビン、机、ゴミ箱等に及んだ。鍵のかかった部屋は開けられなかったが、ノート類を見る機会はあった（但し、見たかどうかには争いがある）。結局、捜索は、4月11日に公表された写真を発見しただけで、成果なく終った。

1か月後、Stanford Daily およびその会員は、捜索した警官、令状を申請した検察官、令状を発給したマジストレイトを被告として、当該捜索は修正1条、4条、14条に反すとの宣言判決、および、将来の捜索の差止めの判決を求めて提訴した。

第一審（Stanford Daily v. Zurcher, 353 F. Supp. 124 (N. D. Cal. 1972)）は、第三者に対する、しかも修正1条（表現の自由）の保護する領域での調査では、文書提出命令（subporna）による調査を原則とすべきであり、令状発給のためには、文書提出命令が実効的でない（impractical）と信じる「相当の理由」の疎明が必要であると判示した。そして、このような疎明のない本件令状は違憲であるとする宣言判決を認容した（但し、差止判決は、将来の捜索のおそれなしとして不必要と判示）。

第二審（550 F. 2d. 464 (9th Cir. 1977)）は、簡単なパーキュリアム判決で、一審判決を認容した。サーシオレイライ（裁量的上訴）が認められ、事件は連邦最高裁に持ち込まれた。

(2)　判旨——5：3で原判決破棄

　(i)　ホワイト判事による法廷意見　①修正4条の文言は、被疑者と第三者とを区別しておらず、「捜索令状が人に対して向けられているのではなく、『場所』の捜索、『物』の押収を授権するものであること、および、憲法事項として令状には押収されるものの持ち主の名前さえ要求されてい

ないこと」が、先例より明らかである。合理的捜索の核心は、対象が第三者か否かではなく、立入場所に捜索対象が存在すると信じる「相当の理由」があるか否かである。地裁のように、第三者に対する捜索と被疑者に対する捜索とをカテゴリカルに区別し、前者に特別の「相当の理由」を要求するのは、「修正4条の完全な (sweeping) 修正」であって認められない。

②さらに、(1)調査の初期には第三者と容疑者とを厳密に区別できないことも多いこと、また、仮に第三者であっても犯人との何らかのかかわりから証拠を湮滅したり、犯人に通報するかも知れないこと等を考えると、地裁の基準は、法執行に深刻な負担をもたらす。(2)令状は文書提出命令よりも厳格な基準で発せられ、文書提出命令よりも得にくいのが通常であるから、検察官は、普通、文書提出命令を利用するであろう。(3)令状においては、中立のマジストレイトの判断により、濫用がチェックされる。

③新聞社の捜索がプレスの自由を制約する可能性は確かにあるが、それゆえ、修正1条のかかわる場合には、修正4条は「綿密な正確さ (scrupulous exactitude)」で適用されなければならない。しかし、それ以上にプレスを特別扱いして別の手続によるべきとする解釈は、修正4条の文言からも歴史からも出てこない。マジストレイトは、個別事案に応じてプレスへの影響等も考慮するであろうし、令状手続が適正に行われれば、プレスの自由も保障される。

(ⅱ) **パウエル判事による補足意見** 修正4条はプレスとそれ以外とを区別せず、この点で、スチュワート反対意見は誤まっている。しかし、事案の性質により令状発給要件は異なり得るのであって、マジストレイトは、修正1条の価値を「独立した価値」として考慮し得るし、すべきである。

(ⅲ) **スチュワート判事による反対意見——マーシャル判事同調** 新聞社の捜索は、物理的にニュースの収集・編集・公表過程を妨げるのみならず、それが不意打ちに、しかも求める資料を得るまで徹底的に行なわれることにより、秘密性ある情報を不必要に開示させ、プレスの自由を著しく損う。本件のように、緊急の必要性も示されず、求める資料が禁制品でもなく、捜索対象が容疑者でもない場合には、修正1条の価値を損わずに政府の目

的を達成できる手段——文書提出命令によるべきである。

(iv) **スティーヴンス判事による反対意見** 本件での問題は、第三者の持つ私的ファイルの捜索における「相当な理由」の要件である。憲法制定時においては、私的ファイルの捜索はそれ自体で不合理と考えられており、その後も、Warden v. Hayden, 387 U. S. 294 (1967) までは、単に証拠となる資料は令状によっても押収できぬとされていた。単なる証拠に対しても捜索・押収を認めた Hayden 判決後の解釈としては、修正4条の「相当の理由」は、対象者が何らかの違法行為にかかわっていること、または、告知を与えるならば証拠湮滅のおそれがあることのいずれかを必要とし、これらのない令状による捜索は不合理とさるべきである。

(3) 解　説

本件は、刑事上の捜索にかかわる事件であるが、行政調査の法的統制を考察する上で無視できない論点を含んでいる。本件の中心争点は、修正4条の令状要件の解釈において、捜索対象が第三者であるという地位、または、プレスであるという地位が、その者を特別に保護する根拠となるか否かであった。法廷意見は、このような事情をマジストレイトは考慮にいれるとは述べたが、それ以上の特別手続は認めなかった。第一審およびスチュワート反対意見は、とくに修正1条とのかかわりで、このような場合には文書提出命令によるべきであるとした。

ここで、令状と文書提出命令との差異をまとめてみると、以下のようになる。(1)令状は裁判所のマジストレイトが発し、文書提出命令は（刑事事件においては）大陪審が発する。(2)令状は、求める特定資料が特定場所にあると信ずる「相当の理由」の疎明により発せられるが、文書提出命令は、よりゆるやかな合理性基準（調査目的との一般的関連性およびゆるやかな特定性）により発し得る。(3)令状は家屋内への物理的侵害を伴うが、文書提出命令はそうではない。(4)令状は求める書類の捜索・選択を政府官吏が行うため、その過程で令状に特定されていない書類等の捜索を許すが、文書提出命令の場合は、書類の選択・評価を被調査人が第一次的に行い得る。(5)令状は不意打ち調査を可能とし、被調査人による証拠湮滅の可能

性を減じるが、文書提出命令はそうではない。(6)違法な令状（およびそれによる捜索）を争うには、事後的に争わざるを得ないが、文書提出命令の場合は、調査前にその適法性を司法審査で争い得る。

　法廷意見は、(1)、(2)を強調して、検査官は文書提出命令を好むであろうと仮定しているが、この点については、現実は逆であるとの強い批判がある。第一審およびスチュワート反対意見は、(3)、(4)、(6)を強調して、文書提出命令の方が令状よりも被調査者の権利を保護するとする。

　文書提出命令が令状よりも被調査人の権利を保護する手段であるとしても、いかなる場合に、どのような根拠に基づいて、文書提出命令原則が導びかれるかが問題となる。

　第一審のアプローチは、ある評者によれば、「修正4条事件に、『より制限的でない手段（less drastic means）』という原理を、はじめて適用した」ものであるが、この原理が、修正1条を根拠に修正4条に読み込まれるのか、第三者であるということで修正4条に読み込まれるのか、明確ではない。また、スチュワート反対意見は修正1条の価値を強調しているが、一般原則として主張しているのかどうかははっきりしない。

　法廷意見は、修正4条の文言、歴史から、このような特別の基準を認めることを拒否した。しかし、既に行政上の立入り検査においては「相当の理由」要件が刑事捜索の場合と異なることを認めている以上、刑事捜索においても異なる「相当の理由」要件を認めることは不可能とは言えない。実際には、第三者と被疑者の区別の困難はあるが、はじめから第三者であることが明確なジャーナリスト、医者、弁護士、会計士等の中立の観察者から資料を求める場合には、文書提出命令によるのを原則とすべしとの提案は、現実的説得力を持つように思われる。

〔第2章第1節　初出、1980年〕

---

6)　ちなみに、以上の調査手段としての令状と文書提出命令との比較は、わが国の行政調査の分析においても、もっと考えられてよいと思われる。
7)　92 Harv. L. Rev. 207-208 (1978).
8)　86 Harv. L. Rev. 1322 (1973).

第2節　行政上の立入検査と行政手続の整備

　行政上の立入検査に原則として令状が必要であることを改めて確認したBarlow's 判決の後、令状主義原則の妥当性をめぐる議論が活発に行われている。ここでは、1979年に公表された論文[9]を紹介してみたい。この論文は、行政上の立入検査に令状主義を適用することを批判し、行政上の立入検査の法的統制手段として、行政手続の整備を主張するものである。

(1)　はじめに

　行政上の立入検査と令状要件との関係をどう解するかという問題は、市民生活のすみずみにまで行政規制が広範に及ぶ今日、行政規制により保護さるべき公衆の利益と被検査人のプライバシー利益をどう調整すべきかという問題として、憲法、行政法上のひとつの重要なテーマになっている。

　合衆国最高裁判所は、1967年に、Camara v. Municipal Court, 387 U. S. 523 および See v. City of Seattle, 387 U. S. 541 において、それまでの先例である Frank v. Maryland, 359 U. S. 360 (1959)[10] をくつがえし、行政上の立入検査を強制するには　原則として裁判所の発する令状が要求されると判示し、この問題に対する令状主義原則の立場を明らかにした。[11]

　しかしこの令状主義原則に対しでは、Camara-See 判決の3名の少数意見をはじめ、当時より多くの批判があり[12]、また、その後最高裁自身が令状なし検査を認めるいくつかの例外を容認してきたことから、その射程範囲についての疑問も生まれていた[13]（ある論者は、令状なし検査を広く認めるそ

---

9)　Note, *Administrative Searches and the Fourth Amendment: An Altenative to the Warrant Requirement,* 64 Cornell L. Rev. 856-874 (1979).
10)　Frank 判決を中心とする分析として、高柳信一「行政上の立入検査と捜索令状―フランク事件によせて」社会科学研究11巻4号（1960年）1頁参照。
11)　園部逸夫・田中館照橘「〔判例紹介〕」【1971-1】アメリカ法111頁に紹介と分析がある。
12)　*See, e. g.,* Note, *Administrative Inspections and the Fourth Amendment―A Rationale,* 65 Colum. L. Rev. 288 (1965); W. R. LaFave, *Administrative Searches and the Fourth Amendment: The Camara and See Cases,* 1967 Sup. Ct. Rev. 1 (1967).
13)　Frank 判決（1959年）から Biswell 判決（1972年）に至るまでの立入検査をめぐる最高裁

の後の下級審判決の傾向を指摘して「例外が原則を飲み込むやに見えた」と評していた)。

　こうした状況の中で最高裁は、1978年のMarshall v. Barlow's, Inc., 436 U. S. 307において、労働安全衛生法 (Occupational Safety and Health Act, 29 U. S. C. 657a) に基づく労働省検査官の営業所への立入検査に令状が要求されると判示し、改めて令状主義原則を確認した。

　Barlow's判決の論理はCamara-See判決の論理とほぼ同様であるが、令状なし検査の例外を認めたColonnade v. United States, 397 U. S. 72 (1970) およびUnited States v. Biswell, 406 U. S. 311 (1972) が「きわめてユニークな状況」の下での例外であること、被調査人が「州際通商にかかわる営業をなしているという事実だけでは」令状なし検査を合理化する黙示的同意 (implied consent) があるとはみなされないことなどを強調していることから、Barlow's判決は令状主義原則をかなり広く認めたものと受けとめられ、この判決を契機として、行政上の立入検査と憲法修正4条をめぐる議論が再燃した。

　最高裁の令状主義原則がさまざまの角度から批判、検討をうけているのが最近の特徴であり、ここで紹介した論文もそのような脈絡の中でのひとつである。

　以下では、まず論文内容を簡単に紹介し、続いて、他の論者の主張どもと対比しつつ、若干のコメントを付け加えることにする。

　判例の展開を総合的に分析したものとして、佐藤・前掲注1)を参照。
14) The Supreme Court, 1977 Term, 92 Harv. L. Rev. 5, 213 (1978). *See also,* Rothstein & Rothstein, *Administrative Searches and Seizures: What Happened to Camara and See?,* 50 Wash. L. Rev. 341, 382 (1975).
15) Barlow's判決が令状なし検査の許される根拠を「黙示的同意」論に求めたと解して、その当否を分析するものとして、K. H. Fox, *The Right to Say "No": The Fourth Amendment and Administrative Inspections,* 17 Am. Bus. L. J. 283, 304-305 (1979); Note, *Camara, See, and Their Progeny: Another Look at Administrative Inspections under the Fourth Amendment,* 15 Colum. J. L. & Soc. Probs. 61, 70-78 (1979) 等を参照。
16) 筆者が確認した限りにおいても、本コメント執筆段階 (1980年) で、この問題をめぐる文献は1977年以降50を越え、Barlow's判決の翌年の1979年1年間だけで25を越えている。

(2) 本論文の内容

この論文は、論者の結論を前もって示す序論を別にすれば、大きく3つの部分に分かれている。

(i) **第1章** まず第1章は「行政上の捜索と憲法修正4条の方法論」[17]と題され、ここでは、令状主義原則を導き出す最高裁の論理が批判的に検討されている。

論者によれば、最高裁の論理は、(1)「令状なし検査が本来的に不合理である」とする修正4条の文言解釈、(2)立入検査の必要と令状要件とを調整するため解釈上構成される、令状発給要件たる probable cause の認定基準の緩和論、の2つを基本としている。そして論者は、それぞれが、修正4条の文言・歴史に照らして、あるいは行政上の立入検査に適用された場合の実際上の結果の不適切さに照らして、支持されがたいとする。

修正4条は、第1項で「不合理な」捜索、押収から保護される国民の権利を規定し、第2項で令状が probable cause に基づいて発給さるべきことを保障する。第1項と第2項の関係については論理上三様の解釈が可能であるが[18]、論者は、(1)起草者の意図が令状なし捜索の禁止ではなく令状の濫用の防止にあったこと、(2)第2項は令状発給要件を限定してはいるがすべての捜索に令状が必要であると明示しているわけでないことを指摘して、「第2項を第1項へと編入することにより、焦点を合理性から probable cause へと移してきた」(at 859) 最高裁を批判する。論者によれば、行政上の立入検査は第1項の合理性基準でのみ制限されているということになる。

「令状なし捜索は本来的に不合理である」という原則の下で、令状要件を行政上の立入検査にも拡張した最高裁は、もうひとつの柱として、捜索を可能ならしめる probable cause の認定基準を緩和する。伝統的な probable cause は、特定の場所に特定の証拠が存在すると信ずる十分な理由の疎明に基づいて認められるが、定期的地域検査を典型とする行政上の立入

---

17) この論文では「行政上の捜索（administrative search）」と「立入検査（inspection）」を同義として用いる旨が注記されており（at 856 n. 8）、本節でもそれに従っている。
18) *See*, J. Landyski, SEARCH AND SEIZURE AND THE SUPREME COURT 42-43 (1966).

検査にこの基準を適用すれば、ほとんどの立入検査について令状発給が否定されることになる。そこで最高裁は、地域ごとの定期検査の必要性を認め、伝統的な probable cause 基準にかえて、緩和された probable cause 基準（例えば、最近の Barlow's 判決では「中立の資料からつくられた一般的行政計画に基づいて選択されたことの疎明」(436 U. S. 307, 321) によっても令状が発給されることを示唆している）を採用した。

最高裁によるこの probable cause の「再定義」に対して、論者は、(1)それが「刑事事件における修正4条の要件を弱めることにつながる」こと、(2)緩和された probable cause 基準の下で発せられる令状が有用性を失っていること、の二点を批判し、とりわけ後者を強調する。すなわち、令状要件は、検査手続に余分な負担を課す一方で、「既に修正4条の合理性要件で定められる範囲を越えてプライバシーを保護することはほとんどない」(at 861)。

最高裁は、令状の有用性を否定する主張に反論して、行政上の立入検査において令状が果たす4つの機能を指摘する。すなわち令状は「いつ、どこで、誰に対して検査するかの決定を中立的な司法官にゆだねることにより」、(1)検査決定についての検査官の裁量を制約し、(2)被検査人に検査の適法性と検査範囲の告知をなし、(3)検査から生じる被検査人の主観的侵害[19]を縮小し、(4)通常の市民にも令状を要求することにより、市民と比べて犯罪容疑者を異常に保護しているという背理を回避する。

このように最高裁の主張を整理した後で、論者は、緩和された probable cause 基準の下では、以上の機能は十分に実現されないであろうとする。すなわち、(1)緩和された probable cause 基準は、単に立入検査計画の合理性の判断を中立のマジストレイトに委ねるだけであるから、マジストレイトが個々の事実において独立した判断をなす余地は少なく、検査官の裁量は制約されない。(2)行政検査の頻繁さがこれに加われば、令状発給は定型化された手続に従って当然のこととして行われるようになるから、

---

[19] 主観的侵害（subjective intrusiveness）とは、検査から受ける被検査人の脅威、心配の度合によりはかられるものであり、検査の客観的態様、要素によりはかられる客観的侵害（objective intrusiveness）と区別される、と言う（at 862 n. 42）。

「せいぜいこの要件は、検査官が令状申請にどんな言葉を書くべきかを学ぶまでの間だけ」（at 863）の形式的保障でしかない。(3)令状獲得が容易であることが知られれば、被検査人の主観的侵害も縮小しない。(4) probable cause の認定基準の区別を認める点で、市民より犯罪容疑者をより保護しているとの背理を解消するものでもない。

さらに論者は、令状主義原則が、probable cause 認定のフレキシビリティを持つとはいえ、比較的硬直的な（monolithic）対応にとどまるという欠点を持っていると批判する。政府の利益と個人の利益のバランスは、しばしばデリケートな取扱いの要請される問題であるが、最高裁は令状の有無にのみ焦点を当てて判断してきたため「検査計画に負担を課すことなくプライバシーの利益を公正に保護し得るような代替的保障手続」の解明に目を向けることがなかった。まさに求められているのは「代替的保障手続」の解明である、というのである。

(ii) **第2章** 第2章は「行政上の捜索と最高裁」と題され、これまでの最高裁判例が3つのカテゴリーに分けて分析される。

第一のカテゴリーは、令状主義の貫徹を唱えたもので、Camara-See 判決そして Barlow's 判決がここに含まれる。第二のカテゴリーは、「緊密な政府規制を受けている営業（closely regulated business）」に対する令状なし検査の例外を容認したもので、Colonnade 判決と Biswell 判決がここに含まれる。第三のカテゴリーは、プライバシー保護のための行政上の保障の存在を理由に令状要件の例外を認めるもので、United States v. Martinez-Fuerte, 428 U. S. 543（1976）および South Dakota v. Opperman, 428 U. S. 364（1976）がここに含まれる。

ここでの論者の分析は、第三のカテゴリーを独立してとらえている点に独自のものがあると思われるが、内容的にはそれぞれの判例の要旨紹介であり、その多くは既にわが国で詳しく紹介されているから、ここでは割愛する。

(iii) **第3章** 第3章は「令状要件に代わる代替提案」と題され、最

---

20) 前掲注11)、注13) の文献およびそれに引用されている文献を参照。

高裁のアプローチにかわる論者のアプローチが示される。

　その基本的前提は「令状なし捜索は本来的に不合理である」とする命題を放棄し、行政上の立入検査の局面では、令状なしの合理的検査を一般的に認めることである（但しこの点につき、論者は「本来的に侵害的である捜索」に対しては令状が要求されるとも述べ、この要件をどう解するかについてのあいまいさを残している）。さらに、論者によれば、検査の合理性を保障する措置の具体化は基本的に立法部および行政部に委ねられるとされ、立法部、行政部の事実認定能力に高い評価を与える点が論者の主張のもうひとつの柱となっている。

　論者の主張する具体的な司法審査方式は次のようになる。(1) まず裁判所は、行政上の立入検査において「令状の本来の諸機能を確定し、それらが検査を授権する法律、規則に含まれている他の保障手段により遂行されるか否かを判定する」(at 872)。(2) もし代替的保障手段によりそれらの諸機能が遂行されるならば、当該検査は合理的であって許容されると判示される。(3) 仮に遂行されないとしても、令状を即座には要求せず、目下の手続の下での検査は不合理であるとのみ判示し、当該検査を合理的ならしめる保障措置を工夫する余地を立法部に許す。

　このアプローチの利点として、論者は三点を指摘する。すなわち、(1) 検査手続に負担を与えるだけで被検査人を十分に保護しない不要な令状負担を回避できる。(2) 令状要件の all or nothing 的性格と異なり、規制法領域ごとにフレキシブルな検査手続が確保できる。(3) 法律、規則で前もって検査手続が保障され、司法審査基準も合理性に基づく審査に一本化されるため、令状主義原則の下で三類型を生み出している現在と比べて、法理が安定する。

　また、論者は、立法部による代替的保障措置によれば最高裁の言う令状の4つの機能が満足されると述べ、次のような手続を構想する。(1) 検査官の裁量の制約――検査決定を上級官の手に移すことにより、個々の検査官の恣意的裁量は制約される。(2) 検査の適法性と検査範囲の告知――検査官の権限を示す「目に見える証明」（制服、バッジ、規則のコピー等）の提示および検査範囲を記した公式書類の提示によりこれらが保障される。

理想としては、事前通知をすべてに保障し、被検査人に「検査に関する異議についての聴聞」を受ける機会が許されるべきである。(3)検査の主観的侵害の縮小——事前通知と被検査人の便宜をはかる検査手続とによりある程度可能である。(4)通常の市民と犯罪容疑者との区別——区別は依然として残るが、日常的、一般的な保護と例外的な場合のより大きな保護との区別はやむを得ない。

　最後に論者は、このような代替的保障措置を議会が工夫してこなかった一因として、裁判所が令状要件に固執してきたことを挙げ、議会の責務を確認し、議会の努力の誘因となるような判示を期待すると述べて、この論文の結論としている。

(3)　本論文へのコメント
　(i)　**本論文と Barlow's 判決の少数意見**　　以上の本論文の論旨は、基本的に Camara-See 判決および Barlow's 判決の少数意見の見解と同様であると言える。

　Barlow's 判決でのスティーヴンス判事の少数意見は、次の五点で法廷意見を批判していた。(1) probable cause 基準の緩和は憲法起草者の意図(禁止しようとしたのは令状なし捜索でなく一般令状による捜索であって、令状と厳格な probable cause 基準とは不可分である)を逸脱するものである。行政上の検査は「合理性」基準で審査さるべきである。(2)令状主義の貫徹は、拒否者の増加または膨大な事前令状事務をもたらして法執行上大きな負担となる。(3)裁判所は、令状なし検査の必要性を認めた議会の判断に自らの判断を置き換えるべきでない。(4)厳格な probable cause 基準なしに発せられる令状は、法律、規則で既に与えられている保障以上の保障を被検査人に与えるものではない。(5)法廷意見が Biswell-Colonnade を例外とする論理も根拠薄弱である。

　以上の少数意見とほぼ同様の論理に従いながら、前記(4)の令状の機能をやや詳しく分析し、それに代替すべき行政手続の整備を示そうとした点に、この論文の意義があると思われる。この点をもう少し詳しく見てみよう。

　(ii)　**令状システムに対する機能論からの批判**　　最高裁のとる令状主義

原則に対するこのような批判のひとつの特徴は、前記(2)、(4)の強調に見られるように、令状に基づく行政上の検査システムに対する、機能論からする批判にある。

Barlow's 判決の最高裁法廷意見は、前記(2)の点については、① ほとんどの行政上の立入検査は任意の協力を得て行われていること、② 検査拒否の場合にのみ令状を得るとすれば令状事務は大きくないこと、③ 不意打ち検査の必要な場合には、一方的手続（ex parte proceeding）で発給される令状による検査が可能であることを指摘して反論している。しかし、①、②は被検査人の態度如何にかかっており、③はむしろ、緩和した probable cause 基準と結びつくことにより、被検査人の保護に欠けると再批判されるところでもある。前記(4)をめぐる論争は、(2)で紹介した通り、令状の諸機能が論じられ、その際、probable cause 基準の緩和の現実的評価が分水嶺となっている。

この対立は早急に結論の出る問題ではないが、さしあたり、次の二点が指摘される。

第一に、論者の機能論的批判が経験的に実証されるかという問題がある。この点についてのデータは今のところ不十分であるが、ひとつの注目すべき動きとして、Barlow's 判決後に令状発給要件たる probable cause の不十分性を直接の争点とする下級審の動向がある。今のところその判示はまちまちであるが、「概して、裁判所は、『法の執行を目的とした一般的行政計画』に従ってなされた検査であるとのでき合いの主張を拒否してきており」、ゴム印令状になるだろうとの少数意見の予測を退けている。付加的

---

21) See also, Comment, *Fourth Amendment and Administrative Insections*, 16 Hous. L. Rev. 399 (1979); Note, *When are Administrative Inspections Warranted?*, 50 U. Colo. L. Rev. 231 (1979); Note, *OSHA and the Fourth Amendment: Corruptissima Republica PlurimaeLeges?*, 17 Am. Bus. L. J. 405 (1979); 1 K. C. Davis, ADMINISTRATIVE LAW TREATISE, 241-259 (2d ed. 1978).
22) なお、令状発給行為を直接に争う司法審査が認められるべきか否かについては、地方裁判所の管轄権、行政救済の exhaustion 法理の適用を争点とする争いがある。*See*, Note, *Procedures for Attacking OSHA Inspection Warrants*, 66 Va. L. Rev. 983 (1980).
23) Note, 1979 Wis. L. Rev. 815, 835 (1979).
24) *See, e. g.*, Marshall v. Weyerhaeuser Co., 456 F. Supp. 474 (D. N. J. 1978); Weyerhaeuser Co. v. Marshall, 452 F. Supp. 1375 (E. D. Wis. 1978); Marshall v. Pool Offshore Co., 7 O. S. H. Cas.

な probable cause の具体的解明が今後のひとつのポイントであることがうかがわれる。

　第二に、緩和された probable cause 要件が仮に法律、規則に定める保障（時、場所、検査範囲の限定等）を越えぬものであるとしても、すなわち、マジストレイトの判断が検査計画の一般的合理性確認にとどまるとしても、それゆえに令状は不要であると言えるかという問題がある。機能論的立場からする令状主義批判論は、全体としての検査の実質的合理性を判断すべしと主張するが、令状主義原則はむしろ、「誰が」「いつ」その合理性を判断するのかに重点を置いているように思われる。[25]

　次に問題となるのは、令状システムに代わる合理的検査システムの具体的内容である。(2)で紹介した本論文の著者は、その具体化を立法部、行政部の努力に委ねているため、必ずしもその主張するところは明確ではないが、令状の諸機能を代替する手続の可能性の分析の部分によれば、基本的に事前行政手続の整備──合理的検査計画策定の内部手続、被検査人に対する事前通知と聴聞の保障──を構想しているようである。このような行政手続整備論に対しては、議会または行政機関が十分に「合理的な」手続を案出することの保障はどこにあるのか、議会が一定の手続を「合理的」なものと規定した場合に裁判所はどの程度審査し得るかなどの問題が一般的に指摘できる。さらに、「合理的」行政手続をつくせば、最終的に実力強制（行政強制）で検査を強行し得ることまでもが認められるのかという問題も、行政調査の司法的執行の原則との関係で、なお論議のあるところである。[26]

　最後の点ともかかわって注目されるのは、事前行政手続の整備の中に何らかの中間的司法介入の可能性を認めることの評価である。というのも、Barlow's 判決で争われた検査手続では、規則により、立入拒否に対する

　　(BNA) 1179 (W. D. La. 1979). *But see,* Marshall v. Chromally Am. Corp., 589 F. 2d 1335 (7th Cir. 1979).
25)　*See,* C. R. McManis & B. M. McManis, *Structuring Administrative Inspections: Is There Any Warrant for a Search Warrant?,* 26 Am. U. L. Rev. 942, 960-970 (1977).
26)　曾和俊文「経済規制行政における行政調査の法的統制(1)(2)」法学論叢 109 巻 3 号（1981 年）29 頁、6 号（同年）70 頁を参照。

司法的執行（検査拒否者に対する検査受忍命令を求めて行政機関が地方裁判所に提訴し、裁判所の命令に基づいて検査を強制する方法）が保障されていたからである。機能論的立場にたつ論者の中にもこの点を指摘して、以前の検査手続の方が裁判所により要求される令状よりも事業者のプライバシーをより保護していたとして令状要件を批判するものがある。[27]

Davis は、Barlow's 事件において被検査人は何ら修正 4 条の権利を侵害されておらず、裁判所は憲法判断をすべきでなかったとすら述べている。[28]このように、令状にかわる代替手続については、それをどのように構想するかにつき幅広い裁量があり、この点で、機能論的立場からする令状主義批判は、より具体的な代替案提起を要求されていると言える。

(ⅲ) **令状システムを前提とした上での諸見解**　以上の批判論とは別に、基本的に最高裁のアプローチを支持するものの中にも種々の見解が存在する。例えば、最高裁のアプローチの特徴のひとつは、行政上の立入検査における緩和された probable cause 基準の採用であるが、この点にかかわって、次の主張がある。

ある論者は、[29]刑事上の捜索の場合との連続性を意識しつつ、令状発給におけるマジストレイトの判断を、証拠発見の見込み（Probability）、捜索の社会的価値（Value）、被捜索人のプライバシーの犠牲（Cost）の三要素の組合せ《$PV>C$ ならば令状が発給される》において分析し、行政上の捜索において緩和された probable cause が認められる根拠を「Ｃが低いがゆえに、より低いＰであっても許される」ことに見出している。この分析の前提としてのプライバシー評価には異論もあり得るが、この分析のメリットは、個々の事案においてＣとＰとの相関関係を判断した上で令状発給の可否を認定するマジストレイトの裁量を認める点にあると思われ、実際、論者はこの視角から Barlow's 判決前後の下級審判決を批判的に検討している。

---

27) Note, So. U. Colo. L. Rev. 231, 241 (1979).
28) Davis, *supra* note 21, at 259.
29) Note, *supra* note 15.

また、別の論者[30]は、真の問題は probable cause に二重の基準を認むべきか否かにはなく、緩和された probable cause がいかなる状況で適用さるべきかであると述べた上で、その区別の根拠を、検査対象が営業所であるか住居であるかの区別に置くべきであるとする。すなわち、住居に対する場合には、行政上の立入検査であっても伝統的な probable cause 基準による令状が要求され、他方、営業所に対する場合には、Colonnade-Biswell タイプも含めて緩和された probable cause 基準による令状が要求されるべきであるとするのである。

この主張は、令状発給の意味をまずもって被検査人のプライバシー保護にあるとする立場からくるひとつの帰結であるが、元来行政上の検査においては、伝統的な probable cause 基準となじまない検査の態様――定期的・地域ごとの検査――が問題となっていたのであるから、現実的提言ということでは批判もあり得る。実際これとは別に、定期的検査には緩和 probable cause が、苦情に基づく個別的違反調査には伝統的な probable cause が要求されるとする見解も以前から見られる。

また、伝統的な probable cause 基準が刑事事件で厳格に維持されてきたことを評価する立場からは、焦点は民・刑事の区別にあるというべきであるから、検査拒否または行政規制違反に対する制裁として刑事罰の規定があるか否かが、むしろポイントとされる[31]。

このように、probable cause 緩和基準を導き出す論理あるいは要件を取り上げただけでも、そこにはさまざまな見解が主張されている。さらにこの外にも、令状なし検査の例外が認められる根拠とその具体的範囲をめぐり[32]、あるいは令状主義を前提とした上での補充的保護手段として主張される違法収集証拠排除ルールの行政手続への適用をめぐり[33]、判例、学説上の統一した見解は存在しない。

---

30) Note, *Rationalizing Administrative Searches*, 77 Mich. L. Rev. 1291 (1979).
31) Note, *Administrative Search Warrants*, 58 Minn. L. Rev. 607 (1974).
32) Barlow's 判決の射程範囲を具体的に論ずるものとして、E. M. Basile, *The Case Law on Inspections*, 34 Food Drug Cosm. L. J. 20, 23-27 (1979); Note, *supra* note 21 at 241-246 (1979); Case Comment, 6 Am. J. Crim. L. 79, 84 (1979); Note, 64 Minn. L. Rev. 1076 (1980) 等参照。
33) *See*, Case Comment, 64 Minn. L. Rev. 789 (1980).

令状主義原則と緩和された probable cause 基準からなる最高裁のアプローチを基本的に支持したとしても、行政上の立入検査と修正4条をめぐる問題は、なお、今後に多くの課題を残していると言えよう。

〔第2章第2節　初出、1882年〕

第3節　上空からの工場撮影と修正4条：1986年の一判決

　1986年に、アメリカの連邦最高裁判所は、上空から化学工場を精密カメラで調査・撮影する行為が、修正4条で禁止された不合理な捜索に該当しないとする判決を下した。それが、Dow Chemical Co. v. United States, 476 U. S. 227, 106 S. Ct. 1819 (1986) である。わが国において、行政調査の法的統制を検討する上での素材となり得るものであるから、以下で紹介してみたい。

(1)　事件の概要

　ダウ化学製品会社（以下、「ダウ社」）は、ミシガン州に2000エイカーの広さの工場を有しており、工場施設内には、多数の屋根付き建造物とそれらをつなぐパイプ管、製造諸設備等があった。ダウ社は、これら諸施設が他人の目に触れないように、工場を8フィートの高さの塀で囲み、ガードマンを雇い、警報装置を付けるなどの措置をとり、また、上空からの観察に対しても、不審な飛行機に対する一定の監視体制をとっていた。

　1978年に、環境保護庁は、工場内の動力施設からの有毒物質の排出について、連邦大気質基準違反の有無を調べるために、ダウ社の同意に基づき立入検査を行ったが、二度目の立入検査の要求は拒否された。そこで環境保護庁は、令状を得ての立入検査を企画したが、実際には行わず、そのかわりに民間航空調査会社を雇って上空からの工場写真の撮影を行った。ダウ社は、これに対して、環境保護庁による上空からの工場の調査、写真撮影行為は、法律による調査権限を逸脱し、合衆国憲法修正4条にも違反すると主張して、当該行為の違憲宣言判決、および、将来の同種行為の差止判決、ないし既に撮られた写真の流布等の差止判決を求めて出訴した。

地裁（538 F. Supp. 1355 (E. D. Mich. 1982)）は、基本的に Katz v. United States, 389 U. S. 347 (1967) に依拠して、ダウ社は工場施設のプライバシー確保に対して一定の措置をとることにより、プライバシーが保たれることについての期待を示しており、この期待は州法上の企業秘密保護法等に照しても合理的なものと言えるとして、原告の主張を認め、請求を認容した。

しかし、控訴裁（749 F. 2d 307 (6th Cir. 1984)）は、上空からの観察に対してダウ社のプライバシーの期待があったとする地裁の認定に疑問を示しつつ、仮にプライバシーの期待があったとしても、上空からの観察に関して工場施設はいわば Open Field（Oliver v. United States, 466 U. S. 170 (1984) 参照）に近いので、ダウ社のプライバシーの期待は合理的とは言えないとして、地裁判決を破棄した。サーシオレイライの申立てが認められ、事件は最高裁の審理するところとなった。

(2)　判旨——5：4で原判決認容

（ⅰ）　バーガー首席裁判官による法廷意見　　① 州の企業秘密保護法は、競合する会社による調査からダウ社の企業秘密を保護するものであるが、政府による調査を制約するものではない。不法侵入に対する法律上の保護が必ずしも修正4条の保護範囲を規律しない（Oliver v. United States, 466 U. S. 170 (1984)）と同様に、州法上の企業秘密保護は修正4条の保護範囲を規律しない。

② 行政規制権限は、一般に、当該権限行使に有益でかつ伝統的に利用されてきたあらゆる調査態様を随伴するものであって、環境保護庁に立入検査権を授権する大気清浄法の規定（42 U. S. C. § 7414 (a)）は、排他的なものではない。環境保護庁は、公衆に普通に利用されてきた観察方法を利用するのに明文の授権は必要とせず、本件調査・写真撮影行為は、環境保護庁の法律上の権限の範囲内のものである。

③ 営業用の施設・財産にも修正4条の保護が及ぶ（Marshall v. Barlow's, Inc., 436 U. S. 307 (1978); See v. City of Seattle, 387 U. S. 541 (1967)）が、住居と比較すれば、プライバシーの期待の度合は少ない（Donovan v. Dewey, 452 U. S. 549, 598-599 (1981)）。ダウ社の工場は、地上からの立入りに対しては

閉ざされており、Oliver 判決に言う Open Fields そのものではないが、上空からの観察に対しては開かれており、この点では、修正 4 条の保護を受ける家屋隣接地（curtilage）と言うよりも、修正 4 条の保護を受けない Open Fields により近いものと言える。

④ 公衆が観察可能なものは政府の調査官も令状なしに観察し得る（Marshall v. Barlow's, Inc., 436 U. S. 307, 315 (1978)）。本件調査は、適法に航空可能な空域から、地図作成に通常使われるカメラで工場施設の外観を撮影したにとどまり、写真も憲法上の問題を惹起するほど私的な細部を明らかにするものではない。それゆえ、本件調査・写真撮影行為は、修正 4 条で禁止された「捜索」には該当しない。

　(ii)　**パウエル判事による反対意見——ブレナン判事、マーシャル判事、ブラックマン判事が同調**　　以下の理由で、上記判旨②の部分を除く法廷意見に反対する。

① 特定の政府の行為が修正 4 条に言う「捜索」に該当するか否かは、当該行為が憲法上保護されたプライバシーの期待を侵害するかどうかにかかわる（Katz v. United States, 389 U. S. 347 (1967)）。ダウ社は、地上からの観察に対してのみならず、上空からの観察に対しても一定のプライバシー保護策を講じており、州法上の企業秘密保護法制の存在は、ダウ社のプライバシーの期待が社会的にみても正当であることを示している。法廷意見は、地上からの立入りに対するダウ社のプライバシー確保の期待を認めつつ、上空からの観察に対してはこれを否定するが、調査方法の差異（本件調査が現実の立入りを伴わない上空からの調査であるということ）は、修正 4 条の分析に関係がない。

② また、法廷意見は本件工場を Open Fields により近いものと特徴づけるが、本件施設は家屋隣接地とも Open Fields とも言えないものであるから、Open Fields 理論も本件には無関係である。肉眼と比較にならないほど高性能のカメラによる本件調査（地裁の認定によれば、高度 1200 フィートから撮った写真は、直径 1/2 インチ程の設備、パイプ等も識別できる）は、ダウ社のプライバシーの合理的期待を侵害するもので、修正 4 条に言う「捜索」に該当する。それゆえ、環境保護庁は、令状を求めるべきであった。

(3) 解　　説
　(i)　**本件調査と法律の根拠**　　本件調査・写真撮影行為が大気清浄法により環境保護庁に付与された権限の範囲内のものであること（法廷意見上記②）は、少数意見も含めて全員一致で確認されている。行政規制権限の授権が同時に通常の調査態様の調査権限の授権も含むとの判旨は、任意調査に法律の根拠をとくに要求しないわが国の通説とも相通じるところがある。けれども、少数意見の論理を前提に考えてみると、この点に問題がないわけではない。
　少数意見は、本件調査をプライバシーの合理的期待を侵害するものと見て、「捜索」に該当すると述べる。とすれば、侵害的な政府の行為に法律の明文の根拠を要求する論理も成り立たないわけではないと思われるからである。明文の根拠がなくとも令状があれば本件調査が可能と見たのか、少数意見はこの点をとくに説明してはいない。
　(ii)　**本件調査と修正4条に言う「捜索」**　　特定の政府の行為が「捜索」に該当するか否かについて、かつては、物理的侵入を伴わない調査は修正4条に言う「捜索」ではないとする法理が説かれることもあった（Olmstead v. United States, 277 U. S. 438 (1928)）が、今日では、Katz v. United States, 389 U. S. 347 (1967) の説く「プライバシーの合理的期待」基準によって判断されるべきだとされている。すなわち、調査対象者がプライバシー保護の主観的期待を表明し、かつ、その期待が社会的にみて合理的なものと判断される場合には、プライバシーの期待を侵害する行為として「捜索」に該当するというのである。法廷意見は、少数意見と異なり、直接この基準を本件に適用する形で事案を処理していないけれども、Katz 判決の枠組自体を否定しているわけではない。問題は、Katz 判決の実質的意義をどうとらえるかである。
　最高裁は、本判決のコンパニオン・ケースである California v. Ciraolo, 476 U. S. 207 (1986) で、警官が家屋隣接地を上空から肉眼で観察する行為を「捜索」に該当しないと判示している。その論理は、上空を通過する飛行機から当該敷地内を誰でも観察可能な状態のまま放置していた以上、上空からの観察に対してのプライバシーの合理的期待は存在しないというも

のである。本判決と Ciraolo 判決は、上空からの観察という手法による政府の調査に関する限りで、プライバシー保護に制約があることを示したものということができる。ただし、本判決では、肉眼による観察ではなくて高性能のカメラによる調査が問題となった点で、Ciraolo 判決以上に問題を含んでいるように思われる。

　法廷意見は、本件調査で使用されたカメラが地図作成用のありふれたカメラであって公衆が利用可能なものであること、撮影された写真もせいぜい建築物の外観を示すにすぎず私的な細部を明らかにするものではないことを強調している。しかし、少数意見によれば、使用されたカメラは 2万2000ドル以上の高価なものであって、通常の市民がたやすく利用できるものとは即断できない。また、本件カメラは、高度1200フィートから撮れば、直径1/2インチ程の設備、パイプ等も識別できるほど精巧なものであるという。LaFave 教授は、「これらの事実に照せば、『捜索』に該当しないとする法廷意見の結論は、明らかに疑わしい[34]」と述べる。いずれにしても、調査手段の性能についてのこれらの事実評価の差異が、法廷意見と少数意見とを分かつ1つのポイントのように思われる。

　なお、調査手段の普遍性を基準に置く法廷意見の論理に対しては、技術革新による新たな監視装置の普及に従って、逆にプライバシー侵害の危険を生み出すものであるとの、少数意見の説得的な批判[35]がある。

　法廷意見は、本件工場を上空からの観察に関する限りで Open Fields により近いものと特徴づける。従来、公衆の目にさらされた Open Fields には修正4条の保護が及ばないとの理論が説かれてきた（Hester v. United States, 265 U. S. 57 (1924); Oliver v. United States, 466 U. S. 170 (1984)) が、Katz 判決と矛盾なくその趣旨をとらえるならば、Open Fields は公衆の目にさらされることを調査対象者が容認した領域であって、その限りでプライバシーの合理的期待を持ち得ない領域であると説明できよう。高い塀で囲まれた本件工場を、上空からとはいえ Open Fields 類似と特徴づけた法廷意見は、Open Fields 概念を相対化するものであって、上空からの観察

---

34)　W. R. LaFave, Search and Seisure 346 (1987).
35)　106 S. Ct. 1819, 1833 n. 13.

に関しては本件工場がプライバシーの合理的期待を有しないとの実質的判断がその背景にあると思われる。しかし、対象となる情報の性質、調査手段の性能評価の問題を加味して考えれば、公衆に対して開かれていると言うだけでプライバシーの合理的期待を否定することはできないであろう。例えば、Ciraolo 判決は、令状なしに家屋隣接地を上空から肉眼で観察する行為を容認したが、本件で問題となったような高性能カメラによる観察であれば、本件法廷意見の論理においても別の結論があり得たかも知れない。[36]

　法廷意見は、企業秘密保護法制の存在は修正4条を規律しないと簡単に片づけているが、少数意見は、ダウ社のプライバシー保護策および州法上の企業秘密保護法制の存在を指摘して、ダウ社のプライバシーの期待の合理性を結論づけている。確かに企業秘密保護法制の存在は、政府調査の直接の制約となるものではないが、一定類型の情報についてそれを秘匿することの利益を保障するものであるから、プライバシーの期待の合理性を判断する一要素となるように思われる。

　もっとも、法廷意見は、本件調査では結果においてダウ社のプライバシーの合理的期待が、侵害されなかったと判断しており、この判断が本件調査の「捜索」該当性を否定する決め手になったのではないかとうかがえるところがある。少数意見がカメラの精度を強調するのに反論して、現実に撮られた写真はパイプ管等の外観を示すだけで、直径1/2インチの物体も私人の顔も秘密文書も写っていないと述べる脚注の部分（106 S. Ct. 1819, 1827 n. 5）がそれで、修正4条の事例は個々の事件の事実に照して判断されるべきであるとも述べている。しかし、結果論的発想は、プライバシー利益が事後的救済になじみにくいことからしても適当とは思われない。少数意見が指摘するように、一般に、高性能カメラによる上空からの観察が、社会的に保護の対象たり得る情報への接近を可能とするものであるならば、それは「捜索」に該当するというべきであろう。

　(ⅲ)　**本件調査と令状主義**　　少数意見は、本件調査が「捜索」に該当

---

36) *See* LaFave, *supra* note 34, at 347.

するとの判断を前提に令状の必要性を検討し、大気清浄法が令状なし検査についての明確かつ規則的な計画を定めていないことから、環境保護庁は令状を求めるべきであったと結論づけている。行政上の立入検査に令状を要求した場合に「相当の理由」要件は刑事手続の場合と異なり厳格に適用されないことは、判例上確立している（Camara v. Municipal Court, 387 U. S. 523 (1967); Marshall v. Barlow's, Inc., 436 U. S. 307 (1978)）が、本件のような上空からの精密カメラによる調査の場合にいかなる「相当の理由」が必要とされるのか、1つの問題たり得ると思われる。

〔第2章第3節　初出、1988年〕

第3章

税務調査の法的統制
―― 内国歳入庁(IRS)の調査権をめぐる諸問題

はじめに

　税務行政領域における行政調査をめぐる法的諸問題――とりわけ課税処分の前提資料を求めるための質問検査権をめぐる問題――については、わが国においても学説上検討が加えられ、判例上も、昭和47年11月22日最高裁判所大法廷判決（刑集26巻9号554頁）および昭和48年7月10日最高裁判所第三小法廷決定（刑集27巻7号1205頁）によって一応の結着がついたとされている。

　確かに、前記最高裁判決および決定によって、かねてより議論のあった質問検査権の合憲性は確認されたと言えよう。しかし、質問検査権行使の要件について、前記最高裁決定は一般的・抽象的に判示するにとどまったため、具体的な適用においてその後の下級審判決の動向はなお流動的であり、学説上の異論も有力である。

---

1)　文献は数多くあるが、さしあたり、日本税法学会「第38回大会記録(1)～(3)」税法学234～236号（1970年）、下村慧「質問検査権の行使をめぐる諸問題」ジュリスト503号（1972年）66頁以下、北野弘久編『質問検査権の法理』（成文堂・1974年）、金子宏『租税法』（弘文堂・1976年）373頁以下、清永敬次『税法〔新版〕』（ミネルヴァ書房・1980年）170頁以下等参照。
2)　「質問検査の範囲、程度、時期、場所等実定法上特段の定めのない実施の細目については、右にいう質問検査の必要があり、かつ、これと相手方の私的利益との衡量において社会通念上相当な限度にとどまるかぎり、権限ある税務職員の合理的な選択に委ねられているものと解すべく、……実施の日時場所の事前通知、調査の理由および必要性の個別的、具体的な告知のごときも、質問検査を行なううえの法律上一律の要件とされているものではない」（刑集27巻7号1205頁）。
3)　清永敬次「所得税法における質問検査権行使の要件等」シュトイエル200号（1978年）5頁以下。
4)　北野弘久「質問検査権の法理」北野編・前掲注1）11頁以下、鶴見祐策「課税処分のため

さらに、従来から論じられることの少なかった国税徴収法上の調査権あるいは国税犯則取締法上の調査権については、憲法上の問題をはじめ、今後に残された問題が少なくない。

本章は、以上の問題を検討する1つの手がかりとして、比較法的に見てもかなり厳格な手続的統制の下にあることで特徴づけられる、アメリカ合衆国の連邦税法上の税務調査（tax investigation）をめぐる問題を紹介・検討するものである。

アメリカの税務調査——以下では主管行政機関である内国歳入庁（Internal Revenue Service）の名をとって「IRS 調査」と呼ぶことにする——は、わが国にない召喚状（summon）制度を基本としており、そこで論じられる問題もわが国とはかなり異なる展開を示している。それゆえに単純な比較は慎まねばならないが、税務調査をめぐる基本的対立が、一方における適正・公平な課税の実現と他方における被調査人の権利・利益の保護にあるという点では、両国において異なるところはない。

問題は、この基本的対立を調整するためにいかなる制度・手続を構想してきたのか、また、その制度・手続が現実にどのような機能を果たしてきたのかにある。このような視角で見た場合、召喚状制度の下で事前の司法的統制を保障してきたアメリカでの経験は、今日、わが国においても改めて参照されてよいように思われる。

本章は、以上の問題意識から IRS 調査権を対象とするものであるが、IRS 調査権をめぐるすべての問題を網羅するものではない。これまで既に、一部の論者により IRS 調査についての紹介・検討がなされているし、召

の質問検査権」北野弘久編『日本税法体系 第3巻』（学陽書房・1980年）282頁以下等参照。

5） 例えば、国税徴収法上の強制調査権である捜索に裁判所の令状が要件とされていないことが憲法35条との関係で問題となることを指摘するものとして、清永・前掲注1）213頁、また、最高裁昭和47年判決の趣旨に照らして国税犯則取締法上の犯則調査と憲法35条・38条の関係を再検討する必要性を指摘するものとして、金子宏・判例評論172号（1973年）17頁、山田伸男「国税犯則取締法における質問と供述拒否権の告知」司法研修所論集59号（1977年）403頁等参照。

6） なお、最近の研究として、北野弘久「国犯法上の調査権の法的限界」同編『日本税法体系 第4巻』（学陽書房・1980年）164頁以下、同「国犯法上の調査権の法的限界——その具体的研究」税理24巻（1981年）121頁以下を参照。

喚状による行政調査をめぐる問題は、連邦取引委員会の調査権を分析した拙論〔本書第1章〕において検討したところでもある。[8]

そこで本章では、最近の IRS 調査権をめぐる動向の中から、わが国の問題状況から見ても興味深いと思われる問題——ひとつはいわゆる反面調査をめぐる問題であり、もう1つは調査権限の濫用（不当目的調査）をめぐる問題である——を重点的に検討することにする。[9]

第1節　IRS 調査権制度

本節では、次節以下で具体的問題を検討する前提として、IRS 調査権制度の概要をまとめ、わが国との制度的差異をあらかじめ明確にしておきたい。

---

7) 大塚正民「アメリカ連邦税法における質問検査権(1)(2・完)」税法学231号（1970年）20頁、232号（同年）1頁、同「アメリカ連邦税法における質問検査権の違法な行使とこれによって得られた資料にもとづく更正処分の効力」税法学235号（1970年）19頁、越路正巳「アメリカ税務行政における税務調査権」北野編・前掲注1）199頁以下。なお、IRS 調査権に関する連邦最高裁判決の紹介として、帆足昭夫「Reisman v. Caplin, 375 U. S. 440 (1964)」【1966-1】アメリカ法 144 頁以下、大塚正民「United States v. Bisceglia, 420 U. S. 141 (1975)」【1979-1】アメリカ法 189 頁以下がある。

8) 曽和俊文「経済規制行政における行政調査の法的統制——米国連邦取引委員会（FTC）の調査権を中心として(1)～(4・完)」法学論叢109巻3号（1981年）、6号（同年）、110巻3号（同年）、111巻1号（1982年）〔以下本章では、曽和「FTC 調査権(1)～(4・完)」として引用する〕。

9) 本章では、主として 1970 年代における IRS 調査権をめぐる問題を対象とする。IRS 調査権に関する法理は、1970 年代に入って以後の発展が著しく、多くの連邦最高裁判決（Donaldson v. United States, 400 U. S. 517 (1971); Couch v. United States, 409 U. S. 322 (1973); United States v. Bisceglia, 420 U. S. 141 (1975); Fisher v. United States, 425 U. S. 391 (1976); G. M. Leasing Corp. v. United States, 429 U. S. 338 (1977); United States v. LaSalle National Bank, 437 U. S. 298 (1978); United States v. Euge, 444 U. S. 707 (1980); UpJohn Co. v. United States, 101 S. Ct. 677 (1981)）が下され、（ちなみに 1970 年以前の IRS 調査権最高裁判例は、Reisman v. Caplin, 375 U. S. 440 (1964); United States v. Powell, 379 U. S. 48 (1964) の二判例のみであった）、1976 年には IRS 調査権に対する納税者の権利を拡大する立法改正（1976 Tax Reform Act § 7609-10, Pub. L. NO. 94-455, 90 Stat. 1520; 26 U. S. C. §§ 7609-7610) も行われた。See, e. g., N. I. Kenderdine, *The Internal Revenue Service Summons to Produce Documents: Powers, Procedures, and Taxpayer Defenses*, 64 Minn. L. Rev. 73 (1979). 本章ではこれらの動向の中の主要なものを紹介・検討する。

1. IRS 調査権制度の概略[10]

(1) 調査権の種別

　IRS 調査権は連邦の行政調査権の中でも最古のものと言われるが[11]、今日の制定法上の根拠は、内国歳入法典 7601 条以下[12]に見ることができる。

　(i) **任意調査と強制調査**　まず、7601 条は、「財務省長官またはその委任を受けた者」に「内国歳入税の納税義務ありと思われるすべての者および何らかの課税対象物件を所有・保管・管理するすべての者に対して調査をなす」権限を付与しており、7602 条は、「申告書の正確さを確かめるため、無申告の場合の申告書作成のため、ある者の内国歳入税納税義務を確定するため、……納付税額を徴収するため」に召喚状を発して口頭証言・文書提出を要求し得る権限を認めている。

　7601 条は一般的な調査授権規定であり、7602 条は強制調査手段としての召喚状発給権の規定である。両規定の関係は争われるところであるが、判例上、7602 条の召喚状発給権は同条に規定する目的との関係でのみ授権されており、7601 条の調査の全範囲をカバーするものではないことが確認されている[13]。7602 条でカバーされない調査は任意調査として行われる。

　もっとも、IRS が法執行上必要とする情報の多くは――7602 条の適用可能な情報も含めて――、現実には「単なる口答または書面の要請に従って[14]」純粋の任意調査を通じて獲得されている。IRS は実務上任意調査の促

---

10) 叙述の便宜上、本節で概説する IRS 調査権制度は 1975 年段階でのものであり、1976 年法による改正（1976 Tax Reform Act §§ 7609-7610）は含まれていない。1976 年以降の展開は第 2 節以下で検討する。

11) O. J. Rogge, *Inquisitions by Officials: A Study of Due Process Requirements in Administrative Investigations I*, 47 Minn. L. Rev. 939, 964 (1963).

12) 26 U. S. C. §§ 7601-7608 (1975). 以下で単に法律と言う場合には内国歳入法を指す。条文のみの引用も同様である。

13) United States v. Humble Oil & Refinings Co., 488 F. 2d 953 (5th Cir. 1974); United States v. Bisceglia, 420 U. S. 141 (1975).

14) C. S. Lyon, *Government Power and Citizen Rights in a Tax Investigation*, 25 Tax Law. 79 (1971).

進を第一義としつつ、任意調査が拒否された場合、当該情報の重要度、当該情報を獲得するための費用と時間、任意調査奨励政策に対する不利益など「あらゆる事情を考慮して」召喚状発給の可否を決定するとしている。[15]

(ii) **刑事調査と民事調査** IRS 調査はその性格上、租税犯訴追を目的とする刑事調査 (criminal investigation) と課税・徴収等を目的とする民事調査 (civil investigation) とに分けられる。

前者は IRS の査察部 (Intelligence Division)[16] の特別査察官 (Special Agent) が担当し、後者は調査局 (Audit Division) または徴収局 (Collection Division) の歳入官 (Revenue Agent or Revenue Officer) が担当する。但し、理論上右の区別は明確であるが、現実には両者の区別は容易でない。

IRS 調査は通常、納税者により提出された申告書の審査をうけて調査局の民事調査として開始される。調査局の民事調査の過程で脱税等の租税法違反の疑いが生じた場合、事案は査察部に送付され、特別査察官による調査(または査察官と歳入官との合同調査)が行われる。租税法違反容疑が明確となり刑事訴追が妥当と判断されれば、IRS は刑事訴追勧告を行ない、事案は司法省に送付される。司法省での刑事調査は大陪審によって行われる。

問題となるのは、右に述べた一連の手続の中での査察官の調査の性格である。内国歳入法は脱税等に対する刑事罰を定めている (7203 条、7206 条および 7207 条) が、同時に、同様の事実関係の下で加算税 (civil penalty) を課し得ることも規定している (6653 条(b)項)。加算税賦課手続は民事上の手続であり、広義の「納税義務 (tax liability) の確定」手続に含まれる

---

15) Int. Rev. Manual § 263 cited in Note, *Taxation: IRS Use of John Doe Administrative Summonses*, 30 Okla. L. Rev. 465, 466 n. 3 (1977). もっとも、現実には任意調査の拒否に対してその場でポケットより召喚状を出し、必要事項を記入した上で発給する、いわゆる pocket summon の慣行も見られると指摘するものがある (Comment, *Government Access to Bank Records in the Aftermath of United States v. Miller and the Tax Reform Act of 1976*, 14 Hous. L. Rev. 636, 652 (1977))。

16) なお、査察部は 1978 年に刑事法執行部 (Criminal Enforcement Division) と改称され (Int. Rev. News Release, IR-1951, Feb. 6, 1978)、現在は刑事調査部 (Criminal Investigation Division) と呼ばれている。実体が変更したわけではない。

と解されている。[17] そのため、不正行為による脱税等を調査する査察官の調査は「一般に、民事上の納税義務の確定および潜在的な刑事責任の追及という二重目的（dual purpose）を持つ」[18]と説明され、前者の目的の存在を理由に、当該調査手続における行政上の召喚状発給が肯定されている。[19]

(iii) **召喚状発給権とその他の強制調査権** IRSが法律上授権されている強制調査手段としては、召喚状発給権の他に次のものがある。

第一は、課税物件の製造・貯蔵場所への立入検査権（7606条）である。この立入検査権の性格について最高裁は、立入拒否には罰金刑（7342条—500ドルの罰金）を科し得るのみで実力による強制立入りは許されないと判示している（Colonnade v. United States, 397 U. S. 72 (1970)）。[20] 対象を限定された立入検査権であるから、召喚状による調査に対置し得るようなものではない。

第二は、租税法違反の調査手段としての捜索令状申請権（7608条(a)項）である。これは刑事調査権であるから本章では検討の対象とはしていない。なお、租税法違反調査手段としても、現実には「捜索令状を使うのはきわめてまれであった」[21]と言われ、多くは召喚状が利用されているようである。[22]

以上からわかるように、IRS調査権と言った場合、主として召喚状による強制調査権行使が問題となる。

---

17) Comment, *The Institutional Bad Faith Defense to the Enforcement of IRS Summonses*, 80 Colum. L. Rev. 621 (1980).
18) Note, *Discovery in the IRS Summons Enforcement Proceeding: Less Certain than Death and Taxes*, 31 U. Fla. L. Rev. 321, 324 (1977).
19) 但し、召喚状がもっぱら刑事目的で発給されたと認定される場合は、不当目的であって裁判所により執行を拒否される。この問題は第3節で検討する。
20) 本件の内容および行政上の立入検査をめぐる判例法上の位置については、佐藤幸治「『行政調査』とプライバシーの保護（2・完）」法学論叢97巻4号（1975年）8頁以下参照。
21) Lyon, *supra* note 14, at 96. その理由としてリオンは、令状の場合には「相当の理由」疎明が要求されること、令状による捜索は単なる証拠には及ばないという伝統的ルール——もっともこのルールは Warden v. Hayden, 387 U. S. 294 (1967) によって廃棄されたのであるが——の影響の二点を挙げている。
22) *See also*, S. V. Wilson & A. H. Matz, *Obtaining Evidence for Federal Economic Crime Prosecutions: An Overview and Analysis of Investigative Methods*, 14 Am. Crim. L. Rev. 651, 653-683 (1977); D. C. Smaltz, *Tactical Considerations for Effective Representation During a Government Investigation*, 16 Am. Crim. L. Rev. 383, 433-448 (1979).

(2) 召喚状による強制調査

(i) **発給権者、相手方および発給目的**　召喚状発給権は「財務省長官またはその委任を受けた者」に付与されている（7602条）。現実には「IRS長官の委任に基づき、申告書の審査、納付税額の徴収、納税者による租税法違反容疑の調査に責任を持つほとんどのIRS職員が召喚状発給権を持つ」。[23]

召喚状を発する相手方として、法律は「① 納税義務者もしくは本法律の履行を要求された者、② その役員もしくは被雇用者、③ 納税義務者もしくは本法律の履行を要求された者の事業に関する事項を記載した会計帳簿を占有・保管・管理している者、④ その他財務省長官またはその委任を受けた者が相当と認める者」と規定する（7602条(2)号—番号は筆者）。②ないし④は納税義務を直接問題とされているわけではない、いわゆる第三者（third party）である。第三者に対するIRS調査——以下ではわが国の例にならって反面調査と呼ぶ——をめぐる問題は、1970年代に入って論議されてきた中心問題の1つであって、第2節で詳しく検討する。

召喚状発給目的は、① 申告書の正確さの確定、② 無申告の場合の申告書作成、③ 納税者の納税義務の確定、④ 納付税額の徴収の4つに限定されている。③の「納税義務」の中に加算税賦課が含まれるとされるため租税法違反調査を行う特別査察官も召喚状発給権を持つことは既に述べた。

(ii) **召喚状による調査に対する法的制約**　内国歳入法が定める法的制約として次のものがある。

(a) 調査範囲についての「関連性」および「重要性」要件（7602条）

調査範囲は正当な調査目的との「関連性」および「重要性」を有する事項にのみ及ぶ。判例法上の原則でもある。[24]但しIRS調査においては、調査目的の限定により、他の行政領域における以上に有効な制約基準となっている。[25]

---

[23] Report on Administrative Procedures of the Internal Revenue Service, Sen. Doc. NO. 94-226, 94th Cong. 2d Sess. 1, 736 (1976) [hereinafter cited as Report of ACUS (1976)].

[24] 曽和「FTC調査権(2)」87頁以下参照。

[25] 関連性の立証不足を理由にIRS召喚状の執行を拒否する判決例として、例えばUnited

(b) 「合理的明確さ」の要件（7603条）　召喚状は出頭すべき日時・場所を明記して、さらに帳簿・書類等の提出を要求する場合には「合理的な明確さ（reasonably certainty）」でそれらを記載した上で、被調査人に送達されなければならない。判例法上の基準でもある。

(c) 「10日以上の猶予」要件（7605条(b)項）　調査日は召喚状送達日より「少なくとも10日以後」に設定されねばならない。これは、この間に被調査人が当該調査に応じる準備をなし、あるいは召喚状に対する異議を申立てる準備をなし得るために定められている。

(d) 調査の日時・場所の合理性要件（7605条(a)項）　調査場所は通常もよりのIRS地区事務所であるが、納税者の希望により納税者の事業所等でなされる場合もある。

(e) 不必要な調査の禁止、各課税年度につき調査一回原則（7605条(b)項）　この制約は「時間のかかる、何度にも及ぶ調査に苦しめられることから納税者を保護する[26]」ために定められたもので、IRSが書面で追加調査の必要性を納税者に通知しない限り、各課税年度には一回の調査しか許されないとする。IRS調査に特有の制約である。但し裁判所は、継続調査を広く認めることによって、この制約をややゆるやかに解している[27]。

なお、以上の法律上の制約とは別に、判例法上、行政的召喚令状に対する法的統制諸基準が主として経済規制行政領域を舞台に形成されており、それらの基準[28]（内容的には既に述べた内国歳入法上の法的制約と重複するもの

States v. Matras, 487 F. 2d 1271 (8th Cir. 1973)［会社の予算書すべてを求める召喚状の執行拒否］; United States v. Coopers & Lybrand, 550 F. 2d 615 (10th Cir. 1977)［納税者会社のために会計事務所が準備した調査計画および tax pool analysis file を求める召喚状の執行拒否］等がある。「関連性」基準の意義を強調するものとして、Comment, *Constraints on the Administrative Summons Power of the Internal Revenue Service*, 63 Iowa L. Rev. 526 (1977) を参照。

26)　J. D. Burroughs, *The Use of the Administrative Summons in Federal Tax Investigations*, 9 Vill. L. Rev. 371, 378 (1964).

27)　*See, e. g.*, United States v. Held, 435 F. 2d 1361 (6th Cir. 1970); United States v. Interstate Tool & Eng'r Corp., 526 F. 2d 59 (7th Cir. 1975); United States v. House, 524 F. 2d 1035 (3d Cir. 1975).

28)　それらは今日、(a)行政調査は法律により授権された正当な調査目的に従って行われなければならない、(b)行政調査で求める情報は調査目的と関連性を有するものでなければならず、調査要求範囲が無限定であってはならない。(c)調査要求は不当に広範であってはならず、被

も多い）は IRS の召喚状に対しても基本的に妥当する[29]。その詳細は第1章で検討したところであるのでここでは省略する[30]。

　(ⅲ)　**召喚状の強制方法**　召喚状を強制する方法として、内国歳入法は、(a)執行訴訟（7604条）、(b)逮捕状（attachment）と法廷侮辱罪（7604条(b)項）、(c)刑事罰（7210条）の3つの方法を定めている。

　(a)は、IRS が地裁に召喚状の執行を求めて提訴し、裁判所が召喚状を適法と認めれば執行命令を発する方法である。被調査人は法廷で召喚状の適法性を争うことができる。裁判所による執行命令が確定すれば、それに対する不服従は裁判所侮辱罪となる。最終的な強制までに執行訴訟手続と裁判所侮辱罪処罰訴訟手続が介在するため、「二段階訴訟手続（two-stage proceeding）」による強制と言われることがある[31]。

　(b)は、IRS の申請に基づいて地裁が召喚状に不服従の者に逮捕状を発し、召喚状の適法性についての審査をなした上で、適法と判断すればただちに法廷侮辱罪を科す方法である。(a)との対比で言えば、執行訴訟手続が省略された「一段階訴訟手続」による強制ということになる[32]。

　(c)は、召喚状に対する不服従に対して1000ドル以下の罰金もしくは1年以下の禁錮またはこれらの併科を定めるもので、刑罰の威嚇によって召喚状への服従を確保しようとする方法である[33]。

　以上の3つの強制方法の関係が争われたのが Reisman v. Caplin, 375 U.

　　調査人に不合理な負担を課するものであってはならない、(d)行政調査は非開示特権を侵してはならない、(e)行政調査は適正な形式・手続に従って行われなければならないとの基準としてまとめることができる（曽和「FTC 調査権（4・完）」38頁）。
29)　United States v. Powell, 379 U. S. 48, 57 (1964).
30)　曽和「FTC 調査権(2)」82頁以下、同「(3)」22頁以下参照。
31)　詳細は、曽和「FTC 調査権(1)」50頁以下を参照。
32)　このような強制方法は、IRS の他に労働省長官の召喚状についても認められている（5 U. S. C. § 8125）。その批判として、W. Gellhorn, C. Byse & P. L. Strauss, ADMINISTRATIVE LAW CASES AND COMMENTS, 7th ed. 575 (1979) を参照。
33)　IRS 調査権に関してこの刑罰が発動されたのは United States v. Backer, 259 F. 2d 869 (2d Cir. 1958) が唯一の例であると言われる。刑罰の発動例が少ないのは、Reisman 判決による理論的制約（後述）もさることながら、むしろ、処罰しても情報が得られなければ意味がないとする実務感覚によるところが大きいという（Report of ACUS 740 (1976)）。

S. 440 (1964) である。本判決については既にわが国で詳しい紹介があるので事実関係は省略するが、本判決で最高裁は、①IRS の召喚状を強制する基本的な手段は前記(a)の方法であり、被調査人は事前に何らのリスクを負うことなく法廷で十分に召喚状の適法性を争えること、②前記(b)および(c)の方法は、召喚状を正当な理由なく無視しあるいは反抗的に拒否した場合にのみ発動される例外的な強制方法であることを明らかにし、(b)および(c)に基づく逮捕・刑罰の危険を理由に IRS 召喚状の違法の宣告判決および執行の差止判決を求めた納税者の訴えを、救済の必要性なしとして却下したのである。

本判決により IRS 召喚状の司法的執行 (judicial enforcement) の原則が確認され、被調査人は執行訴訟の段階で調査の違法を争えばよいことになった。それゆえ、本判決において納税者は「形式的には敗訴したが、実質的には勝訴した」と言われ、この後、IRS 調査の適法性を争う多くの訴訟が生じることになった。

2. IRS 調査権制度の特色——わが国との比較

1で概説した IRS 調査権制度をわが国の税務調査制度と比較すれば、次のような特色を指摘することができる。

　(i) **強制調査における調査手段の違い**　第一に、IRS は強制調査権として、司法的執行を原則とする召喚状による調査を基本とするが、わが国においては、刑事罰による間接強制を背景とする立入検査が中心となっている。

もっとも、この制度的差異は強制調査制度に関するものであって、現実

---

34) 帆足昭夫「〔最近の判例〕」【1966-1】アメリカ法 144 頁以下、大塚正民「アメリカ連邦税法における質問検査権(1)」税法学 231 号 (1970 年) 23 頁以下参照。
35) 曽和「FTC 調査権(1)」49 頁以下参照。
36) Lyon, *supra* note 14, at 81. *See also*, Note, Comment, *Taxpayer Intervention at Summary Proceedings to Enforce an Internal Revenue Service Summons*, 32 Md. L. Rev. 143 (1972); Comment, *supra* note 25, at 530 (1977); R. W. Nuzum, *LaSalle National Bank and the Judicial Defenses to the Enforcement of an Administrative Summons*, 32 Tax Law. 383, 385 (1979).

第1節 IRS調査権制度　*157*

には任意調査によって処理される場合が多いから、両国における税務調査の現実の運用はそれほど異なるものではないとも言える。けれども、行政調査の適法性に関して被調査人の判断と行政機関の判断が一致せず、両者の間に紛争が生じた場合、両国の調査権制度は次のような機能上の差異をもたらす。

被調査人の立場からすれば、IRS調査権の場合、その適法性を調査が実行される前に最終的には法廷で争うことができ、その間に何らのリスクを負うこともない。わが国の場合、立入検査の適法性を被調査人が争おうとすれば、刑事罰を科せられる危険を承知で立入検査を拒否し、後の刑事訴訟での抗弁として立入検査の違法性を主張しなければならない[38]。このように見ると、IRS調査権制度の方が被調査人の権利・利益をより重視するものであると言える。

調査を実行する行政機関の立場からすれば、IRS調査権制度は、調査強制のために執行訴訟を提起することをIRSに要求するものであるから、迅速な調査の実現という点で問題がないわけではない。しかし、執行訴訟による調査の強制は、最終的な強制力を裁量的な裁判所侮辱処罰権におくため、調査を実現する方法としては強力なものである。これに対してわが国の場合には、被調査人があくまで調査を拒否した場合、「現実の問題としては質問検査を担保する罰則が間接強制としての役割をあまり果たして

---

37) 両国における任意調査はいずれも、税務職員が納税者の自宅または事業所を訪問し、そこで質問しあるいは書類を検査する形態で行われる。但し、IRS職員による質問・検査は、その拒否に対しての何らの制裁規定もなく、それが「純粋の任意調査」であることは召喚状手続と異なるその形態上明らかであるが、わが国の場合には、税務職員による質問・検査が「純粋の任意調査」であるのか、拒否に対して刑罰の定めがある立入検査であるのか、その形態上からは明らかとは言えない（両者の「使い分け」による調査権拡大の危険を指摘するものとして、新井隆一「税務調査権の法的限界」税法学232号（1970年）33頁を参照）から、単純には比較できないかも知れない。間接強制の存在を承知しつつ「任意に」調査に協力する場合も含めて、本文のように表現した。
38) 行政調査の適法性基準が事前審査の場合と事後の刑事訴訟の場合とで同一であるべきか否かは、それ自体1つの問題である。わが国では学説上税務調査権行使に限定的な解釈が有力に主張されてきたが、それは、調査の適法性が調査拒否を罰する刑事訴訟の局面で判断されてきたことと無関係ではないと思われる。

いない」ことが指摘されている。このように見れば、調査の最終的実現という点において、IRS調査権の方が非効率であるとも即断できない。

　(ii)　**調査権行使の要件の違い**　IRS調査権をわが国の税務調査権と比較しての第二の特色は、調査権行使の要件の差異にあらわれている。

　わが国では学説上、調査権発動要件である「必要性」を限定解釈する主張が有力であるが、IRS調査権においては、召喚状発給目的の1つに「申告書の正確性の確認」が明記されていることもあって比較的緩やかに解されている。他方で、わが国では一般に実施されていない、調査日時・場所の事前通知、調査目的と調査範囲の事前告知などは、IRS調査においては、召喚状制度に内在するものとして「一律に」保障されているのである。

　概して、調査権行使手続が法令上厳格に規制されている点にIRS調査の特色があると言えるが、この点を典型的に示すのが、反面調査に対して納税者が有する手続的権利をめぐる最近の展開である。この点は第2節で検討する。

　(iii)　**刑事調査との関係での違い**　第三の特色は、行政調査と刑事調査の関係に関して見られる。IRSは租税法に関する刑事法執行権を付与されており、IRS調査には租税法違反摘発の刑事調査権も含まれる。この点は、他の多くの行政機関と異なる1つの特色であるが、この限りでは、わが国の国税庁の場合と異なるものではない。

　しかし、わが国においては、租税法違反を調べる犯則調査と課税処分の前提たる行政調査とは厳格に区分されてとらえられ、調査資料の相互流用も否定的に解するのが通説であるのに対して、IRS調査においては、既に

---

39)　雄川一郎ほか『行政強制―行政権の実力行使の法理と実態』ジュリスト増刊（有斐閣・1977年）138頁の冨尾一郎氏発言。冨尾氏によれば、質問検査拒否で起訴された事案はそれまでに約10件、有罪判決はいずれも1万円ないし3万円の罰金であるという。なおIRS調査における調査拒否刑事罰の運用についての前掲注33)参照。

40)　北野編・前掲注1)348頁以下参照。但し清永・前掲注1)173頁は、「一般的必要性があればそれで十分」とする。最高裁の見解については、昭和48年7月10日第三小法廷決定（刑集27巻7号1205頁）を参照。

41)　United States v. Powell, 379 U. S. 48 (1964). *See also*, Oklahoma Press Publishing Co. v. Walling, 327 U. S. 186 (1946); United States v. Morton Salt Co., 338 U. S. 632 (1950).

42)　*See*, 26 U. S. C. § 7608 (1975). 本節1(1)(ii)参照。

述べてきたように、租税法違反調査における行政上の召喚状発給が肯定され、また、1976年までは行政調査資料を刑事手続で利用することについても比較的緩やかであった。[44]

いわば、アメリカにおいては、行政調査の段階での手続保障を厳格にすることによって、刑事調査との区別が相対化されていると言い得るのであるが、なおこのようなIRS調査の「二重目的性」に対しては、刑事手続における被疑者保護の視点等から見た問題点がないわけではない。この点は第3節で検討する。

以上三点にわたって、わが国と比較した場合のIRS調査権制度の特色を述べてきた。両者の差異は右の三点にとどまるわけではないが、次節以下の検討の前提としては右の三点を確認しておくことで十分であろう。

第2節　反面調査をめぐる問題

IRSは、納税義務者の「役員もしくは被雇用者または……その事業に関する事項を記載した会計帳簿を占有・保管・管理している者」に対して反面調査をなす権限を明文で認められている（7602条(2)号）。しかし反面調査は、当該調査に実質的利害を持つ納税者の立場から見ても、あるいは、他人の納税義務確定のために調査負担を負う第三者の立場から見ても、多くの問題点を有している。本節では、それらを順次検討していきたい。

1. 反面調査と納税者の権利

(1) 訴訟参加権──判例法上の展開

納税者本人に対する調査の場合には、調査に異議のある納税者は、最終的には法廷で調査の適法性を争うことができる。しかし反面調査の場合には、調査目標とされた納税者は当該調査の直接の相手方ではないがゆえに、

---

43) 北野編・前掲注1) 374頁以下、金子・前掲注1) 374頁以下、清永・前掲注1) 174頁以下参照。
44) 詳しくは第3節で検討する。

調査の適法性を事前に争うことが困難である。これは、行政調査をめぐる基本的対抗を調査機関と被調査人との間に見出してきた従来の法理から言えば当然であるとはいえ、反面調査に対する納税者の権利を重視する立場からすれば問題である。なぜなら、反面調査で召喚状の直接の名宛人となった第三者は、調査目標となった納税者と比べて、反面調査を争う強い利益を持たないのが通常であるからである。そこで、何らかの形で、調査に実質的利益を持つ納税者が調査の適法性を争う機会を与えられるべきでないのかが問題となる。

この問題は、判例法上主として、反面調査の執行訴訟における納税者の訴訟参加権をめぐる問題として論じられてきた。連邦民事訴訟規則24条(a)項は、利害関係人の訴訟参加について「申請人が、訴訟の対象となっている財産（property）または法律行為（transaction）に関する利益を主張し、かつ、訴訟の結果実際に当該利益擁護が損われる場合」訴訟参加が認められると規定する。[45] この規定を執行訴訟手続に適用して、納税者の訴訟参加を認めようというわけである。[46]

既に前節1(2)(iii)で紹介した Reisman v. Caplin 判決において最高裁は、傍論ではあるが、「召喚状の名宛人でない場合でも、納税者は、自己の利益を保護するために訴訟参加し得る」[47] と述べたため、以後、反面調査の執行訴訟において訴訟参加を求める納税者の申請が増加してきた。

この問題に対して Reisman 判決後の下級審は大きく2つのグループに分かれた。[48]

第一のグループは、Reisman 判決で可能性を認められた納税者の訴訟参加を、《納税者は自己に関係する召喚状に対する異議を十分に述べる機

---

45) Fed. R. Civ. P. 24 (a).
46) 連邦民事訴訟規則81条(a)項(3)は、行政召喚状の執行手続においても原則として民事手続規則が適用されることを明らかにしつつ、地裁命令または規則でその適用を制約し得ることを認めている（Fed. R. Civ. P. 81 (a)(3)）。
47) 375 U. S. 440, 449 (1964).
48) 以下の整理は、Kenderdine, *supra* note 9, at 79 によった。*See also*, Report of ACUS, at 759-755 (1976); Note, *Discovery in the IRS Summons Enforcement Proceeding, supra* note 18, at 324 n. 91.

会が与えられねばならない》とする司法的執行の原則の実質化の脈絡でとらえるもので、納税者は、自己に関する記録が求められている場合はいつでも「権利として」訴訟参加を要求し得るとするものである[49]。

第二のグループは、連邦民事訴訟規則24条(a)項に定める訴訟参加利益を厳格に解するもので、納税者は「実質的に保護に価する利益（substantial protectable interest）」を立証しない限り訴訟参加を許されないとする[50]。訴訟参加を裁判所による裁量的参加としてとらえるものである。

最高裁は、Donaldson v. United States, 400 U. S. 517 (1971)で初めてこの問題を正面から取り扱い、第二のグループの見解を支持した。

本件では、納税者の以前の雇用主および雇用主の会計士に対して発せられた召喚状が争われた。訴訟参加を求める納税者の申請を拒否して、最高裁は次のように判示した。

(ア)納税者は自己に関する記録が求められているという理由だけで、反面調査への絶対的な（absolute）訴訟参加権を持つわけではない。

(イ)本件で求められた記録は「雇用主の所持する業務記録であり、当該記録に対し納税者は何らの財産上の利益を有さず、また、納税者の弁護士または会計士の職務活動の成果（work product）でもなく、弁護士・顧客特権（attoney-client）その他の特権の及ぶものでもない」[51]から、納税者は訴訟参加を正当化する「実質的に保護に価する利益（significantly protectable interest）」を持たない。

Donaldson判決が想定する「実質的に保護に価する利益」の内容は、判

---

49) 例えば、Justice v. United States, 365 F. 2d 312 (6th Cir. 1966)［納税者は召喚状に対する憲法上の抗弁を主張しており、この点を審理するために納税者の訴訟参加は許容される］; United States v. Bank of Commerce, 405 F. 2d 931 (3d Cir. 1969)［本件召喚状は以前の違法な捜索・押収により得られた情報に基づくものであり違法であると納税者は主張しており、この点を審査するために納税者の訴訟参加は認められる］; United States v. Benford, 406 F. 2d 1192 (7th Cir. 1969)［納税者の納税義務の確定が調査目的である場合には納税者は権利として訴訟参加を認められる］等参照。

50) *See, e. g., In re* Cole, 342 F. 2d 5 (2d Cir. 1965); O'Donnell v. Sullivan, 364 F. 2d 43 (1st Cir. 1966). これらの判決の立論は後述するDonaldson判決と同様であるが、Donaldson判決以前にはむしろ少数説であった。

51) 400 U. S. 517, 530 (1971).

決文からだけでは明らかでない。判決は当該文書に納税者の非開示特権が及ぶ場合および納税者が財産上の利益を有する場合を挙げているが、このほかに納税者が不当目的抗弁を主張する場合も含まれると主張するものがある。[52] しかしいずれにしても Donaldson 判決は、それまで比較的「ゆるやかに理解されてきた」[53] 納税者の訴訟参加の範囲を制限したものであり、その後の下級審判決も限定的解釈が支配的となった。[54]

こうして、納税者の訴訟参加をめぐる判例法理の展開は、納税者の権利保護という点では十分なものではなかったが、さらに、右の判例法理自体、その適用が限定されていたことも指摘されねばならない。

すなわち、反面調査に対する納税者の訴訟参加は、反面調査が実施されることを納税者が知り、かつ、反面調査の相手方が反面調査を拒否してその執行訴訟がなされることが前提条件として必要であるが、裁判所は、納税者に反面調査の事前通知をなす IRS の義務を否定し、[55] IRS も実務上事前通知に反対してきた。[56] それゆえ、仮に訴訟参加利益を広く認める判例法理が確立したとしても、訴訟参加を現実に要求できる場合がそもそも限定されていたのである。

以上の判例法理の問題は、結局、立法によって解決がはかられることになった。

(2) 訴訟参加権——立法的解決

1976 年に成立した租税改革法 7609 条は、次のように定めて、銀行等の[57]

---

52) E. L. Flippen, *The Internal Revenue Service Summons: An Unreasonable Expense Burden on Banks and an Invasion of Depositor's Privacy?*, 12 Am. Bus. L. J. 249, 253-259 (1974). *See also*, Comment, *supra* note 36.
53) Report of ACUS, at 754 (1976).
54) *See, e. g.,* United States v. Newman, 441 F. 2d 165 (5th Cir. 1971); Luther v. United States, 481 F. 2d 429 (4th Cir. 1973).
55) *See, e. g., In re* Cole, 342 F. 2d 5 (2d Cir. 1965); Scarafiotti v. Shea, 456 F. 2d 1052 (10th Cir. 1972); United States v. Continental Bank and Trust Co., 503 F. 2d 45 (10th Cir. 1974).
56) IRS は、(i)事前通知により調査が不当に妨げられること、(ii)納税者が召喚状に対して十分な異議を持つのはまれであること、を理由に反対する (Report of ACUS, at 753-754 (1976))。
57) 1976 Tax Reform Act § 7609, Pub. L. No. 94-455, 90 Stat. 1520; 26 U. S. C. § 7609.

「第三者的記録保管者（third-party record keepers）」[58]に対するIRSの反面調査における納税者の訴訟参加権を保障した。

法律は、第一に、納税者に対する反面調査の通知義務を定めた（7609条(a)項）。IRSは、反面調査として第三者的記録保管者に対して召喚状を発する場合に、送達後3日以内に、納税者に対して通知をなさねばならず、通知日と調査日との間には14日以上の猶予が与えられねばならないとされた[59]。納税者への通知には、納税者が当該召喚状を争う場合の手続が明記されねばならない。

第二に、法律は納税者に反面調査の停止（stay）申請権を認めた（7609条(b)項）。納税者は、反面調査の通知受理後14日以内に、反面調査の相手方である第三者的記録保管者に対して、書面で、召喚状に従わないように要請できることになった。当該要請書のコピーはIRSに対しても送らねばならず、要請書コピーを受けとったIRSは調査を実施できない[60]。そこで調査強制のための執行訴訟が提起されることになる[61]。

第三に、法律は納税者に執行訴訟における訴訟参加権を認めた（7609条(b)項(1)）。この訴訟参加は裁判所が裁量で認めるものではなく、納税者の

---

58) 第三者的記録保管者とは「(A)銀行、信託会社、貯蓄・貸付機関、信用組合……(B)消費者情報提供機関……(C)クレジットカード等の利用を通じて信用を付与する者、(D)証券仲買人……(E)弁護士、(F)会計士」をいうと定義されている（7609条(a)項(3)）。この定義にはなおあいまいさが残るが、さしあたり、納税者の雇用主が除外されていることが注目される。第三者的記録保管者に含まれない第三者に対する反面調査の場合には、依然として、Donaldson判決による基準の下で納税者の訴訟参加の可否が論じられることになる。
59) 但し、召喚状が単に一定の取引記録の有無もしくは特定記録の所有者名の確認のためにのみ発せられた場合または既に確定した納税義務の徴収目的の場合には、通知は要求されない（7609条(c)項(2)）。また、事前通知により、納税者が記録を隠蔽もしくは改竄し、または召喚状の名宛人たる第三者を脅迫もしくは買収する等が予想される場合には、IRSは、地裁に、以上を信じる相当の理由を疎明して、通知条項の不適用の許可を得ることができる（7609条(g)項）。
60) 納税者がこの申請をなさなかったとしても、それは当該召喚状の適法性を承認したものとは解されない（R. A. Warden, *Rules for Administrative Summonses Completely Revamped under 1976 Act*, 46 J. Tax, 32, 33 (1977)）。
61) なお、一時停止申請権が遅延策として悪用されることを防ぐ規定として、本規定に基づく執行訴訟手続が係属中は、納税義務の確定・徴収および租税犯訴追についての期間制限（statute of limitation）が中断されることが定められている（7609条(e)項）。

権利として認められたものである。

　以上の「反面調査のための特別手続」は、Donaldson判決に見られる訴訟参加の限定性に対する納税者の批判にこたえたものであり[62]、同時に、金融機関に対する行政調査の拡大から個人のプライバシーを保護することを目的として提案された一連のプライバシー保護法の一環として制定されたものでもあった[63]。

　1978年には、金融機関に対する行政調査一般について同様の制限を定める「金融上のプライバシー法（the Financial Right to Privacy Act）」が制定された[64]。「反面調査のための特別手続」は、1977年2月28日以後に発給された召喚状から適用された。本手続をめぐる問題は、今後の運用状況を踏まえて、別途検討される必要があろう[65]。

---

62) C. S. Lyon, *Tax Investigations Revisited*, 29 Tax Law. 477, 478-479 (1976). *See also*, Note, *IRS Access to Bank Records: Proposed Modifications in Administrative Subpoena Procedure*, 28 Hast. L. J. 247 (1976); Comment, *supra* note 15, at 636.

63) 1972年頃から、銀行記録の公表を制限するための法案が何度も提起されていた（H. R. 16246, 92d Cong., 2d Sess. (1972); S. 3814, 92d Cong., 2d Sess. (1972); S. 3828, 92d Cong., 1st Sess. (1973); H. R. 8062, 93d Cong., 1st Sess. (1973); H. R. 9563, 93d Cong., 1st Sess. (1973); S. 2200, 93d Cong., 1st Sess. (1973)）が、これらの延長線上に1976年法改正も位置づけられる。なお、堀部政男「アメリカの1974年プライバシー法—その八原則と運用状況を中心として」田中英夫編『英米法の諸相』（東京大学出版会・1980年）301頁以下、堀部政男「アメリカにおけるプライバシー保護の現状と課題」行政管理研究12号（1980年）等参照。

64) Pub. L. No. 95-630, 92 Stat. 3697, 12 U. S. C. §§ 3401-3422 (1978). 本法律の内容については、さしあたり、M. E. Smith, *The Public's Need for Disclosure v. the Individual's Right to Financial Privacy: An Introduction to the Financial Right to Privacy Act of 1978*, 32 Ad. L. Rev. 511 (1980) を参照。

65) 本法律施行後1年間の運用状況を調査・検討した会計検査院の報告書（Report by the Comptroller General, Disclosure and Summons Provisions of 1976 Tax Reform Act-Privacy Gains with Unknown Law Enforcement Effects, Hearing before the Subcommittee on Oversight of the IRS of the Committee on Finance, 96th cong., 2d Sess., at 169-172, 199-202 (1980)）によれば、本法律の施行後、IRSが危惧していた調査の遅延は確かに生じているが、その多くはIRS職員が新手続に習熟していないことに原因があるとする。

2. 反面調査と銀行等の権利

(1) 銀行に対する IRS 調査の拡大

　反面調査は、他人の納税義務確定のための調査負担を第三者に負わせるものであるから、元来、限定的に行使さるべきものである。しかし IRS 調査において、納税者の金融情報を豊富に持つ銀行等の金融機関を相手方とする反面調査は、1970年代を通じてむしろ拡大してきたと言える。その1つの背景は、1970年に成立した銀行秘密法（Bank Secrecy Act）にあるので、まずこの法律をめぐる議論からまとめておきたい。

　銀行秘密法は、銀行記録を広く「刑事上の調査・法執行手続、税務行政および規制行政上の調査・法執行手続に役立てる」目的で制定されたもので、具体的には、銀行等に対して、① 100 ドル以上の銀行取引に関する記録をすべてコピー保存すること、② 1 万ドル以上の国内取引について財務省に月別報告をなすこと、③ 5000 ドル以上の海外取引について財務省に月別報告をなすことを義務づけたものである。コピー保存される記録には従来通り行政的召喚状が及ぶとされたが、本法律は特に開示制限規定を定めていなかった。

　この法律は、銀行等に対して一方的に行政調査への協力義務を命じるものであったから、預金者および銀行の双方から批判をうけた。しかし、最高裁は、California Bankers Ass'n v. Shultz, 416 U. S. 21 (1974) で、次のよ

---

66) Lyon, *supra* note 62.
67) Pub. L. No. 91-508, 84 Stat. 1114, 12 U. S. C. §§ 1829, 1951-1959; 31 U. S. C. §§ 1051-1122 (1970).
68) 12 U. S. C. § 1829 (a)(2).
69) 本法律の問題点は、さしあたり、L. G. Sanford, *California Bankers Association v. Shultz: An Attack on the Bank Secrecy Act*, 2 Hast. Const. L. Q. 203 (1975); Note, *IRS Access to Bank Records*, *supra* note 62, at 249-252 を参照。
70) 本件は、カリフォルニア州銀行協会、一定の預金者グループおよびアメリカ市民自由連盟が原告となり、財務省長官その他を被告として、銀行秘密法および関係規則の違憲の宣言、その執行の差止めを求めた訴訟である。地裁 (Stark v. Connally, 347 F. Supp. 1242 (N. D. Cal. 1972)) は、コピー保存要件および海外取引記録の報告要件については合憲と判示したが、国内取引記録の報告要件については修正4条に違反すると判示していた。

うに判示して、本法律の合憲性を支持した。

　㋐記録のコピー保存要件は、政府への記録提出要求とは別である（政府が銀行記録を入手するには改めて召喚状が必要である）から、修正4条の禁じる違法な捜索・押収にはあたらない。

　㋑一定額以上の取引記録についての報告要件は銀行等に不合理な負担を課すものでないから、修正4条および修正5条（デュープロセス）に反しない。

　㋒報告要件が預金者の修正4条上の権利を侵害するか否かはこの段階では成熟性を欠く論点である[71]。

　こうして、銀行記録に対するIRS調査は、銀行秘密法による記録保存・報告要件に支えられつつ、その後活発に展開されることになった。

　しかし、IRS反面調査の活性化は、その相手方となった銀行等を深刻なジレンマに追い込むことになった[72]。銀行等に行政召喚状が発せられた場合、銀行は、弁護士と顧客間の情報について認められてきたような非開示拒否特権を認められていないため、原則として調査に協力するほかはないが、このことは、たまたま豊富な情報を有しているという特質のゆえに多くのIRS調査の対象とされ調査に応じる費用を自己負担する一方で、預金者からは信頼保護に欠けると批判されることになったのである。

　後者の預金者との関係は1976年法によって基本的に解決された（前項1）と言えるので、以下では前者——調査に応じる費用——の問題を検討

---

71)　Shultz判決で回避された、銀行記録に対して預金者は修正4条上の権利を主張し得るかとの問題は、続くUnited States v. Miller, 425 U. S. 435 (1976)で否定的に解された。本件では、刑事事件の有罪の証拠として、本人に対する通知なしに銀行から獲得された銀行記録を採用することが、被告人の修正4条の権利を侵害することになるか否かが争われたが、最高裁は、銀行記録は「預金者のpersonal paperではなく銀行のbusiness recordである」こと、本件で問題となった小切手等は商取引の過程で銀行に自発的に提供されたものであるから、預金者はこれらの記録に「プライバシーの合理的な期待」を持たないことを指摘して、預金者の修正4条の主張適格を否定した。本判決の批判的分析として、Comment, supra note 15, at 641-650; Smith, supra note 64, at 525-529等参照。

72)　J. K. LeValley & J. S. Lancy, The IRS Summons and the Duty of Confidentiality: A Hobson's Choice for Bankers, 89 Banking L. J. 979 (1972); Mortimer, The IRS Summons and the Duty of Confidentiality: A Hobson's Choicefor Bankers—Revisited, 92 Banking L. J. 832 (1975).

する。

(2) 調査費用の補償

　IRS の反面調査に応じることにより銀行がどれだけの費用を自己負担しているのかについて、正確かつ全体的なデータは存在しない。ただ、1975年の連邦議会公聴会証言によれば、1 年間に約 7 万ドル（第一連邦銀行シカゴ支店副頭取の証言）ないし 65 万ドル（クロッカー銀行の 360 支店総計——同銀行顧問弁護士の証言）と言われ、あるいはバンク・オブ・アメリカ全支店では 100 万～200 万ドルと言われている。これからして相当な額であることは疑い得ない。このように多額の費用を、当該調査目的との関連でいえば第三者である銀行に負担させることの妥当性が改めて問題となったわけである。

　(i) **調査費用の補償を命ずる判決の登場**　もっとも、従来からもこの問題は、行政調査は被調査人に不合理な負担を課してはならないとする判例法上の要件をめぐって論じられており、この要件は第三者に対する調査の場合には厳格に解されるべきことが主張されてきた。

　IRS 調査においても、この要件を根拠に銀行に対する反面調査の執行を拒否する判決もあった。しかし、これまでの判例法上の展開は、反面調査の執行の是非をオール・オア・ナッシング的に問うものが多かった。

　判決の中には、調査に応じる負担を軽減する方法として、IRS 職員によ

---

73) 以下の証言は、Note, *Taxation: IRS Use of John Doe Administrative Summonses, supra* note 15, at 479 n. 75 によっている。
74) なお、調査費用の見積額が銀行により大きく異なる理由は、銀行の規模、支店数、記録保存システム、召喚状で要求された記録数等が異なるためである。
75) 詳しくは、曽和「FTC 調査権(3)」37 頁以下を参照。
76) *See, e. g.,* F. E. Cooper, *Federal Agency Investigations: Requirements for the Production of Documents,* 60 Mich. L. Rev. 187, 205 (1961); Report of ACUS, at 752 (1976).
77) 例えば、United States v. First Nat. Bank, 173 F. Supp. 716 (W. D. Ark. 1959) では、4 名の納税者が過去 3 年間に銀行に提出したあらゆる記録の提出を銀行に要求する IRS 召喚状が争われた。銀行は、調査要求に文字通り応じようとすれば数万の識別カード、15 万近くの取引伝票および何千ものマイクロフィルム記録を検索せねばならず、それには約 3 万ドルの費用がかかると主張して調査を拒否した。地裁は銀行の「不合理な負担」抗弁を認めて、本件召喚状の執行を拒否した。

る要求文書の事前検索——これにより調査範囲は限定され、要求された記録を探し出す銀行の負担は軽減されるとする——を命じ、調査負担軽減を理由に執行を命じる判決もあったが、このような事前検索を許すこと自体が不合理な調査を許すものであるとの批判も強かった。IRS の反面調査が増加し、調査負担が無視し得ない額になるに従って、これまでのアプローチの限界が明らかとなってきた。

そこで、反面調査の必要性と被調査人の利益とを調整する新しい試みとして、調査費用の補償を行政機関に命じる判決例が登場してきた。

例えば、United States v. Farmers & Merchants Bank, 397 F. Supp. 418 (C. D. Cal. 1975) では、調査費用の補償を求める銀行の申請に対して、地裁は、一般に市民は政府調査に協力すべきであるが、「政府調査に第三者として協力するために 2500 ドルを費すことまでも要求されてはいない」と判示して、通常の調査協力費用を超えると認定された 2545 ドルの補償を IRS に命じた。

また、United States v. Friedman, 532 F. 2d 928 (3d Cir. 1976) では、控訴裁は、年間の調査負担が 3 万 5000 ドルを超えるといういくつかの銀行の証言を引用しつつ、三銀行宛に出された 6 つの召喚状——全体では 276 か所の支店に分散する記録を求めていた——の執行が問題となった本件において、通常の銀行業務に付随するものとして合理的に期待され得る額を超える調査負担額については補償さるべきであると判示した。

---

78) 例えば、United States v. Dauphin Deposit Trust Company, 385 F. 2d 129 (3d Cir. 1968) では、4 名の納税者の過去 4 年間の取引記録の提出を銀行に要求する IRS 召喚状が争われた。銀行は、調査に応じるための費用が膨大であるがゆえに本件召喚状は修正 4 条、5 条に反すると主張した。しかし、控訴裁は、本件で求められた情報が正当な調査目的との関連性を有する限り銀行は調査に応じる義務があると述べた後で、銀行の主張する調査費用負担も、IRS 職員が銀行内で記録検索を行い、IRS が持ちこんだ小型コピー機でコピーすることにより軽減されるから「不合理」とは言えないと判示して、執行を命じた。

79) Note, *Reimbursement of Costs of Compliance with Administrative Subpoenas Duces Tecum*, 48 Geo. Wash. L. Rev. 83, 87 (1979). *See also,* United States v. Northwest Pa. Bank & Trust Co., 355 F. Supp. 607, 614 (W. D. Pa. 1973); United States v. Friedman, 388 F. Supp. 963, 970 (W. D. Pa. 1975).

80) 397 F. Supp. 418, 421 (1975).

(ii) **調査費用の補償と理論的課題**　調査費用の補償を命じる判決は、しかし、新しい展開であるがゆえに、理論上解明すべきいくつかの問題を含んでいた。

第一に問題となるのは、行政機関による調査費用の補償と行政機関の公金支出に法律の根拠を要求する法規定との関係である。但し判例はこの点に正面からは答えず、また、行政機関の公金支出の適法性を判定するための議会の一機関である会計検査院長はしばしば補償を行う行政機関の裁量を肯定してきたため、現在のところ、この問題は理論的問題にとどまっている。

第二に問題となるのは、行政機関に補償を命じる裁判所の権限根拠である。この点について、これまで、(a)修正4条の要請と解するもの、(b)修正5条のデュープロセスの要請と解するもの、(c)民事訴訟における召喚状について補償を定める連邦民事訴訟手続規則45条(b)項の準用を根拠とするもの、(d)裁判所に固有のエクイティ上の権限を根拠とするもの等が主張されてきた。

既に述べた Farmers 判決は(b)を根拠に、Friedman 判決は(d)を根拠に補償を命じた判決であるが、(a)および(c)を根拠とする補償肯定例はない。この問題について詳しい検討をしたある論者は、召喚状執行訴訟における

---

81) 31 U. S. C. §§ 628, 665 (a).
82) 但し、United States v. Covington Trust & Banking Co., 431 F. Supp. 352 (E. D. Ky. 1977) は、補償否定の論拠の1つとしてこの点を指摘する。
83) *See, e. g.,* 23 Comp. Dec. 334 (1916)［大陪審での証人に対する調査費用の補償を肯定］; 43 Comp. Gen. 110 (1963)［銀行に対する SEC の調査費用補償決定を承認］; But *see,* Greene County Planning Bd. v. FPC, 559 F. 2d 1227, 1238-1239 (2d Cir. 1977)［会計検査院長の見解の法的拘束力を否定］.
84) *See, e. g.,* United States v. Dauphin Deposit Trust Co., 385 F. 2d 129 (3d Cir. 1968).
85) *See, e. g.,* United States v. Farmers & Merchants Bank, 397 F. Supp. 418 (C. D. Cal. 1975).
86) *See, e. g.,* New Orleans Public Service, Inc. v. Brown, 507 F. 2d 160, 165 (5th Cir. 1975); EEDC v. General Motors Corp., 569 F. 2d 315, 317 (5th Cir. 1978).
87) *See, e. g.,* United States v. Friedman, 532 F. 2d 928, 934 (3d Cir. 1976); SEC v. Arthur Young & Co., 584 F. 2d 1018, 1031-1034 (D. C. Cir. 1978).
88) Note, *Reimbursement of Costs of Compliance with Administrative Subpoenas Duces Tecum, supra* note 79, at 102-103.

エクイティ原理の適用はこれまで判例・学説上の支持があり、適用における裁判所の裁量性を広く認めるためフレキシビリティに富むこと等を根拠に、(d)の立場を妥当なものと結論づけている。

第三の問題は、裁判所が補償（額）を命じる場合の判断基準である。この点での判例の展開は、一応、(a) 調査費用額と被調査人の資産総額との相対的評価において「不合理な負担」をはかるもの[89]、(b) 業務が不当に妨害されたか否かを基準とするもの[90]、(c) 業務に合理的に付随する費用を超えているか否かを基準とするもの[91]の3つに分けられる。

(a)および(b)の基準は、とくに銀行等の大企業に対する反面調査においては大むね補償を否定する論理として機能しており、(c)の基準も、銀行業務において行政調査に協力する費用はあらかじめ予期すべき費用であるとの立場にたてば、補償範囲を縮少する基準ともなる。そこで、論者の中には、基準としては(c)が最もすぐれているが、むしろ、業務の性格上行政調査の対象とされることの多い銀行等に対する反面調査では「自動的に補償が与えられるべきである」と主張するものがある[92]。

　(iii) **立法による解決**　この「自動的な調査費用の補償」は、IRS 調査権において、1976 年の立法改正[93]により認められることになった。

すなわち、銀行等に対する IRS の反面調査において「召喚状により提出を要求された帳簿・書類・記録・その他のデータの検索・再生・移動に直接要した費用であって、合理的に必要な費用について」は原則として補償がなされることとなり、その執行基準を IRS 長官が定めなければなら

---

89)　See, e. g., United States v. Maryland Bank & Trust Co., 76-1 U. S. Tax Cas. 9262 (D. Md. 1975)〔2800 万ドルの預金高を持つ銀行にとって 472 ドルの調査費用負担は不合理とは言えない〕; United States v. Covington Trust & Banking Co., 431 F. Supp. 352, 356 (E. D. Ky. 1977)〔6500 万ドルの預金高を持つ銀行にとって 4739 ドルの調査費用負担は不合理ではない〕.
90)　See, e. g., FTC v. Texaco, Inc., 555 F. 2d 862, 883 (D. C. Cir. 1977); FTC v. Carter, 464 F. Supp. 633, 641 (D. D. C. 1979).
91)　See, e. g., United States v. Jones, 351 F. Supp. 132, 134 (M. D. Ala. 1972); United States v. Friedman, 532 F. 2d 928, 937-938 (3d Cir. 1976).
92)　Note, *Reimbursement of Costs of Compliance with Administrative Subpoenas Duces Tecum*, supra note 79, at 106.
93)　1976 Tax Reform Act § 7610, Pub. L. No. 94-455, 90 Stat. 1520; 26 U. S. C. § 7610.

ないとされたのである（7610条(a)項）。

判例法上の展開を受け入れ、判例法理の問題点を立法上解決したものと言うことができよう。[94]

第3節　不当目的抗弁をめぐる問題

　行政調査が法律によって授権された正当な目的に従って行われなければならないことは判例法上古くから確認されてきた原則である。不当目的抗弁（improper purpose defense）とは、IRS調査権における右の原則の適用として主張されているもので、例えば「納税者を困らす（harrass）目的で、納税者に圧力を加えて他の付随的紛争を解決する目的で、あるいは、その他善意の目的以外の目的で」（United States v. Powell, 379 U. S. 48, 57-58 (1964)）発給された召喚状を「不当目的」であるから違法であるとする。

　不当目的の内容はさまざまなものが考えられるが、IRS調査においては、IRS調査の二重目的性（本章第1節1(1)(ii)参照）を反映して、主として刑事目的との関連が争われている。

　本節では、まず、刑事目的抗弁以外の不当目的抗弁の事例を「悪意に基づく調査」のタイトルの下にまとめて検討し、次に、刑事上の目的と行政上の目的の関連について検討することにする。

1.　悪意に基づく調査

(1)　IRS調査の特質と不当目的抗弁

　最初に、不当目的抗弁がとくに税務調査において問題とされてきた1つの理由として、他の行政調査と比べた場合のIRS調査の広範性、大量性

94）　1978年の金融上のプライバシー法（the Financial Right to Privacy Act, Pub. L. No. 95-630, 92 Stat. 3697; 12 U. S. C. § 3415）は、金融機関が第三者として調査対象となる行政調査一般について、原則として調査費用が補償さるべきことを定めた。なお、この問題につき今後の問題点を指摘するものとして Note, *Reimbursement of Costs of Compliance with Administrative Subpoenas Duces Tecum, supra* note 79, at 106-107 を参照。

が指摘されなければならない。

例えば、ある論者は既に 1965 年に、IRS 調査の特質として、潜在的にはすべての国民が調査対象とされること、収集されるデータが詳細かつ膨大であること、調査官の人数も多く現実に多数の調査が行われていること等を指摘して、IRS 調査が濫用されることへの司法的・立法的統制の必要性を説いていた。[95] また、ウォーターゲート事件で明らかとなった税務調査資料の政治的悪用例は、[96] 国民に改めて IRS 調査の権力的機能を思い起こさせた。[97] それゆえ、IRS 調査が法律で授権された調査目的を逸脱して行使されることに対する抑制原理として、不当目的抗弁がこれまで強調されてきたのである。

(2) 悪意に基づく調査の具体例

もっとも、不当目的抗弁の意義は右のように言えるとしても、現実に悪意に基づく調査が裁判所により認定されることはそう多くない。というのは、現実に悪意調査が行われたとしてもそれが法廷で争われるまでに至るのはまれであるし、執行訴訟で「悪意」の有無が争われたとしても、調査の真の動機、目的が悪意にあることを納税者が立証することは容易でないからである。[98]

最近の例を挙げれば次のものが有名である。

まず、United States v. Church of Scientology, 520 F. 2d 818 (1975) では、

---

95) R. S. Miller, *Administrative Agency Intelligence Gathering: An Appraisal of the Investigative Powers of the Internal Revenue Service*, 6 B. C. Indus. & Com. L. Rev. 657, 664-667 (1965).
96) *See, e. g.,* Investigation into Certain Charges of the Use of the Internal Revenue for Political Purposes, Joint Comm. on Int. Rev. Tax. (Comm. Print, 1974); Hearings before the House Committee on the Judiciary on the Impeachment of President Richard M. Nixon, 93d Cong., 2d Sess. (1974); Subcommittee on Constitutional Rights of the Senate Committee on the Judiciary, Political Intelligence in the Internal Revenue Service: The Special Service Staff, 93d Cong., 2d Sess. (Comm. Print, 1974).
97) ウォーターゲート事件で明らかとなった IRS の政治的悪用に対する批判が、1976 年法による IRS 調査の厳格化を生み出す 1 つの背景であったことを指摘するものとして、例えば、Lyon, *supra* note 62, at 499 を参照。
98) 判例法上、不当目的の存在は納税者側が立証責任を負うとされる（United States v. Powell, 379 U. S. 48, 58 (1964)）。

新興宗教団体であるサイエントロジー教会の納税義務確定のために発せられた IRS 召喚状が争われた。教会は当該召喚状が教会を苦しめる（harrass）目的で発せられたものであるとして調査を拒否した。すなわち、教会の主張によれば、IRS は教会の免税取扱いに疑問を持って各種手続を開始したが最終的な法的決着をつけることを回避し、教会に対する召喚状調査で教会を苦しめることによって示談でこの問題を解決しようとした、と言うのである。

地裁は、教会の主張は記録上明らかとは言えないと否定して、召喚状の執行を命じ、同時に、教会の要求する証拠開示申請を拒否した。しかし控訴裁は、教会の主張は召喚状執行拒否理由としては根拠薄弱であるが、なお召喚状発給目的に関する争点について限定的な事実審理がなされるべきであるとして、事案を破棄、差し戻した。

また、United States v. Fensterwald, 553 F. 2d 231 (1977) では、弁護士である Fensterwald に対して発せられた召喚状が争われた。Fensterwald は当時、ウォーターゲート事件の被告人の 1 人（その者の証言によって事件は新展開を見せた）の代理人弁護士であり、以前には、上院小委員会の主席弁護人として IRS の違法活動につき追及を行った経歴を持っていた。そこで Fensterwald は、IRS 召喚状はこれまでの自己の活動と無関係でなく、いわば圧力をかける目的で発せられたものであると主張した。

IRS は、コンピュータによる選別でたまたま Fensterwald が他の多くの納税者とともに特別調査の対象となっただけであると主張したが、控訴裁は、Fensterwald の経歴からすれば彼が発給目的に疑念を持つのは当然であるとして、なぜ彼が特別調査の対象に選ばれたのかを示す証拠開示をなすように命じて事案を地裁に差し戻した。

以上の二判決例は、悪意に基づく調査の主張が争われた数少ない事例の中でも、納税者の抗弁を一定程度容認した点で典型的なものである。そして、ここで注目すべきことは、裁判所が悪意目的の立証の困難を補うものとして、証拠開示（discovery）制度を積極的に活用していることである。[99]

---

99) Fed. R. Civ. P. §§ 26-37.

召喚状の執行訴訟手続における証拠開示は、これまで、執行訴訟手続の略式手続（summary proceeding）性を理由に限定的に解される傾向があったけれども、不当目的抗弁とのかかわりではむしろ、積極的に考えられてきているのである。このことは、一般に、証拠開示手段により行政調査内部過程の公開を実現し、それによって行政調査の濫用を統制するものとして意義深いものがあると言えよう。

2. 刑事上の目的と行政上の目的

(1) 刑事目的抗弁

IRS が租税法違反に対する刑事調査権を持つこと、および、査察官の行う調査が一般に刑事調査と民事調査との「二重目的」を持つことについては既に述べた（第1節1(1)(ii)）。ところで、7602条により IRS に授権された召喚状は限定された民事目的でのみ発給され得るのであるから、論理上は、刑事調査機能を含む査察官調査においてはそもそも調査手段として行政上の召喚状は利用し得ないとの解釈も可能である。けれども判例・学説の多くはそのような解釈をとらず、査察官の行う調査が加算税賦課処分で結着がつけられ刑事訴追にまで至らない事例を想定して、査察官調査にお

---

100) 本文で述べた Fensterwald 事件においても地裁は略式手続性を損なうとして証拠開示を拒否していた。なお、曽和「FTC 調査権(1)」56頁以下参照。
101) 不当目的抗弁の成否の鍵は証拠開示の可否にあると言っても過言ではなく、現実に法廷での攻防も、証拠開示を認めるか否かを中心争点としているものが多い。証拠開示をめぐる論点としては、証拠開示の必要性判定のための疎明の程度、および、証拠開示諸手段の選択という2つの問題がある。第一の問題について、判例は、(i)不当目的主張がなされなければ基本的にその主張の当否を判定するための証拠開示が許されるとするもの (See, e. g., United States v. Roundtree, 420 F. 2d 845 (5th Cir. 1970))、(ii)不当目的の存在を示す詳細な事実による疎明を要求するもの (See, e. g., United States v. Morgan Guaranty Trust Co., 572 F. 2d 36 (1978))、(iii)まず口答審理で主張を聞き、その結果から証拠開示の必要性を判断するもの (See, e. g., United States v. Church of Scientology, 520 F. 2d 818 (1975)) に分かれており、第二の問題についても、証言録取書 (depositions)、質問書 (interrogatories)、文書提出命令等の手段ごとに、それぞれ、立証の便宜、政府への負担程度等の差異が論じられるところである。いずれも、迅速な調査の実現と被調査人の利益保護との衡量において判定されることになる。これらの点を詳しく論ずるものとして、Note, *Discovery in the IRS Summons Enforcement Proceeding*, *supra* note 18; Comment, *supra* note 17, at 637-643 等参照。

ける行政上の召喚状発給を肯定してきた。

しかしこのことは、査察官調査の真の目的が刑事訴追資料の収集にあるにもかかわらず、名目上の民事目的の存在を理由に召喚状発給を申請するという濫用の危険を含んでいた。そこで、このような濫用を統制する法理として、判例法上、《もっぱら刑事事件の前提資料収集を目的とする召喚状発給は違法である》とする刑事目的抗弁（criminal purpose defense）が不当目的抗弁の一類型として形成されてきたのである。

　(i) **O'Connor 判決**　刑事目的抗弁を認めた最初の判決は、United States v. O'Connor, 118 F. Supp. 248 (D. Mass. 1953) である。本件では召喚状の相手方である納税者に対する刑事訴追がなされて既に大陪審による調査が開始されており、また、本件召喚状が司法省の非公式の要請に従って発給された等の特殊事情が認められた。そこで地裁は、刑事訴追後の刑事事件の調査権限は大陪審の排他的権限であり、刑事調査を援助する目的でのIRS召喚状発給は許されないと判示して、本件召喚状の執行を拒否した。

この O'Connor 判決の判旨は続く下級審でも確認され[102]、最高裁も Reisman v. Caplin, 375 U. S. 440 (1964) の傍論において、「刑事訴追において使用される証拠の獲得という不当目的で発給されているとの抗弁も……召喚状に対する適切な拒否理由となる[103]」と認めた。

しかしこの最高裁の傍論は、先に述べた査察官調査の二重目的性からすればいささか「あいまいな判示（ill-considered language）[104]」であって、実際にその後の下級審は不当目的を認める基準をどう理解するのかについて種々に分かれた[105]。

　(ii) **Donaldson 判決**　そこで最高裁は Donaldson v. United States,

---

102) See, e. g., Boren v. Tucker, 239 F. 2d 767 (9th Cir. 1957); In re Magnus, Mabee & Reynard, Inc., 311 F. 2d 12 (2d Cir. 1962).
103) 375 U. S. 440, 449 (1964).
104) Kenderdine, supra note 9, at 103.
105) See, e. g., Wild v. United States, 362 F. 2d 206 (9th Cir. 1966); DiPiazza v. United States, 415 F. 2d 99 (6th Cir. 1969); United States v. Erdner, 422 F. 2d 835 (3d Cir. 1970).

400 U. S. 517 (1971) においてこの問題を取り上げ[106]、「7602条に基づくIRS召喚状は、もしそれが善意（good faith）で発給され、かつ、刑事訴追勧告前（prior to a recommendation for criminal prosecution）に発給されたものであれば、発給可能である[107]」と基準を述べた。

　Donaldson判決での基準はその後、(a)「善意」基準、(b)「訴追勧告前」基準としてまとめられ、刑事目的抗弁を処理する一般基準とされた。しかし、(ア)右の二基準をそれぞれ独立の要件と見るのか（訴追勧告前の召喚状でも悪意発給は許されない）、基本的に同一と見るのか（訴追勧告前＝善意発給）、(イ)第二基準における訴追勧告の意味をどうとらえるか（査察官による訴追意図の表明か、査察官が上級官になす訴追勧告か、IRSから司法省に対する訴追勧告か）、(ウ)第一基準における善意の意味をどうとらえるか（民事目的の存在＝善意か、査察官の訴追意図表明＝悪意か）などの点について、最高裁の基準は明確さを欠いたため、その後の下級審は「混乱」とも言う[108]べき多様な対応を示した[109]。

　例えば、United States v. Billingsley, 469 F. 2d 1208 (10th Cir. 1972) では、査察官と歳入官との合同調査の結果脱税容疑を確信した査察官が上級官に対して訴追勧告を行い、査察部もこれを認めて、IRS地区事務所長が訴追の必要性を検討している段階で、追加情報を求めて査察官によって発せられた召喚状が争われた。地裁は「訴追勧告前」基準に反するとして執行を拒否した。しかし控訴裁は、「訴追勧告前」とはIRSが司法省に対して行う正式訴追勧告を言うとの立場から地裁判決を破棄し、さらに「善意」基準の審査を求めて事件を地裁に差し戻した。

---

106)　Donaldson判決は既に第2節で述べたように納税者の訴訟参加申請の可否が争われたもので、訴訟参加を拒否すればそれ以上の判断は不要なはずであったが、最高裁はあえて不当目的抗弁についての見解を述べた。
107)　400 U. S. 517, 536 (1971).
108)　Nuzum, *supra* note 36, at 387.
109)　*See, e. g.,* United States v. Troupe, 438 F. 2d 117 (8th Cir. 1971); United States v. Wall Corp., 475 F. 2d 893 (D. C. Cir. 1972); United States v. Weingarden, 473 F. 2d 454 (6th Cir. 1973); United States v. Haddad, 527 F. 2d 537 (6th Cir. 1975); United States v. Rosinsky, 547 F. 2d 249 (4th Cir. 1977); United States v. Hodge & Zweig, 548 F. 2d 1347 (9th Cir. 1977); United States v. Carroll, 567 F. 2d 955 (10th Cir. 1977).

また、United States v. Zack, 521 F. 2d 1366 (9th Cir. 1975) では、1週間前に当該納税者に対して令状に基づく租税法違反容疑の捜索がなされ、さらに第二の令状捜索も予定していたところ、記録が弁護士に引き渡されて令状が無意味となった段階で、その記録の提出を求めて弁護士に対して発せられた召喚状が争われた。地裁は本件召喚令状が刑事捜索令状の代替として発せられたことは明らかであるとしてその執行を拒否した。しかし控訴裁は、査察官が捜索令状と召喚状を併用しているだけでは刑事目的の証明とはならないと判示して地裁判決を破棄し、査察官の意図が刑事目的であることが認定されれば刑事目的抗弁は成立するとの立場からこの点の審理を求めて事案を地裁に差し戻した。

(iii) **LaSalle判決** このような下級審の対立を解消するために、最高裁は、United States v. LaSalle Nat. Bank, 437 U. S. 298 (1978) において、改めて刑事目的抗弁の基準を述べた。

本件では、調査を担当した査察官が召喚状執行訴訟において、本件召喚状の発給目的が刑事目的にあったと証言した。そこで地裁および控訴裁は「悪意」基準に基づき召喚状の執行を拒否した。しかし最高裁は次のように判示して原判決を破棄した。

(ｱ) 査察官の行う調査は民事的側面と刑事的側面が分かちがたく結びついている。査察官の刑事訴追の意図表明も上級官に対する訴追勧告も、IRSの内部審査により必ずしも正式の訴追勧告に至るわけではない。それゆえ「刑事訴追勧告前」との基準は、IRSが司法省に正式の訴追勧告をなす段階を言う。

(ｲ) 但し正式の訴追勧告前であっても「もっぱら刑事目的（solely criminal purpose）」で発給された召喚状は「善意」とは言えず許されない。発給目的の判定は調査官の個人的意図ではなく「IRSの制度的態様（institutional posture）の審査によってのみ」行われる。[110]

---

110) 本判決の内容を検討するものとして、M. I. Saltzman, *Supreme Court's LaSalle decision makes it harder to successfully challenge a summons*, 49 J. Taxation 130 (1978); Nuzum, *supra* note 36, at 390-401; Kenderdine, *supra* note 9, at 105-114; Development in the Law, *Corporate Crime: Regulating Corporate Behavior through Criminal Sanctions*, 92 Harv. L. Rev. 1227, 1324-1330 (1979); Note, Comment, *supra* note 17, at 623-637 を参照。

LaSalle 判決で確立された基準は、(a)「司法省への訴追勧告前」基準、(b)「制度的悪意（institutional bad faith）」基準としてまとめられ、刑事目的抗弁を審査する今日の基準となった。

　LaSalle 判決による基準は、それ以前の下級審の対立に指針を与えるものであるが、果たして提起されている問題を適切に処理するものと言えるだろうか。現在、次の問題点が指摘されている。

　第一に、最高裁の言う「制度的悪意」基準のあいまいさが指摘できる。最高裁はその例として、故意に正式訴追勧告を遅らせた場合あるいは他の行政機関のために調査する場合を挙げているが、「悪意」の存在を制度的態様においてとらえるこの基準は、納税者にかなり重い挙証責任を負わせたものと言える。調査官個人の動機を明らかにすること自体きわめて困難であったが、「制度的悪意」を立証することは証拠開示の法技術的視点からみても一層困難であるからである。そして十分な証拠開示が得られない場合「その実際的帰結として、司法省への送付前に発せられたすべての召喚状が執行されることになろう」と指摘されている。

　第二に、最高裁は、民事上の調査目的の存在を理由に正式訴追前の召喚状発給が基本的に正当目的で発せられたものと推定する。しかし現実には、正式訴追勧告後であっても民事上の調査目的は存在する。にもかかわらず最高裁が訴追勧告後の IRS 調査を否定するのは、刑事訴訟における司法省の権限および大陪審の調査権限の侵害を避けるという「政策的利益」を

---

111) United States v. LaSalle Nat. Bank, 437 U. S. 298, 317 (1978).
112) See, e. g., United States v. Genser, 595 F. 2d 146 (3d Cir. 1979); United States v. Garden State Nat'l Bank, 607 F. 2d 61 (3d Cir. 1979); United States v. O'Henry's Film Works, 598 F. 2d 313 (2d Cir. 1979)［――以上は訴追勧告の遅延が争われた例］, United States v. Chase Manhattan Bank, 598 F. 2d 321 (2d Cir. 1979)［FBI との調査協力が問題となった例］, United States v. Serubo, 604 F. 2d 807 (3d Cir. 1979)［司法省との共同調査が争われた例］.
113) Note, *Discovery in the IRS Summons Enforcement Proceeding, supra* note 18, at 352-356 は、調査官個人の意図が問題となる場合には証言録取書（depositions）による証拠開示あるいは事実審での反対尋問が有効であり、制度的悪意の審査のためには質問書（interrogatories）または政府文書提出命令による証拠開示が有効であると主張するが、同時に質問書手続は率直さに欠けるとして納税者からは敬遠される傾向にあること、政府文書提出命令は行政機関の抵抗が大きいことを指摘している。
114) Development in the Law, *supra* note 110, at 1326.

考慮したからであるとする[115]。ここでは、不当目的抗弁が政府機関相互の権限分配としてとらえられていることになる。

しかし納税者の立場からすれば、「真の問題は、IRS が、他の刑事上の調査の場合に保障されてきた伝統的な制約に束縛されることなしに、もっぱら刑事訴追の証拠収集目的で行政上の召喚状発給権を行使し得るか否かにある[116]」と言うべきである。この立場からは、刑事調査機能を持つ査察官調査の召喚状発給に際しては、原則として刑事上の捜索令状発給に際して要求されるのと同様の「相当の理由（probable cause）」の疎明を要求されるとすべきであるとの提言がなされている[117]。

刑事目的抗弁をめぐる問題は、IRS 調査において「過去15年間にわたって最も中心的に[118]」論じられてきた問題であり、多くの判例・学説を生み出してきた。しかし、右に見たように、刑事目的抗弁をめぐる判例法理の展開は、IRS 調査の二重目的性の肯定の上では元来限定的な性格を持っていたと評さざるを得ない。

刑事上の目的と行政上の目的との関係についてはむしろ、右の展開においても当然の前提とされた行政調査資料の刑事手続での利用の肯定こそ問題であると思われる[119]。この点を次に簡単に見ておきたい。

(2) 税務調査資料の刑事手続での利用

 (i) 税務記録の利用と自己負罪拒否特権　　よく知られたことではあるが、アメリカにおいて申告書類その他関係書類は、1976年以前には、「公記録（public record）」として分類され、「大統領命令または大統領によって承認された財務省規則に基づいて」公開されることが認められていた。

---

115) United States v. LaSalle Nat. Bank, 437 U. S. 298, 314 (1978).
116) Kenderdine, *supra* note 9, at 110.
117) *Ibid.* at 112-114. なお合衆国行政協議会は 1975 年に「特別査察官は調査目的がもっぱら民事目的である場合にのみ行政上の召喚状発給が許されるとすべきで、刑事目的が支配的な場合は裁判所の発する召喚令状または捜索令状によるべきである」との見解を述べていたと言う（Note, Comment, *supra* note 25, at 539）。
118) Kenderdine, *supra* note 9, at 102.
119) *See,* Development in the Law, *supra* note 110, at 1327 n. 95, Wilson & Matz, *supra* note 22, at 654 n. 10.

実際に各行政機関は IRS に書面で要請することにより税務情報を利用することができた。司法省も「その公義務の遂行に必要な場合」にはいつでも税務情報を獲得することができ、合衆国が当事者となる刑事法執行手続において証拠として利用することが許されていた。[120]

このように広く税務資料の刑事手続での利用を認めることはもとより刑事手続における被疑者の権利――とりわけ修正5条により保障された自己負罪を拒否する特権(self-incrimination privilege)――との関係で問題がないわけではなかったが、この点は、行政調査段階での手続保障をめぐる問題として考えられてきた。

第一に、修正5条は「刑事手続において」との明文規定での限定があるにもかかわらず、行政調査手続を含むすべての政府手続に適用されると解釈され[121]、IRS調査手続においても、召喚状を拒否する抗弁として修正5条を援用することが原則として認められてきた。[122]

第二に、とりわけ刑事調査的側面を持つ査察部の調査においては、修正5条による保障はいわゆるミランダ告知(miranda warnings)の必要性と[123]

---

120) 以上の点について、詳しくは、Report of ACUS, at 835-958 (1976) を参照。
121) 曽和「FTC調査権(3)」27頁参照。
122) 修正5条の自己負罪拒否特権は個人に付属する特権(personal privilege)であって法人はこれを主張し得ないとされるため、調査対象の多くが法人である経済規制行政においてはそれほど有効な調査拒否根拠ではなかった(曽和「FTC調査権(3)」27頁)が、IRS調査権においては調査対象が個人である場合も多く、しばしば調査拒否理由として援用されてきた。しかし近年の最高裁は、Couch v. United States, 409 U. S. 322 (1973) [他人の占有下にある情報には自己負罪拒否特権は主張できない] および Fisher v. United States, 425 U. S. 391 (1976) [自己の所有下にあっても他人の作成した記録には自己負罪拒否特権は主張できない] において、この保障の範囲を著しく縮少してきた。この点を批判的に分析するものとして、Lyon, *supra* note 62, at 483-496; 1 K. Davis, ADMINISTRATIVE LAW TREATISE 274-298 (2d ed. 1978); Kenderdine, *supra* note 9, at 93-99 等参照。
123) Miranda v. Arizona, 384 U. S. 436 (1966) において最高裁は、警察の尋問をうける被疑者が事前に「黙秘権があること、供述が法廷で自己に不利益に用いられる可能性があること、弁護人の尋問立会権があること、国選弁護人制度があること」の告知を受ける権利があると判示した。修正5条による保障を実質化するためのこれらの告知がミランダ告知と呼ばれ、以後、その適用範囲が問題となった。IRS調査手続への適用を論じるものとして、J. K. Lynch, *Miranda Warnings in Criminal Tax Investigation*, 49 Taxes 290 (1971); Comment, *Exclusion of Confessions Obtained Without Miranda Warnings in Civil Tax Fraud Proceedings*, 73 Colum. L. Rev. 1288 (1973) 等を参照。

して論じられてきた。

　判例は総じて、拘禁中の尋問と査察官調査との事実状況の違いを理由に、査察官調査手続におけるミランダ告知の必要性を否定していたが、1968年にIRSは、通達により査察官調査における事前告知要件を定めたため、この問題は行政実務上解決された。[125]

　すなわち、査察官調査において査察官は調査開始時に被調査人に対して「査察官の職務のひとつが刑事調査であること、本調査における証言、文書等が刑事手続で被調査人に不利に使われるかも知れないこと、自己負罪となり得るような証言、文書提出を強制され得ないこと、調査に応じる前に弁護士の援助を得る権利を持つこと」[126]等をあらかじめ告知しなければならないとされたのである。これらの告知のない査察官調査は、自己の定めた規則に従っていないとの理由で違法となると解せられている。[127]

　このように、行政調査資料が原則として刑事手続において利用できることの背景には、行政調査段階で既に刑事手続におけると同様の保障を与えようとする法理の展開があることを見逃すわけにはいかない。

　(ii) **税務記録の多目的利用を制限する立法**　しかし、これらの手続保障の発展を認めたとしても、行政調査資料が自由に刑事手続でも利用できるとすることには問題がある。なぜなら、行政調査段階では限定された調査目的との関連性のみが審査されるにすぎず、将来の刑事手続での利用は――査察官調査におけるように事前告知される場合を除いては――予想されていないからである。

　そこで議会は、1976年に、税務調査資料が税務行政目的以外で利用されることを制限することにより、納税者のプライバシー利益を保護せんとする立法改正[128]を行った。刑事目的との関連部分を見てみると次のようになる。

---

124)　*See, e. g.,* Kohatsu v. United States, 351 F. 2d 898 (9th Cir. 1965); United States v. Mancuso, 378 F. 2d 612 (4th Cir. 1967), But *see,* United States v. Dickerson, 413 F. 2d 1111 (7th Cir. 1969).
125)　IRS Release IR No. 949, November 26 (1968). *See,* Lyon, *supra* note 62, at 94.
126)　IRS Release IR No. 949 (1968).
127)　United States v. Leahey, 434 F. 2d 7 (1st Cir. 1970).
128)　1976 Tax Reform Act § 6103, Pub. L. No. 94-455, 90 Stat. 1520; 26 U. S. C. § 6103.

まず法律は、税務情報を、(A)申告書、(B)申告書関連情報（Return Information）、(C)納税者提出申告書関連情報（Taxpayer Return Information）に三区分し、秘密性保護度合を区別した。[129]

すなわち、(A)と(C)は連邦地裁判事の命令があって初めて他の行政機関に公開することが許され、(B)は各行政機関の長が書面で要請することによって公開される情報であるとされた。[130]但し、いずれの場合も財務省長官が、(a)開示により秘密の情報提供者名を知らせることになる、または、(b)開示により民・刑事税務調査に重大な悪影響を及ぼすと認定する場合には、財務省長官は公開を拒否することができる。

司法省が税務行政と直接関係のない刑事法執行（nontax criminal law enforcement）の目的で申告書および納税者提出申告書関連情報を求める場合、連邦地裁判事は、①信頼できる情報に基づいて、特定の刑事法違反行為が生じていると信じる合理的な理由が存在すること、②求められている情報が刑法違反行為に関する争点で証拠となり得ると信じる理由が存在すること、③求められている情報が他の情報源から合理的方法で獲得することが不可能であること、の三点を判断した上で、これらを満たせば公開を許す命令を発するものとされた。[131]

これは、申告書等に「納税者の自宅にある私的文書と同様のプライバシーを保護される」ことを求めた納税者の利益と税務資料の刑事手続での利用を求めた司法省の利益とを調整するために認められたものであるが、これまでの公開原則と比べると格段に制限的なものと言えた。[132]

---

129) 三区分の定義は 26 U. S. C. § 6103 (b)を参照。
130) 書面に記載する内容は、(i)当該情報に関する納税者の氏名・住所、(ii)当該課税年度、(iii)当該情報を必要とする法執行手続または調査を授権している法律名、(iv)開示が当該手続または調査にとって重要であることを示す特定の理由である。
131) この手続は一方的手続（ex parte proceeding）であり当該納税者の参加を許すものではない。
132) なお、最近、公開制限が厳しすぎることによって刑事法執行手続の障害となっているという批判から、制限を見直す立法改正案が出てきている。*See, e. g.,* IRS and Nontax Related Criminal Enforcement Investigation, Hearing before the Subcommittee on Oversight of the Internal Revenue Suervice of the Committee on Finance, Sanate, 96th Cong., 2d sess. June 20 1980; Disclosure of IRS Information to Assist with the Enforcement of Criminal Law, Hearing

おわりに

　本章では、最近のIRS調査権をめぐる問題の中から、とくにわが国から見ても興味深いと考えられる2つの問題──反面調査をめぐる問題（第2節）および不当目的抗弁をめぐる問題（第3節）──を取り上げて、それぞれについての判例・立法の展開と問題点を整理、検討してきた。いずれの問題も、税務調査の必要と納税者の利益とを調整するというその基本的性格においてわが国の場合とさほど異なるものがあるとは思われないが、その解決方法はわが国の場合とかなり異なるものがあった。

　反面調査において、納税者に「一律に」事前通知をすべきであるとか、銀行は調査費用の補償を受け得るという現実は、それだけを取り出してみれば、わが国では思いがけないことであるかも知れない。また、不当目的抗弁をめぐる問題の展開を見ても、一方で、事前の司法審査における証拠開示手段を活用することにより調査権限の濫用を統制しようとする判例の

---

before the Subcommittee on Oversight of the Internal Revenue Service of the Committee on Finance, Senate, 97th Cong., 1st Sess., November 9, 1981. *See also*, D. H. Walter, *The Battle for Information: Strategies of Taxpayers and the IRS to Compell (or Resist) Disclosure*, 56 Taxes 740 (1978); J. N. Benedict & L. A. Lupert, *Federal Income Tax Returns─The Tension Between Government Access and Confidentiality*, 64 Cornell L. Rev. 940 (1979).

133) ここで「興味深い」と言う意味は、後述するところからも明らかなように、法解釈上の直接的援用可能性という点からではなく、むしろ問題解決方法の異質性を示しているという点からとらえたものである。このような視角からの外国法研究もあってよいと思われる。ただ、アメリカとわが国との制度的差異の根拠を究明することは容易ではない。本章でも第1節2でこの点に触れ、第1章（曽和「FTC調査権(1)」49頁以下、同「(2)」71頁以下）でも検討を加えているが、歴史的研究を含む問題の全体的構造はなお今後の課題としていきたい。

134) わが国では、反面調査は、納税者本人に対する調査によって十分な資料を得ることができない場合に、その限度において可能であるとの見解が有力であり（清永・前掲注1）172頁、新井隆一編『租税法講義』（青林書院新社・1972年）112頁［北野弘久］、金子・前掲注1）376頁等）、いわば発動要件を限定することによる濫用の統制が意図されている。正当な見解であると思われるが、判例の多数は必ずしもこのようには解していない。そして、反面調査が実施される場合の納税者および第三者の権利については、とくに議論はないようである（もっとも、谷山治雄『日本の税法』（東洋経済新報社・1966年）117頁は、反面調査において納税者の同意を必要要件とする）。

展開に、司法的執行の原則の下で被調査人を保護してきた長い伝統を知らされるとともに、他方で、犯則調査における行政上の召喚状発給を広く認め、かつ、その背景として行政調査資料の刑事手続での利用を広く認める法理に、両国の制度的差異を改めて考えさせられる。

　このように、本章で検討した問題はわが国とはかなり異なる展開を示しているが、その異質性ゆえに、わが国の法理を見直す契機を与えているとも言える。以下にそのいくつかを指摘して、本章のまとめとしたい。

　第一に、両国における問題状況の差異は、行政調査を法的にどうとらえるかについての認識の差異が反映している。従来わが国において、行政調査は「行政法学の本来の対象となるべき行政主体の法的決定ではなく、その準備段階である事実行為である」とされてきたため、それを全体として独自に研究対象とすることはなかった。[135] しかしアメリカにおいては、行政調査はそれ自体私人の権利・自由と抵触する可能性を持つ行政過程であると捉えられ、行政調査の権限の存否、調査範囲の限界、調査手続の適法性などが、最終的な行政処分の適法性判断とは別個に、独立に争われてきたのである。

　行政調査が何らかの強制的権限を背景に私人に対して行われる場合には、行政調査の適法性をめぐる争いは、私人と行政機関との間での権利・義務をめぐる争いとして、それ自体司法審査の対象となると解すべきではなかろうか。[136] そして、行政調査によって侵害される利益がその性格上事後的救済になじまない[137]ことを考慮すれば、行政調査の適法性を行政調査実施前に争えるとするアメリカの制度も１つの合理性を持っているのではないだろうか。[138] これらの点はわが国において改めて考えられてよい問題のように思

135）　塩野宏「行政調査」法学教室〈第二期〉3号（1973年）132頁。なお、行政調査の一部である質問、検査、家宅への立入りなどは従来の行政法体系においても即時強制の枠組みでとらえられてきたが、今日ではその取扱いに疑問が出されている。行政調査を行政法学上どう位置づけるかは今後の重要課題であるが、その前提として、現実態としての行政調査過程の具体的分析が積み重ねられる必要があろう。

136）　アメリカにおけるこの点の論理については、曽和「FTC調査権(1)」51〜52頁参照。

137）　例えば、プライバシーの利益、情報の秘密性を保護する利益等を考えれば、この点は明らかである。

138）　なお参照、曽和「FTC調査権（4・完）」38頁以下。

われる。
　第二に、税務調査権行使の要件をどう解するのかについてもアメリカでの展開は参考に価する。わが国では税務調査をめぐる争いが立入検査を中心として、調査拒否を罰する刑事訴訟の形で事後的に提起されてきたため、また、それらの訴訟が特定団体に対するかなり権力的な調査をめぐるトラブルから生じたものが多いため、学説上、税務調査権行使の要件を厳格に解するものが多い。[140]
　ただここでは、調査権発動の実体的要件と調査権行使の手続的要件が区別さるべきように思われる。調査日時・場所の事前通知、調査目的と調査範囲の事前告知、調査理由の開示などの手続的要件については厳格に解することが、先に述べた行政調査過程の特質から要請され、こう解することは国民の権利の最大限の尊重を規定する憲法の趣旨に合致すると言えよう。[141]
　反面調査と納税者の権利をめぐるアメリカでの法理の展開は、行政調査の適法性を事前に納税者が争うことを保障するアメリカ的調査制度の１つの論理的帰結であるが、わが国においてはむしろ、アメリカにおいて当然の前提とされている納税者の手続的権利の確立が課題と言えよう。
　第三に、税務調査資料の刑事手続での利用をめぐる問題について、わが国では一般に利用を否定する学説が支配的である。[142]この点は、行政調査段階での憲法35条、38条等の適用が原則として否定され、行政調査段階での手続的保障がきわめて不十分な現段階では当然の見解であり、行政調査権が「犯罪捜査のために認められたものと解してはならない」[143]との明文の

---

139) 昭和43年1月31日東京地裁判決（判例時報507号8頁以下）参照。
140) 学説の摘録として、北野編・前掲注１）305〜316頁、327〜370頁を参照。
141) 行政調査手続に対する憲法上の制約として、憲法31条、35条、38条、13条などが従来論ぜられている。筆者自身は一般的な適正化の要請根拠を、行政調査過程の法的性質を踏まえて適用される憲法13条に求めるべきではないかと考えている（参照、杉村敏正「行政行為と適正手続」渡辺宗太郎博士還暦記念『公法学の諸問題』（有斐閣・1956年）353〜354頁、佐藤幸治『憲法』（青林書院・1981年）316〜317頁、396頁）が、この点についてはさらに考えてみたい。
142) 北野編・前掲注１）374頁以下、金子・前掲注１）374頁、清永・前掲注１）174頁等参照。
143) 所得税法234条2項。なお、法人税法156条、相続税法60条4項、印紙税法21条3項などにも同様の規定がある。

制限も、右の解釈を支持するものと言える。それゆえ、税務調査資料の刑事手続での利用を制限付きではあれ認めるアメリカでの展開は、さしあたりはあまり参考になりそうにない。

但し、行政調査と刑事調査の峻別を説くわが国での法理が、それによって行政調査における手続的保障の緩和を主張するとすれば問題である。私人の私的領域に対する公的介入という調査の本質は、介入目的の如何に左右されるものではないと思われるからである。また、刑事手続での利用に限らず一般に行政調査資料の他目的利用は、国民の知る権利を根拠に主張される情報公開によって公表される場合も含めて現実に要請されるところであるから、これを被調査人の権利との関係でどう考えるかは、わが国においても解決を要求される問題と言える。

なお、本章は、経済規制行政における行政調査を分析した第1章と同じく、アメリカにおける行政調査の法的統制の法理の究明をめざす一連の研究の一部をなす。第1章と本章とによって、召喚令状による行政調査をめぐる問題はほぼ網羅されていると言ってよい。

残る重要課題として行政上の立入検査をめぐる法理の検討がある。行政上の立入検査は、アメリカにおいて、主として環境保護・衛生行政あるいは労働安全保護行政において問題とされている。当該領域における権利・利益の対立構造を踏まえての立入検査をめぐる法理の検討は近い将来に行いたい。

〔第3章　未公表、執筆時期は1982年〕

---

144)　この点を1つの根拠として、アメリカでは、行政上の立入検査にも原則として裁判所による令状を要すると解されている。この点につき、佐藤幸治「『行政調査』とプライバシーの保護(1) (2・完)」法学論叢97巻3号 (1975年) 1頁、4号 (同年) 1頁参照。
145)　曽和「FTC調査権(1)～(4・完)」。
146)　なお、最近の判例、学説については、簡単ながら紹介したことがある (曽和俊文「行政調査と令状主義―アメリカにおける最近の判例紹介」京大法院会・院生論集8号 (1980年) 23頁以下、同「論文紹介, Note, Administrative Searches and the Fourth Amendment: An Alternative to the Warrant Requirement, 64 Cornell L. Rev. 856 (1979)」【1982-1】アメリカ法40頁以下) ので参照されたい。

第 2 部

わが国における行政調査の法的統制

【第 2 部：解題】

1. 第 2 部

　第 2 部には「わが国における行政調査の法的統制」に関する研究を収録した。第 1 部に収めたアメリカ法研究の成果を基礎として、わが国における行政調査のあり方をいくつかの角度から検討したものである。古くは 30 年前のもの（第 4 章）から新しくは昨年のもの（第 4 章 [補論 3]）まで、執筆時期はさまざまであるが、その基本的な主張内容は変わっていない。今回、各論文を本書に収録するにあたっては、本書にあわせてレイアウトを変更したり、補論において重複部分を削除したりしたほかは、内容は発表時のままである。そして発表時以後の変化でとくに触れておく必要のある事項については、本文中に [ ] 内で注記したほか、《補足》で補うことにした。
　以下では、それぞれの論文等の成立過程や、その今日的意義（と筆者が勝手に考えていること）と限界、当該テーマのその後の展開、参考文献などについて、簡単に説明しておきたい。

2. 第 4 章

　第 4 章は、「行政調査論再考(1)(2)」のタイトルで、三重大学法経論叢 4 巻 2 号 33〜71 頁（1987 年 3 月 20 日）、5 巻 2 号 63〜106 頁（1988 年 3 月 20 日）に掲載されたものである。第 1 部に収録したアメリカの行政調査研究の成果を踏まえて、わが国の行政調査について一般的に問題となるであろう点を、「調査対象たる私人の権利・利益の視角」、「適切な調査を求める権利・利益の視角」、「行政情報の流れの一過程という視角」という 3 つの視角から包括的に検討しようとした論文である。
　この 3 つの視角から行政調査を検討するという問題意識は、第 1 章（FTC 論文）の末尾（第 5 節 2）でも触れたところであったが、このうち前 2 つの視角から、わが国の行政調査の法的統制について分析し、いくつかの具体的問題提起をなしたところに、本論文の価値があったと思われる。このような問題整理は、30 年経過した今日でもなお通用するところがあるのではないかと考え、本書にその

ままの形で収録することにした。

(1) 行政調査の概念と位置づけ

第4章第1節では、行政調査の概念と位置づけについての議論を整理している。本論文ではとりあえず行政調査を問題発見的概念として説明しているが、教科書等における体系的な位置づけとしては、塩野宏教授の言う「行政上の一般的制度」としての位置づけが定着してきており、筆者も今はその位置づけに従っている（曽和俊文『行政法総論を学ぶ』（有斐閣・2014年）343頁以下）。もっとも、濱西隆男「『行政調査』私論(上)(下)」自治研究76巻1号（2000年）68頁以下、3号（同年）66頁以下は、行政調査を行為形式に準ずるもの（複数の行為形式からなるが行為の性格ないし態様において1つのまとまりを持った行為としてとらえる）と位置づけて、広く問題を分析している。

行政調査の位置付けおよび強制のあり方に関する分析としては、早坂禧子「行政調査——強制の視点を中心にして」公法研究58号（1996年）194頁以下、橋本直樹「行政調査の一考察——間接強制調査における実力行使の可否に関する考察」日大院法学研究年報41号（2012年）37頁以下、中山代志子「行政調査における令状主義の適用範囲(1)（2・完）」法研論集148号（2013年）123頁以下、149号（2014年）225頁以下も参照。また、行政調査の概念、法的課題を簡潔に整理するものとして、深澤龍一郎「行政調査の分類と手続」高木光・宇賀克也編『行政法の争点』（有斐閣・2014年）56頁以下、山本未来「行政情報の収集」法学教室432号（2016年）14頁以下があり、筆者による簡単な整理としては、曽和俊文「行政調査」成田頼明編『行政法の争点（新版）』（有斐閣・1990年）104頁以下、曽和俊文「行政調査」法学教室226号（1999年）23頁以下がある。

なお、わが国の行政法学における行政調査概念の生成に関し、須藤陽子『行政強制と行政調査』（法律文化社・2014年）は、ドイツ法を母体とした「即時強制」概念とアメリカ法を母体とした「行政調査」概念の関係を、戦後初期（占領期）のアメリカ法の影響を具体的に解き明かす中で検討している。本書とは異なる角度からの研究であるが、あわせて参照されたい。

(2) 調査対象たる私人の権利・利益保護の視角

第4章第2節では、調査対象たる私人の権利・利益保護の視角から見た行政調査の法的統制として、まず、行政調査と抵触する可能性のある調査対象者の権利利益の多様性を確認した後、反面調査の問題、令状主義の範囲と根拠、調査手段

の選択裁量の統制、行政調査の司法的統制手段などを検討している。

　行政上の立入検査に令状が必要となる実質的理由を（刑事捜査とのアナロジーよりはむしろ）実力強制立入りの必要性に求める私見の妥当性は、その後の児童虐待防止法9条の3に基づく臨検（強制立入り）に裁判所の発する許可状を要求した立法例によっても示されたのではないかと考えている。刑事上の責任追及との関係なく令状主義が及ぶ立法例としては、不法入国外国人に対する強制立入り（「臨検」）に裁判所の許可状を要求している出入国管理及び難民認定法31条の例もある。なお、児童虐待防止法上の強制立入検査については、山本未来「児童虐待防止法9条の3に基づく児童虐待強制立入検査と令状主義——合衆国憲法修正4条の行政調査への適用を手がかりに」愛知大学法経論集183号（2009年）1頁以下が、アメリカの法理を踏まえて詳細に分析をしており参考となる。生活保護行政におけるケースワーカーの立入調査については、桑原洋子「ワーカーの立入調査と住居の不可侵」中山研一先生古稀祝賀論文集第5巻『刑法の展開』（成文堂・1997年）263頁以下がある。

　令状主義の根拠を刑事責任追及と切り離して憲法13条に求めた場合に、憲法13条自体は令状を明記しているわけではないので、何ゆえに令状が要求されるのかという問題がある。本論文では「憲法35条の法意をプライバシー保護システムとしての令状主義を（典型例としての刑事捜索につき）定めたものと解した上で、この法意を実力強制行政調査にも及ぼすことが憲法の体系的解釈の1つのありかたであるとしかいえず、直接的な根拠としては救済方法に関する司法裁量に基づくとでもいえないか」としているが、この点について、行政法におけるレメディ論（とりあえず曽和俊文「権利と救済（レメディ）——行政法における権利の特質」阿部泰隆先生古稀記念『行政法学の未来に向けて』（有斐閣・2012年）543頁以下を参照）を発展させる形で、今後も検討していきたいと考えている。

　調査手段の選択裁量の統制については、その後も判例・学説の展開が見られない。ただ、公正取引委員会の調査が立入検査と供述に頼っている現状に対して文書提出命令や報告命令をもっと活用すべきではないかとの指摘が独禁法審査手続のあり方を検討する懇談会でしばしばなされているとのことである（中川丈久「独禁法審査手続（行政調査）の論点——行政法からの分析」ジュリスト1478号（2015年）21頁以下、22頁）。

　行政調査の司法的統制手段として、本論文では、文書提出命令のように行政処分の形で行われる行政調査（さらには繰り返される権力的立入検査）に対しては取消訴訟が可能であると解すべきであると主張したところである。しかし論文執筆

時の裁判例はこの点について消極的であり、その後もとくに目だった裁判例の展開はない。もっとも学説上は何らかの形で調査前に調査の違法を争う手段が必要なのではないかとの指摘が増えているように思われる（例えば、中川・前掲論文26頁注10）参照）。常岡孝好「公取委行政調査の直接的司法審査(上)(中)(下)」公正取引793号35頁以下、794号35頁以下、795号56頁以下（以上各2017年）は、行政調査の違法性が直接に訴訟で争われにくい理由を、理論的な障壁、実際上の障壁、（公正取引委員会に特殊な事情として）審判制度のもとでの障壁に分けて検討した上で、今日ではこれらの障壁は克服されたとして、行政調査を直接に争う訴訟形式について具体的に検討している。

(3) 適切な調査を求める権利・利益の視角

　第4章第3節は、適切な調査を求める権利・利益の視角から見た行政調査の法的統制の問題を「調査義務論の展開」として検討している。論文では、調査義務論登場の背景として、行政過程論の展開と不作為の違法論の展開を挙げた後、判決例に現れた調査義務のさまざまな姿を概観し、裁量統制としての調査義務論の構造を分析している。また、調査義務論の発展型として、調査請求権の成立可能性を探っている。論文でも触れているように裁量統制としての調査義務に注目する業績は本論文以前から存在しているが、本論文では、それらの成果を踏まえて「調査義務論の規範的構造」を明らかにしようとした点で先駆的意義を有していたと思われる。

　本論文では、調査義務の規範論的根拠として、行政介入請求権、計画行政法論、合理的意思決定理論、個別法の構造を挙げて検討しているが、いずれもおおざっぱな整理に留まっているので、この点をより深める必要がある。国家賠償訴訟において展開されてきた調査義務論が取消訴訟や義務付け訴訟などでも同様に適用される（べき）かどうかについては引き続き検討していきたい。調査権の発動を求める権利についての最近の私の問題意識については、曽和俊文「私人の申告・通報」高木光・宇賀克也編『行政法の争点』（有斐閣・2014年）54頁以下、曽和俊文「権利の変容と公法学の課題」公法研究78号（2016年）25頁以下などを参照していただきたい。

　本論文以降の本テーマに関する主要な業績をみてみる。かねてから「裁量的意思決定の合理性統制」の視点から行政調査を検討すべきことを提唱してきた山村教授の研究が、山村恒年『行政法と合理的行政過程論』（慈学社・2006年）として公刊されており、とくに第2編第1章「行政過程と行政調査手法」では、行政

処分と調査の関係のみならず、行政立法や行政計画の前提となる調査の合理性についても検討を加えている。さらに、最近になって、蓮井一成「申請手続過程と法」磯部力ほか編『行政法の新構想Ⅱ』（有斐閣・2008 年）269 頁以下、北村和生「行政の調査義務と裁判による統制」芝池義一先生古稀記念『行政法理論の探究』（有斐閣・2016 年）161 頁以下、須田守「行政調査論の基礎的構成」行政法研究 25 号（2018 年）109 頁以下などの、裁量統制としての調査義務論について深く分析する研究が次々に公表されてきていることが注目される。これらの業績に学びながら、第 4 章第 3 節の内容を発展させることが筆者にとっての今後の課題である。

(4) 行政情報の流れの一過程という視角

最後にお詫びをひと言述べておきたい。第 4 章に収めた論文の執筆当初の構想では、「行政調査論再考(1)(2)」に引き続き「行政調査論再考（3・完）」を執筆し、情報の収集・保管・利用・公表という情報の流れの中で行政調査を位置づけ、そうした場合の法的諸問題を検討する予定であった。しかし、当時急展開していく個人情報保護制度の動向を見守っているうちに私の関心が他に移り、ついに未完のまま、今に至ってしまった。したがって第 4 章はいわば「未完の論文」である。本書公刊を機会にこの部分を書き下ろし論文として執筆・収録すべく努力したのであるが、最終的には時間的余裕がなく断念せざるを得なかったことをお詫びしたい。なお、行政情報の流れの中での行政調査の問題についての現段階の私見については、曽和俊文『行政法総論を学ぶ』（有斐閣・2014 年）359～362 頁（「情報管理行政の一環としての行政調査」）で簡単なデッサンを描いているので参照をお願いしたい。

近年は、憲法学・行政法学などの分野を超えた 1 つの新しい学問領域として、情報に関連する法的問題を総合的に検討する「情報法」の研究が進んでいる。情報化社会の進展、住民総番号制への動き、コンピュータ技術の進歩、監視カメラの普及などが、行政調査に及ぼす影響については独自に検討すべき問題が多々あるが、本書では検討が及んでいない。この点に関して、中山代志子「行政過程としての行政調査の段階的分析的審査方法」早稲田法学 90 巻 3 号（2016 年）129 頁以下、山本未来「自動車ナンバー自動読み取りシステム（N システム）の許容性と限界――従来の判例理論に対する行政調査の視点からの分析」明治学院大学法科大学院ローレビュー 6 号（2007 年）95 頁以下、同「行政調査としての防犯カメラとプライバシー保護――杉並区防犯カメラの設置及び利用に関する条例制定を契機として」明治学院大学法科大学院ローレビュー 1 巻 2 号（2005 年）31 頁以下

などが、監視技術の進展の中での行政調査の問題を検討しており有益である。また、藤原静雄「行政調査論の現状と課題——行政情報管理の視点を踏まえて」筑波ロー・ジャーナル5号（2009年）177頁以下は、行政情報管理の視点から行政調査を検討したものとして参照されるべきである。

3. 第4章［補論］

　第4章には3つの［補論］を付けている。第4章は行政調査をめぐる問題を一般的に検討しようとした論考であるが、行政調査に関する法的問題を網羅的に扱ったものではない。そこで、第4章で十分に論じられていない問題のいくつかについて、他の媒体で執筆した論文を加工して、これを［補論］として付加することにした。

(1) 行政調査手続の整備

　［補論1］は、「行政調査手続の適正」というタイトルで、ジュリスト1304号（2006年）72～80頁に掲載された論文を抄録したものである。第4章との重複を避けるべく、元論文を適宜省略・編集したが、令状主義の分析など、叙述の流れ上省略することができなかったところがある。また記述内容は元論文執筆時点のままであるが、元論文執筆後の新たな重要な動きとして、国税通則法改正による税務調査手続の改正、ならびに、韓国における行政調査基本法の制定があったので、これらを簡単に説明する《補足》を付けることにした。

　行政手続法は行政調査手続を適用除外としているので、現在のところ、行政調査手続を一般的に規律する法律は存在しない。しかし、行政調査が総体として個人のプライバシー利益や法人の営業上の利益と抵触する可能性のある行政活動であることに着目するならば、調査の相手方の権利利益保護の視点からする行政調査手続の適正化のため、一般法による手続的規律が求められるところである。また、同時に、適切な行政調査の発動を求める権利利益の視点からする行政調査手続の整備も考えられるべきである。以上の両者の要請を調和させたような手続的統制、さらに行政調査の多様性を踏まえた調査手続の一般法的規律のあり方をさぐることは容易ではないが、一般法としての行政調査手続法の制定は、今後の重要な理論的・法政策的課題として残されている。

(2) 刑事捜査と行政調査

［補論2］は、「行政調査とプライバシーの保護——捜査との接点にある問題を中心として」というタイトルで、現代刑事法49号（2003年）57～65頁に掲載された論文を抄録したものである。ここでは、刑事上の捜査と行政調査とが交差する論点として、警察官による職務質問・所持品検査をめぐる問題と、企業犯罪に対する行政手続と刑事手続の競合をめぐる問題を検討している。記述内容は元論文執筆時点のままであるので、その後の新たな動きとして、公正取引委員会への犯則調査権の付与について《補足》を付け加えている。

警察官の職務質問・所持品検査に関しては、これまで刑事訴訟法学において中心的に論じられてきた。本稿は、刑事訴訟法における豊富な研究業績をほとんど参照できないまま、行政法学の立場から見ればどう見えるかを論じたものである。なお論文で取り上げた最高裁判決についての私の判例解説として、曽和俊文「〔判例解説〕警職法による所持品検査」『行政判例百選Ⅰ〔第6版〕』（有斐閣・2012年）226頁以下、同「〔判例解説〕自動車の一斉検問」同上228頁以下（2012年）がある。

刑事手続と行政手続の関係（いわゆる並行手続をめぐる問題）については、近年の笹倉宏紀教授の研究が注目すべき業績である。笹倉宏紀「行政調査と刑事手続(1)(2)(3)」法学協会雑誌123巻5号（2006年）818頁以下、123巻10号（同年）2091頁以下、125巻5号（2008年）968頁以下は、テーマに関するわが国の学説・判例を包括的に研究した上で、両手続における情報・資料の相互利用可能性の問題の解明が重要な課題であるとして、さらにアメリカ・ドイツの比較法研究を開始している。目下未完であるが完結が待たれるところである。笹倉宏紀「行政調査と刑事手続——行政情報の刑事手続における利用可能性に関する一考察」刑法雑誌46巻2号（2007年）204頁以下は、本テーマに関する笹倉理論を簡潔に示している。従来の抽象的な刑事手続・行政手続峻別論を批判し、憲法の趣旨に配慮した上で両手続間でのきめ細かな証拠の相互利用可能性を探るべきであるという点では、私見と笹倉理論とは共通の問題意識を有しているように思われる。ほかに、食品偽装事件との関わりで主題を検討するものとして、渋谷樹「食品偽装表示における行政調査と犯罪捜査との競合」社会技術研究論文集9号（2012年）120頁以下がある。なお、本テーマに関しての私見としては、曽和俊文「行政手続と刑事手続——企業の反社会的行為の規制における両者の交錯」ジュリスト1228号（2002年）11頁以下（後に同『行政法執行システムの法理論』（有斐閣・2011年）第3章に収載）もあるのであわせて参照されたい。

刑事手続と行政手続の関係について、わが国では主として、税務行政領域と独禁法執行領域において議論がある。それぞれについての議論の状況と関連文献については、第5章に関する解題、第6章第3節に関する解題で後に触れることにする。

(3) 行政調査の瑕疵と行政処分の違法性

［補論3］は、「行政調査と、その瑕疵の効果」というタイトルで、法学教室457号（2018年）35～39頁に掲載された論文を一部抜粋して抄録したものである。行政調査の瑕疵と処分の違法との関係という従来からの問題について、第4章では十分に検討できなかったので［補論］として追加した。ただ、本論文では、主題について少し視野を広げて論じている。その結果、第4章第3節で展開した適切な調査の発動を求める権利についても「調査の瑕疵＝調査懈怠の瑕疵」の視点から論じることとなり、一部叙述が重複することになっている。なお、本テーマに関して論じたものとして、橋本直樹「瑕疵ある行政調査に関する考察――瑕疵ある行政調査に関する判例及び学説の現況を中心とした考察」法政論叢48巻2号（2012年）166頁以下も参照。

4. 第5章

第5章は、「質問検査権をめぐる紛争と法」というタイトルで、清永先生還暦記念論集である芝池義一・田中治・岡村忠生編『租税行政と権利保護』（ミネルヴァ書房・1995年）95～135頁に掲載されたものである。今から20年以上前の論文であるが、税務調査をめぐる判例法理にはその後大きな変化はないので、そのままの形で本書に収録している。なお、2011年の国税通則法改正による税務調査手続の整備については、第4章［補論1］の《補足1》で簡単に説明している。2017年の犯則調査手続の改正については、佐藤英明「犯則調査手続の改正について」税務事例研究161号（2018年）30頁以下（後に、同『脱税と制裁〔増補版〕』（弘文堂・2018年）455頁以下に収載）を参照されたい。

(1) わが国の税務調査論の特質

わが国の行政調査論はもっぱら税務調査をめぐって展開されてきたが、それゆえにわが国の行政調査論には一種の偏りが見られるのではないか。そのような問題意識から、税務調査に関する従来の議論を（アメリカ行政調査論研究を踏まえ

た）行政法学の立場から検討したのが本論文である。本論文が、税務署と納税者との紛争の構造分析に一定の紙幅を費やしているのも上記の事情を反映してのことである。解釈論において、従来の税法学における議論は、税務署と民主商工会の非和解的対立を背景に展開されてきたことも反映してか、立場によっていささか極端な結論をとることが多かったように見受けられたので、本論文では、できるだけ（筆者にとって）ごく常識的な解釈を示すべく努力したつもりである。

本論文以後に主題について検討する論文として、三木義一「税務調査における第三者立会と守秘義務」立命館法学271=272号（2001年）928頁以下、斎藤文雄『質問検査を巡る諸問題——質問検査に対する受忍義務の履行確保のための方策を中心として』税大論叢30号（2006年）、酒井克彦「納税者の権利保護と事前手続の充実策——国税基本法制定の提案に向けて」慶應法学12号（2009年）1頁以下、本村大輔「行政調査と税務調査の境界とその適用・運用上の問題——適正手続の観点から」日本大学大学院法学研究年報44号（2014年）35頁以下、酒井克彦「反面調査を巡るいくつかの法律問題」商学論叢58巻3=4号（2017年）403頁以下などがある。なお、本テーマに関する筆者の近年の研究として、曽和俊文「川崎民商事件——税務調査判例の展開と行政調査論」論究ジュリスト3号（2012年）47頁以下もあるので、あわせて参照されたい。

本論文では十分に検討できなかった、税務調査資料の刑事手続での利用をめぐる問題について、近年、わが国でも研究が進んでいる。佐藤英明「国税犯則調査の結果を課税処分に利用することの可否」ジュリスト938号（1989年）84頁以下、石村耕治「課税処分のための調査結果の犯則調査への流用の適否と証拠能力」白鵬法学24号（2004年）105頁以下、川出敏裕「税法上の質問検査権限と犯則事件の証拠」ジュリスト1291号（2005年）199頁以下、笹倉宏紀「法人税法153条ないし155条に規定する質問又は検査の権限の行使により取得収集される証拠資料が後に犯則事件の証拠として利用されることが想定出来る場合と同法156条」ジュリスト1304号（2006年）188頁以下、山本未来「行政調査で取得収集された情報の目的外利用：税務調査と犯則調査における資料の相互利用への法的統制——最高裁（第二小法廷）平成16年1月20日判決を契機として」明治学院大学法科大学院ローレビュー2巻3号（2006年）75頁以下、漆さき「税務調査から犯則調査への資料の流用について——日本とカナダの比較」慶應大学法学政治学論究92号（2012年）261頁以下などを参照。

5. 第6章

第6章には、行政法執行システム全体の中での行政調査の役割について論じた3つの論文を収録した。収録の意図については第6章の「はじめに」で述べているのでここでは繰り返さない。

(1) 消費者事故調査機関の設立

第6章第1節は、「事故調査機関の在り方について」というタイトルで、ジュリスト1432号（2011年）37～44頁に掲載されたものである。エレベーター事故やプール事故など一定の構造的原因によって生じる消費者事故につき、その原因究明を行う独立した行政機関の設置を目指して、2010年8月に消費者庁の下に「事故調査機関の在り方に関する検討会」が置かれた。その委員の一人として検討会に参加する機会が与えられたので、検討会での議論を踏まえて執筆したのが本稿である。検討会の議論のまとめとしては、本稿の他に、宇賀克也「『事故調査機関の在り方に関する検討会取りまとめ』について」ジュリスト1432号（2011年）20頁以下、笹倉宏紀「事故調査と刑事司法――『事故調査機関の在り方に関する検討会』の『取りまとめ』をめぐって(上)(下)」ジュリスト1432号（2011年）29頁以下、1433号（同年）64頁以下があるので、あわせて参照されたい。

事故調査をめぐる法的問題の中での難問は、自己負罪拒否特権との関係である。事故原因の正確な把握のためには関係者から正直な供述を得る必要があるが、他方で当該供述が後に刑事責任追及のために使用される可能性があるので関係者は自己負罪拒否特権を理由に供述を拒むかも知れない。真実究明を優先させるならば一定の要件の下での刑事免責制度を導入することも考えられる。事故調査と刑事責任の関係については、川出敏裕「刑事手続と事故調査」ジュリスト1307号（2006年）10頁以下、笹倉宏紀「事故調査と刑事司法」刑事法ジャーナル28号（2011年）36頁以下、岡本満喜子「事故調査結果の刑事手続への利用と黙秘権の保障に関する一考察」同志社法学64巻7号（2014年）715頁以下などがあり、事故情報の収集、分析、公表過程における行政法上の問題については、山本隆司「事故・インシデント情報の収集・分析・公表に関する行政法上の問題(上)(下)」ジュリスト1307号（2006年）19頁以下、1311号（同年）168頁以下がある。

検討会の取りまとめを受けて、2012年8月29日に改正消費者安全法が可決され、2012年9月5日に消費者安全調査委員会が設置された。消費者安全調査委

員会のその後の活動については、中川丈久「消費者事故原因の究明と課題——"消費者事故調"の始動後1年を振り返って」ジュリスト1461号（2013年）34頁以下、小堀厚司「消費者安全調査委員会の取組と今後について」国民生活研究55巻2号（2016年）131頁以下、宇賀克也「消費者安全調査委員会の特色と課題」行政法研究27号（2018年）1頁以下などを参照されたい。

　事故調査機関の設置に係る議論に参加して、行政調査をめぐる問題の多様性について改めて考えさせられた。消費者被害をなくし消費者の安全を確保するために独立した事故調査機関が必要である。それは行政調査がそれ自体で公益実現のために独自の価値を有することの1つの表れであろう。広義の行政法執行（行政目的の達成）における行政調査の意義を示すものであるので第6章の一部として収録した次第である。

(2)　悪質業者の規制と行政の役割

　第6章第2節は、「悪質業者の規制と被害者の救済——行政の役割」というタイトルで、現代消費者法22号（2014年）33～42頁に掲載されたものである。悪質業者による詐欺的商法を規制するために、2011年10月に消費者庁の下に設置された「消費者の財産被害に係る行政手法研究会」に参加する機会を得た。本稿は研究会での議論に参加する中で考えたことをまとめたものである。

　最初から消費者を騙そうとしているような悪質業者とまっとうな業者とを早期に区別して適切に規制する手段として、本稿では、説明命令、供託命令などの新しい行政手段を提案している。説明命令というのは事業者に当該事業についての詳しい説明を求めるもので、一種の調査命令でもある。また調査権の拡充や課徴金の新設なども提案している。残念ながら、これらの提案は（不当景品類及び不当表示防止法改正による課徴金の創設を除き）具体的な法改正にはつながらなかったが、今後も検討していきたい課題である。

　本稿の「おわりに」で述べたように、「消費者保護法の執行は、被害者による民事訴訟、警察・検察による刑事手続、行政機関による行政規制、さらには消費者保護団体による集団訴訟など、様々な法主体による多元的な法執行として進められていくところに1つの特徴がある」。そしてこのような多元的法執行の実効性を担保する手段として、行政調査が果たす役割は相当大きいと言えよう。

(3)　独占禁止法執行と行政調査

　第6章第3節は、「裁量的課徴金の導入と協調的法執行」のタイトルで、ジュ

リスト1510号 (2017年) 43～49頁に掲載されたものである。2016年2月から公正取引委員会の下に「独占禁止法研究会」が設置され、その第2回研究会（2016年3月18日）で「裁量的課徴金制度の導入について」と題して報告する機会を与えられたので、その時の報告内容を中心にまとめたのが本稿である。研究会報告書を受けて、ジュリストが「課徴金制度改革のゆくえ」と題した特集を行った中の一篇である。同特集には、座談会の他に、宇賀克也「独占禁止法の課徴金の見直し——独占禁止法研究会報告書の経緯と概要」ジュリスト1510号 (2017年) 14頁以下、宍戸常寿「課徴金制度と二重処罰」同37頁以下、岸井大太郎「調査協力インセンティブを高める制度」同50頁以下、川出敏裕「手続保障」同57頁以下の論考が収められている。

　独占禁止法研究会で議論された裁量的課徴金は、規制対象である企業が公正取引委員会の調査に協力する度合い（あるいは非協力）によって課徴金額を減額（あるいは増額）するものである。公正取引委員会の調査機能の不備を補い、企業からの情報提供を促進することで、独禁法執行の実効性を高めようとするものであって、この点で行政調査とも関わりを持っている。

　公正取引委員会の行う行政調査権をめぐっては、とりわけ2005年の独占禁止法改正によって公正取引委員会に犯則調査権が付与されて以後、議論が活発化している。村上政博「独占禁止法基本問題懇談会で残された課題——行政調査の在り方及び行政調査と刑事手続きとの関係に係るイギリス、フランス、ドイツ実態調査報告」国際商事法務35巻12号 (2007年) 1659頁以下、越知保見「行政調査における防御権と調査妨害——日本固有の問題を分析したうえで欧州との比較」国際商事法務38巻2号 (2010年) 51頁以下、村上政博「平成22年独占禁止法改正——行政審判の廃止と行政調査の見直し」判例タイムズ1323号 (2010年) 51頁以下、中川丈久「独禁法審査手続（行政調査）の論点——行政法からの分析」ジュリスト1478号 (2015年) 21頁以下など参照。また、博士論文として公表されている中里和平『独占禁止法における行政調査と刑事手続の交錯：犯則調査手続をめぐる問題を中心として』（一橋大学機関リポジトリ・2009年）は、アメリカ、EU、イギリス、ドイツにおける独禁法違反調査手続の比較研究を踏まえて主題を包括的に検討している。250頁を超える大作であって注目される。

　さらに、企業に対する行政調査の問題を指摘するものとして、伊藤鉄男＝荒井喜美「行政調査における事情聴取の抱える問題点——犯罪捜査における取締りの現実的課題を踏まえて」NBL998号 (2013年) 31頁以下、梅林啓「行政機関による行政調査(上)(下)——その実態と企業等に求められる対応」NBL1103号 (2017年)

56頁以下、1105号（同年）49頁以下がある。
　公正取引委員会の行政調査権については、弁護士・依頼人間の情報秘匿特権を認めるべきかどうかが1つの焦点となっている。独占禁止法研究会では、「その根拠及び適用範囲が明確でなく、また、その実現に当たって実態解明機能を阻害するおそれがあるとの懸念が払拭されなかったという理由から、現段階で導入することは適当でないとされた」（川出敏裕「手続保障」ジュリスト1510号（2017年）59頁）が、今後、実務運用の中で考慮されるとのことである。非開示特権をめぐる問題は本書でも十分に検討できなかったので、今後、機会があれば検討してみたいと考えている。

第4章

行政調査論再考

はじめに

　行政機関による情報収集活動を行政調査と名づけ、これを行政法学上の一項目として説明・検討すべきであるとの見解は、わが国の行政法学において、今日一般に受入れられつつあるように思われる。しかし、行政調査をどのように定義し、行政法学体系にどう位置づけるべきか、あるいは、行政調査を包括的に検討の対象とすることの意義をどう考えるかについては一致した見解はなく、行政調査の法的統制の具体的検討の成果も、税務行政分野を除き未だ断片的である。

　本章は、行政調査の位置づけ、法的統制のあり方をめぐるわが国でのこれまでの議論を整理・検討することを通じて、行政調査の法的統制をテーマとする今後の研究の研究視角を得ることを目的としている。

　解釈論として行政調査の法的統制を考えた場合には個別行政領域に即した検討が不可欠であるが、本章では、研究序説として、行政調査を包括的に検討の対象とした場合に一般的に問題となる点からいくつかを選んで検討することにした。

第1節　行政調査の概念・位置づけ

1.　行政調査論の登場

　行政調査の用語は、アメリカ法の紹介等を通じて比較的早くから知られているが[1]、行政法一般理論で行政調査を位置づけるべきであるとの見解が

わが国で一般化するのは、1970年代になってからである。この時期になってはじめて行政調査論が登場することの背景には、それ自体検討に値する事情があるのであるが[2]、以下では、直接的な契機となった主な問題提起を確認しておくにとどめておく。

(i) **租税法学からの問題提起**　まず、最初の契機となったのは、租税法学からの問題提起である。租税法学の領域では、1960年代後半から各地で活発化した税務調査をめぐる対立・紛争に促されて、税務調査の要件・手続に関する議論が学会レベルで繰広げられていたが[3]、そうした中で、金子宏教授は、「行政法学者は、従来、一般に、刑罰によって間接的にその実効性を担保された行政目的の立入検査を即時強制の一種として理解していると思われる。しかし、それは即時強制とは種々の点で性質を異にしているから、即時強制とは区別された、行政の1つの独立の行為形式としてとらえるのが妥当であり、その意味で『行政調査』ないし『行政検査』

---

1) 杉村敏正「バウア『連邦行政法』」法学論叢57巻2号（1950年）156頁、外間寛「行政調査」鵜飼信成編『行政手続の研究』（有信堂・1961年）159頁、高柳信一「行政手続と人権保障」清宮四郎・佐藤功編『憲法講座(2)』（有斐閣・1963年）273〜276頁等参照。
2) 塩野宏教授は、それ以前に行政調査をそれ自体として取り上げるものがなかった理由として、「行政調査が、行政法学の本来の対象となるべき行政主体の法的決定ではなく、その準備段階である事実行為であること」、「行政調査といっても、きわめて種々雑多なものが含まれ、これを法＝道具概念として構成することはもちろん、分析または説明の概念として用いることも困難な故もあった」ことをあげている（同「行政調査」法学教室〈第Ⅱ期〉3号（1973年）132頁）。この指摘はその通りであるが、より根本的には、行政行為論中心の従来の体系の沿革の特殊性が検討さるべきであろうし、行政調査に即して言えば、さらに、私的生活領域に対する公的介入の問題性に鈍感であった明治期以来の日本の公法学の特質が分析さるべきであろう（この点につき、佐藤幸治「プライヴァシーの権利（その公法的側面）の憲法論的考察(1)」法学論叢86巻5号（1970年）10頁注㉒参照）。1970年代に入ってからの行政調査論の登場は、わが国の行政法学体系の枠組みに対する根本的批判と結びついたものであって、その一端については本章でも触れるが、全体的な検討は将来の課題としたい。
3) 例えば、日本税法学会第38回大会（1970年5月）は、「税務職員の質問検査権」をテーマに開催され、大塚正民、宮谷俊胤、波多野弘、飯塚毅、吉田敏幸の5人の報告がなされている（「第38回大会記録」税法学234号、235号）。また、初期の業績として、北野弘久「税務調査権の実態と法的限界」法律時報42巻4号（1970年）12頁、同「実体税法上の調査権の限界」杉村章三郎先生古稀祝賀『税法学論文集』（三晃社・1970年）1頁を参照。なお、北野弘久編『質問検査権の法理』（成文堂・1974年）は、2つの最高裁判決に至るまでの議論を包括的にまとめている。

という新しい概念の下に、質問検査権の行使を説明し、また、その法理を究明すべきではないか」と述べ、行政調査概念の必要性を提唱した。

(ii) **塩野教授による問題提起**　これを受けて、塩野宏教授は、行政調査を行政法学上のテーマとして分析することの意義を積極的にとらえ、次のように述べた。すなわち、行政調査は「一方における適切な行政決定を担保するための資料収集の利益と、他方における私人の自由な生活領域の確保の調整」が基本的問題となる点で、即時強制における利益状況とは異なるものがあり、質問・検査と憲法35条・38条、調査の事前告知、調査に際しての理由の開示等に関する「租税法学における研究成果を土台にして、行政法一般理論においても、権力的行政調査の範疇を構成するだけの基盤はととのえられつつある」こと、さらに、非権力手段による情報収集も含めて行政調査をそれ自体として取り上げることにより、「従来の行政法学の特徴とその限界に光をあてることができ、また、その結果、新しい行政法学像を構想する素材とする」可能性があることなどの問題提起をした。

(iii) **佐藤教授による問題提起**　憲法学の立場からも同様の指摘があった。プライバシーの権利の公法的側面に早くから注目してきた佐藤幸治教授は、行政調査が立法調査と比較して「調査の目的・対象・範囲の多様性・広範性、調査方法の多様性・徹底性」といった特質を持つことを指摘した上で、「報告・記帳・申告義務・質問・立入検査等は何らかの行政目的のためにする国民についての情報の収集という点で共通性をもち、かつ憲法論的次元においては国民の自由——プライバシー——とのかかわり合いにおいて『行政調査』として一体的に観念・考究する必要があるのではないか」と問題提起をした。

(iv) **教科書における行政調査**　これらの問題提起を受けて、その後、行政調査を一項目として説明する教科書・演習書も多く登場し、判例体系

---

4) 金子宏「〔最新判例批評〕」判例評論172号（1973年）14頁。
5) 塩野宏「行政調査」法学教室〈第Ⅱ期〉3号（1973年）133頁。
6) 佐藤幸治「『行政調査』とプライバシーの保護(1)」法学論叢97巻3号（1975年）3～4頁。
7) 行政調査を一項目として説明する最近の教科書として、新井隆一ほか編『行政法第1巻

〈第II期版〉でも従来ばらばらの項目に配置されていた行政調査関係判例が独立した一章にまとめられた。

2. 行政調査の位置づけ

今日では、行政機関の行う情報収集活動を「行政調査」の項目で説明することには大方の合意があると言ってよいであろう。しかし、行政調査の概念・位置づけは論者によりさまざまであり、教科書等の記述もこの点についてそれほど自覚的であるわけでもない。それ故正確な整理は困難であるが、一応これまでの議論を大別すると、行政調査の位置づけは、次の4つの見解に分けられよう。

(i) **行為形式としての説明**　第一は、行政調査を行政機関の行為類型の1つとして説明する見解である。行政調査の一態様である質問・検査は、従来、即時強制の枠組みでとらえられてきた。しかし、①即時強制は私人の身体・財産への実力行使を認めるが、質問・検査等は原則として拒否に対して罰則による制裁（間接強制）が認められるにすぎないこと、②即時強制はそれ自体が直接に行政目的を実現する最終行為であるが、質問・検査等は後続する行政処分などの前提資料を収集するという間接的な行政目的につかえる活動であることの二点で、従来のとらえ方の不適切さが指摘され、行政調査の即時強制からの独立がはかられたのである。この限りでは、間接目的・間接強制をメルクマールとする1つの行為類型としての行政調査概念が考えられていたと言える。行政調査を独立した一項目とする最近の教科書の多くが行政調査を行政立法や行政行為と並列した

　　（有斐閣新書）』（有斐閣・1980年）74～82頁、163～168頁［畠山武道執筆］、室井力編『現代行政法入門(1)』（法律文化社・1981年）241～252頁［福家俊朗執筆］、川上宏二郎ほか『現代行政法概論〔改訂版〕』（有信堂・1982年）144～148頁、兼子仁『行政法総論』（筑摩書房・1983年）133～137頁、阿部泰隆・遠藤博也編『講義 行政法Ⅰ総論』（青林書院新社・1984年）319～332頁［竹中勲執筆］、佐藤英善『行政法総論』（日本評論社・1984年）283～285頁などがある。

8)　金子・前掲注4) 14頁。もっとも、今日この見解を意識的にとるものは少ない。比較的近いとらえ方を示すものとして、金子宏『租税法』（弘文堂・1976年）373頁、南博方ほか編『新版 行政法(1)』（有斐閣・1986年）245頁［碓井光明執筆］等がある。

項目として説明しているのも以上の沿革からきているのであろう。

しかし、行政調査を行政機関の情報収集活動ととらえる限り、行政調査を行為類型とすることには、後述のように無理がある[9]。行政調査を行政立法や行政行為と並列した項目として説明している教科書もその内容を見ると行為類型として割切った叙述となっているわけではない。藤田宙靖教授はこの点での理論的整理の必要を指摘し、行為類型（藤田教授の用語では活動形式）に着目した概念としては「むしろ端的に、質問・検査等の語を用いる方がまだしも適当ではないか」と問題提起している[10]。

(ii) **行政上の一般的制度としての説明**　第二は、行政調査を行政上の一般的制度として説明する見解である。行政機関の情報収集活動を行政調査ととらえて伝統的行政法体系に位置づけようとすれば、それは、行政行為や行政立法と並列される行為類型ではあり得ない。行政機関の情報収集活動は、まったくの任意の協力を得て行われる場合もあれば（伝統的枠組みでは行政指導とも考えられる[11]）、行政行為の形態を取る場合もある。場合によっては、即時強制として説明できる行政調査もあろう。他方で行政調査は、おそらくすべての行政領域で問題となる行政過程の一段階であって、個別の行政領域を超えて一般的に論ずべき共通の問題を含んでいる。こうした点から、行政調査を行政上の一般的制度として位置づける見解が登場している[12][13]。

---

9) この点につき、さらに、高木光「行政上の事実行為と行政の行為形式論(4)」国家学会雑誌98巻5・6号（1985年）39〜40頁、同「行政の実効性確保の手法」神戸法学雑誌36巻2号（1986年）201頁を参照。

10) 藤田宙靖『新版行政法Ⅰ（総論）』（青林書院・1985年）236頁。

11) なお税法学の領域では、純粋の任意調査の法的性格について、法的根拠を欠く限りその存在そのものが否定さるべきであるとする説、行政指導とみて肯定する説、公法契約と見て肯定する説などの対立があった（これらの学説の対立については、北野・前掲注3) 320〜325頁、村井正「租税法における質問検査権」企業法研究216輯（1973年）26〜27頁を参照）。行政法の伝統的枠組みを前提とすれば行政指導とするのが素直であろうか。

12) 室井力・塩野宏編『行政法を学ぶ1』（有斐閣・1978年）185〜186頁、塩野宏「行政過程総説」雄川一郎ほか編『現代行政法大系(2)』（有斐閣・1984年）29〜31頁。

13) なお最近、行政調査を行政手段として位置づけるべきとの見解（高木光「行政の実効性確保の手法」神戸法学雑誌36巻2号（1986年）201頁、212〜213頁）が登場している。行政調査概念が行為形式とは次元の異なるものであるという指摘では行政上の制度として位置づける

確かにこの見解は、伝統的体系との接続を意識しつつ、行政調査をめぐる問題の包括的な検討をめざす場合の１つの位置づけ方であろう。けれども、行政上の一般的制度という位置づけ自体は、それが行政過程一般に通じる問題を含むという以上の積極的な意味はなく、従来の体系に付け加えただけとも評し得る。また、この見解によれば即時強制も同様に行政上の制度とされるが、むしろ即時強制は行政機関による実力行使の一態様として検討すべきではないかとの見方もあり得よう。[14]

(iii) **行政手続の一段階としての説明** 第三は、行政調査を行政手続の一段階として位置づける見解である。行政法体系を「国民参加の権力行政手続の法」として構成する立場からは、考察の中心に置かれるべきは権力的行政たる行政処分であり、行政調査は行政処分決定の事前手続の一段階として位置づけられることになる。[15] ただしこの見解は理論的にはスッキリしているが、行政調査をめぐる多様な論点を十分に取り扱えない難点がある。[16]

(iv) **問題発見的概念としての説明** 第四は、行政調査を例えば「行政機関による情報収集活動」[17]と定義した上で、そこに含まれる法的問題を網

見解と共通しながら、新たな理論枠組みとして行政手段概念を提唱し、行政調査を情報の管理の側面から行政手段の１つと位置づけるわけである。ただ、行政手段概念自体いまだ生成中のものであるので、ここでは、指摘にとどめたい。なお佐藤・前掲注７）も行政手段の用語で行政調査を位置づけるが、行政行為も同じく行政手段の１つとされており従来の行為形式論と格別変わるところはない。

14) 曽和俊文「直接強制・即時強制と令状主義」・「行政調査と即時強制」園部逸夫編『法学ガイド行政法』（日本評論社・1987 年）174〜179 頁参照。なお、即時強制は伝統的には行政強制の大項目の下で行政上の強制執行と並べて説明されてきた（田中二郎『新版行政法上巻〔全訂第２版〕』（弘文堂・1974 年）168〜170 頁）けれども、最近では、行為類型の１つとして説明する見解（今村成和『行政法入門〔第３版〕』（有斐閣・1986 年）110〜114 頁）も有力である。
15) 兼子・前掲注７）133〜137 頁。
16) 行政手続の一段階として行政調査を位置づけるとしても、行政計画や行政立法の前段階としての一般的行政調査、行政処分を終えた後の行政調査（監督手段としての継続調査）、行政上の強制執行の前段階としての行政調査など、行政手続の各段階で行政調査は問題となり、また、そもそも調査それ自体が目的である統計調査のような行政調査もある。これらにかかわる問題をすべて特殊法＝個別行政領域固有の条理法に委ねることは妥当ではないだろう。
17) 行政調査の定義はさまざまに試みられているが、本質的要素のみに着目して最も広義に定義すれば本文のようになる。筆者はかつて、私人の権利・利益との何らかの緊張関係を前提に

羅的に検討しようという見解である。行政法体系上の位置づけに関してはオープンのままで、さしあたり、行政調査をめぐる問題を多様な角度から検討しようとするものであって、いわば行政調査を問題発見の1つのキーワードとするものである[18]。

　行政調査をどう位置づけるかは結局論者の行政法体系構想にもかかわって一概に結論づけられず、また、従来の体系を前提とする教科書での取扱いとしては第二の見解が穏当とも思われるが、本章では、位置づけをうんぬんするよりもまず具体的な検討が先行すべきであるとの立場から、基本的にはこの第四の見解にたって検討を行うことにする。

　もっとも、この見解にあっても、何ゆえに行政調査を包括的に独自の研究対象とする必要があるのかが問われなければならない。すなわち、行政調査をそれ自体として取り上げることにより、どのような法律上の論点が――従来の分析に加えて――新しく問題となるのか、行政調査の法的統制はいかなる角度から検討されるべきかなどが問われなければならない。この点を次に見てみよう。

3.　行政調査の法的統制：3つの検討視角

　行政調査を行政法学上の検討の対象とすることの積極的意義は、次の3つの角度から考えることができる。
　　(i)　**調査対象たる私人の権利・利益の視角**　　第一は、調査対象たる私人の権利・利益の視角から見た意義である。行政調査は、非権力的手段で行われる場合を含めて、調査対象たる私人の権利・利益と抵触する可能性

　　行政調査の法的統制をとらえるべきであるとの考えを前提に、「行政機関が私人に対して行う情報収集活動」を行政調査の定義としたことがあり（曽和・後掲注18）論文（1）30頁）、この考えは現在も基本的には変わっていないが、その後行政調査をより広くとらえる見解も登場しているので、本章ではさしあたり本文のように定義しておく。
18)　曽和俊文「経済規制行政における行政調査の法的統制(1)～(4・完)」法学論叢109巻3号（1981年）30頁、6号（同年）70頁、110巻3号（1982年）22頁、111巻1号（同年）21頁、神長勲「行政調査」雄川ほか編・前掲注12）313頁、阿部・遠藤編・前掲注7）319～332頁［竹中執筆］。

を有する1つの行政活動であり、この意味でまず包括的に検討する意義がある」(これを第一の検討視角と呼ぶことにする)。

　もっとも、一口に調査対象たる私人の権利・利益と言っても、そこには多種・多様なものがある。例えば、自己負罪情報や思想・信条に関する情報のように情報そのものの性質からその提供を拒み得る権利・利益もあれば、他方で、情報そのものの提供は拒めないが情報収集過程の合理性を要求し得る権利・利益もある。また、調査対象者の中にも、調査要求の直接の相手方の場合もあれば、相手方ではないが求められている情報に実質的な利益をもつ実質的当事者の場合もある。権利・利益の実体的内容としても、新聞社や宗教団体に対する調査が表現の自由や信教の自由とのかかわりで争われる場合のように特定の状況で特定の権利・利益が問題となること[19]もあれば、プライバシーの権利や営業の自由のように一般的に広く行政調査と抵触する可能性を持つ権利・利益もある。

　質問・検査を即時強制の枠組みでとらえてきた従来の分析は、これらの権利・利益のうちで、最も権利侵害度の強い調査の実力強制の局面のみを念頭に置いていた点で限界を持っていたと言える。情報の性質や実質的当事者の立場を考慮に入れるならば、非権力的手段であるいは隠密裏に行われる行政調査も当然法的統制の下に置かれるべきことになるからである。[20]

　(ⅱ)　**適切な調査を求める権利・利益の視角**　　第二は、適切な調査を求める権利・利益の視角から見た意義である。行政機関がその権限行使を適切に行うためには、権限行使に必要な情報が過不足なく収集されていなけ

---

19)　わが国では、信教の自由や表現の自由と抵触する可能性の強い行政調査について法律上特別の制限を定めることはまれであるが、アメリカでは、例えば宗教団体に対する税務調査に特別の制限を課す立法 (Public Law 91-172 (1969). 26 U. S. C. §7605(c)——本規定をめぐる議論の一端については、石村耕治「アメリカ連邦宗教団体課税の現状 (2・完)」民商法雑誌86巻3号 (1982年) 60〜72頁参照) や、報道機関に対する刑事捜索に特別の制限を課す立法 (Public Law 96-440 (1980)) などの例がある。行政調査を一般的に論ずる本章では、こうした特定の権利との関連からする法的統制の問題は検討の対象から除いているが、後者については、調査手段の選択裁量の法的統制の一素材として本章第2節2で改めて触れることにする。

20)　任意調査の問題性を検討する先駆的業績として、室井力「警備情報収集活動と法治主義」法学セミナー175号 (1970年) 121頁 (同『現代行政法の原理』(勁草書房・1973年) 60〜70頁に所収) がある。

ればならない。そのために法律は、各種申請・申告などの私人による情報提供制度を定め、あるいは、必要に応じて強制調査権を行政機関に授権している。適切な行政決定はその前提となる情報の適切性により保障されるとすれば、行政調査のあり方こそが行政決定——とりわけ裁量的決定——の法的統制にとって重要な1つのポイントということになろう。この意味で行政調査は、「裁量的意思決定の合理的統制の観点」から、それ自体包括的に検討する意義がある（これを第二の検討視角と呼ぶことにする）。

右の視角は最近になって指摘されてきた見方であって、現在十分に受け入れられているわけではない。これまでは、裁量的決定における行政調査の重要性は認められつつも、その適切性は行政機関がもっぱら判断することで足りるとされてきたのである。そして、従来の行政法学体系が最終的意思決定たる行政行為を中心に組み立てられてきたことから、意思形成過程における行政調査は内部行為として直接検討の対象とはされにくかったのであろう。

しかし今日では、行政過程の動態的把握を提唱する行政過程論が有力であり、また、行政調査ないし行政規制の不発動の違法が問われる事例も散見される。三面的・多面的対立構造を持つと言われる現代行政においては、

---

21) 山村・後掲注22) 論文(7)95頁。
22) 適切な調査権の発動・調査義務の問題を行政調査論の中で検討する必要を指摘するものとして、兼子・前掲注7) 134頁、神長・前掲注18) 320頁、阿部・遠藤編・前掲注7) 329〜332頁 [竹中執筆]、山村恒年「現代行政過程論の諸問題(7)〜(11)」自治研究60巻7号 (1984年) 94頁、10号 (同年) 83頁、61巻2号 (1985年) 97頁、3号 (同年) 71頁、8号 (同年) 60頁等がある。とりわけ山村論文は、この視角から判例・学説を詳細かつ包括的に検討するものであって注目される。具体的には、第3節で改めて検討する。
23) 行政過程論の内容にも種々のとらえ方があろうが、本稿では立ち入らない。遠藤博也「行政過程論の意義」北大法学論集27巻3・4号 (1977年) 585頁、塩野・前掲12) 1頁等参照。
24) これまでのところ国家賠償法の分野における事例が中心である（それらを具体的に検討するものとして、阿部泰隆「行政の危険防止責任(1)(2・完)」判例評論232号 (1978年) 127〜133頁、233号 (同年) 125〜134頁、同「行政の危険防止責任その後(1)〜(3・完)」判例評論269号 (1981年) 140〜148頁、270号 (同年) 148〜156頁、271号 (同年) 148〜156頁参照）が、国家賠償訴訟における不作為の違法論の展開が、行政訴訟においていかなる意味を持つのかが今日問われてきている。この点につき、原田尚彦『行政責任と国民の権利』（弘文堂・1979年）、遠藤博也『国家補償法上巻』（青林書院・1981年）166〜168頁、同「危険管理責任における不作為の違法要件の検討」北大法学論集36巻1・2号 (1985年) 459頁等参照。

調査の適切性を国民が判断・要求すべき局面・必要性もまた増大してきているのである。[25]

(iii) **行政情報の流れの一過程という視角** 第三は、行政情報の収集・管理・公表という一連の行政情報の流れから見た意義である。情報化社会とも言われる現代社会においては、情報それ自体の価値・機能が大きくなっており、情報の帰属、利用のあり方が権力のあり方にも影響を及ぼすのではないかが論じられている。[26]コンピュータ化の進展に伴って個人情報保護のシステムが提唱され、[27]他方で情報公開条例の制定も進んでいる。このような中で、行政調査は、行政情報の収集・管理・公表という一連の行政情報のながれの一段階として位置づけた上で、行政情報の法的コントロールの視角から包括的に検討する意義がある[28](これを第三の検討視角と呼ぶことにする)。

第三の検討視角は前二者とは異なり、形式的・構造的に見た行政調査の位置に着目した視角であって、規範論からすれば、第一・第二の検討視角に還元される問題も多く含んでいる。ただ本章では、行政調査を多様な角度から論じることにより行政調査の行政過程における特質を浮き彫りにすることも目的としているので、独立した検討視角として扱っている。将来的には、第一・第二の視角を包摂した形で行政調査を第三の視角から検討するということも考えられる。[29]

---

25) もっとも、現行行政事件訴訟法は行政訴訟の対象、訴えの利益につき限定をしているため、意思形成過程における行政調査の適切性が正面から訴訟で争われることは少ない。取消訴訟における行政処分の瑕疵論の一部、あるいは国家賠償訴訟における違法性判断の一部として取り上げられた行政調査論については、第3節で検討する。

26) M・ワーナー&M・ストーン(木原武一・岩本隼訳)『データ・バンク社会』(TBS出版会・1972年)、A・R・ミラー(片方善治ほか訳)『情報とプライバシー』(ダイヤモンド社・1974年)、「特集 情報公開・プライバシーと法」ジュリスト854号(1986年)28〜63頁等参照。

27) 最近までの動きをまとめたものとして、春日市個人情報保護研究会編『個人情報保護への新時代』(1985年)、自治大臣官房情報管理監修『個人情報保護対策の現状と対策』(1986年)等参照。

28) いわゆる「情報法」の提唱もこの脈絡で注目される。奥平康弘「『現代情報法』のためのアポロギア」法学セミナー368号(1985年)8頁参照。アメリカでは、情報法のタイトルのもとで包括的な研究もある。B. A. Braverman & F. J. Chetwynd, INFORMATION LAW (1985) 参照。

(iv)　まとめ　　さて、右に見たように、行政調査を法的検討の対象とする場合の以上3つの検討視角は、それぞれ分析の重点を異にしつつも、相互に重複・関連している。また、それぞれの検討視角から出てくる課題をすべて行政調査論の枠組みで論じるべきか否かも問題ではあろう。そこで、3つの検討視角の相互の関連あるいは行政調査論の射程範囲については最後にもう一度検討することとして、以下では、さしあたり、3つの検討視角それぞれに即して、基本的な問題点をピックアップして検討することにする。

第2節　調査対象たる私人の権利・利益と行政調査

　行政調査は調査対象たる私人の権利・利益と抵触する可能性を持つ行政活動であるから、行政調査の法的統制は、まずもって、違法な行政調査から調査対象者の権利・利益を保護することを目的としなければならない。この視角は従来の行政法の分析視角に一番なじむものであって、実際にこれまで、行政調査と法律の根拠、行政調査の要件・手続、令状主義、行政調査の目的と範囲の合理性などがこの視角の下で論じられてきたのである。
　以下ではこの第一の視角から見た問題点のうち、比較的議論の余地がある問題および従来あまり論じられることの少なかった問題のいくつかを重点的に取り上げて検討することにする。

---

29)　なお、アメリカ行政法のテキスト、ケースブックにおいて、行政調査 (Administrative Investigation) は、従来、序論と行政手続論の間に独立した項目として取り上げられることが多かったが、最近では、情報公開の問題と合わせて、行政情報をめぐる問題の中に位置づけられて説明されるものもでてきている (例えば、J. L. Mashaw & R. A. Merrill, ADMINISTRATIVE LAW 2d ed. (1985) は、Government Information Acquisition and Disclosure の項目の一部分として行政調査を取り上げ、B. Schwartz, ADMINISTRATIVE LAW CASE BOOK (1977) は、Investigations and Information の項目の一部として行政調査を取り上げる)。単なる説明のための位置づけの変化にすぎないとも思われるが、本稿の関心からは興味深い点である。

1. 調査対象者の権利・利益の多様性

(1) 調査対象者の権利・利益概説

　行政調査によって侵害される可能性を持つ私人の権利・利益が多様な内容を持つことについては既に述べた。それらを、行政調査と一般的に抵触する可能性のある権利・利益を中心に一応類型化すると、次のように整理できよう。

　（i）**非開示特権**　　第一は何らかの非開示特権を持つ情報についてその提供を拒む権利・利益である。自己負罪拒否特権（憲法 38 条）やプライバシーの権利（憲法 13 条）[30]は憲法上一定内容の情報について非開示特権が認められる例であり、《弁護士―依頼人》間や《医者―患者》間の一定内容の情報についての守秘義務は法律または条理を根拠に非開示特権が認められる例である[31]。

　企業秘密やプライバシー情報のようにセンシティブな情報については、仮に調査が許されるとしても特別に重い調査の必要性の立証を要求することも考えられるが[32]、これも情報の性質に着目して調査対象者に認められる

---

30) プライバシーの権利の内容・定義については諸説があるが（それらの批判的分析として、佐藤幸治「プライバシーと知る権利」法学セミナー 359 号（1984 年）22～27 頁、坂本昌成『プライヴァシー権論』（日本評論社・1986 年）1～16 頁、190～201 頁を参照）、本章では、最近有力となりつつある《自己情報コントロール権》説にたって行政調査の法的統制を考えている。例えば《自己情報コントロール権》説を主張する佐藤幸治教授は、プライバシーの権利を「道徳的自律の存在として、自ら善であると判断する目的を追求して、他者とコミュニケートし、自己の存在にかかわる情報を開示する範囲やその性質を選択できる権利」と定義し、「個人の道徳的自律と存在に直接かかわる情報（例えば、個人の思想・良心などにかかわる情報）を取得・保有することはこの権利を侵害するものとして原則として許されない」。「外的事項に関する個別情報を公権力が正当な目的のために正当な方法を通じて取得しても直ちにはプライバシーの権利の侵害とはいえないが、それが悪用されまた集積されるとき、道徳的自律と存在に影響を及ぼすものとして、プライバシーの権利侵害の問題が生ずる」と述べる（同「情報化社会の進展と現代立憲主義」ジュリスト 707 号（1980 年）22～23 頁）。

31) もっとも、わが国の法制がこれらの非開示特権をどの程度認めているかはあまり明確でない。宮谷俊胤「質問検査受忍義務と守秘義務との義務衝突について」中川一郎先生古稀祝賀税法学論文集（日本税法学会本部・1979 年）565 頁、小林秀之「文書提出命令をめぐる最近の判例の動向(3)」判例評論 267 号（1981 年）2～4 頁等参照。

32) 佐藤・前掲注 30)「プライバシーと知る権利」36 頁は、プライバシー固有情報は原則とし

非開示特権の1つのバリエーションと言えるであろう。

いかなる情報について、どのような非開示特権が認められるかは、行政調査の法的統制にとって重要な研究課題である。但し本章ではこの点について十分に論じる準備がないので詳細は別稿に譲りたい。

ただ、憲法上保障されている自己負罪拒否特権に関して、判例は、その適用範囲を刑事手続プラス準刑事手続（「実質上刑事責任追及のための資料の取得収集に直接結びつく作用を一般的に有する手続」）に限定しているが、自己負罪拒否特権が情報の性質に着目して認められる非開示特権であるとする考え方からすれば別の解釈もあり得よう。問題の焦点は手続の性質ではなくて特別の範疇の情報を国家が強制的に収集することに対する私人の権利であると思われるからである。[34]

(ii) **調査の強制を拒否し得る権利・利益** 第二は調査の強制を拒否し得る権利・利益である。行政調査は相手方の同意を得て行われるのが通常であるが、調査拒否の場合には何らかの強制の仕組みが必要となる。この点で現行法は刑罰による間接強制を中心にしているが、行政機関があくまで調査を実行しようとすれば、最終的には相手方の身体・財産に直接実力を加えるしか方法はない。とすれば、いかなる場合に調査機関は実力を行使できるのか、その手続はいかにあるべきかが問題となる。いわゆる令状

て収集できないが、「やむにやまれざる政府利益」がある場合には収集できるとする。企業秘密について、アメリカでは、特別厳格な調査の必要性を要しないとするのが通説であるが、将来の公表に関して一定の条件を付けて収集を認めることも行われている（曽和・前掲注18）論文(3) 37～40頁参照）。

33) 最高裁昭和59年3月27日第三小法廷判決（刑集38巻5号2037頁、判時1117号8頁）。なお、本判決の紹介、評釈として、山田二郎・ジュリスト818号（1984年）66頁、龍岡資晃・ジュリスト821号（1984年）66頁、浦田一郎・法学教室48号（1984年）86頁、高窪貞人・判例評論312号（1985年）230頁、手島孝・ジュリスト838号（1985年）29頁などがあり、本判決を素材に行政調査における質問の意義を再検討するものに、神長勲「行政調査における質問」青山法学論集26巻3・4号（1985年）73頁がある。
34) アメリカにおいて、修正5条の定める自己負罪拒否特権は、文言上「刑事事件において」と規定されているにもかかわらず、判例上、行政手続を含むすべての政府手続に適用があるとされる（Smith v. United States, 337 U. S. 137 (1949); Quinn v. United States, 349 U. S. 155 (1955)）。もっとも、行政調査に対する修正5条の制約は、その適用を限定する判例法上の諸法理によりそれほど大きなものではない。この点につき、曽和・前掲注18）論文(3) 27頁参照。

主義をめぐる問題であって、次項2で改めて論じることにする。

調査の強制を拒否し得る権利・利益の実体的内容としては、人身の自由、住居の不可侵、営業の自由などの憲法上の諸権利が考えられる。

(ⅲ) **調査過程の合理性を要求する権利**　第三は調査過程の合理性を要求する権利である。行政調査は、それが任意の協力を得て行われる場合を含めて、正当な調査目的に従って行われなければならないし、調査範囲は調査目的との関連性を有するものでなければならない。また、適法に収集し得る情報に対する行政調査にあっても、調査過程において私人の権利・利益を不当に侵害してはならない。こうした要請は、行政調査過程における比例原則の適用として説明できるであろう。[35]

さらに、侵害的性質の強い行政調査においては、調査目的・範囲の事前通知や理由付記、第三者の立会いなどの調査手続が適正手続の内容として要請されることもある。[36]但し、調査過程の合理性の問題は個別行政領域の

---

35)　阿部・遠藤編・前掲注7）322頁［竹中執筆］は、憲法13条のプライバシーの権利を根拠に、「行政調査の形態（手段、方法、範囲、時間帯等）は、正当な調査目的を実現するのに合理的に必要な最小限のものに限定されなければならない」との法理が一般的に成立すると説く。なお、アメリカにおいては、① 調査目的の正当性、② 調査目的と調査範囲の関連性、③ 調査範囲の特定性、④ 調査負担の合理性などの基準が、行政調査に対する修正4条の制限を具体化した法的統制基準として、判例法上確立されている。これらの基準の具体的適用例については、曽和・前掲注18）論文(3) 22〜44頁、論文(4) 22〜37頁参照。

36)　わが国では、学説上、税法上の質問検査権の行使における適正手続の内容として、調査実施の日時場所の事前通知、調査の理由および必要性の個別的・具体的な告知などの必要性が説かれてきたけれども（学説の状況について、北野編・前掲注3）306〜316頁参照）、最三小決昭和48・7・10刑集27巻7号1205頁は、これらは「質問検査を行ううえの法律上一律の要件とされているものではない」と述べて、これらを欠く本件調査を合憲と判示した。文言から見る限り、最高裁は、具体的事情次第ではこれらの手続を欠く調査が違憲となる余地を認めたものと言えるが、いかなる場合にこれらの手続が要求されるのかは明らかではない。なお、行政的召喚令状による調査を中心とするアメリカにおいては、調査目的、調査範囲の事前告知はむしろ当然であるが（但し個々の具体的な調査理由の事前開示は一律には要求されない）、税務調査の領域においてもこのことは格別の不都合をもたらしてはいない。国税庁職員から見てもわが国での「一部の税務調査をめぐるトラブルについては、病理的」と言われる（雄川一郎ほか『行政強制—行政権の実力行使の法理と実態』ジュリスト増刊（有斐閣・1977年）139頁）そのひとつの原因は、現実の適正手続の不十分さにあると思われる。なお、行政調査手続の立法的整備を具体的に提案するものとして、臨時行政調査会「行政手続法草案逐条説明（第3節）」橋本公旦『行政手続法草案』（有斐閣・1964年）135〜139頁所収、行政手続法研究会

具体的分析として検討されることが望ましいので、本章ではこれ以上立ち入らない。

　(iv)　**まとめ**　　行政調査の相手方は以上の権利をすべて主張できるが、相手方でない調査の実質的当事者も第一の権利および第三の権利の一部を主張できる。それゆえ第一の視角からする行政調査の法的統制は、調査対象者およびその権利・利益の多様性を承認した上で、それぞれの権利・利益の性質に応じた保護のあり方を検討しなければならない。

(2)　反面調査をめぐる問題

　調査対象者の権利・利益の多様性を検討する１つの素材として、以下では税務行政領域において話題となる銀行に対する反面調査（一応課税処分のための調査を考えることにする）をめぐる問題を取り上げてみよう。

　(i)　**銀行に対する反面調査と銀行の利益**　　課税処分の前提資料を求める行政調査は、元来、当該納税者本人に対して行われるのが原則であろう。しかし法律は納税者との取引関係にある第三者に対しても調査することを認めており、これが実務上反面調査と呼ばれているものである。

　反面調査の対象としては、取引先企業、税理士、弁護士などさまざま考えられるのであるが、とりわけ銀行は、豊富な金融情報を持つその特質ゆえに反面調査の対象とされることが多いと言える。この場合、銀行および納税者本人が反面調査に対してそれぞれどういう権利・利益を持つのか、現行法制度はこれらの権利・利益を十分に保障しているかが問われなければならない。[37]

　　(a)　**銀行秘密特権？**　　銀行は、まず、顧客の秘密をどの程度他者に明らかにできるのかの問題に直面することになる。根拠づけとその範囲にはいろいろな説があるとはいえ、私法上銀行が顧客に関する情報の守秘

「行政手続法制定への提案（第三）」雄川一郎ほか編『現代行政法大系(3)』（有斐閣・1983年）366〜367頁所収を参照。

37)　反面調査についてのこれまでの学説をまとめたものとして、北野編・前掲注36) 344〜347頁、最近の検討として、成田俊郎「銀行等に対する税務反面調査(上)(中)(下)」税理26巻12号（1983年）152頁、15号（同年）113頁、27巻2号（1984年）127頁を参照。

義務を負っていることに異論はないからである[38]。しかし、私法上の銀行秘密保持義務は、通説によれば、適法な行政調査に対して拒否の理由とすることはできないとされている。いわゆる銀行秘密特権は認められないのである[39]。

　(b) 反面調査と不合理な負担　そこで次に銀行は、調査の合理性を要求することになる。たまたま第三者に関する情報を豊富に持っているというだけで調査対象となることの多い銀行にとっては、広範な範囲で頻繁に調査が繰り返され、調査に応じるコストが多額になることは、調査拒否の正当な一理由となろう[40]。当該行政調査に関して実質的には第三者であるという銀行の地位が調査の合理性判断においても考慮されるべきであるからである。

　ちなみにアメリカにおいては、銀行等が反面調査に応じるコストが不合理に莫大であるとの批判が[41] 1970年代に入って有力となり、判例上、損失補償法理の可能性が探られたあとで[42]、結局、立法的に調査費用の補償の制

---

38) 成田・前掲注37) 論文(上) 155頁。
39) 成田・前掲注37) 論文(上) 156頁。この点はアメリカでも事情は変わらない。*See, e. g.,* LeValley & Lancy, *The IRS Summons and the Duty of Confidentiality: A Hobson's Choice for Bankers,* 89 Banking L. J. 979 (1972); H. E. Mortimer, *The IRS Summons and The Duty of Confidentiality: A Hobson's Choice for Bankers—Revisited,* 92 Banking L. J. 832 (1975).
40) 昭和30年7月21日に全銀協会長から各会員銀行に出された「銀行の預金などに関する税務調査について」の通達は、個別的な調査であっても「常識的に判断して被調査者が余りにも多数である場合」「被調査者が当該銀行と取引関係があるかどうか不明の場合」「同時に被調査者以外の者の預金等を調査する場合」には調査を拒否できると指示しているという（成田・前掲注37) 論文(中) 116頁）。アメリカでも、あまりに広範な預金記録を要求した行政的召喚令状の執行が拒否された例がある（United States v. First Nat. Bank, 173 F. Supp. 716 (W. D. Ark. 1959)）。
41) 反面調査に応じることによる銀行の負担は、銀行の規模、記録保存システムのあり方、調査件数等の差異により異なるが、例えば、1975年の連邦議会公聴会証言によれば、一年間に約7万ドル（第一連邦銀行シカゴ支店副頭取の証言）あるいは65万ドル（クロッカー銀行360支店総計——同銀行顧問弁護士の証言）と言われる（Note, *Taxation, IRS Use of John Doe Administrative Summones,* 30 Okla. L. Rev. 465, 479 n. 75 (1977)）。
42) *See, e. g.,* United States v. Farmers & Merchants Bank, 397 F. Supp. 418 (C. D. Cal. 1975); United States v. Friedman, 532 F. 2d. 928 (3d Cir. 1976). 調査費用の補償を命ずるこれらの判決は、新しい展開であるだけに、その根拠や基準をめぐって理論上解明すべきいくつかの問題点が議論されている。*See also,* Note, *Reimbursement of Costs of Compliance with Administrative*

度が定められたのである。[43]

(ⅱ) **銀行に対する反面調査と納税者の権利**　銀行に対する反面調査が行われる場合、納税者は、求められている情報は自分自身に関するものであるのに本人の知らない間に調査が行われることにまず不合理を感じるであろう。そして、当該情報が何らかの非開示特権を持ち、非開示特権の主張適格を持つのがほかならぬ納税者本人以外にないという場合などには、納税者に知らされない反面調査は納税者の権利を侵害するものではないかが問われよう。

この点についてアメリカでは、判例上、銀行に対する調査の強制訴訟への納税者の訴訟参加権の問題として議論があり、[44]最終的には、銀行等一定の第三者情報保管者に対して反面調査を行う場合には必ず納税者本人へ通知すべきこと、納税者は違法と考える反面調査の執行停止請求権を持つこと、納税者は調査の強制訴訟に権利として訴訟参加できることなどが立法上認められて、一応の決着を見たのである。[45]

Subpoenas Duces Tecum, 48 Geo. Wash. L. Rev. 83 (1979).
43)　1976 Tax Reform Act, Public Law 94-455, 26 U. S. C. § 7610. なお、1978年に制定された金融プライバシー法は、金融機関が第三者として調査対象となる行政調査一般について原則として調査費用が補償さるべきことを定めた（The Financial Right to Privacy Act, Public Law 95-630, 12 U. S. C. § 3415）。
44)　下級審は当初納税者の訴訟参加権を認めることに積極的なものが多かったけれども（Justice v. United States, 365 F. 2d. 312 (6th Cir. 1966); United States v. Bank of Commerce, 405 F. 2d. 931 (3d Cir. 1969); United States v. Benford, 406 F. 2d 1192 (7th Cir. 1969)）、最高裁は、納税者の訴訟参加利益を限定する立場をとり（Donaldson v. United States, 400 U. S. 517 (1971)）、訴訟参加の機会を狭めた。もっとも、納税者の訴訟参加は、銀行等が行政調査を拒否して調査の強制訴訟が提起されてはじめて意義を持つものであって、銀行等が調査に協力的である場合には問題にすらならなかった。反面調査における納税者本人への通知義務は、判例上は、否定的に解釈されていた（United States v. Continental Bank and Trust Co., 503 F. 2d. 45 (10th Cir. 1974)）からである。
45)　1976 Tax Reform Act, Public Law 94-455, 26 U. S. C. § 7609. 本法律の詳しい内容は、別稿で論じる予定である。*See also,* C. S. Lyon, *Tax Investigations Revisited,* 29 Tax Law. 477 (1976); Note, *IRS Access to Bank Records: Proposed Modifications in Administrative Subpoena Procedure,* 28 Hast. L. J. 247 (1976); Comment, *Government Access to Bank Records in the Aftermath of United States v. Miller and the Tax Reform Act of 1976,* 14 Hous. L. Rev. 636 (1977); R. A. Warden, *Rules for Administrative Summonses Completely Revamped under 1976 Act,* 46 J. Tax. 32 (1977).

わが国では、反面調査に固有の議論としては、学説上、反面調査の補充性（反面調査は本人調査によって十分な資料が得られない場合にその限度においてのみ可能であるとの法理）が説かれているが、それも実務上はかならずしも厳格に守られていないようである[46]。そして、反面調査が現実に実施された場合の法的統制のあり方としては、第三者としての地位の一般的強調以外には論議がないようである[47]。

アメリカと比較してのこの差異は、現実の必要性の違い、あるいはそもそも本人調査の場合の要件・手続の差異に現われているのであるが、理論的には、調査対象者の権利・利益の多様性に対する議論不足によるところもあると思われる[48]。

2. 調査手段の選択裁量の統制

(1) 強制調査の三類型：立法裁量と令状主義

調査手段を強制の有無を基準に分類すると、例えば立入検査については次の四類型に分けられる。

　　A　即時強制としての立入検査
　　B　令状に基づく強制立入検査
　　C　刑罰による間接強制立入検査[49]
　　D　任意の立入検査

調査対象者の権利・利益の視角からすれば強制調査がまず問題とされる

---

46) 金子宏『租税法』（弘文堂・1976年）376頁、清水敬次『税法〔新版〕』（ミネルヴァ書房・1980年）172頁等参照。
47) 反面調査の補充性を積極に解した判決として、静岡地判昭和47・2・9判時659号36頁があるが、その控訴審である東京高判昭和50・3・25判時780号30頁は、反面調査実施の必要性判断も課税庁の合理的裁量に委ねられていると述べ、以後の下級審判決例も補充性を厳格に要求していない。
48) アメリカにおいては、行政調査の司法的執行の原則の下で、被調査人が調査実施前に調査の違法性を争うことができる。このアメリカ的特質につき、曽和・前掲注18)論文(1)49～59頁、論文(2)71～81頁参照。
49) 立入検査の拒否に対して給付拒否その他の何らかの不利益・制裁が予想される場合も、この類型に準じて考えていくべきであると思うが、本章では検討から省いている。

べきであるから、上記 A〜C 間の調査手段の選択の問題から見ていこう。

　まず、上記 A〜C の強制調査はすべて法律の根拠を必要とすること、これら三類型のうちいかなる調査手段を授権するかはさしあたり立法裁量の問題であることは承認できよう。問題は B と A、C の区別、すなわち令状主義のおよぶ立入検査の範囲をどう考えるべきかである。

　(i)　**令状主義の及ぶ範囲：判例・立法の立場**　現行法制度は立入検査の強制手段をもっぱら刑罰による間接強制に依拠しているため、A と C の区別自体あいまいであり、B に準じた例としても、裁判所の許可状を要求する国税犯則調査（国税犯則取締法 2 条）、違法入国調査（出入国管理及び難民認定法 31 条）などがあるにすぎない。

　また、最高裁昭和 47 年 11 月 22 日大法廷判決は、憲法 35 条 1 項の適用範囲について「当該手続が刑事責任追及を目的とするものでないとの理由のみで、その手続におけるいっさいの強制が当然に右規定による保障の枠外にあると判断することは相当ではない」と述べて行政調査への令状主義の適用の可能性を認めるが、所得税法上の質問検査権については、それが ① もっぱら行政目的でなされ、② 実質上刑事責任追及のための資料の取得収集に結びつく作用を一般的には有さず、③ 間接強制にとどまり、④ 検査制度の必要性と強制の合理性があることを総合的に判断して、令状なき質問検査権の行使を合憲であると判示している。

　これらの例を見ると、判例および立法の立場は、現在のところ、刑事手続との強い実質的関連性がある場合のみに令状主義の適用を限定せんとするものと思われる。これは、憲法 31 条以下の手続保障規定が主として刑事手続を念頭に置いて定められたものであるという通説的見解に対応する、その意味では 1 つの常識的解釈であると言える。

　(ii)　**令状主義の及ぶ範囲：批判説**　しかし、令状主義の適用を準刑事

---

50)　刑集 26 巻 9 号 554 頁。本判決の紹介、評釈として、北野弘久・シュトイエル 129 号（1972 年）22 頁、板倉宏・ジュリスト 526 号（1973 年）52 頁、柴田孝夫・法曹時報 25 巻 3 号（1973 年）164 頁、東条伸一郎・法律のひろば 26 巻 3 号（1973 年）22 頁、小高剛・ジュリスト臨時増刊 535 号（1973 年）6 頁、金子宏・判例評論 172 号（1973 年）13 頁、中川剛・憲法判例百選〔第 3 版〕（1974 年）134 頁、佐藤幸治・行政法判例百選 II（1979 年）261 頁、松井茂記・憲法の基本判例（1985 年）146 頁等を参照。

手続に限定する見解に対しては、かねてから批判が見られるところである[51]。憲法35条の住居の不可侵の規定の眼目が公的介入から私人のプライバシーを保障することにあるとすれば、介入目的が刑事目的か行政目的かの区別は二次的なものにすぎず、プライバシー利益がその性質上事後的救済になじまないことをも考え合わせると、住居への立入検査を実力で強制するには原則として令状を必要とするとする見解も十分説得的である。

そこで、憲法35条が刑事手続に関する規定であるとの通説を前提にした上で、憲法35条の法意を活かしつつ直接的には憲法13条を根拠に行政調査への令状主義の適用を説く見解が[52]、以上の脈絡から注目される。すなわち、実力強制立入検査には原則として令状を必要とするという解釈である[53]。

かく解する立場から先の最高裁判決をふりかえれば、税務調査権に令状が不要とするその根拠は強制手段が間接強制にとどまっていること（前記③）にあり、その限りで当然の結論であるということになる[54]。

但し、憲法13条を根拠に令状主義原則を導くこの解釈についてはいくつか留意すべき点がある。

まず、憲法13条自体は令状要求を明示しているわけではないので、何ゆえにとりわけ令状主義なのかが問題となろう[55]。この点では今のところ、

---

51) 学説の状況を整理するものとして、芦部信喜編『憲法 III 人権(2)』（有斐閣・1981年）177～179頁［杉原泰雄執筆］、樋口陽一ほか『注釈日本国憲法 上巻』（青林書院新社・1984年）759～761頁［佐藤幸治執筆］等を参照。
52) 佐藤・前掲注50) 262頁、松井・前掲注50) 149頁。
53) もっとも、憲法13条を根拠に行政調査への令状主義の適用を説く前記の見解も、いかなる場合に令状が要求されると解しているのかは明確ではない。筆者は、プライバシー利益の事後的救済に限界がある点に事前の司法介入の根拠を見出すから、本文のように解することとする。
54) なお、玉国文敏「租税調査の現代的課題」租税法研究14号（1986年）56頁によれば、従来の課税実務は納税者が同意しない場合に立入検査を強行し得るとの立場にたっていたという。もしそうだとすれば、これは最高裁の立場とも矛盾するのではなかろうか。もっとも、調査の強行といっても私人の抵抗を排除する文字通りの強制の場合と、相手方の同意なしの調査実施の場合とがあるが、最高裁判決の趣旨は両者を含むと解すべきであろう。
55) すなわち、この解釈は、令状なしの立入検査を違憲と判示する局面を含むと同時に、行政機関が事前に令状を得て行った強制立入検査を合憲と判示する局面をも含んでいる。そして後者を認めることは、憲法35条や刑事訴訟法218条のような明文の根拠なしに令状の発給を認めることになるから、何を根拠に裁判所が令状を発給できるのかが改めて問題となる。なお、

憲法 35 条の法意をプライバシー保護システムとしての令状主義を（典型例としての刑事捜索につき）定めたものと解した上で、この法意を実力強制行政調査にも及ぼすことが憲法の体系的解釈の 1 つのあり方であるとしか言えず、直接的な根拠としては救済方法に関する司法裁量に基づくとでもいえないかと考えているが、今後さらに検討すべき点である。

そして次に、この解釈は、プライバシーの権利保障の 1 つのあり方、裁判所により創造された救済方法の 1 つとして令状主義を要求することになるから、令状発給要件も憲法 35 条の場合と同一に考える必要はないということになる。また、同様の理由から、プライバシー保護の必要性が低い場合やプライバシー保護の他の適切な代替手続が存在する場合などには必ずしも令状なき強制立入検査が違憲となるわけではないとの結論も導けよう。

行政上の立入検査の場合の令状発給要件や令状なき強制立入検査が合憲となる要件については今後具体的に検討するべきであるが、後者については、現在のところ、① 令状を得ていては立入検査の目的を達することが

いわゆる盗聴について、憲法 35 条を直接の根拠とせずに、司法的抑制（令状ないし許可状）の存在を条件に盗聴を許容する学説（学説の状況につき、芦部信喜編『憲法 II 人権(1)』（有斐閣・1978 年）663〜669 頁［佐藤幸治執筆］参照）にたつ場合にも、類似の問題が生ずるように思われる。

56) この点では、憲法 13 条、14 条 1 項、25 条の精神に照らして、予防接種被害者に憲法 29 条 3 項を類推適用して損失補償を認めた東京地判昭和 59・5・18 判時 1118 号 28 頁が注目される。憲法 29 条 3 項がその文言、沿革から見て財産権についての規定であることは否定できず、その直接適用に無理がある以上、本判決の趣旨は、実質的には「財産権の剝奪さえ補償されるのであるから、憲法 13 条、25 条で保護されている生命・身体の剝奪に補償しないのはあまりに不均衡という勿論解釈を採る」もの（阿部泰隆「予防接種禍をめぐる国の補償責任」判例タイムズ 604 号（1986 年）9 頁）と解せよう。そしてこのような勿論解釈の論理は、行政調査への令状主義の適用においても可能であり、そうした解釈が許されるのも、裁判所に救済方法についての一定範囲での裁量が認められていると解することにより説明がつくであろう。救済をめぐる問題については、佐藤幸治「基本的人権の保障と救済(1)(2)」法学教室 55 号（1985 年）65 頁、56 号（同年）59 頁も参照。

57) なお、アメリカにおいては、判例は、修正 4 条を根拠に行政上の立入検査にも令状主義が及ぶとしているため、調査授権法が令状要件を欠く場合にも裁判所が行政機関の求めに応じて令状を発給すること自体は問題とされていないが、令状発給要件を刑事捜索の場合と区別して緩和しているため、同一の条文を根拠に二重の基準を認めることの妥当性が議論されている。詳しくは、佐藤・前掲注 6) 1 頁、同「(2)」法学論叢 97 巻 4 号（1975 年）1 頁参照。

困難な緊急の必要性がある場合、②国民の生命・健康等を保護する目的で事業所に立ち入る場合、③プライバシー保護の他の適切な代替手続が行政調査を授権する法律により定められている場合などが考えられる。

右の解釈に対しては、その憲法解釈論としての整合性に対する前記の疑問のほかに、おそらく、次のような批判が予想される。

第一は、行政上の立入検査に原則として令状を要求することは事前の令状事務の負担を増大させ行政規制の実効性を著しく阻害するのではないかとの批判である。

確かに令状主義の適用は行政機関に一定の新たな負担を課するものである。しかしこの批判に対しては、(a)ほとんどの行政立入検査は任意の協力を得て行われているので、検査拒否の場合のみに令状を得るとすれば令状事務はそう大きくないのではないか、(b)不意打ち検査の必要な時は事前の令状に基づき立入検査を強行する方がむしろ望ましいのではないか、との反論も可能である。

また、公害防止行政や食品・医薬品規制行政の領域では前記②の要件から令状なき強制立入検査が許される場合も多いと思われるので実効性を欠くとの批判は当たらないであろう。

第二の批判は、しばしば定期的・定型的に行われる行政立入検査について令状を要求しても刑事手続のような厳格な発給要件を要求することはできないから、結局裁判所の判断も形式的なものとなり無意味ではないかというものである。

---

58) 事業所のプライバシー（あるいは法人のプライバシー）については、プライバシーを人格的自律の視点から定義する立場にたって、そもそもプライバシーの権利が成立しないとの解釈もあり得よう。しかし、現実の事業所や法人の活動領域は私人の私的活動領域と区別することの困難な場合もあるので、事業所のプライバシーを全面的に否認することはできないであろう。ただ、住居等と比べてプライバシー利益が少ないことも多いと思われるので、調査目的との利益考量の下で、本文のように令状主義の例外を認めてもいいのではないかと思われる。

59) 代替手続の適切性の判断は難しいが、現行法では、立会人制度を伴う滞納処分のための捜索（国税徴収法142条）が、滞納に至るまでの訴訟可能性、プライバシー利益期待の程度等の条件も含めて考えて、この例外に該当するものと思われる。

60) アメリカにおける同様の議論を紹介するものとして、曽和俊文「〔論文紹介〕」【1982-1】アメリカ法40頁を参照。

令状発給要件が刑事手続の場合と異なるのはやむを得ないことであり、場合によれば、立入検査の根拠としての行政調査計画の合理性の確認で足りるとされる余地もあろう。しかしこの場合でも、当該行政機関とは別の第三者機関としての裁判所がその合理性を確認することに意味があるとの考え方も成り立つであろう。プライバシーの権利が事後的救済になじまない性質を持つことから事前の司法介入が正当化されるのであって、ここでは誰が行政調査の合理性を判断するのかがむしろ肝要であるとも言えるからである。

　もっとも、以上に述べた解釈は筆者の一試論であって、通説・判例は先に見たように令状主義の適用を準刑事手続に限定している。したがって、通説・判例を前提にすれば、現行法制度で認められたほとんどの立入検査はＡ（即時強制立入検査）かＣ（間接強制立入検査）のいずれかということになる。

　(iii)　**即時強制立入検査と間接強制立入検査の区別**　行政調査を授権する法律自体はＡとＣの区別について明文の定めを置いていないのが普通であるから、両者の区別は解釈論として導かれる必要がある。ところがこの点について、従来の学説には意外に詳論するものがなく、一般的な即時強制の定義が両者の区別の標識として考えられているがごとくである。

　ただ最近、兼子仁教授は「複合的強制立入検査」の概念でこの問題を整理しているので、これを検討してみたい。兼子教授によれば、現行立入検査は、条理解釈上、犯罪捜査併用型［立入検査］、即時強制立入検査、間接強制立入検査、複合的強制立入検査の四類型に分けることができる。そして、複合的強制立入検査とは、「原則的には拒否罪で担保される右の間接強制立入りにとどまるが、人身保護目的で緊急に必要な事業所等立入り

---

61)　アメリカでは、Marshall v. Barlow's, Inc., 436 U. S. 307 (1978) が、「中立の資料からわり出した一般的行政計画に基づく検査であることの疎明」で令状発給要件である「相当の理由」を満たすと述べて議論を呼んでいる。See e. g., C. R. McManis & B. M. McManis, *Structuring Administrative Inspections*, 26 Am. U. L. Rev. 942 (1977); Note, *Rationalizing Administrative Searches*, 77 Mich. L. Rev. 1291 (1979); M. J. Lacek, *Camara, See, and Their Progeny: Another Look at Administrative Inspections under The Fourth Amendment*, 15 Colum. J. L. S. P. 61 (1979); Note, *Defining Contours of OSHA Inspection Warrants*, 48 Brooklyn L. Rev. 105 (1981).

にかぎって即時強制可能と解される」もので、「二重効果的規制行政に関する現行法制上の立入検査条項は、このように複合性をもつと条理解釈すべきものが多い」とされるのである[62]。

すなわち、本章の問題関心から言えば、AかCかの区別について、法規定そのものではなくその適用の局面で区別すべきであるととらえられている点、および、区別の基準として「人身保護目的で緊急に必要な事業所等立入り」というメルクマールを提起した点で注目される。

もっとも行政上の立入検査に原則として令状主義の適用を主張する本章の立場からすれば、適用の局面での判断を第一次的には行政機関に委ねることの合理性が問われるところであり、同時に、令状主義の例外を比較的広く認める立場から、調査目的と対象の限定に加えて緊急の必要性をも即時強制立入検査の要件とすることがはたして現実的に妥当であるのかという危惧が残るところである。

(2) 調査形態の選択裁量の統制

(i) 調査手段の諸形態　調査手段を形態的に分類すると、質問、立入検査、文書提出命令、証人出頭命令、統計・報告書の要求などに区分することができる。各種調査授権法は、これらのうちの一手段を認めるにすぎない場合もあるが、調査目的との関係でこれらのいくつかを同時に授権することがある。

また、任意調査としての質問、立入検査などは、当該調査機関が行使すべき正当な行為権限の範囲内での情報収集である限り、法律の根拠がなくても行政機関の裁量で行い得ると解される場合があろう[63]。

それゆえ、行政機関は、行政調査を行う場合に、任意調査によるべきか強制調査によるべきかの選択、あるいは強制調査の中でもいかなる調査手段をとるべきかの選択に直面することがある。

---

62) 兼子・前掲注7) 136～137頁。
63) 本人の同意があれば任意調査には原則として法律の根拠はいらないと説く学説もあるが、調査対象者の二類型あるいは求められる情報の性質等を考えると、このように言いきってしまえるか疑問もある。個別的に判断すべきであろう。

第 2 節　調査対象たる私人の権利・利益と行政調査　　*227*

　(ⅱ)　**調査手段選択裁量の統制**　　法律がいくつかの調査手段を同時に授権する場合の調査形態の選択の問題は、これまでほとんど自覚的に論じられたことがない。おそらくそれは行政機関の広範な裁量判断に委ねて問題がないとされてきたのであろう。しかし、調査対象者の権利・利益を保護する視角から言えば、調査形態・手段の選択をすべて行政のフリーハンドと見なしてよいかどうかは1つの問題である。

　　(a)　立入検査と文書提出命令の選択　　例えば、間接強制立入検査と文書提出命令は強制調査手段の二典型例であるが、両者は次のような機能的差異を持つ。① 前者は要求されている情報の第一次的選択を調査機関に許すが、後者は書類の選択・評価を調査対象者が行い得る。② 前者は家屋内への物理的侵入の過程で無用のプライバシー侵害を伴いやすいが、後者はそうではない。③ 前者は不意打ち調査を可能にし、調査対象者による証拠隠滅の可能性を減じるが、後者はそうではない。④ 前者は調査対象が物的構造物である場合などにおいては、後者に代替できない調査手段である。⑤ 違法な行政調査に対する司法救済のあり方も両者において差異が見られる[64]。それゆえ、これらの機能的差異に応じた合理的な調査手段の選択は、行政調査における裁量の法的統制の一課題であろう。

　ちなみに、アメリカでは、事件に関して第三者である新聞社等への刑事捜索の場合についてであるが、令状捜索と文書提出命令との選択の問題が判例上争われ[65]、最近、立法により部分的決着を見た[66]。

　　(b)　比例原則からの統制　　わが国では、行政調査手段としては立

---

64)　その差異については次項 (3) で検討する。
65)　Zurcher v. Stanford Daily, 436 U. S. 547 (1978). 本判決の内容については、曽和俊文「行政調査と令状主義―アメリカにおける最近の判例紹介」京大法院会・院生論集8号 (1980年) 26頁を参照。
66)　Public Law 96-440 (1980). 本法律は、事件に無関係の第三者である報道機関に対して刑事捜索がなされる場合に、① 報道関係資料は原則として捜索押収の対象とならない、② 報道関係資料以外の資料に対する捜査は原則としてまず第一に文書提出命令によらなければならないと規定する。Zurcher事件下級審 (353 F. Supp. 124 (N. D. Cal. 1972)) は、調査対象が報道機関でありかつ事件に関して第三者であるという地位の特殊性がある場合には、文書提出命令を第一とすべきであって令状に基づく捜査は違法であると判示したが、この判示は最高裁により否定された。本法律は、Zurcher事件下級審の判断を立法として確認したものと言える。

入検査が多用されており、文書提出命令は、法律上授権されている場合でもあまり利用されていないようである。そして、立入検査の実施される局面では、それが法律に基づく間接強制立入検査であるのかそれとも純粋に任意の立入検査であるのか明確でないことが多く、このことが行政調査をめぐる法律関係をあいまいにする一因ともなっているように思われる。

したがって調査手段の選択についてもほとんど議論はないが、ただ、根岸哲教授は、公正取引委員会の調査権にかかわって「比例原則の適用［から］……強制調査も、出頭・陳述命令、物件提出命令→承諾に基づく立入検査→実力による立入検査という人権侵害の可能性の少ない手段から順次行われるべきである」と指摘している。この指摘は原則的には妥当なものと思われる。適切な調査の必要性との利益考量においては、先に述べた機能的差異に着目したより具体的な判断が求められよう。

(3) 違法な行政調査に対する司法救済

違法な行政調査は拒否することができる。しかし、調査の適法性について行政機関と調査対象者との判断が分かれる場合には、現行法制度の下で、調査対象者たる私人にはいかなる争訟手段が認められているのであろうか。一応、調査手段ごとに分けて検討する必要がある。

(i) **実力強制立入検査**　質問、各種申告・記帳義務、報告書要求など調査対象者に情報の加工・再現等を要求する行政調査は、その性質上、行政機関が直接実力を加えて調査を強制的に実現するということは考えにくい（仮に調査対象者の身体に実力を加えて調査を強制しようとすれば、人身の自由に反して違憲と判断されるであろう）。そこで実力強制調査のうちでも問題となるのは、もっぱら実力強制立入検査の場合である。

まず、実力強制立入検査が一定の期日を指定してあらかじめ予告付きでなされる場合、あるいは、繰返しなされることが予想できる場合には、それを違法と考える調査対象者は、権力的事実行為としての調査実施の差止めを求める無名抗告訴訟を提起できよう。無名抗告訴訟としての差止訴訟

---

67) 根岸哲「独禁法上の立入検査の性質と限界」企業法研究216号（1973年）12～13頁。

の許容性は以前から議論のあるところであるが、プライバシー利益の事後的救済に限界があることからすれば、この場合には差止訴訟を認めることが求められよう。[68][69]

しかし現実には、実力強制立入検査は不意打ちで行われる場合が多いであろう（言い換えれば、不意打ち検査の必要性のない場合には、権利侵害度の弱い他の調査手段で代替できることが多いであろう）。そして、予告なしの実力強制立入検査は、たとえそれが違法であっても、刑事訴訟または国家賠償訴訟で事後的にその違法性を確認するほかない。ここに司法救済の限界があり、それゆえに事前の司法介入（令状主義）が要求されるところである。[70]

　(ⅱ)　証人出頭命令・文書提出命令　　(a)　調査命令の取消訴訟　　証人出頭・陳述命令や文書提出命令は、これを行政行為と説明する教科書もあるように、取消訴訟の対象としての行政処分と考えてよいであろう。したがって、違法な文書提出命令等に対しては取消訴訟が可能であると解される。

　しかし、これまでのところ、調査命令の取消訴訟を肯定した例は見当らず、逆に、地方自治法百条に基づく調査委員会が発した調査命令についてであるが、取消訴訟を否定した例がある。

---

68)　さしあたり、雄川一郎「行政行為の予防的訴訟」杉村章三郎先生古稀記念『公法学研究上』（有斐閣・1974年）133頁、阿部泰隆「公権力の行使と差止訴訟(上)」判例タイムズ534号（1984年）13頁参照。

69)　最高裁昭和47年11月30日第一小法廷判決（民集26巻9号1746頁）は、「事前の救済を認めないことを著しく不相当とする特段の事情がある場合」には無名抗告訴訟としての義務不存在確認訴訟が認められるとする。最高裁の基準は抽象的であるが、実力強制調査に対する事前救済の必要性は高いと言うべきであろう。

70)　ところで、税務調査権行使に違法があったとして国家賠償を肯定した最近のある判決（大阪高判昭和59・11・29訟月31巻7号1559頁）は、損害として慰謝料3万円を容認したが、これに対して、ほんの短時間（1分間未満？）の店舗への立入りであって現実的損害なしとすべきであるとの批判（山田二郎・ジュリスト858号（1986年）135頁）がある。批判の趣旨は私人間であればこの程度のことは現実的損害を与えたことにはならないからというものであるが、プライバシーの権利・利益を重視し、行政調査の法的統制の必要性を前提にすれば、判旨妥当というべきであろう。

例えば、静岡地裁昭和 56 年 12 月 4 日判決[71]は、市議会特別調査委員会の発した記録提出・証人出頭請求が「関係人に対し、請求に応じる法的義務を課している……行政処分」であることを認めつつ、① 拒否に対する罰則を課す刑事手続で調査の違法性を争えるから調査対象者の裁判を受ける権利は保障されている、② 刑事訴訟手続とは別に行政訴訟手続でも右請求を争えるとした場合には「両訴訟における判決の間で矛盾の生ずるおそれがあることをはじめとして、両訴訟手続の関係について解決困難な問題を生ずる」、③ 地方議会のいわゆる百条調査権の重要性からみて、その行使を尊重する必要があるという三点を理由に、取消訴訟を不適法と判示している。そして、このような判断は百条調査権の調査命令に関する限り、通説化しているようである[72]。

しかし、調査命令を行政処分としつつその取消訴訟を否定する右の論理は支持しがたい。① 刑罰の担保のある行政処分はむしろ一般的に存在しているが、例えば公害企業に対する操業停止命令の場合に刑事訴訟の可能性を理由に取消訴訟を否定する説明は見られない。② また調査命令の場合には、違法と考える調査対象者はそれを拒否すれはよいので何ら不利益を被らないとして訴えの利益を否定する理屈も考えられるが、普通の市民にとって、刑事被告人の地位に置かれるリスクを覚悟して調査命令の違法性を争えというのは酷に過ぎるであろう。③ 刑事訴訟と行政訴訟の間での判断の矛盾・抵触の可能性を理由とする否定論も両訴訟手続の機能的差異を見逃すもので説得力を欠く。④ 百条調査権の重要性もそれに対する司法統制の可能性を否定するものとは言えない。こう考えてくると、百条調査権の場合も含めて、行政調査としての証人出頭・陳述命令や文書提出命令は、取消訴訟でその違法性を事前に争うことができると解すべきである[73]。

(b) 残る検討課題　　もっとも、基本的には右の解釈の正当性を承

---

71) 行集 32 巻 12 号 2205 頁。
72) 広島地判昭和 53・12・19 判時 923 号 68 頁、広島高岡山支判昭和 48・9・11 判時 719 号 102 頁、中島正郎『地方議会百条調査の実務』(学陽書房・1981 年) 225 頁等参照。
73) 同趣旨、関哲夫『自治体行政の法律問題』(勁草書房・1984 年) 88〜96 頁。

認した上でもなお検討すべき問題がある。

第一は、調査命令の事前の司法審査においていかなる審査基準が用いられるべきかの問題である。

一般的には、調査権限の有無、調査範囲の適切性、調査手続の遵守、調査負担の合理性などが審査されることになるが、例えば、調査範囲の適切性を調査目的との合理的関連性の基準で審査するとしても、そこには事前審査に伴う限界があろう（結局、関連する可能性の有無の審査にとどまり、結果的にはかなり広範な審査要求が適法とされるであろうことは十分予測されることである）。

調査の適正手続として法律が明記する手続以上にいかなる手続が要求されるのかも一義的には決定しがたい問題である。ただ、今後、行政調査に対する行為規範がより明確になれば、事前の司法審査の意義も大きくなるであろう[74]。

第二は、調査命令の取消訴訟を広く認めれば、濫訴をうみ、調査実現までに遅延が生じ、ひいては行政規制の実効性が失われるのではないかが問題となる。

確かにそのような危惧が当る可能性は一般的には否定できないであろう。けれども、間接強制を基本とする現行法の下では、調査を現実に実現するための保障はそもそも不十分なのであって、調査対象者の徹底的な拒否に会えば調査ができないことに変わりはないのである[75]。むしろ、法廷において調査命令の適法性について十分論議をつくした後の何らかの実効的な強制手段を考えることが、今後立法論として求められよう。

そして、迅速な調査の実現が求められる局面では、既に述べた令状に基づく強制立入検査または令状なしの強制立入検査を利用することにより、調査の実効性さらには行政規制の実効性が保たれるであろう。

(iii) **間接強制立入検査**　間接強制立入検査（あるいは間接強制による各種申告・記帳義務）の適法性を争う通常の方法が拒否罪の成立を争う刑

---

74) 曽和・前掲18) 論文(3) 22〜44頁、論文(4) 22〜37頁参照。
75) 刑罰による行政調査の強制が実務上あまり実効性を持っていないことにつき、雄川ほか・前掲注36) 138頁参照。

事訴訟であることは、これまでの税務調査をめぐる判決の示すところである。

それ以外に、たとえば無名抗告訴訟の可能性はあまり認められないであろう。拒否によりただちに回復不可能な損害を破るおそれがあれば、無名抗告訴訟としての調査実施差止訴訟あるいは調査権限不存在確認訴訟などの提起も考えられるが、刑罰による間接強制にとどまる限り、違法調査は拒否すればよいのであって、プライバシー利益がただちに損なわれるわけでなく、(1)で述べた実力強制立入検査の場合と同一には考えにくいからである。[76]

しかし、司法救済が刑事訴訟に限られるかは、1つの問題である。実際、これまで、事実行為としての立入検査に取消訴訟が可能であるという説も有力であったからである。もっともこの説は主として即時強制としての立入検査を念頭に置いていたものとも思えるので、間接強制立入検査の場合にも妥当するかどうか吟味を要するが、(ii)で述べた論理からすれば、間接強制立入検査の場合にも取消訴訟を認めてよいのではないかと思う。[78]

すなわち、立入検査が繰返し実施されることが予想される場合には、調査対象者は取消訴訟により事前にその違法性を争うこともできるし、拒否を繰り返し最終的に刑事訴訟でその違法性を主張することもできる。ただ取消訴訟の場合、立入検査は調査範囲の事前確定が難しいので文書提出命令を争うとき以上に事前審査の困難があることは否定しがたい。

間接強制立入検査を実力で強制実現した場合にはそれ自体違法であり、

---

76) 前掲注69)参照。
77) 事実行為としての立入検査の取消訴訟の性格に関しては、立入検査の受忍を命じる行政処分とその実行行為の合成ととらえて前者について取消訴訟が認められると説く学説（広岡隆「行政上の即時強制の法的構造とその取消訴訟」法学論叢75巻3号（1964年）66頁）、立入検査の違法宣言訴訟であると説く学説（今村成和「事実行為の取消訴訟」北大法学論集16巻2・3号（1965年）3頁）があるが、本章ではこの点に立入らない。
78) なお最近、税法分野において、西ドイツの立法例にならって、臨場調査は調査命令に基づき実施・執行されるべきであり、わが国の税務立入検査も調査命令とそれに基づく臨場調査の合成と解釈すべきであるという主張が登場してきている（木村弘之亮「西ドイツにおける調査命令に基づく税務調査」法学研究56巻9号（1983年）1頁）。以前の広岡説と基本的に同一の主張と思われるが、本章の問題関心から注目される主張である。

調査対象者は国家賠償訴訟で救済を受け得る。

(4) 小　括

　第一の検討視角からする行政調査の法的統制は、これまで、刑事手続に対する法的統制との比較において論じられることが多かった。もちろんこの点からする検討は重要であるが、ともすると従来の議論は、刑事手続における憲法上の手続保障がどこまで行政調査に適用ないし準用されるかという角度からなされるものが多く、行政調査に固有の問題の分析としては不十分なところもあった。

　そこで本章では、まず、行政調査と抵触する調査対象者の権利・利益を実体的・手続的に確認した上で、行政調査の法的統制を考えようとした。第１節での類型化の試みがそれであるが、なおすっきりした整理をもとめて、今後検討をすすめたいと思う。

　また、非開示特権情報をめぐる問題や行政調査の適正手続の問題のように、第一の検討視角からすれば当然一般論として論じられるべき問題であるにもかかわらず、本章では論じることのできなかった問題も多い。個別行政領域に即した検討と合わせて、他日を期したい。

　なお、違法な行政調査により収集された情報に基づく行政処分の効力の問題は、第三の視角との関連で行政情報の内部利用の問題の一環として論じ、任意調査をめぐる問題も個人情報保護システムとの関連で一部取り上げるので、ここでは検討していない。

　第一の検討視角は、違法な行政調査から調査対象者の権利・利益を保護するという角度から行政調査の法的統制を考えるものであり、いわば、行政調査の局面において、伝統的行政法に言う法治主義の徹底をもとめたものと言える。わが国では、行政調査に対立する私人の権利・利益が明確に承認されてこなかったため、行政調査をめぐる紛争が権利・義務をめぐる独立した法的関係として意識されず、そのために第一の視角から検討すべき問題がなお残されていることは先に見た通りである。

　しかし、現代の行政活動の法的統制は、行政活動の対象となる私人の権利・利益の保護の角度からのみ考えることはできない。個々の行政制度・

行政活動の存在根拠を国民の立場から再吟味して、それらが本来あるべき機能を十分に発揮することを保障するための法的統制をも必要としているからである。これを行政調査について見れば、適切な行政調査を求める権利・利益の視角からする法的統制の必要があるということになる。この点を、次節で検討する。

第3節　適切な調査を求める権利・利益と行政調査

　行政調査の法的統制は、これまで主として調査対象となった私人の権利・利益との関係で考察されてきたが、最近、後述するような背景・事情の下で、適切な調査を求める権利・利益との関係で考察する必要が強調されてきている。

　適切な調査を求める権利・利益の視角から行政調査の法的統制を考察するならば、さしあたり、次の2つの場面が重要となろう[79]。すなわち、調査の懈怠または調査の不備が国家賠償訴訟や抗告訴訟の違法性の一理由とされる場面（調査義務が問題となる場面）と、私人が直接に調査権限の発動を求める場面である。相互に関係するところが多いが、以下では一応区別して論じることにしたい。

1.　調査義務論の登場

　行政機関が法律により授権された処分その他の権限を適切に行使するためには、権限行使に必要な情報が過不足なく収集されていなければならない。この意味で、行政調査の役割の重要性を強調することについては、おそらく誰も異論はないと思われる。そして、たとえばアメリカにおける行政機関の登場の背景、その後の発展を見るならば、行政機関が独立した調査権を持つことの意義、あるいは行政の意思決定過程における行政調査の役割の重要性自体は、行政機関の登場段階から意識され、強調されてきた

---

79)　山村・前掲注22）論文(7) 94～96頁、遠藤・阿部編・前掲注7) 329～332頁［竹中執筆］も参照。

ことでもあったのである。[80]

(1) 調査義務論登場の背景

ところで、わが国において、最近になって行政調査の役割の重要性が改めて強調され、とりわけそれが調査義務論として論じられてきた背景には、前記の一般的背景に加えて、次のような事情があると思われる。

(ⅰ) **行政過程論の展開** 第一は、行政過程論の展開である。行政行為論を中心内容とする従来の行政法学においては、行政行為の前段階でなされる行政機関の意思形成過程（行政調査過程も含む）は直接には法的統制の対象とされにくく、また、行政計画や行政指導、非権力的行政調査といった行政活動もそれ自体私人の権利・利益を直接に左右する法的効果を持たないために、訴訟の対象となることが少なかった。しかし、私人に対する法的効果を有する行政の最終的決定のみを分析の対象とする従来の分析では、現実の行政過程の複合的・動態的性格を十分に考察することはできない。[81] そこで、行政過程論は——その内容について論者により差異があるが総じて言えば——、現実の行政過程の複合的・動態的性格をそれ自体として承認した上で、現実の行政過程に対する実効的な法的統制のあり方を考察しようとする。

こうした行政過程論の立場からすれば、従来行政の内部過程の一部とされ、私人の権利を侵害する強制調査以外には直接法的検討の対象となることの少なかった行政調査も、個々の行政決定・行政過程の適切性を実質

---

80) アメリカの連邦行政法が、ICC や FTC といった行政委員会の設立を契機に形成されてきたことは広く知られているが、これらの設立に当たっては、規制機能と同時に調査機能も重要視されていた。ICC につき、和田英夫「州際通商委員会 (ICC) の成長と展開」北大法学会論集 1 号（1951 年）56～67 頁、FTC につき、曽和・前掲注 18) 論文(4) 27 頁注②などを参照。また、アメリカにおいて、最高裁は当初は行政委員会を裁判所になぞらえることにより、行政機関の発する召還令状の権限・範囲を個別事件との関係に限定してきたが、Oklahoma Press Publishing Co. v. Walling, 327 U. S. 186 (1946) は、行政機関と裁判所の差異を指摘して、行政調査の範囲を拡大した。1940 年代における行政調査判例の転換について、曽和・前掲注 18) 論文(2) 82～90 頁を参照。
81) 行政過程の複合的・動態的性格については、例えば、塩野・前掲注 12) 1 頁以下（とりわけ、8～15 頁に掲載されている図 1～図 5）を参照。

に保障するものとして、その適切なあり方が、直接検討の対象とされるべきであるとされるのである。

例えば、行政過程論を早くから提唱してきた遠藤博也教授には、「行政庁の調査義務」の視点による判例の分析がある[82]。また、山村恒年弁護士は、「意思決定や行政過程が公正かつ合理的になされるためには、その基礎となる調査や事実認定が公正かつ合理的でなければならない……しかるに、従来の行政法学では、この意思決定過程としての調査・事実認定の合理性のメカニズムについては殆どふれられることはなかった」として、「行政調査を、『裁量的意思決定の合理的統制』という観点から検討する」ことの必要性を強調し[83]、実際にこの視点から多くの行政調査を分析・検討している[84]。塩野宏教授が、「行政過程に広く用いることが可能な一般的制度として」行政調査を位置づけるのも[85]、行政過程における行政調査の役割の積極的評価を前提にするものと言えよう。

行政過程論からすれば、行政機関は行政活動の各段階(政策課題の決定、行政計画、行政立法、行政行為、行政指導等の各行為形式あるいはこれらの組合せ)に応じて、適切な調査を行うべきことが期待されており、一定の場合には、調査の不十分さが調査義務違反として抗告訴訟あるいは国家賠償訴訟などの違法理由になるとされる。

このような分析角度は、とりわけ従来法的統制の及びにくかった裁量的決定や行政計画などの法的統制方法として、有効なものとなり得ると思われる。問題は、調査義務の規範論的根拠および調査の適切性の判断枠組み

---

82) 遠藤博也『講話行政法入門』(青林書院・1978年) 41~48頁。なお、同・前掲注23) 606頁は、従来の行政行為の瑕疵論について、「すべてを行政行為がのみこんでしまって、行政過程における様々な局面における行政庁の調査義務や、近時脚光をあびつつある行政調査の諸問題、行政庁の釈明義務、さらに、行政庁の作為義務、これらに対するに私人の行政手続上の権利といったものが浮かび上がってこない」とこれを批判し、行政過程論の立場から、行政庁の調査義務という問題が「実に広範な分野」として残されていることを指摘している。10年前の指摘であるが、今日なお先駆的な意義を持つと言えよう。

83) 山村・前掲注22) 論文(7) 94~96頁。

84) 山村・前掲注22) 論文(7)~(11)参照。

85) 塩野・前掲注12) 29~30頁。なお行政調査を行政過程一般に通ずる制度として位置づける見解は、室井・塩野編・前掲注12) 185~186頁にはじめて登場しているように思われる。

であるが、これらの点は次項2で改めて検討することにしたい。

　(ii)　**不作為の違法論の展開**　第二の背景・事情は、行政の不作為の違法論の展開である。行政過程あるいは裁量的決定における行政調査の重要性は、一般論的にはこれまでも強調され承認されてきたところであるが、従来は、調査の必要性・適切性はもっぱら行政機関が判断することで足りるとされてきた。しかし、最近になり、行政機関が法律により付与されたその権限を適切に行使しないことが問題となる領域が拡大する中で、行政規制の積極的発動を求める国民の権利・利益が強調され、その脈絡で、適切な行政調査を求める国民の権利・利益の主張も登場してきたのである[86]。

　問題となる主たる領域は、いわゆる三面的対抗関係を持つと言われる食品・薬品規制行政（行政―食品・薬品会社―消費者）や労働者保護行政（行政―企業―労働者）であるが、論理上、問題となる行政領域がこれらに限定されるわけではない。警察官の権限不行使が違法とされる場合もあるし[87]、被害者が適切な捜査活動を要求する権利を求める局面も否定できないからである[88]。

　適切な行政調査を求める国民の権利・利益は、現段階では、国家賠償訴訟における違法理由との関係で、いわば裏から承認を受けるにとどまっているようにも思われる。しかし、一定の規制権限の発動を求める権利の場合と比べて、調査権の発動を求める権利はより積極的に承認されてしかるべきであろう。調査の結果いかなる措置をとるのかの裁量を行政機関に認めた上でともかく調査すべきことを求めるところにこの権利の眼目があるのであって、これを拒否する理由は乏しいと思われるからである。

　なお、ここでも調査対象の選択、調査の程度等に関する行政裁量の統制基準が求められてくるが、この点も後に検討する。

---

86)　なお、アメリカでも、調査の不作為、規制権限の不発動の問題性が指摘され、これらの法的統制が課題となっている。さしあたり、2 K. C. Davis, ADMINISTRATIVE LAW TREATISE 215-304 (enforcement discretion) (2d ed. 1978); R. B. Stewart & C. R. Sunstein, *Public Programs and Private Rights*, 95 Harv. L. Rev. 1193 (1983); Note, *Judicial Review of Administrative Inaction*, 83 Colum. L. Rev. 627 (1983) 等参照。また、曽和・前掲注 18) 論文(4) 44 頁注①参照。

87)　最三小判昭和 57・1・19 判時 1031 号 117 頁、最二小判昭和 59・3・29 判時 1112 号 20 頁等参照。

88)　後掲 3 参照。なお、アメリカの議論として、Note, *Toward a Constitutional Right to an Adequate Police Investigation: A Step beyond Brady*, 53 N. Y. U. L. Rev. 853 (1978) 参照。

(2) 現代的課題としての調査義務論

調査義務論は、以上に略述した事情からもうかがえるように、国家権限・行政権能の拡大に特徴づけられる現代行政の展開の中で顕在化した、すぐれて現代的な問題として提出されている。ここでは、行政調査の適切性が、調査の相手方の権利・利益との関係（本章第2節で分析した第一の検討視角）においてではなく、適切な調査の積極的な発動を求める権利・利益との関係（第二の検討視角）で問題となってきているのである。

第一の視角と第二の視角は、具体的な解釈論においては統一的に考察されなければならないことは言うまでもないが、次項以下では、第二の視角からする論点をもう少し掘下げて検討してみたい。

2. 裁量統制としての調査義務論

(1) 調査権限の推定と調査義務

行政機関が権限行使に必要な情報を入手できるように、法律は、各種申請・申告などの私人による情報提供制度を定め、あるいは、必要に応じて強制調査権を行政機関に授権している。しかし、法律はあらゆる場合を想定して行政調査について規定している訳ではない。そこで、仮に法律が情報収集手段について明文で規定を置いていないとすれば、行政機関は必要な情報を得ることができないと解すべきなのであろうか。

一切の行政調査には法律の根拠が必要であるとの立場をとれば、明文の根拠なき限り行政調査は不可能であって、調査義務も法律が行政調査権限を規定してはじめて生じるものとされよう。そこで、調査義務の問題を考える場合には、まず、法律の留保の原則との関係を整理しておく必要がある。

(i) **調査義務と法律の根拠** 今日の判例・通説は、非権力的手段で行われる行政作用には原則として個別の作用法上の根拠を必要としないとするから、これによると、行政調査についても非権力的手段による限り特別の作用法上の根拠は不要ということになろう。[89]

この点、調査対象となる情報の性質や、調査の直接の相手方ではないが

実質的に調査に利害を持つ実質的当事者の存在を考慮すれば、非権力的手段で行われる行政調査であっても法律の根拠を要すると解すべき場合があることは既に述べたところである。しかし、右の考慮を例外として含めた上で、原則論として言えば、非権力的手段による限り、処分その他の権限行使に必要な情報を収集することは当該行政機関の職務範囲であると言えるから、処分権限等の授権の枠内で一定の調査が行い得ることは処分権限等の授権に当然に含意されていることであると言ってよいと思われる。

最近のアメリカの判例の中に、法律による一定の規制権限の付与が同時に一定範囲での行政調査を前提としていることを述べるものがあるのは、[90] 本稿の関心からいっても注目されるところである。

もっとも、右の点は、明文の根拠なくとも一定範囲の調査が可能であることを示唆するにすぎず、調査義務の問題に直接答える訳ではない。ただ、調査権限の授権がない場合には、調査を必要とする当該権限行使との関係で調査範囲が定まり、しかも非権力的手段に限り調査可能と言えるのであって、調査義務もこの範囲で考えていかねばならないであろう。

(ii) **調査義務の根拠**　さて、行政機関の調査義務は、これまでの行政法学においては正面から検討されることがなかったため、その内容、規範論的根拠などについて十分に解明されているわけではない。ただ、これまでの判決例を見ると、抗告訴訟における違法性、あるいは、国家賠償訴訟における違法性または過失を肯定する一理由として、調査義務に言及し

---

89) この点を明確に述べているものは少ないが、例えば、佐藤・前掲注7) 284頁、鈴木康夫「政策形成と行政調査」公法研究49号 (1987年) 143頁等参照。

90) *See*, Dow Chemical Co. v. United States, 476 U. S. 227 (1986). 本件は、環境保護庁による化学工場に対する上空からの写真撮影の合法性、合憲性が争われたものであるが、連邦最高裁は、憲法違反の主張を退けると同時に、「規制権限又は法執行権限［の授権］は、当該権限を行使する上で有益かつ伝統的に利用されてきた調査・検査のあらゆる態様を元来随伴している」と述べて、明文で授権のない上空からの写真撮影という調査の適法性を認めた。本判決の前提には、精密カメラによる上空からの写真撮影が被調査人のプライバシー期待を侵害するような特殊な調査方法ではなく、公衆一般が通常利用可能な調査方法であったという判断があるのであるが、この判断には少数意見の説得力のある批判がある。したがって、本件での調査が果たして「任意」調査と言えるかどうか疑問であるが、先の一般論は是認できよう。なお本判決の紹介・検討として、佐伯彰洋・判例タイムズ642号 (1987年) 46頁、高橋則夫・判例タイムズ642号 (1987年) 70頁がある。

ているものがあることに気づかされる。これらの判決例の分析は、調査義務の根拠、内容について何らかの示唆を与えるであろう。

そこで、次項では、比較的最近の判決の中からいくつかの例を取り上げて、判決例に現われた調査義務の性格を検討してみたい。

(2) 判決例における調査義務

(i) 選挙管理委員会の調査義務　最高裁が調査義務をその用語とともに承認した事例として、[A] 最高裁昭和60年1月22日第三小法廷判決（民集39巻1号44頁）がある。

本件は、架空転入者の存在を理由に選挙の無効が主張された事例に関するものであるが、最高裁は、「選挙時登録の際に現実の住所移転を伴わない架空転入が大量にされたのではないかと疑うべき事情があるときは、市町村選挙管理委員会としては、選挙時登録にかかる選挙人名簿の登録にあたり、被登録資格の1つである当該市町村の区域内に住所を有するかどうかについて特に慎重な調査を実施して適正な登録の実現を図る義務があるというべきであり、右の事情が存するのに、右選挙管理委員会の行った調査が住所の有無を具体的事実に基づいて明らかにすることなく、単に調査対象者あてに文書照会をしたり、その関係者のいい分を徴するにとどまるものであって、その実質が調査というに値せず、調査としての外形を整えるにすぎないものであるときは、市町村選挙管理委員会が公選法21条3項及び同法施行令10条所定の被登録資格についての調査義務を一般的に怠ったものとして、選挙時登録にかかる選挙人名簿の調整に関する手続につきその全体に通ずる重大な瑕疵があるものというべきであるから、当該選挙時登録全部が無効とな」ると判示した。

本件において選挙管理委員会は、何ら調査を行わなかったのではなく、居住の有無を確認するために文書による照会や訪問調査を行っているのであるが、最高裁は「その実質が調査というに値せず、調査としての外形を整えるにすぎない」とする。公職選挙法21条の規定する調査につき実質的調査義務を要求したものとして、さらに、一般に調査の実質に関する司法審査を踏まえた上で行政機関に高度の調査義務を要求した判決として注

目される。

　本件で実質的調査義務が肯定された背景としては、代理人届出による転入者届の異常な増加、一軒に十数人の転入者が同居するという届出内容、議会での一般質問による調査要求など、調査を必要とする格別の事情がありながら、不自然なまでに厳正な事実確認を避けようとした本件固有の事情があるように思われる。公正さが特に要求される選挙事務の執行においては、その職務の性格上、選挙資格についての高度の調査義務が本来随伴していると考えてよいであろう。

　(ⅱ)　**調査義務を内在する公務員：登記官・執行官など**　その職務内容が一定の事実の調査・確認・証明であるような公務員については、国家賠償責任の成立要件としての過失の一内容として、調査義務の範囲が直接に司法審査の対象とされている。

　どの程度の調査義務を負うかは、当該職務の性質により異なるであろうが、判決例は、概して、調査義務の範囲をゆるやかに解している。

　例えば、不動産登記法 50 条は、土地または建物の表示に関する登記について、登記官に「登記ノ申請アリタル場合……ニ於テ必要アルトキ」の強制調査権を授権し、同法 49 条は、申請内容が登記官の調査結果と異なる場合は申請を却下できると定めているが、判例・通説は、表示に関する登記と権利に関する登記を区別し、後者についての登記官の審査は、原則として、提出された書面の上からその書面の形式的真否を審査するもの（形式的審査主義）で足りるとしている。[91] もっとも、形式的審査と言っても、具体的には、申請書および添付書類の審査はもとより、登記簿、印影等の比較対象をなし、明白に偽造の疑いが持たれるようなものを見逃さないだけの注意義務があるとされるから、ゆるやかな調査義務を前提とするものと言える。

　[B]　最高裁昭和 43 年 6 月 27 日第一小法廷判決（判時 523 号 38 頁）は、「押捺された庁印の印影自体からまたは当時の真正な印影と対照することにより、登記官吏は容易に右登記済証が不真正なものであることを知りえ

---

91)　杉之原舜一『不動産登記法』（一粒社・1957 年）196 頁、幾代通『不動産登記法〔新版〕』（有斐閣・1971 年）149 頁等参照。

たはずであり、かかる審査は登記官吏として当然なすべき調査義務の範囲に属する旨の原審の判断は正当である」と判示して、登記官の過失を肯定している。[92]

また、[C] 大阪高裁昭和57年8月31日判決（判時1064号63頁）は、形式的な「右調査の過程において、右各書面の外形上、申請人ないし申請の内容につき容易に疑いを抱かせるような事項が看取できるような場合、ないし、これが必ずしも容易でない事項であっても、捜査官等からの該登記申請が虚偽である旨の連絡があったような場合には、不動産登記制度における権利変動の公示の重要性から、かかる特段の事情のない通常の場合以上に、その登記申請についての審査をより慎重にし、不真正な書類に基づく登記申請を却下すべき注意義務があるものと解され」ると判示し、捜査官からの通報があった場合の注意義務（すなわち調査義務）の加重を認めている。

[D] 高知地裁昭和61年6月23日判決（判時1248号108頁）は、執行官の現況調査における過失の有無を判断するにあたって、調査裁量を肯定し、過失の有無は、その裁量ないし認定に不合理な点があるか否かによるとする。

すなわち、判決は、「民事執行法57条による現況調査は、最低売却価額を適正に決定するため、競売不動産の現状と権利関係を把握するものであり、その調査結果は、買受けの申出をしようとする者の判断資料にもなるから、現況調査を命ぜられた執行官は、これを行うに当たり、現地に赴いてその状況を見分することはもとより、必要に応じ、公図その他各種図面を入手して現地と照合し、債務者（所有者）、債権者及び隣地所有者らに質問するなどして、可能な限り正確に競売不動産の現状等を把握するよう努めるべき義務がある」としつつ、図面の不備、当事者の不協力、執行制度上の制約などの存在を理由に、「執行官が現況調査の際にどの程度の調査方法を講じるべきかについては、一律に論ずることはできず、それぞれ

---

92) 印鑑登録事務も含めて、この他の最近の過失の肯定例として、浦和地判昭和56・9・18判時1030号65頁、東京高判昭和58・3・30判時1077号71頁、東京地判昭和60・1・25判時1167号70頁等参照。

の事案に則し、物件の特定等に必要と思料される範囲で調査を行えば足りる……そして、右必要性の判断は、事が執行官の認定の問題であることからして、執行官の裁量に委ねられている」という。

本件では、調査をした場所の半数近くが実際には別の場所であり、現況調査の不備は結果的には明らかであると思われるが、裁判所は、当時の事情の下ではやむを得なかったとして国家賠償の前提としての過失を否定している。現況調査の現実の困難性、調査にあたる執行官の裁量にかなり配慮を示したものと言えよう。

その他にこの類型に属する最近の判決例としては、分筆申告の場合の登記所の実質的調査義務を否定したもの[93]、供託申請についての供託官の審査について、形式的審査が妥当するとしつつ、審査範囲は、供託原因の存否等の実体的要件に及ぶとしたもの[94]などがある。

判例・通説が申請に対する形式的審査主義をとっている背景には、申請に応ずる事務の大量迅速な処理の必要性の考慮があると言えるが、法律が調査権限を明文で授権し一定の調査を予定している場合には、申請内容に疑義がある等の個別的事情に応じて、実質的審査主義がとられるべきであろう。

[E] 東京高裁昭和54年12月27日判決（判時956号67頁）は、「不動産の表示に関する登記については登記官は登記申請書類のみならず、必要があるときは表示に関する事項につき実地調査をして登記上の問題を審査する実質審査主義がとられ、かつ、右表示に関する登記は登記官が職権ですることもできる職権主義がとられていることは法令上（不動産登記法第49条第10号・第50条・第25条の2等）明らかである」と述べて、所在地番を誤認してなされた建物表示登記についての登記官の過失を肯定している[95]。

  (iii) **法律による調査義務の緩和**　　一定の政策的考慮に基づいて、法律が調査義務を緩和していると解し得る場合がある。

---

93)　東京地判昭和57・4・28判時1059号87頁。
94)　最一小判昭和59・11・26判時1149号87頁。
95)　なお、事案の個別的特色に応じたより詳細な検討として、遠藤・前掲注24）『国家補償法上巻』261～292頁参照。

例えば、地方税法343条1項は、固定資産税は固定資産の所有者に課すとしているが、同条2項は、前項の所有者とは土地、建物登記簿または補充課税台帳に所有者として登記または登録されている者を言うとしており、課税機関は当該固定資産の真実の所有者を調査する必要がない（台帳課税主義または表見主義）。

[F] 浦和地裁昭和58年7月13日判決（判時1094号24頁）は、「地方税法が、右のようないわゆる表見主義の原則を採用したのは、もっぱら課税技術上の要請に基づくもので、すなわち、もし、あくまで真実の所有者に課税しなければならないとすると、課税団体が複雑多岐にわたる民事上の法律関係を逐一検討せざるをえなくなるばかりか、当該不動産の所有関係をめぐる民事裁判が長期化したりするなど容易に真実の所有者を発見できない場合も考えられ、短期間に多数の賦課処分を行わなければならない課税事務の遂行に支障を生ずるからである」と説明して、職権でされた所有権保存登記に依拠した賦課処分を適法としている[96]。

また、[G] 最高裁昭和62年2月26日第一小法廷判決（判時1242号41頁）は、「土地区画整理事業の施行に当たっては、従前地の実測地積を基準として爾後の計画、処分を実施するのが合理的であることはいうまでもないが、土地区画整理事業が緊急を要する場合、施行地区が広範囲である場合等において実測地積を基準とすることは、莫大な費用と労力を必要とし、また、計画の実施を著しく渋滞せしめるから、原則として公簿地積により基準地積を定める方法もやむを得ない措置であって、特に希望する者に限り、実測地積により得る途が開いてあれば、かかる方法による換地処分も憲法29条に違反するものではない」と判示して、公簿面積に基づく換地処分を適法としている。

　(iv)　**建築主事の審査範囲**　建築確認において建築主事がいかなる事項を審査すべきかの問題は、調査義務の範囲を考える上でも参考になる。

建築確認において、敷地の二重使用の問題を審査できるかについてはか

---

96) 課税上の便宜からする形式的課税と実体適合的な課税の実現の要請との調整の視点からこの問題を検討するものとして、田中治「固定資産税における台帳課税主義」シュトイエル300号（1987年）75頁を参照。

ねてから争いがあったが、[H] 東京地裁昭和 62 年 4 月 28 日判決（判時 1244 号 79 頁）は、「建築関係規定中には、既存建物の敷地とされた土地を他の建築確認の計画敷地とすること（いわゆる敷地の二重使用）を規制する規定は存しない。のみならず、現行法上、建物とその敷地との関係を公示する制度はなく、建築確認の申請書の保存期間等についても何らの規定は設けられていないのであるから、建築主事が当該申請に係る建物の計画敷地が既存建物の敷地とされているか否かを判断することは制度的に不可能であり、また、建築主事は、もともと、建築計画が申請書類上建築関係規定に適合しているか否かを形式的に審査するのみで、敷地の実体上の利用関係等について実質的に審査する権限を有していないものと解すべきであるから、建築確認においては、建物の計画敷地とされている土地が既存の建物の敷地の一部として既に建築確認されているかどうかは審査の対象とならない」と、これを消極的に解している。

他方、[I] 東京高裁昭和 54 年 9 月 27 日判決（判時 939 号 26 頁）は、形式審査原則を承認しつつも、「申請に係る計画が敷地等の実情を無視したものであることが客観的に明白であり、しかも、かかる計画を容認することが法の前記目的に著しく違背すると認められる場合において、建築主事が関連事件の確認書類や敷地の実情等を調査したことによって右の事実を把握し、不適合の決定をしたとしても、該決定の行政処分としての効力はともかく、少なくとも、これをもって国家賠償法 1 条所定の帰責原因としての違法な公権力の行使に当ると断じることは、許されない」と判示している。

両判決は矛盾していると解すべきではなく、調査可能事項と調査禁止事項との関係、あるいは、抗告訴訟と国家賠償訴訟との関係が問題となっている一例と考えるべきであろう。この点は、後に検討するところである。

なお、建築物の計画が都市計画法上の開発許可を要しない開発行為に当たるか否かについて、実務上は、開発許可権者の判断を示す書類を建築確認申請に際して添付させる取扱いをしているが、判決例[97]は、実質的判断権

---

97) 大分地判昭和 59・9・12 判時 1149 号 102 頁、京都地判昭和 62・3・23 判時 1232 号 77 頁等参照。

者は建築主事であるとする。
　また、最高裁は、行政指導を理由とする建築確認の留保を一定条件の下で許容するが、[J] 大阪高裁昭和58年2月28日判決（判時1088号81頁）は、代理人である建築士の別件における非違行為を理由とする建築確認申請の審査手続の停止措置を違法としている。

　(v)　**裁量的決定における調査義務**　　裁量的決定における調査義務のあり方は、例えば、事業認定の取消訴訟を素材に考察することができる。事業認定の対象となる公共事業を行う前提としては、公共事業の必要性・影響などについての一定の事前調査とこれに基づく積極判断があるわけであるから、事前調査の適切性は、事業認定の取消訴訟における一論点になると言えるからである。

　[K] 大津地裁昭和58年11月28日判決（判時1119号50頁）では、三井寺の寺域の一部を通過するバイパスの事業認定の違法性が争われている。原告は、事業認定の実体的違法（宗教的・文化的価値の軽視、代替ルートの軽視など諸利益の考量を誤った違法）と同時に、「立入調査や測量を行わないまま、安易に机上で図上路線をひいて本件ルートを採用決定し」たこと、事業計画についての専門家または一般からの意見聴取を怠ったなどの手続的違法（狭義の調査義務違反）も主張していたが、裁判所は、代替ルートの技術的・経済的難点についての行政機関の専門的判断を肯定的に認定したあとで、立入調査や意見聴取の懈怠についても、「ほかに十分な資料が存する」、あるいは、本件争点は「専門的学識および経験を有する者の意見を聞いたり公衆の面前で利害関係人の意見を聞いたりして検討を加えることにはなじまない」などとして、簡単に原告主張を排斥している。

　なお、[L] 東京高裁昭和48年7月13日判決（行集24巻6=9号533頁、いわゆる日光太郎杉控訴審判決）は、土地収用法20条3号に定める「事業計画が土地の適正且つ合理的な利用に寄与するものであること」という要件審査において、当該規定の裁量性を認めつつ、要考慮事項の軽視・他事考慮等を違法事由とする判断過程の統制方式をとるものとして有名である

---

98)　最三小判昭和60・7・16判時1168号45頁。
99)　なお、松本仁「〔判例解説〕」判例地方自治7号（1985年）29頁参照。

が、先の [K] 判決は、右要件の充足について裁判所が積極的に認定する判断代置方式をとっている。判断過程の統制方式は、行政機関の判断結果自体よりはむしろ判断過程の適切性を可法審査の対象とするものであるから、調査義務の視角からする手続的統制になじみやすい審査方式であると言えよう。[101] もっとも、いかなる事項をどのような視点から調査・検討すべきかは、要件規定からは直接導けず、[L] 判決は、この点についての裁判所の価値判断を前提にしているとも言える。[102]

(vi) **課税処分と調査義務** 法制度上一定の調査が予定されている場合に、調査を欠く処分は当然に違法となるのであろうか。

地方税法 408 条は、固定資産評価手続として、少なくとも年一回の実地調査をなすべき義務を定めているが、[M] 千葉地裁昭和 57 年 6 月 4 日判決（判時 1050 号 37 頁）は、この規定を「単なる訓示規定と解することはできない。市長が本来遵守しなければならない強行規定である」としつつ、その趣旨は「要するに固定資産の実情を的確に把握して適正な価格の評価を可能にするための一手段として規定されたものと解すべきであるから、前記の通り担当職員が一応は現地の調査を行なっていること、柏市の担当職員の人員、既に判示したように本件評価自体実質的に違法とはいえないこと等を勘案すれば、法 408 条に定める正式な実地調査を欠いたからといって、本件評価自体が違法として取消さるべき事由があるというわけではない」と判示する。

また、[N] 津地裁昭和 60 年 12 月 26 日判決（判時 1199 号 62 頁）は、

---

100) 塩野宏「〔判例批評〕」判例時報 718 号（1973 年）138 頁、原田尚彦「〔判例解説〕」昭和 48 年度重要判例解説（1974 年）41 頁、浜秀和「〔判例解説〕」別冊ジュリスト 65 号（1980 年）161 頁等参照。また、本判決を主たる素材にした判断過程の統制方式をめぐる最近の議論として、山村恒年「現代行政過程論の諸問題(14)」自治研究 62 巻 11 号（1986 年）77～95 頁、阿部泰隆『行政裁量と行政救済』（三省堂・1987 年）116～130 頁等参照。
101) 後掲 (3)(ii) 参照。なお、山村・前掲注 22) 論文(10) 73 頁は、日光太郎杉事件控訴審判決について、「この判決は、調査過程の合理性の審査を通じて計画の合理性を審査した点で注目される。特に代替ルート、歴史的環境の現地の実態とそれに与えるインパクトの調査について詳細に審理していること、審議会の答申がなされた当時の現地の状況等からその答申の判決時における妥当性についても検討している点で判断過程審査方式の参考となる」と評している。
102) 阿部・前掲注 100) 116～130 頁参照。

「実地調査不実施の瑕疵は固定資産課税台帳登録事項に関する不服申立手続において主張することができる場合があるにしても、同台帳登録事項に関する瑕疵を固定資産税賦課についての不服申立てにおいて不服の理由とすることができない以上、右瑕疵を理由に本件賦課決定の取消を求めることはできない」とする。

　税務調査の違法と課税処分の違法との関係については、多くの判決例がある。国税通則法24条は、調査をなすことを税務署長が更正処分をなす手続上の要件として規定しているから、調査をまったく欠く更正処分は違法となるとの判決がある。[103]

　調査態様の違法性に関しては、［O］大阪地裁昭和59年11月30日判決（判時1151号51頁）が、「税務調査の手続は、課税庁が課税要件の内容をなす具体的事実の存否を調査するための手続に過ぎないのであって、この調査手続自体が課税処分の要件となることは、如何なる意味においてもあり得ないというべきである。したがって、右調査手続が仮に違法であっても、それに基づく課税処分は、それが客観的な所得に合致する限りにおいては適法であって（勿論、国に対して国家賠償を請求するのは別論である）、取消の対象とはならない」と述べて消極説をとるが、判決例の多くは、調査手続の違法は当然には課税処分の違法事由とはならないが、調査の違法性の程度が著しい場合には課税処分も違法となるとする折衷説をとる。[104]

　課税処分の羈束行為性や課税処分の取消訴訟の総額主義的理解からすれば、消極説が明快であるが、現実には事実認定の当否自体が争点になることも多いから、事実認定手続たる調査の適切性が処分の適法性の前提とされるべきであろう。

　もっとも、調査の適切性は、本章で言う第一の視角から問題とされる場合と、第二の視角から問題とされる場合とで異なり得る。消極説は第一の視角から問題とされる場合にとられやすい考え方であると言えよう。

---

103)　大阪地判昭和46・9・14訟月18巻1号44頁、大阪高判昭和51・1・29シュト167号45頁等参照。
104)　最近の例として、東京地判昭和61・3・31判時1190号15頁参照。

(vii) **三面的対抗関係における調査義務**　いわゆる三面的対抗関係において、行政機関の権限不行使の違法が肯定された事例の中に、調査義務違反の肯定例が見られる。

　(a)　スモン訴訟　　［P］金沢地裁昭和 53 年 3 月 1 日判決（判時 879 号 26 頁）は、医薬品の製造・輸入承認における行政機関の安全性確保義務を「その時代における最高の学問的水準に拠ったものでなければならない」と高度にとらえつつ、許可についての審査基準が法定されていないことからむしろ「無方式による実質的審査義務」を肯定している。

　すなわち、医薬品の安全性確認のために「申請者が提出した資料に限らず、必要があれは、例えば職権で、資料の追加提出を命じたり、自ら国内外の文献を収集、調査し、或いは他の適当な機関に各種の試験を行なわしめるなど、当該具体的事案のもとで適切と考えられるあらゆる方法をとることが可能であり、またこのような方法を駆使することによって、審査に万全を期する法律上の要請があったものといわねばならない」と言うのである。

　他方、［Q］東京地裁昭和 53 年 8 月 3 日判決（判時 899 号 48 頁）は、同じくスモン訴訟であるが、当時の薬事法に製造承認の審査基準、承認後の追跡調査制度が欠落していることから見て、その立法趣旨を「不良医薬品の供給危険防止という警察上の目的達成」にあるとし、高度の安全性確保義務を読み込むことに反対している。

　もっとも、同判決は、承認審査に必要な資料要求の範囲を明確にし、承認後の副作用報告を義務づける等の内容を持つ厚生省薬務局長通知が出された昭和 42 年 11 月以後は薬事法は安全性確保のための法律として解釈・運用されるべきとするから、実務上の調査制度が整備されたことを 1 つの理由として、高度の調査義務を導く判決と読めないわけではない。

　(b)　カネミ油症訴訟　　カネミ油症事件では、国家賠償責任の前提としての違法性の一理由として食品衛生監視員の監視および検査の不備が主張されているが、これまでの判決はいずれも、食用油製造過程における脱臭工程での有害物混入という本件事故が予想外のものであるとの判断を背景として、脱臭工程を監査対象としなかった食品衛生監視員に任務懈怠

の違法はないとする。[105]

　但し、ダーク油事件への対応をめぐって、農林省係官が食品衛生行政庁等に通報連絡する義務があったか否かについては、これを肯定するものと否定するものに分れている。

　最近の肯定判決である、[R] 福岡地裁小倉支部昭和60年2月13日判決（判時1144号18頁）は、農林省と厚生省が「安全な食品の供給という共通の行政目的のため、両省の各所掌事務は元来密接に関連している」事を前提として、(ｱ) ダーク油事件の原因究明に当たった福岡肥飼料検査所の職員が「鶏へい死の事故原因について誠実に実態調査を尽すべき職務上の義務を怠り、同時に……食用油の安全性に疑いがある旨実態調査の結果を報告すべき職務上の義務を怠り、ひいては食品衛生行政庁への通報連絡義務を怠った」こと、(ｲ) 不十分な報告しか受け取れなかった農林本省の担当官が「実態調査を全ったからしめるため、食料庁油脂課の油脂専門家なり法令上の立入調査権限を有する北九州市食品衛生監視員なりの同行調査方を、第一回に無理なら報告受理後再度、手配ないし指示すべき」であったのにこれを怠ったことなどを過失と認定し、国の責任を肯定している。

　本判決およびこれに先立つ福岡高裁昭和59年3月16日判決（判時1109号24頁）は、通常、縦割行政の下での行政機関相互の連絡調整義務を認めた点で意義あるものとされるが、[106] 同時に本稿とのかかわりでは、本来の職務に随伴するとはいえ直接の処分権限の行使にはつながらないかなり高度の調査義務を認めた判決として注目されるところである。

　(c) 労働現場の安全　ところで、消費者や労働者の生命・健康・安全等を確保するために企業活動を規制する、いわゆる三面的対抗関係にある行政領域においては、適切な調査・規制の発動を求める権利・利益を持つのは、消費者や労働者であって、被規制者たる企業ではないとされる。

---

105)　福岡地小倉支判昭和53・3・10判時881号17頁、福岡地小倉支判昭和57・3・29判時1037号14頁、福岡高判昭和59・3・16判時1109号24頁、福岡地小倉支判昭和60・2・13判時1144号18頁、福岡高判昭和61・5・15判時1191号28頁。

106)　阿部泰隆「カネミ油症国賠認容判決―縦割行政と行政の危険防止責任」判例時報1109号（1984年）3頁、室井力「カネミ訴訟控訴審判決について―国の損害賠償責任」ジュリスト816号（1984年）17頁等参照。

例えば、[S] 東京高裁昭和 60 年 7 月 17 日判決（判時 1170 号 88 頁）は、労働安全衛生法所定の諸検査に合格した乾燥機が破裂した事故につき、機械の設置者が検査の不備を理由に国家賠償を求めた事案であるが、法の定める検査等の「諸規制は、当該圧力容器の使用される場所で労働に従事する者の生命、身体、健康を災害から保護することを目的とするものであり、少なくとも自ら右各検査の申請をした製造者又は設置者に対してまで第一種圧力容器の安全性を保障する趣旨のものではなく、したがってまた、上記の者との関係においてまで、被控訴人が右諸規制を行う上での注意義務を負うことはない」と判示して、一種の反射的利益論を展開している。
　安全性を保障する第一次的責任はこれら機械の製造者・設置者にあり、国による安全性検査は第二次的・後見的なものであるとの判断が背景にあると思われるが、一定の検査における検査官の注意義務・調査義務の範囲が請求人により異なるとの判断には疑問もあろう。[107]

(viii) **行政計画と調査義務**　　行政計画段階では、政策立案の前提としてさまざまな基礎調査がなされるが、これらの調査の不備が後に計画を具体化した段階で問題とされることもある。

　例えば、[T] 大阪高裁昭和 50 年 11 月 27 日判決（判時 797 号 36 頁）は、大阪国際空港の拡張の経緯についての一定の事実認定に基づき、「被告は、本件空港の拡張、ジェット機の就航、発着機数の増加、大型化が空港周辺の住民に及ぼすべき影響を慎重に調査し予測することなく、影響を全般的に防止・軽減すべき相当の対策をあらかじめ講ずることもしないまま、拡張等をしてきた」ことが違法であるとしている。

　また、[U] 名古屋地裁昭和 55 年 9 月 11 日判決（判時 976 号 40 頁）も、名古屋駅周辺の新幹線の路線選択過程を振返って、「被告は本件 7 キロ区間につき沿線住民に対し騒音・振動による影響の少ない東海道線に沿うルートを選定すべきであったところ、騒音・振動による影響について十分な調

---

107) なお、国の車検の不備を理由とする国家賠償について、名古屋高金沢支判昭和 56・1・28 判時 1003 号 104 頁は、「国が、車検を行うのは、自動車の安全確保からみて、第二次的であり、保安基準に適合させる義務は、限定的である」との第一審判決を維持して、自動車使用者の請求を斥けている。

査研究をしなかったために現在のルートを選定したものであって、線路選定に誤りがあった」と断じている。

これらの判決例は、受忍限度を超える被害を発生させた公の施設の設置管理の瑕疵の一態様として事前調査の不備を説くものであって、調査義務違反を違法性の決定的なメルクマールとしているわけではないが、計画段階での調査の欠陥を裁判所が指摘した例として、注目すべきであろう。

(3) 調査義務の構造と問題

(2)で挙げた判決例は、比較的最近の判決の中から、調査義務の問題を検討する上で参考になると思われるものを適当にピックアップしたものである。主題に関して網羅的なものではないが、最近の判決例を調査義務の角度から検討した場合の一動向はうかがえよう。

以下では、これらの判決例を素材にして、調査義務の構造と問題についていくつかの点を指摘し、今後の全体的な検討の参考としたい。

(i) **訴訟類型の違いと調査義務**　まず、調査義務は、問題となる局面が国家賠償訴訟であるのか抗告訴訟であるのかによって、現われ方を異にしているように思われる。

(2)で挙げた例について見ても、国家賠償訴訟では、過失認定の前提としての職務上の注意義務違反の一態様（[B]～[E]、[P]～[R] の各判決）あるいは公の施設の設置・管理の瑕疵をもたらした一理由（[T]、[U] 判決）として調査義務違反が認定されているが、抗告訴訟における認定例はない。国家賠償訴訟では職務上の注意義務違反が違法性あるいは過失の内容とさ

---

108) 例えば、山村・前掲注 22) 論文(8) 86～88 頁は、国土総合開発計画の前提となる調査が、過大な行政需要予測、実態調査の不備、外部費用の考慮の懈怠、調査機関の一面性、調査資料の偏向分析などによってゆがめられ、その結果計画自体も不合理なものになっていることを指摘するが、こうした行政計画自体の不備が直接訴訟の対象とされることは、行政計画の処分性について否定的なわが国においてはまれである。なお、住民訴訟で計画の違法性が審査された例として、大分地判昭和 58・1・24 行集 34 巻 1 号 71 頁参照。
109) なお、判決例が示す調査義務の視点は個々の事案の特質に応じてさまざまであって、それらを本稿のような統一的視点から検討することには、そもそもないものねだり的側面があるのを否めない。その意味では、以下の分析は、個々の判決の内在的な検討ではなく、判決例の 1 つの整理にとどまる。

れているから、職務の一態様としての調査義務違反は、論理上もストレートに導きやすいと言えよう。

これに対して抗告訴訟、例えば行政処分の取消訴訟においては、従来、要件認定の誤りすなわち実体的瑕疵が取消原因たる瑕疵の中心であって、要件事実の調査は正しい結果を生み出すための一手段にすぎないとされてきたため、手続上の違法がかならずしも処分の違法をもたらさないように、調査過程の違法あるいは不適切な調査も、結果として要件認定の誤りにつながらない限り、行政処分の違法原因とはならないとされるのであろう([K]、[M]、[O] 判決)。[110]

もっとも、このような判決例の動向から、国家賠償訴訟と抗告訴訟とで調査義務の実体的内容を異なって理解すべきであるとただちに結論づけることはできない。というのは、右の対照は、現段階の判決例の1つの傾向として指摘できることではあっても、国家賠償訴訟と抗告訴訟とで調査義務の実体的内容を異なって理解すべきか否かは、訴訟形式からくる制約、審査方法の特質、紛争の実質的内容などを考慮した上で改めて判断すべきであるからである。

例えば、取消訴訟において調査義務違反が直接に問題とされることが少ないのは、不適切な調査が実体的に誤った処分をもたらす場合に実体的違法を理由に取り消せば足りるからであって、違法処分の取消しを認める判決事例には適切な調査の懈怠(すなわち調査義務違反)を事実として肯定できるケースが含まれていることは容易に推測できよう。

また、国家賠償訴訟においても、実質的に見れば、社会的に容認し得ない被害の発生をもたらした国家活動を違法と評価する結果論的・機能的・総合的判断がまずあって、その中で、調査義務違反は、違法性あるいは過失の一要素として挙げられているにすぎないとも言える。

---

110) それゆえ法令上調査が義務づけられているにもかかわらず何ら調査をしない場合のように、調査が処分の要件となっている場合には、従来の理解によっても調査義務違反が取消理由となる。前掲注103)に挙げた判決参照。また、結論を先取りして調査を行わずに決定したことが違法とされた例として、東京高判昭和51・3・30判時810号4頁、福岡高判昭和59・5・16判時1135号35頁等参照。

いずれにしても、判決が調査義務に触れる場合があっても、現段階では、その位置づけは部分的であると言わざるを得ない。したがって、両者の異同を検討し、国家賠償訴訟で認められているような調査義務違反が抗告訴訟においてはいかなる意味を持ち得るのかを探ることは、むしろ今後の課題と言うべきであろう。

そこでこの点にかかわって、なお二点ばかり指摘しておきたい。

　(ii)　**取消訴訟における実体的違法と調査義務**　その1つは、取消訴訟における実体的違法と調査義務の関係である。通説的見解によれば、行政処分の取消訴訟においては、選択された最終的な処分が根拠法律に定められた要件に合致しているか否かの角度からその適法性が審査されるために、意思決定過程の瑕疵はそれが処分の要件として規定されている場合でない限り取消理由とされない。このような通説的見解を維持するならば、取消訴訟において調査義務の機能する場合が限定的となるのは当然である。

しかし、なるほど比較的たやすく要件事実の適合性が事後的に判断できる覊束処分においては、最終的な結果が法律に合致すれば適法であるとの見解は妥当し得るかもしれない（[O]判決）。けれども、裁量的な処分においては、抽象的な文言を具体的事例に適用する行政機関の判断の実体的適否を裁判所が判断することにも限界があり、結局は行政判断を安易に尊重する結果に終りがちである。また、行政立法や行政計画などのように関係者が多数存在する場合の決定は、決定過程でいかなる事項がいかなる方法で調査・検討されたのかによって最終的結論はおおいに影響を受け、決定過程のあり方がむしろ結果の正当性を保障する要素ともなっている。そこで、裁判所が自己の判断を代置することに限界があるこれらの事例においては、判断過程の適正さを保障する形で最終結果の妥当性を審査する判断過程の統制方式が、1つのあるべき司法審査方法として案出されている。[111]

判断過程の統制方式は、裁量処分の場合のみならず、政策的決定や行政計画が直接司法審査の対象とされる場合にも、有効な審査方式であろう。そして、この審査方式においては、調査過程の不適切性が判断過程の瑕疵

---

111)　先駆的指摘として、原田尚彦『訴えの利益』（弘文堂・1973年）166～191頁、同『環境権と裁判』（弘文堂・1977年）145～163頁等参照。なお、前掲注100）、101）も参照。

として直接取消事由となり得るのである。

　判断過程の統制方式をとった例ではないが、[A] 判決で、最高裁が、調査義務違反を選挙の無効事由として肯定しているのは、結果の正当性が過程の正当性によってのみ保障される選挙の特質から説明できることであって、この論理は、判断過程の統制方式が妥当する領域にも応用可能な考え方と言えよう。このように考えると、取消訴訟において、調査義務が機能する局面は今後多くなると予想できるのである。

　(ⅲ)　**国家賠償訴訟の違法と取消訴訟の違法**　もう1つは、国家賠償訴訟と抗告訴訟とで調査義務の範囲が異なる可能性である。抗告訴訟と国家賠償訴訟とで違法性判断に差異があるか否かは最近議論のあるところであるが、少なくとも調査義務の視点からすれば、両者は異なる可能性がある。

　例えば、[P] 判決は医薬品承認における高度の安全性審査義務・職権調査義務を承認するが、医薬品承認の段階でこれらの義務違反を理由に消費者が医薬品承認の取消しを求めたとしても認められる（べき）かどうかは即断できない。

　また、逆に [I] 判決は、建築確認において本来審査の対象とはならない敷地の二重使用を調査しその存在を理由に不適合決定をなした建築主事の行為が、「当該決定の行政処分としての効力はともかく」国家賠償法上は違法ではないとしている。[D] 判決では、実体的な瑕疵ある結果をもたらした現況調査の不備について、調査の現実的困難を理由に執行官の過

---

112)　なお、ここで述べた調査の適切性は第二の検討視角からする適切性であって、第一の検討視角からする調査の適切性と行政決定の違法性との関係は別途考察する必要がある。調査対象者たる私人の権利を侵害してなされた調査の瑕疵が後続する行政決定の効力といかなる関係にあるのかの問題は、違法調査による証拠の利用制限の問題として論じることが適切なように思われる。

113)　阿部泰隆「抗告訴訟判決の国家賠償訴訟に対する既判力」判例タイムズ 525 号（1984 年）15 頁、遠藤博也「行政法における法の多元的構造について」田中二郎先生追悼論文集『公法の課題』（有斐閣・1985 年）94 頁、115～116 頁、芝池義一「行政決定における考慮事項」法学論叢 116 巻 1=6 号（1985 年）573 頁等参照。

114)　現実には原告適格がまず問題とされようが、仮に原告適格が認められたとしても、国家賠償法上の調査義務は被害の発生とその救済の必要性を前提に認定されるので、当該行為時点の行為規範としては行政機関に厳しいものとなりがちであり、取消訴訟においてそのまま援用できるか問題もあろう。

失を否定している。

　これらの事例は、抗告訴訟において要求される調査義務と国家賠償訴訟において要求される調査義務が同じく調査義務という用語を用いたとしても、異なる意味あいを持っていること、したがって調査義務の範囲も異なる可能性があることを示唆しているように思われる。

　　(iv)　**調査義務で言う「調査」の概念**　　次に問題となるのは、調査義務という場合の「調査」の概念をどうとらえるかである。この点については、大きく分けて2つの立場があるように思われる。

　調査を広く「行政機関による情報収集活動」と定義する本稿の立場からすると、行政の法的決定に至る前段階の行政機関の活動の大部分は調査活動と言って言えないこともない。情報の内容を要件事実に限定することなく、関連する一般的知識または法解釈に関する各種学説・通達等も含むとすれば、行政処分の決定過程においても潜在的に多くの調査が前提とされていることになるし、行政過程全体を対象にする場合にはなおさら調査としてとらえられる活動の比重は大きくなるであろう。

　このような広義の調査概念によると、行政処分の決定過程あるいは行政の判断過程の適否の大部分は情報収集過程の適否としても考えることができよう。

　山村弁護士は、立入検査や質問といった通常の調査手段のみならず、聴聞、公聴会、アンケートあるいは諮問委員会への諮問なども調査手段に含め、調査の裁量統制基準として、代替案調査の義務づけ、目的偏向の排除、関連行政機関との相互調整などの判断過程そのもののあり方にかかわる基準をも強調しているが[115]、その背景には、調査を広くとらえる見解があることがうかがえる[116]。

　他方で、調査を個々の行政決定の要件事実の収集活動あるいは法律が認める調査権限の発動に限定する見解もあり得よう。

　訴訟――とりわけ抗告訴訟――で調査義務が問題となる場合には、このような狭義の調査のとらえ方を前提としているものが多いように思われる

---

115)　山村・前掲注22) 論文(7) 97頁。
116)　山村・前掲注22) 論文(8) 97～98頁参照。

し、先に挙げた判決例も、この角度から説明がつくものが多い（例えば、[K] 判決は、狭義の調査概念に基づき、立入検査その他の懈怠の違法性を否定している）。

　しかし、国家賠償訴訟においては、社会的に容認し得ない被害を生ぜしめた一因として、全体としての行政過程のあり方が結果論的に問われるために、調査義務も必ずしも処分の要件事実の調査義務違反に限定されているわけではなく、判決例も、事実行為における調査義務（[D] 判決）、行政計画作成における調査義務（[T] 判決）、縦割行政の枠を超えた調査義務（[R] 判決）等を認めている。

　そして、抗告訴訟であっても、裁量処分や行政計画を対象とする抗告訴訟においては、意思形成過程あるいは全体としての行政過程のあり方が審査さるべき場合があることは既に見た通りである。

　それゆえ、客観的事実の収集に限定せずに一般的知識や法的見解などの収集も調査の枠内でとらえることには異論もあろうが、事実と見解の区別をあらかじめ示すのも困難であるから、調査義務で問題となる調査の概念は、さしあたりは広義にとらえておく方がよいと思われる。

　もっとも、調査を広義に定義した場合には、調査過程と判断過程との区別がつきにくい場合が生じる。また、規範論としても、広義の調査過程から生じる問題のすべてを調査義務の視点から問題にするのが妥当であるということには必ずしもならない。

　例えば、聴聞、公聴会、諮問委員会への諮問などのあり方は、情報の収集という面からは調査過程としても把握し得るが、これらをめぐる問題は、これまで私的権利を保護するための適正手続の視点から、あるいは、国民主権を実質的に保障するための住民参加手続の視点から検討されてきたし、その方が規範論としても論じやすいように思われる。[117]

　また、調査事項の選択裁量の統制は、後に見るように、行政決定におけ

---

117)　小高剛『住民参加手続の法理』（有斐閣・1977 年）、田村悦一「地方自治法と住民参加—住民参加の法律問題」公法研究 43 号（1981 年）185 頁、原野翹「現代行政法学と『参加』論」長谷川正安編『現代国家と参加』（法律文化社・1984 年）75 頁等参照。

る考慮事項論[118]と密接に関係しており、むしろ後者の視点からの分析の方が有効かもしれない。

このように、調査義務論の有効範囲は他の分析視角との関係で必ずしも広いとは言えないが、前提としての調査の概念は広くとらえておいてよいであろう。

　(v)　**調査義務の規範論的根拠**　　最も問題となるのは、調査義務の規範論的根拠である。法令により調査に制限が加えられている場合を除いて[119]、一般に、行政機関は、その社会的責務として、与えられた権限を行使するのに必要な調査を可能な限り行うことを要請されていると言うべきであろう。適切な情報なくして適切な決定はあり得ないからである。

しかし、他方で、時間的・金銭的・法制度的制約から調査に万全を期すことにはそもそも限界があり、また、対象となる私人の権利・利益との調整の問題もあろう。調査の必要性や調査対象の選択についても、立場により判断が分れるところである。

したがって、一般には調査を尽すことが望ましいとは言えても、調査を尽さないことが違法であると一般的にいうのは困難である。そこで何を根拠に調査義務を承認できるのかが問題となる。

この点について、国家賠償訴訟では、調査義務の範囲や程度について争いがあってもその根拠については問題がない。あり得べきでない被害の発生をもたらした一要因として、行政機関が尽すべき調査を尽さなかったことが違法あるいは過失として評価されることは、判例・学説上確立しているからである。

---

118)　芝池義一教授は、「行政機関が、行政上の決定を行うにあたり、いかなる事項を考慮すべきであり、また、逆に、考慮すべきではないのか」の問題を考慮事項論と名づけ、その性格、裁判例、将来のあり方等を分析している。同・前掲 113) 571 頁以下参照。

119)　強制調査権の授権がない場合には、調査手段は任意手段にのみ制限される。また、申請に基づく処分においては、申請事項以外を調査・考慮することの可否が一応問題となる。本文の [H]、[I] 判決参照。なお、[F] 判決では真実の所有者の調査は禁止されてはいないが、名義人ではない真実の所有者に対する課税処分は違法となろう。[G] 判決の事例では、実際の面積を把握する調査は望ましいとしつつ行政上の便宜から調査義務を緩和しているにすぎないから、地積更正の申出があれば、原則として実測調査義務が生じよう。

問題は、抗告訴訟の違法事由としての調査義務違反である。判決例の展開は先に見たように調査義務の肯定に消極的であり、学説上もこの点につき十分な展開を見ているとは言いがたいが、さしあたり、以下のような見解が議論の出発点に置かれるべきであろう。

　(a) 行政介入請求権　　第一は、国家賠償訴訟の調査義務論の展開を抗告訴訟でも発展させる見解である。原田尚彦教授は、不作為の違法を肯定する国家賠償事例の背景に行政介入請求権の形成・承認を見て、国家賠償訴訟で展開されてきた不作為の違法要件を抗告訴訟あるいは義務付け訴訟の要件としても発展させることを求めている[120]。

行政介入請求権の一環として適切な調査を要求する権利を承認するならば、調査義務の直接的な根拠となろう。もっとも、このような包括的な請求権を一挙に承認するのは現状では相当困難である。しかし、実体的基本権の内容の一コロラリーとして、基本権を実質化する手続的権利を構想することは特異な見解ではなく[121]、行政領域の性質・問題となる人権の性格に応じて、適切な調査を求める権利を承認することも可能であろう。

例えば、労働基本権や生存権を根拠に、労働安全衛生行政における担当行政機関の現場調査義務を根拠づけるとか[122]、スモン訴訟などの展開を受けて、一般に生命・健康に係わる行政における安全性調査義務、適切な調査を求める権利を肯定することなどが例として考えられよう[123]。

---

[120] 原田・前掲注24) 40頁以下、原田尚彦「行政と紛争解決」基本法学8巻 (1983年) 335頁等参照。

[121] 例えば、ドイツの議論を紹介・検討するものとして、村上武則「Teilhabe (配分参加) について」杉村敏正先生還暦記念『現代行政と法の支配』(有斐閣・1978年) 73頁、笹田栄司「基本権の実効的保護(1)～(3・完)」九州大学法政研究53巻2号 (1987年) 85頁、3号 (同年) 75頁、4号 (同年) 123頁等参照。

[122] 晴山一穂「労働基準監督行政の現状と法的諸問題」福島大学商学論集50巻 (1982年) 3号 152～154頁参照。

[123] なお、下山瑛二教授は、かねてより、食品・医薬品行政が従来被規制企業との関係で消極行政として位置づけられてきたことを批判し、国民の生命・健康を保護するための積極行政として位置付づるべきことを強調している (例えば、同「消極行政から積極行政への転換上の問題点」杉村敏正先生還暦記念・前掲注121) 27頁参照)。積極行政と消極行政の区別のメルクマールあるいは区別の必要性等にはなお検討すべき点があると思われるが、対応する行政領域の特質・問題となる人権の性質等に応じて高度の調査義務を要請するその論理は説得的である。

(b) 計画行政法論　　第二は、計画行政の展開、現代行政の構造的特色との係わりで調査義務を肯定する見解である。例えば遠藤博也教授は、法律要件自体が非完結的で、行政手続で関係諸利益が適切に考慮されることによって行政の公共性が担保される点に現代行政の一特徴を見出し、そこから関係諸利益の考慮義務（一種の調査義務）を導いている[124]。

目的プログラムとしての計画行政法とそこにおける計画裁量の存在を承認しつつ、それに適合的な法的統制手段として計画責任論を説き、事物の性質から見た実質的合理性、行政過程全体の正常性を強調するのも同様の意図に基づくものと言ってよいであろう[125]。

このような遠藤教授の構想は、現代の行政裁量を統制する法的枠組みを提示しようとするものであって、議論の射程は調査義務の肯定に限定されているわけではないが、行政過程全体の正常性・合理性を保障するための適切な調査の役割を強調するなど、調査義務の根拠としても通用する見解を示すものと言えよう[126]。

(c) 合理的決定理論　　第三は、行政活動は合理的であるべきであるという命題を規範的要請として承認した上で、合理的決定の一要素として適切な調査義務を説く見解である。「意思決定論における合理的行動規範を、行政過程における裁量行動の条理法として構成できないか[127]」を１つ

下山教授自身は、国家賠償法上の違法性要件を抗告訴訟上の要件に直結することには批判的であるが、両者を切り離して理解しているわけでもなく、信託関係論を媒介にした行政当局と社会構成員との直接的法律関係を構想しているように思われる（同「国賠法１条１項をめぐる若干の理論的課題について」今村成和教授退官記念『公法と経済法の諸問題(上)』（有斐閣・1981年）295頁参照）。

124）遠藤・前掲注23) 597〜599頁、遠藤博也『計画行政法』（学陽書房・1976年）48〜52頁等参照。なお、英米における展開について、竹中勲・曽和俊文〔論文紹介〕Richard B. Stewart, *The Reformation of American Administrative Law*, 88 Harv. L. Rev. 1667 (1975)」【1979-1】アメリカ法113頁、岡村周一「イギリスにおける計画許可に関する『関連考慮事項』」法学論叢120巻4=6号（1987年）171頁等参照。

125）遠藤・前掲注124) 96〜103頁、198〜204頁等参照。

126）もっとも、現代の行政をすべて計画行政として特徴づけられるかは疑問であって、計画責任論もその有効範囲を吟味する必要があろう。先に、裁量処分・政策的決定・行政計画などを対象とする抗告訴訟では判断過程の統制方式が妥当する場合があり、調査義務論も機能する局面があると述べたのは、この点にかかわっている。

127）山村恒年「現代行政過程論の諸問題(1)」自治研究58巻9号（1982年）97頁。

の問題意識として展開されている山村恒年弁護士の見解が、この点で注目される。

　もっとも、合理性は一種の傾向概念であるから、合理性の要請から一義的な調査義務を導くことには異論もあろうし、合理性の規範論的根拠についてもさらに検討を要する部分があろう[128]。けれども、合理性は各法規の中に明示あるいは黙示されていると解し得る場合が多いのであって、合理的調査の具体的内容については議論はあり得るが、合理性の要請を調査義務の１つの背景的根拠として考えることは承認できよう。

　　(d) 個別法の構造　　第四は、個々の事例に即して、当該関係法律の目的・構造、調査権規定の有無、問題となる職務の性格、調査を必要とする特別の事情の存在などを考慮し、そこから調査義務を根拠づける見解である。

　前三者が多かれ少なかれ従来のアプローチの根本的転換を求めているのに対して、これは従来のアプローチの枠内でも調査義務を認めようとするものと言えよう。調査義務を導く要素についてはさらに詳細な検討がいるが[129]、当該法規定等に手がかりがある場合にそれらに依拠することはむしろ当然の解釈態度であって、有効範囲に限定があるとはいえ、このアプローチそれ自体には問題はないであろう。

　　(e) 小括　　もちろん、以上の各見解は相互に排他的なものではない。実際には、第一ないし第三の見解を基本的には援用しつつ、直接には、当該事案の特質、関係法規定の定め方、調査を必要とする個別的事情等から調査義務を導くことが穏当な方法と言えよう。但し、その場合に、調査コストや被調査人の権利の考慮が調査義務を否定する事情として登場することも、当然の事ながら予想できることである。

　　(vi) 調査の適切性を判定する基準　　さらに、調査の適切性を判定する

---

128) 山村恒年「現代行政過程論の諸問題(1)～(14)」自治研究58巻9号～62巻11号（1982～1986年）は、合理性の要請・内容を、意思決定論のみならず、公共経済学における公共選択論、最近の実践哲学の復権論、現代行政の構造的変化などともからめて根拠づけているが、その全面的検討は本稿でよくなし得るところではない。今後検討していきたい。
129) 例えば、[A] 判決が調査義務を肯定した背景には、公正さが特に要求される選挙事務の性格、公職選挙法上の調査規定の存在、調査を必要とする特別の事情などがうかがえる。

基準の問題がある。調査が必要であるのに何ら調査をしない場合の調査義務違反は言いやすいが、問題の多くは、一定の調査がなされたけれどもそれが不十分であると主張される場合に、調査の不十分さを調査義務違反と認める基準をめぐって提起されよう。

調査の適切性は、調査主体のあり方、調査項目・調査対象の選択、調査方法の選択、調査の程度・範囲などの各側面で問題となり得るが、これらについて行政機関がある程度の裁量を持つことは否定しがたいので、結局問題は、調査裁量の統制基準と言うことになる。

調査が要求される局面はさまざまであるので、一般的な統制基準を立てることは困難であり、さしあたりは判例の積み重ねによるべきであろう。

例えば、[B] および [C] 判決は、登記官の調査義務について原則として形式審査で足りるとしているが、[C] 判決はまた、外形上容易に発見できる不審、外部からの連絡等の事情があれば、調査水準が高まるべきことを述べる。

[P] 判決は、薬事法の法的性格を単に取締法ととらえるのではなく「時代に即応した医薬品の安全確認にも配慮した積極的性格をも合わせ有していた」とすることにより、高度の調査義務を承認しているが、[Q] 判決は、薬事法の法的性格を基本的に取締法としてとらえる立場から、医薬品承認段階での安全性調査義務の存在を否定している。

[A] 判決は、玄関先で相手の姿を確認することなく行った居住調査が調査の実質を欠くとしている。

なお、調査対象事項の選択をめぐる問題は、行政機関がとりわけ裁量的決定においていかなる事項を考慮し、あるいは考慮すべきでないかという考慮事項論としても考察され得る。芝池義一教授は、裁判例における考慮事項の拡張ないし限定を類型別に検討した上で、国民の安全確保・危険防止および公害防止・環境保全あるいは重大かつ明白な違法性などを普遍的考慮事項として見ることの可能性を探っている。[130]

このような芝池教授の分析は、法律が考慮すべき要件を明確に限定して

---

130) 芝池・前掲注113) 571頁以下参照。

いない場合の考慮事項の拡大に1つの理論的根拠を与え、考慮事項の範囲についての基準を示そうとするものであって、本稿との関係で言えば、調査義務の規範的根拠、調査事項の範囲につき示唆を与えるものである。

［L］判決は、判断過程の統制方式の立場から、事業認定の際に考慮すべき事項の検討を行い、考慮要素の選択について一定の価値判断を行っているが、その判断基準についてはとくに述べていない。

(vii) **調査義務が主として機能する利益状況**　最後に、調査義務が主として機能する利益状況について検討しておきたい。

調査義務論の登場の部分で述べたように、調査義務論は、行政機能の拡大・総合化、行政をめぐる利益状況の複雑化等に象徴される現代行政の展開のなかで顕在化した、すぐれて現代的な問題として提起されている。主として問題となる領域は、行政規制の直接の対象となる被規制者と、行政機関と、行政規制により利益を持つ第三者からなる三面的（多面的）対抗関係にある行政領域である。そして、調査義務は、従来公益の枠内で考慮されてきたはずの、行政規制により利益を持つ第三者の利益が独立して主張されてくるなかで問題となってきたのである。

もっとも、このように述べたからと言って、調査義務がいわゆる三面的対抗関係にある行政領域でのみ妥当すると言うことではない。私人間の自由な社会形成と民刑事法による事後的措置とに委ねるだけでは十分な解決がはかれない社会問題が登場してきたことが、行政介入を根拠づける歴史的・理論的理由であるから、行政規制は本来、私人間の対立に対して一方の利益を優先し他方の行動を規制する性格を内包しているというべきである[131]。

したがって、理論的には、むしろ、予防的な警察行政領域も含めてあらゆる行政領域で、調査義務あるいは適切な調査を要求する権利・利益を承認すべきではなかろうか。ただ、警察領域等では調査を抑制すべき第一の

---

131) この点は議論の余地のあるところであるが、例えば、アメリカの規制行政の歴史的展開を見れば、このように言うこともできよう。*See, e. g., Symposium on the Legacy of the New Deal: Problems and Possibilities in the Administrative State,* 92 Yale L. J. 1083 (1983); R. L. Rabin, *Federal Regulation in Historical Perspective,* 38 Stan. L. Rev. 1189 (1986).

視角からする要請が強いために、調査義務が問題となりにくいだけであると言えよう。

　調査義務の肯定は、ひるがえって見れば、適切な調査を求める権利・利益を法的保護に値する権利・利益として承認することである。したがって、さらに進んで、行政規制の受益者が適切な調査を求める権利を直接に訴訟上主張できないかが問題となり得る。

　調査義務の承認の局面では正面から現われなかった、適切な調査を求める権利と調査対象となる私人の権利・利益との調整の問題が典型的に現われるのは、行政規制により利益を持つ第三者に直接行政調査の発動を求める権利を承認する局面である。そこでこの点を、項を改めて検討してみたい。

3. 調査権の発動を求める権利

　調査権の発動を求める権利が現行法上承認された事例はそう多くない。法律・条例が明文でこれを認めるのはまれであるし、認められている場合でもそれほど活用されているとは思われない。また、調査義務あるいは規制権限の発動義務の承認の裏にこの権利の承認を読みとれる判決例はあるが、この権利を正面から承認した判決例はあまり見当たらない。

　しかし、行政権限の不作為の違法が問題とされる局面は増加しており、また、既に述べたように、調査権の発動を求める権利と一定の処分権限の発動を求める権利とは同一ではないから、調査請求権の承認に対して消極的な現行法の態度は再検討される必要があろう。

　以下では、将来のこの権利の承認に際して問題となるであろういくつかの点を検討してみたい。

(1)　**調査権の発動を求める権利を否定する論理とその批判**
　(i)　**否定論の構造**　　調査権の発動を求める権利を否定する論理の原形は、検察官の不起訴処分に対する被害者の訴追請求権をめぐる議論のなかに典型的に現われている。

例えば、東京地裁昭和60年11月25日判決（判時1178号62頁）は、受刑者である原告が、同房者を傷害罪などで告訴・告発したのに担当検察官が捜査を懈怠して右同房者を起訴しないのは違法であると主張して提起した不作為の違法確認の訴えであるが、裁判所は、「告訴・告発は捜査機関に対し犯罪事実を申告し犯人の処罰を求める意思表示であり、それが訴訟条件となる場合があるとしても、公訴権は検察官が公益の代表者として独占し、犯罪の嫌疑がある場合にもなお起訴、不起訴の選択をする権限を有している」、「検察官が公訴を提起するのは、専ら社会秩序の維持等の公益的観点から被告人に刑罰を課することを求めるものであり……［告訴人の］個人的利益のために捜査及び訴追をするものではない」、それゆえ告訴・告発は「検察官の処分との関連でみれば単なる犯罪捜査の端緒に過ぎず、職権の発動を促す作用をもつにとどまり、検察官が告訴人または被告人に対して終局処分をなすべき義務を負うという公法上の法律関係を成立させるものではない」と述べて、原告の請求を却下している。

また、東京地裁昭和58年9月29日判決（判自13号131頁）は、傷害の被害者が、警察官の捜査の懈怠、検察官の不起訴処分により、加害者に対する損害賠償請求が困難になったとして、国家賠償を求めた事例であるが、被害者が犯罪の捜査および公訴の提起により受ける利益は反射的に生ずる事実上の利益にすぎないとして、原告の請求を棄却している。

これらの判決例の射程範囲は、公共の安全と秩序の維持という警察介入目的とのかかわりで、また、警察比例の原則など警察権限の発動を制約する諸原理との関係で、警察領域に限定して理解さるべきかもしれない。けれども、捜査・調査機関の公益独占性、起訴・調査権限発動の自由裁量性（起訴便宜主義）、調査請求者の利益についての反射的利益論などの論理は、行政領域の差異を超えて、しばしば強調されてきているところである。

例えば、東京高裁昭和53年7月18日判決（判時900号68頁）は、労働基準監督官に対して労働者が労働基準法違反事実が存する旨の申告（労働基準法104条）をなしたところ適切な措置を執らず放置したとして国家賠償を請求した事例につき、「申告は、監督官の使用者に対する監督権の発動の一契機をなすものであっても、監督官に申告に対応する調査などの措

置をとるべき職務上の作為義務まで負わせるものではな」いとして、請求を棄却している。[132]

また、独禁法45条1項は、「何人も、この法律の規定に違反する事実があると思料するときは、公正取引委員会に対し、その事実を報告し、適当な措置をとるべきことを求めることができる」と定め、2項以下ではさらに、報告に対応する調査義務（2項）、報告者に対する事後措置の通知義務（3項）などを規定しているが、最高裁昭和47年11月16日第一小法廷判決（民集26巻9号1573頁）は、独禁法の目的が一般消費者の利益保護と国民経済の民主的で健全な発展にあること、審判制度も公益保護の立場からのもので被害者の個人的利益の救済をはかることを目的としたものではないことなどを理由に、公正取引委員会は「報告、措置要求に対して応答義務を負うものではなく、また、これを不問に付したからといって、被害者の具体的権利・利益を侵害するものとはいえない」と判示し、不問処分の不存在確認その他を求める原告の請求を棄却している。[133]

以上の判決例は、一定の処分の取消しまたは義務づけを請求した訴訟についてのものであるから、そのまま調査請求権の判例として見ることはできないが、そこで展開している論理は、調査請求権の否定論としても援用され得るものである。すなわち、調査機関の公益独占性を前提とし、調査権限の発動の裁量性を重視し、調査により利益を受ける者の利益を反射的利益と解するならば、調査権の発動を求める権利の成立する余地はほとんどないと言うことになろう。

実際これらの判決例においては、原告は特定の処分がなされない背景に

---

132) 但し同判決は、「一定の作為をなさなければ国民に重大な危険が生ずる可能性があるというような差し迫った事情下においては、条理上、当該公務員に一定の作為義務を肯定することもありうる」とも述べるが、本件では、そのような事情が見られないとしている。本判決を批判的に検討するものとして、阿部泰隆「行政の危険防止責任その後(2)」判例時報1004号（1981年）151〜152頁参照。
133) 本判決を解説・検討するものとして、高津幸一・昭和47年度重要判例解説（1973年）185頁、渋谷光子・公正取引272号（1973年）30頁、根岸哲・民商法雑誌69巻2号（1973年）330頁、園部逸夫・独禁法審決・判例百選〔第2版〕（1977年）217頁等参照。学説の多くは、最高裁判旨を支持しているようであるが、根岸・前掲336〜339頁は、被害者に限って審決請求権を認めるべきとする。

調査の懈怠、調査の不備があることを指摘していたが、裁判所は調査の不備をとくに取り上げて問題とする姿勢を示していない。不問処分の当否が直接の争点になっていることに加えて、調査を行政の内部過程としてとらえる伝統的な見解が背景にあると思われる。

　(ii)　**否定論に対する批判**　　しかし、一定の適切な調査がなされるべきことと、調査の結果一定の処分がなされるべきこととは、一応区別して考えられるのであって、後者についての裁量の範囲と前者についての裁量の範囲は同一ではない。[134] すなわち、起訴処分あるいは審判開始決定を求める権利が認められないとしても、適切な調査を求める権利・利益が肯定される場合はあり得るのである。

　したがって、行政機関の公益独占性、権限発動の自由裁量性（起訴便宜主義）、反射的利益論などを理由とする調査請求権否定論は、二重の意味で、今日、ただちには妥当しないというべきであろう。

　第一には、第2節で検討したように、不作為の違法を理由とする国家賠償訴訟の展開のなかで、これらの理論の有効性が根本的に再検討されてきているという事情があるし、第二には、仮に処分権限発動の義務づけの局面ではなおこれらの理論が妥当するとしても、処分権限の不作為裁量と調査の不作為裁量とは同列に論じられないから、調査権限の発動の義務づけの局面では別の基準があり得ると言うべきだからである。

　(2)　**調査請求権の生成**
　(i)　**調査（規制）権限の発動を求める権利を定める条例**　　いわゆる三画的対抗関係にある行政領域では、権限発動の自由裁量性（起訴便宜主義）や反射的利益論を克服して、不作為の違法を理由とする国家賠償請求が肯

---

[134]　調査義務と処分義務の差異をうかがわせる注目すべき判決として、横浜地判昭和54・10・31判時947号35頁がある。本件は、米軍基地内の個人住宅に対して自治体が固定資産税の賦課徴収を行っていないとして、住民が住民訴訟三号請求の怠る事実の違法確認を求めた事案であるが、裁判所は、課税の前提事実を調査するための立入検査を実力で行えない本件固有の事情を認定して、原告の請求を棄却している。実行可能な調査義務を行使したとの前提の下に、処分の発動義務を否定している訳である。本判決については、曽和俊文「三号請求の法的特質」民商法雑誌93巻3号（1985年）388～389頁参照。

定されてきているが、さらに進んで、調査権限あるいは規制権限の発動請求権を明文で認める条例も登場している。

例えば三重県公害防止条例40条は、「現に公害を受け、または受けていると思う者は、……知事に対し、ばい煙発生施設、粉じん発生施設、特定施設若しくは指定施設に係るばい煙等の処理の状況若しくは排出基準適合状況又はばい煙等による生活環境の汚染の状況の調査を請求することができる。知事は、この請求があった場合には、速やかに必要な調査を行い、その結果を請求者に通知するものとする」と規定する。

また、名古屋市公害防止条例39条は、「現に公害を受け、または受けていると思う者は、市長に対し、公害源、公害原因、公害状況の調査を請求することができる」（1項）、「市長は調査請求があった場合においては、すみやかに必要な調査を行ない、その結果を請求者及び当該請求に係る区域の審議会に通知しなければならない」（2項）と調査請求権を認め、さらに、「公害により被害を受け、又は受けるおそれのある者は、市長に対し、この条例に基づく規制措置を講ずるように申し立てることができる」（3項）、「市長は、前項の申立てがあった場合においては、申立てのあった日から30日以内に、申し立てた者及び当該申立てに係る区域の審議会に対し、その申立てを棄却した場合は、理由を附してその決定を、また申立てに基づき規制措置を講じた場合は、その講じた内容をそれぞれ通知しなければならない」（4項）と定めて、規制措置申立権も保障している。

なお、先の独禁法45条も、判例によれば審決請求権を認めた規定とまでは言えないが、違反事実の申告とそれに対応する調査義務を規定しているので、少なくとも、調査請求権を認めた規定と言うことができよう。

(ii) **調査請求権の司法による実現**　法律・条例が調査請求権を明文で保障している場合には、この権利は、司法的に執行され得る具体的権利と解すべきである。したがって、調査請求に対して何ら応答がない場合には、不作為の違法確認の訴えが可能であり、調査の実質に値しない名ばかりの調査がなされた場合にも、何らかの救済が可能と解すべきであろう。

---

135)　遠藤・阿部編・前掲7）330頁［竹中執筆］、山村・前掲注22）論文(11) 62頁、阿部芳久『審決独占禁止法I』（法学書院・1974年）239頁等参照。

後者の場合に考えられる救済としては、不適切な調査が後に具体的被害をもたらす場合の国家賠償訴訟、不適切な調査を後の処分の瑕疵として主張する抗告訴訟、適切な調査の実施を義務づける無名抗告訴訟等が考えられる。前二者については既に本節2で触れたところである。
　義務付け訴訟については、そもそも一般にその認容要件を限定的に解する説が支配的であり、さらに認容論に立っても調査の適切性を判断する基準が明確とは言いがたいので、適切な調査の実施を義務づける無名抗告訴訟は、現段階では理論的可能性にとどまっているが、その要件等は今後検討に値する問題であると思われる。

　(ⅲ)　**条理上の調査請求権**　　なお、法律・条例が調査請求権を明文で保障していない場合であっても、条理上、調査請求権が認められる場合があろう。法律が調査権限を授権している場合には、調査権限を行使するにふさわしい一定の状況を想定しているはずであるから、国民がそのような事情を示して調査の実施を求めた場合にまで、調査要求を放置する裁量を認めることはないと思われるからである。[136]

　どのような結果が生じるかはともかく《とりあえず調査せよ》と言える局面は相当多くあると思われるが、その要件については今後の検討に委ねたい。[137]

---

[136]　但し、不作為の違法確認の訴えは「法令に基づく申請」を前提としているために、条理上の調査請求権は、国家賠償訴訟や抗告訴訟で背景的に承認される以外は、義務付け訴訟の局面で主張されることになり、適切な調査の実施を義務づける無名抗告訴訟のところで述べたのと同じような問題が生じる。

[137]　不作為の違法を理由とする国家賠償責任を認容する判決例は、侵害利益の重大性、被害発生の予見可能性、結果回避可能性、行政権限行使の社会的期待可能性などを不作為の違法要件として承認してきた（これらの要件の分析として、遠藤・前掲注24）「危険管理責任における不作為の違法要件の検討」459頁参照）。これらの要件は被害が発生してから事後的に負担の公平等の考慮も入れてつくりだされてきたものであるから、事前の行政介入の判断基準としてどの程度妥当するものか検討を要する。概して言えば、これらの基準は、仮に一定の規制権限の発動を義務づける基準としては緩やかにすぎるとしても、さしあたりの行政介入たる調査権限の発動を請求する権利を認める基準としてはむしろ厳しすぎると言えよう。

(3) 調査請求権の現状と課題

　調査権限の発動を求める権利は、法令上の根拠に基づきこれが認められる場合であっても、現段階では余り利用されていないようである[138]。それは、調査の適切性を判断する基準が明確でないこと、この権利を司法的に執行する方法が容易でないことなどによるのであろう。それゆえ実情から言えば、一般的な苦情処理システム（苦情の内容の調査・対応のシステム）とそれほど変わらない運用がなされているのかもしれない。

　しかし、調査権限の発動を求める権利は、国民に法執行のイニシアティブを与える点で従来にない新しさを持っており、今後の積極的展開が期待される。そのためには、各行政領域の特質に応じて、適切な調査のあり方を探り、調査過程を規律する行為規範を形成することが求められている。

　他方で、調査権限の発動を求める権利に対立する諸要素の具体的解明も求められる。すなわち、調査権限の発動を求める権利を否定するには、これまでのような、権限発動の自由裁量性（起訴便宜主義）や反射的利益論といった大雑把な否定論ではなくて、調査対象者の権利・利益との抵触、調査に要する人員・費用等の行政コスト、事例に即しての調査権発動の不必要性などが具体的に示される必要があろう。そして、一定の処分を求めているのとは異なり、ともかく調査を要求している局面では、概して、調査権発動の必要性は余り厳しく解すべきではないと言えよう。

4. 小　　括

　第二の検討視角からする行政調査の法的統制は、いくつかの先駆的業績はあるものの、判例・学説共に今のところ十分な展開を見ているとは言い

---

138) 例えば、三重県公害防止条例による調査請求権の運用状況を見ると、昭和47年から昭和61年まで、順次、4、3、4、0、2、1、0、0、0、0、0、0、0、0、2件の調査請求があったのみである（三重県環境白書による）。また、名古屋市公害防止条例による調査請求の件数は、昭和48年から昭和61年まで、順次、5、5、3、0、2、6、0、0、0、0、0、0、4、2件であり、条例に基づく規制措置の申立てはこれまで一件もない。三重県では、調査請求があった場合は必ず測定等の調査をすることにしているということである。活用されてよい制度であると思われるが、今のところほとんど利用されていないと言えよう。

がたい。本章で試みた整理も、判例・学説を素材とする1つの試論にすぎず、今後に残された課題も多い。

ただ、本章第3節の荒っぽい素描からもうかがえるように、従来行政の内部過程として十分に分析されてこなかった行政調査過程を直接に分析の対象として、その適切なあり方を探ることは、裁量統制法理の具体的追求、国民による行政法の執行、行政監視などの現代的課題にとって不可欠の課題となっている。

行政処分を結節点として行政活動の法的統制をはかる現行行政事件訴訟法の枠組みにおいては、行政調査過程を直接に対象とする分析は正面に現われにくいが、調査義務論あるいは調査請求権をめぐる議論は、この検討視角からする今後の研究にとって、有益な素材を提供していると言えよう。

第二の検討視角からすれば、一般に、行政調査は広範囲かつ徹底的に行われることが望ましいということになるかもしれない。決定に必要な情報は多ければ多い程よいとも言えるからである。しかし、調査のための人員・時間・費用には限界があり、何よりも調査対象となる私人の権利・利益との調整の必要があるから、適切な調査の範囲・方法等は第一の検討視角との調和の中で見出されることになる。

これまでは、第二の視角から要請される調査の多くは書面調査あるいは任意調査の枠内でおさまるものが多かったため、第一の視角からする要請と第二の視角からする要請とが対立・矛盾することがあまり意識されてこなかったと言えよう。しかし、適切な調査の発動を求める権利・利益の承認は、第一の視角からする要請とは別の面から、行政調査をめぐる紛争を権利・義務をめぐる独立した法的関係としてとらえることを要請し、行政調査過程に固有の行為規範の確立を求めることになるから、両者の要請を調整する必要が出てくる。その具体的なあり方は、個別行政領域ごとに検討することが適当であろう。[139]

---

139) 例えば、労働安全衛生法による立入検査の発動を労働者が求める権利を認めつつ、他方で使用者に令状主義の主張を許すといった解釈論が求められよう。令状主義とその例外の要件につき、本章第2節2参照。なお、晴山一穂「労働基準監督行政の現状と法的諸問題」福島大学商学論集50巻3号（1982年）153～154頁も参照。

第一の検討視角と第二の検討視角の調整の問題（少なくともその一部）は、あるいは、行政調査を行政情報の流れの中に位置づけて考察することにより、一定の解決方向が与えられるかもしれない。

　行政調査は、一般的に言えば、情報を収集・管理・公表する行政過程の一部としても位置づけることができるが、情報処理過程の適切なあり方は、扱う情報の性質・情報処理機構の構造などにより異なってこよう。そして、現代社会においては、コンピュータ化の進展の中で個人情報の保護のあり方が問い直され、また、情報公開の進展の中で企業情報の利用のあり方が再検討されてきているのである。このような現代的展開の中で、行政調査もいかにあるべきかが改めて問い直されてきているように思われる。

　そこで次に、行政情報の収集・管理・公表という一連の行政情報の流れの中に行政調査を位置づけ、そこでの問題点を検討してみたい。

〔第4章　初出、1987〜1988年〕

[補論1] 行政調査手続の整備

1. 行政調査手続の現状と課題

(1) 現行法令による規律とその評価

　行政調査を授権する法律が、行政調査手続について定めている規制はそれほど多くはないが、代表的なものとして、次のような規制がある。[以下の記述は、基本的に、元論文の執筆時である 2005 年段階のものである。なお、2011 年の税務調査手続改正については、《補足 1》を参照。]

　(i) **身分証の携帯、提示**　行政調査手段として立入検査（間接強制立入検査）を授権する法律の中には、調査官の身分を証明する証明書を携帯し、関係人の請求に応じて提示することを要求するものが少なくない。規定の体裁としては、関係人の請求がある場合の提示義務を定めるものと、関係人の請求の有無に係わらず常に提示する義務を定めるものとがあるが、「立法論としては、後者が望ましいであろう」との指摘がある。

　(ii) **事前通知**　行政調査を授権する法律の中には、調査に先立って事前通知をなすべきことを定める場合もあるが、その数は多くない。最高裁は、税務職員の質問検査権行使の要件について、「質問検査の必要があり、これと相手方の私的利益との衡量において社会通念上相当な限度にと

---

1) 所得税法 236 条、風営法 37 条 3 項、都市計画法 27 条、河川法 78 条 2 項、水道法 39 条 4 項、消防法 4 条 2 項、大気汚染防止法 26 条 3 項、廃棄物処理法 19 条 3 項、自然環境保全法 29 条 2 項、生活保護法 28 条 2 項、児童福祉法 21 条の 21 第 2 項、証券取引法 190 条、独占禁止法 47 条（旧 46）条 3 項、宅地建物取引業法 16 条の 13 第 3 項など参照。
2) 宇賀克也「行政情報の収集」法学教室 292 号（2005 年）24 頁。
3) 都市計画法 25 条 2 項は「前項の規定により他人の土地に立ち入ろうとする者は、立ち入ろうとする日の三日前までに、その旨を土地の占有者に通知しなければならない。」と規定する。そのほかの例として、銃砲刀剣類所持等取締法施行規則 12 条の 3、自然環境保全法 31 条 2 項等参照。なお、阿部泰隆『行政の法システム㊤〔新版〕』（有斐閣・1997 年）308 頁では土地収用法 12 条 1 項、下水道法 32 条 2 項なども事前通知を要求する例として挙げられているが、これらは事業の必要上他人の土地に立ち入る場合の規定であって、行政調査としての立入りとは区別すべきであろう。

どまるかぎり、権限ある税務職員の合理的選択に委ねられている」との基本的立場から、検査「実施の日時場所の事前通知、調査の理由および必要性の個別的、具体的な告知のごときも、質問検査を行ううえの法律上一律の要件とされているものではない[4]」と判示して、事前通知のない調査の適法性を承認している。

事前通知の要否は、調査の目的や機能に照らして判断されるべきであろう。水質汚濁防止法に基づく水質検査や大気汚染防止法に基づく立入検査など、事前通知をすることによって事業者が違反を隠蔽するおそれのある場合があり、そのような場合には事前通知は調査の実効性を損なうのですべきではないと思われる。

しかし多くの行政調査の場合には、事前通知は調査の充実に資する。すなわち事前通知をなすことによって、調査対象者の都合を踏まえた調査日時の設定が可能となり、調査対象者にあらかじめ資料を準備する時間を保障することで調査効率も促進される。それゆえ、事前通知をすれば資料を隠匿・改ざんされるおそれが明白であるような特別の場合を除いて、一般論としては、原則として事前通知が必要と解すべきであろう。

実務上は、法律上規定がない場合でも調査の事前通知を行うのが通例であるようであり、事前通知を原則的に要求することは実務にも合致していると思われる。

なお、事前通知と類似のものとして、調査目的や調査理由の開示の要請がある。相手方の納得を得て調査を行うためには、調査実施段階での調査目的や調査理由の開示が不可欠であり、これらも行政調査が適法に行われるための手続的要件として理解すべきであろう[5]。

 (iii) **令状主義** 憲法35条は、刑事上の捜索における令状主義原則を定めているが、この憲法上の保障が行政調査手続にも及ぶか否かがかねてから争われてきた。

---

4) 最三小決昭和48・7・10刑集27巻7号1205頁。
5) 税務調査の領域における事前通知、調査理由の開示、第三者の立会いの必要性に関しては、曽和俊文「質問検査権をめぐる紛争と法」芝池義一ほか編『租税行政と権利保護』(ミネルヴァ書房・1995年) 122〜127頁を参照。

最高裁は、「憲法35条1項の規定は、本来、主として刑事責任追及の手続における強制について、それが司法権による事前の抑制の下におかれるべきことを保障した趣旨であるが、当該手続が刑事責任追及を目的とするものではないとの理由のみで、その手続における一切の強制が当然に右規定による保障の枠外にあると判断することは相当ではない」と判示して、令状主義が刑事手続以外にも適用される可能性を一般論としては認めながら、税務職員の質問検査権については、① もっぱら行政上の目的でなされること、② 刑事責任追及のための資料の取得収集に直結するものではないこと、③ 間接強制にとどまっていること、④ 検査制度の必要性と強制の合理性があることなどを主たる理由に、令状を不要と判示している[6]。この最高裁判決をどう受けとめるべきかに関しては議論がある。

　実務上は、上記②の要素を重視して、行政機関が行う調査であっても、もっぱら刑事責任追及のための資料収集につながるような調査（犯則調査）の場合には、裁判官の許可状が必要と考えられているように思われる。現行法では、国税犯則取締法による犯則事件の調査（国税犯則取締法2条3項）、証券取引等監視委員会による犯則事件の調査（証券取引法211条1項）、公正取引委員会による犯則事件の調査（独占禁止法102条1項）などで、臨検・捜索の前提として裁判官の発する許可状を要求している。

　しかし、憲法35条の保障する住居の不可侵は私人のプライバシー保護を目的としたものであり、個人のプライバシーは、本来、侵害目的のいかんにかかわらず保護されるべきである。そして、いったんプライバシーが侵害された場合の事後的救済に限界があることを考えるならば、アメリカ合衆国のように、行政上の立入検査にも原則として令状主義原則を及ぼす考え方にも一理あろう。

　このような立場からは、上記の最高裁判決の理由の中でも、とりわけ③の理由が重視されるべきである。所得税法上の質問検査権は、相手方の抵抗を排除して調査を実施する実力強制を授権したものではなく、またそのように解しても税務行政上重大な支障は生じない（調査拒否によって情報

6）　最大判昭和47・11・22刑集26巻9号554頁。

が得られない場合には推計課税などの手段が行政庁に与えられている)。間接強制にとどまっていることが、令状主義の適用を否定する上での重要な要素であると考えられる。

　強制的立入検査は間接強制立入検査と実力強制立入検査とに区別されるが、両者の区別は、行政目的を達成する上で調査を最終的に実現する必要性がどの程度あるのかによって判断されるべきである。すなわち、実力抵抗を排除してでも情報を収集する必要性の高い調査(刑事上の責任追及を目的とする調査はこれに該当する。行政調査の中にもこれに該当するものがあろう)においては、法制度上実力強制調査が授権されるべきであり、他方で実力強制調査の濫用に対する抑止として令状主義が考えられるべきである。

　このような視点からは、行政目的であっても実力強制調査には原則として令状が必要であり、人身保護のための緊急の必要性がある場合などの一定の要件の下でのみ例外として令状なしの実力強制調査(この場合には法的性質は即時強制として考えられる)が許されるという解釈が導かれる。行政調査手続の立法的整備にあたっては、このような視点も重視すべきである。

　(iv)　**犯罪捜査との関係**　行政調査を授権する法律は、当該行政調査が「犯罪捜査のために認められたものと解釈してはならない」との規定(以下では「この規定」と略す)を持つことが多い。犯罪捜査の場合には強力な捜査権が認められると同時に令状主義や自己負罪拒否特権などの憲法上の制限が定められている。しかし通常の行政調査においては、憲法上の手続保障は及ばない。このように憲法上の手続保障のレベルでは刑事・行政手続峻別論が今もなお生きており、この規定は、このような背景の下で

---

7)　塩野宏『行政法Ⅰ〔第4版〕』(有斐閣・2005年) 239頁参照。
8)　なお、以上のような解釈の可能性について、詳しくは、曽和俊文「行政調査論再考(1)」三重大法経論叢4巻2号 (1987年) 51～55頁参照。
9)　なお、出入国管理法31条1項は、不法滞在外国人に対する強制調査にさいして「裁判官の許可を得て、臨検、捜索又は押収をすることができる」と定めている。また、調査ではないが一定の強制権限の継続について裁判官の許可状を要求する規定として、警察官職務執行法3条3項、4項を参照。

定められていると言えよう。

　もっとも、そもそも行政調査は、それを授権する法律の目的の範囲内でのみ行使されるものであるから、犯罪捜査の資料を収集するために行政調査を行うことは目的を逸脱する調査として許されない。この規定はこのような当然の趣旨を確認したものとも解される。

　租税法学においては、この規定および憲法38条の趣旨に照らして、刑事手続での行政調査資料の利用を排除すべきであると解する学説が有力である。[10]行政調査手続における憲法上の保障を極めて限定的に解している現在の法理を前提とするならば、このような解釈も否定しがたいものがある。しかし原理的に考えるならば、この規定は、直接には行政調査権が当該行政目的の範囲内で行使されるべきとする当然のことを定めたもので、利用の可否は別問題であると解釈することもできる。[11]

　最高裁は、法人税法上の質問検査権が、そこで「取得収集される証拠資料が後に犯則事件の証拠として利用されることが想定できたとしても、そのことによって直ちに、上記質問又は検査の権限が犯則事件の調査あるいは捜査のための手段として行使されたことにはならない」と判示している。[12]

　企業の法違反行為に対して行政処分と刑罰が共に発動されるような場合には、行政調査と刑事捜索とで収集される証拠の範囲も重なる部分が多い。このような場合に、形式的な刑事・行政手続峻別論だけでは現実の法執行の要請に応えられない。また、形式的な分離を行いながら、資料を有する行政機関への令状に基づく捜索を行うことを認める解釈では、調査対象の権利利益を実質的に保護したことにはならない。

　そこで今後の立法論としては、行政手続においても原則として憲法上の手続保障が及ぶということを前提として、一定の要件の下で、両手続の相互関連を認め、証拠についても相互利用の可能性を認める方がよいと考え

---

10) 金子宏『租税法〔第6版〕』（弘文堂・1997年）549頁、清永敬次『新版税法〔全訂版〕』（ミネルヴァ書房・1996年）198頁、松沢智『租税手続法』（中央経済社・1997年）205〜208頁等参照。
11) 小早川光郎『行政法上』（弘文堂・1999年）307頁参照。
12) 最二小決平成16・1・20刑集58巻1号26頁。

られる。[13]

(2) 調査の実効性確保のための手続

　これまで概観してきたのはすべて、調査対象となった者の権利利益の視点から見た手続規制であった。しかし行政調査手続の整備は調査の実効性確保の視点からも考えられねばならない。この角度から注目されるのは以下の二点である。

　第一に、法律の中には、行政規制によって保護された利益を持つ者に調査請求権を付与していると理解できるものがある。例えば消費生活用製品安全法93条は、消費生活用製品の安全性に問題があり「一般消費者の生命又は身体について危害が発生するおそれがあると認めるとき」は、何人も、主務大臣に対して「適当な措置をとるべきことを求めることができ」、申出があれば主務大臣は「必要な調査を行い、この申出の内容が事実であると認めるときは、……適当な措置をとらなければならない」と定めている。このような私人の申告、通報の規定は他にもある。[14] 申出に対応する「必要な調査」の程度や内容には行政裁量が認められるから、調査義務の懈怠を訴訟で争うことは容易ではないが、適切な調査を確保する上での制度上の工夫として、今後の展開が注目される。

　第二に、法違反事実を迅速且つ確実に収集する新たな仕組みとして、公益通報者保護制度やリーニエンシー・プログラムがある。前者は企業の法違反行為などを発見した従業員等が違反事実を企業あるいは行政機関に通報することを促進するために通報者を保護するもので、公益通報者保護法として最近制定された。[15] 後者は法違反行為を法執行機関に申告して調査に協力した者に対して制裁を減免するもので、最近、独占禁止法改正によってわが国でも導入された。[16] いずれの制度も、行政機関による行政調査の不

---

13)　企業の法違反行為の規制における行政手続と刑事手続の関連について、曽和俊文「行政手続と刑事手続」ジュリスト1228号（2002年）116頁以下を参照。
14)　労働基準法104条、労働安全衛生法97条、独占禁止法45条等参照。
15)　公益通報者保護法に関しては、上村秀紀「公益通報者保護法の解説」NBL 790号（2004年）13頁以下、阿部泰隆『内部告発〔ホイッスルブロウァー〕の法的設計』（信山社・2003年）などを参照。

十分さを補い、必要な情報を収集するための制度として注目されるものである。[17]

2. 行政調査手続整備の立法提案

　行政調査手続の整備に関しては、これまでいくつかの立法的提案が見られる。以下では代表的な提案を紹介して検討してみたい。

(1) 税務調査手続の改正
　わが国における行政調査に関する議論は主として税務調査領域で発展してきており、税務調査手続に関する立法的提案が種々出されている。

　例えば、1993年に開催された租税法学会は、行政手続法制定を受けて「租税行政改革の方向」のテーマで開催され、その中で税務調査手続の改正についても検討がなされている。

　南博方教授の報告では、「納税者の権利と義務」と題されたOECD委員会のレポートによりながら、欧米諸国では税務調査において事前通知が行われることがむしろ多数であり、個人の居宅へ立ち入る場合に令状を要求する国も多数であることなどが紹介され、租税行政の特質に配慮した租税手続法が必要であることが指摘されている。[18]

　田中治教授の報告では、税務調査手続の具体的整備として、①申告前調査の原則禁止、②納税者本人に対する調査の原則（反面調査は例外）、③事前通知の保障、④調査が公平に行われない場合の調査担当職員への忌避の申立制度、⑤調査期間の合理性、⑥再調査の制限などが指摘され

---

16) 雨宮慶「課徴金減免制度（日本版リーニエンシー制度）の導入—実務の運用と問題点を探る」ジュリスト1294号（2005年）16頁以下、志田至朗「課徴金減免制度について」ジュリスト1270号（2004年）31頁以下等参照。
17) これらの内容および法施行システムとしての位置づけについて、曽和俊文「私人の申告・通報」高木光・宇賀克也編『行政法の争点』（有斐閣・2004年）50～51頁、宇賀・前掲注2）29頁を参照。
18) 南博方「租税手続の公平・透明化に向けて」租税法研究22号（1994年）1頁以下参照。

ている。

　金子宏教授の報告でも、「質問検査が公権力の行使であり、納税者の利害に影響するところが大であることにかんがみると、立法論としては、デュープロセスの観点から、前向きに手続の整備を進めるべきである」として、「文書による事前通知（調査通知書）の手続を正式の制度として採用すべき」ことなどが提案されている。

　その後も、納税者の権利章典の制定の主張・提案とも重ねあわせて、税務調査手続の整備の必要性が繰り返し強調されている。[→《補足1》税務調査手続の改正]

(2)　行政調査手続に対する一般法的規律

　行政調査手続について一般的な規制を行うべきであるとの提案もかなり以前から見られる。

　例えば、1964年にまとめられた臨時行政調査会による「行政手続法草案」は、立入検査について、時間制限を課すほか、個人の居宅には原則として承諾なく立ち入ることができないことを定め（25条）、立入検査の通知、立会いの保障と身分証の携帯、提示義務を定め（26条）、関係人から意見もしくは報告を聴取するための出頭命令への記載事項として根拠法条、調査事項、調査日時・場所、期限などを定め（27条）、書類等の提出命令の記載事項として根拠法条、調査理由などを定め（28条）、最後に、行政調査が犯罪捜査のために認められたものではないとの確認規定を定めていた（29条）。

　また1983年に公表された第一次行政手続法研究会による「行政手続法法律案要綱（案）」では、調査に関する規定として、職権主義の原則（0301条）、調査の比例原則（0302条）、調査権と犯罪捜査との関係（0303

---

19)　田中治「申告納税制度と租税行政手続」租税法研究22号（1994年）24～26頁参照。
20)　金子宏「税務情報の保護とプライバシー」租税法研究22号（1994年）39～41頁参照。
21)　包括的な検討・資料として、石村耕治『先進諸国の納税者権利章典〔第2版〕』（中央経済社・1996年）を参照。
22)　橋本公亘『行政手続法草案』（有斐閣・1969年）54～55頁、135～139頁を参照。

条）の三箇条が提案されていた。

　1993年に成立した行政手続法は、申請に対する処分、不利益処分、命令制定においてそれぞれ遵守すべき手続を定めて、わが国の行政手続の適正化に大きな役割を果たした。しかし残念ながら、行政調査手続については行政手続法の規律は及ばないとされた。

　すなわち、行政手続法は「報告又は物件の提出を命ずる処分その他その職務の遂行上必要な情報の収集を直接の目的としてされる処分及び行政指導」を適用除外とし（行手法3条1項14号）、また、立入検査のような事実上の行為についても不利益処分の定義から除外している（行手法2条4号イ）ため、行政調査手続については、行政手続法の規律の適用除外となった。

　もっとも、行政手続法が行政調査を適用除外にしたのは、行政調査の手続的統制の必要性を否定する趣旨ではない。「行政調査は多種多様であるので、一律的な規定になじまないものがある」ために適用除外となったのであり、行政手続法の制定過程にも関与した宇賀教授は「行政調査手続をいかに手続的に規制するかは、今後の重要な検討課題のひとつである」と指摘している。[→《補足2》：韓国における行政調査基本法の制定]

(3) 行政調査手続整備の今後の課題

　これまでの立法提案を参考にしながら、また前節までの検討を踏まえるならば、行政調査手続の立法的整備の課題として、さしあたり、以下の点を指摘することができる。

　　(i) **任意調査の手続的統制の必要性**　行政調査は、私人が調査に応じない場合に何らかの強制の仕組みがある場合（強制調査）と、それに応じ

---

23) 行政手続法研究会「法律案要綱（案）」ジュリスト810号（1984年）46頁参照。
24) 塩野宏『行政法Ⅰ〔第4版〕』（有斐閣・2005年）239頁。なお、租税法学会第22回総会でのシンポジウム「租税改革の方向」での塩野発言（租税法研究22号（1994年）100頁）も参照。
25) なお参照、総務省行政管理局編『逐条解説・行政手続法』（ぎょうせい・1994年）67～71頁。
26) 宇賀克也『行政手続法の解説〔改訂版〕』（学陽書房・1994年）63頁。

るか否かを全く私人の任意に委ねている場合（任意調査）とに分けられる。後者の任意調査の場合には、特別の法律の根拠を必要としないとされており、手続的規制もとくに検討する必要がないように見える。

しかし、以下の点に留意する必要がある。

第一に、純粋の任意調査と刑罰等による担保のある間接強制調査との区別がつきにくい場合がある。例えば、所得税法上の質問・検査は、正当な理由なくこれを拒めば刑罰が発動される可能性のある間接強制調査であるが、実務上は、それに先立って純粋の任意調査（いわゆる「お尋ね」）が先行することも多い。調査を受ける側としては、税務職員の調査請求が法律の定める間接強制調査であるのか任意調査であるのか、明確でないままに調査に応じることになる。

このような場合を前提とすれば、任意調査に対する手続的統制として、それが任意調査であることを相手方に伝える義務があると解することも必要ではないかと思われる。

第二に、所得税を確定するための銀行に対する調査などの場合のように、調査の相手方（銀行）との関係では純粋の任意調査として行われても、そこで求めている情報に実質的な利益を持つ者（納税者）に知られないままに行われる場合には、問題が残る。このような場合には、実質的な調査対象の同意を得ていないという意味では「任意調査」とは言えないので、本人から情報を得るだけでは行政上の目的を達成しがたい事情があることが必要であり、また、特別の法律の根拠があることが望ましい（所得税法234条1項2号、3号は納税義務者以外の者に対する反面調査を明文で授権している）。［→反面調査の手続的統制については、第3章第2節、第5章第3節3を参照。］

第三に、個人情報保護条例は、地方公共団体が個人情報を収集する場合の制限として、個人情報は原則として本人から収集すべきこと、思想・信条に関する情報や社会的差別の原因となる情報などを原則として収集してはならないことなどを定めている。これらの制限は、任意調査にも適用される制限である。

以上のように、任意調査といえども、手続的統制の必要性が全くないと

いうわけではない。

(ii) **強制調査の手続的統制**　強制調査の手続的統制としては、以下の点に留意すべきである。

第一に、わが国で行政調査手段として広く活用されている（間接強制の担保のある）質問・立入検査について、行政調査の適正化の視点から、以下のような基本的な手続原則を構想することができる。すなわち、① 質問、検査のための立入りに際しては、原則として調査の日時、目的、調査範囲を知らせる事前通知が必要であり、② 調査時においても調査理由と調査目的の開示が必要である。③ また行政調査目的での立入に際しては、調査官の身分を証明する身分証の携帯・提示が必要である。

事前通知は、それをなすことによって証拠隠滅のおそれがあるなどの特別の事情がある場合には不要であるが、特別の事情の存在は行政庁側で証明すべきである。

第二に、調査手段の選択に関して、一定の原則を定めることができる。すなわち、調査対象者の権利利益を保護する見地から、調査手段の選択には比例原則が適用されるべきであり、一般論として言えば、任意調査→文書提出・証人出張命令→間接強制立入検査の順で優先的に選択されるべきであろう。

第三に、情報を最終的に収集する必要性が高い場合には、実力強制調査が授権されるべきであり、実力強制調査を行うためには原則として裁判官の発する許可状が必要である。この点は立法で明確にすることが望ましいが、現行法令で許可状の規定のない実力強制調査については、即時強制として理解できる下記の場合を除き、憲法解釈として令状を要求すべきであると解される。

もっとも、事業所への立入りについては私人の居宅とは違ってプライバシー利益をそれほど考慮する必要がなく、また、定型的に行われる立入検査で令状を求めることにどれほどの意義があるのかについての疑問もあるので、事業所への定型的な立入検査では許可状を必要としないとの見解もあり得よう。

また、生命、健康、安全を保護するために緊急の必要がある場合には、

許可状は不要であり、即時強制としての立入検査が認められる。

　第四に、刑事上の責任追及を目的とする刑事調査と行政調査との関係について、立法により一定の整理をすることが考えられる。基本的な方向としては、両者の区別を基本にしながら、① 行政調査手続においてもその情報の性質上憲法38条や35条の適用が求められる場合にはその適用を認め、② 一定の要件の下で、両手続の相互関連を認め、証拠についても相互利用の可能性を認めることが望ましいと考えられる。

　第五に、生命・健康・安全などを保護する行政領域では、行政規制によって保護される利益を持つ者による調査申出とそれに応答する手続を整備する必要がある。このほかにも一般に、調査の適切な発動を確保するシステムや調査の実効性を確保するシステムの整備が課題となろう。

〔補論1〕　初出、2006年〕

《補足 1》 税務調査手続の改正

　2011 年 11 月 30 日に、「経済社会の構造の変化に対応した税制の構築を図るための所得税法等の一部を改正する法律」の一部として、国税通則法が改正され、税務調査手続についての整備が図られた（2013 年 1 月 1 日以後に開始される税務調査から適用）。

　今般の改正の要点は以下の通りである（以下の叙述は、小幡純子「税務手続の整備について」ジュリスト 1441 号（2012 年）88 頁以下による紹介に依拠している）。

　第一に、従来、所得税法、法人税法などの個別法律にバラバラに規定されていた質問検査権の規定が、国税通則法にまとめて規定されることになった（国税通則法 74 条の次に「第 7 章の 2 国税の調査」の章が置かれ、各種の質問検査権規定がまとめられた）。

　第二に、税務調査に際して原則として事前通知をなすことが義務づけられた。通知事項は、調査開始日時、調査場所、調査目的、調査対象となる税目、調査期間、調査対象となる帳簿その他の物件などである。

　もっとも「違法又は不当な行為を容易にし、正確な課税標準等又は税額等の把握を困難にするおそれその他国税に関する調査の適正な遂行に支障を及ぼすおそれがあると認める」場合には、事前通知は必要とされない。

　第三に、調査終了時の手続が定められ、更正決定等をすべきと認められない場合にはその旨を書面で通知し、更正決定等をすべきと認める場合には調査結果の内容を説明することが義務づけられた。

　第四に、質問検査権の内容として、納税者から提出された物件の留置きの手続が新設された。

　今回の税務調査手続の整備は、これまでの改正提案のすべてを取り入れたものではなく、部分的整備に止まるが、事前通知が法律で明確に義務づけられた意義は大きい。また、税務調査手続の整備に習って、今後、行政調査手続一般についても立法的に整備されることが望まれる。

《補足 2》　韓国における行政調査基本法の制定

　韓国では、2007 年 5 月 17 日に行政調査基本法が制定されている（2007 年 8 月 17 日から施行）。以下では、2008 年 5 月 24 日に台北市で開催された「東アジア行政法学会第 8 回学術大会」で報告された、呉峻根「大韓民国の行政調査制度に関する行政法的考察」（学会報告集 41 頁以下（2008 年））、および、金載光「行政調査基本法の立法過程上における主要な争点に関する考察」（学会報告集 71 頁以下（2008 年））に基づき、その内容を簡単に紹介しておく。

　第一に、行政調査基本法は、第 1 章「総則」、第 2 章「調査計画の樹立および調査対象の選定」、第 3 章「調査方法」、第 4 章「調査実施」、第 5 章「自立管理体制の構築」、第 6 章「補則」等の全 30 箇条からなる、行政調査に関する「世界で初めて制定された」（金・前掲論文 72 頁）一般法である。

　基本法の目的は「行政調査に関する基本原則・行政調査の方法及び手続などに関する共通的である事項を定めることにより、行政の公正性・透明性及び効率性を高めて、国民の権益を保護する」（1 条）ことである。

　第二に、行政調査基本法は、行政調査の基本原則として、① 調査範囲の最小化および濫用禁止の原則（行政調査は調査目的を果たすのに必要な最小限の範囲で実施しなければならず、他目的などのために調査権を濫用してはならない）、② 調査目的の適合性原則、③ 重複調査の制限原則、④ 予防重心の行政調査原則、⑤ 調査内容の公表および秘密漏洩の禁止原則、⑥ 調査結果に対する利用制限原則などを定めている。

　そして、わが国から見て特に興味深いのは、行政調査運営計画を毎年度定めて行政調査を計画的に実施することを求めていること、ならびに、調査対象の選定基準を事前に設定・公表する義務を行政機関に課していることである。

　第三に、行政調査手続に対する主な規制として以下のような内容が定められている。すなわち、① 個別調査計画の樹立義務を定め、個々の行政調査を実施する前に原則として事前通知と調査理由の開示をなすように行

政機関に求めている。②調査対象者は事前通知の内容に対して意見を提出することができ、一定の事由あるときは調査の延期申請をなすことができる。③行政機関の定めた調査選定基準に対して調査対象者は閲覧を申請することができる。④第三者調査の場合には本来の調査対象者に事前に通知することとなっており、本来の調査対象者は第三者調査に対して意見を提出することができる。

　第四に、行政調査基本法は、以上のように行政調査の法的規律として、画期的内容を有しているが、限界もある。その最大の問題は、国民の権利・自由との抵触が大きい、租税、金融、公正取引委員会に関連する調査などが適用除外になっていることである。また行政調査基本法には罰則は定められておらず、個別法で特別の規定があればその規定と基本法との適用関係も問題となる。

　韓国の行政調査基本法は、調査対象となる私人の権利保護の視点から、行政調査計画の合理性、調査手続の透明性・公平性などについて基本原則を定めた一般法として注目すべき内容を持っている。もっとも、適切な調査の発動を求める権利利益の視角からする規律はなく、今後の課題となっている（金・前掲論文 94 頁は、個人の生命・健康・安全に重大な危険が存する場合の行政調査発動請求権を検討すべきであると指摘している）。

［補論2］　刑事捜査と行政調査

　行政調査（とくに強制的行政調査）は、しばしば、刑事上の捜査と関連して考察されてきた。そこで、以下では、刑事上の捜索・押収をめぐる問題と行政調査との交差する点を中心に、議論の概略を紹介し、私見を述べてみたい。

　両者の比較で取り上げられてきた第一の問題は、行政上の立入検査と令状主義をめぐる問題であるが、この点については既に検討してきたので、以下では、次の二点を取り上げる。すなわち、第一は、いわゆる行政警察作用として行われる職務質問や一斉交通検問をめぐる問題であり、第二は、企業の反社会的行為の規制の脈絡で見た刑事調査と行政調査の関連性をめぐる問題である。［なお、以下の記述は、元論文の執筆時点である2003年段階の制度を前提としている。その後に公正取引委員会に犯則調査権が付与されたが、それについては《補足3》を参照。］

1.　行政警察作用としての調査

　刑事手続上の捜索と行政調査との接点にあるような調査として、いわゆる行政警察作用としての調査がある。

　警察官職務執行法（以下、「警職法」）は、「警察官が……個人の生命、身体及び財産の保護、犯罪の予防、公安の維持並びに他の法令の執行等の職権職務を忠実に遂行するために、必要な手段」（同法1条）として、質問（同2条）、立入り（同6条）などの手段を警察官に授権している。警職法に基づく職務質問や所持品検査、あるいは、（根拠法規には後述のように争いがあるが）交通違反取締のための一斉検問などが、ここで検討しようとする行政警察作用としての調査である。

　行政警察作用としての調査は刑事訴訟法学と行政法学との競合領域であり、これまで両者による検討がなされてきた。刑事訴訟法学での蓄積を十分に踏まえているわけではないのだが、以下では行政法の立場から見た私

見を述べる。

(1) 行政警察と司法警察の二分論

第一に、通説は、行政警察作用と司法警察作用とを区別して、警職法上の質問を行政警察作用とするが、この区別論自体いささかわかりにくいところがある。

質屋営業の許可や風俗営業の許可を公安委員会が行う場合のように、行政組織としての警察あるいは公安委員会が一般行政作用を行う権限を有することは広く認められている。かねて行政法学において警察とは「公共の安全と秩序を維持するために、一般統治権に基づき、人民に命令し強制し、その自然の自由を制限する作用」[1]などと定義され、この定義は行政警察作用と司法警察作用を含む広い概念であった。

行政警察と司法警察の区別については、「司法警察とは、犯罪の捜査・被疑者の逮捕等を目的とする刑事司法権に従属する作用をいい、これに対し、行政上の目的のためにする警察を特に行政警察と呼ぶ。……司法警察は、その職権の行使が検察官の指揮を受け、刑事訴訟法の規定に従ってなされる点等において、行政警察と区別することができる」[2]と説明される。

このような説明は理論的区別として十分に理解できるところであるが、警職法上の権限の行使を行政警察作用として説明する根拠としては十分なものとは思われない。

警職法2条の質問は「既に行われた犯罪について……知っていると思われる者」にも質問することができるとしているが、これは司法警察作用としての性質も含むことを示しているのではなかろうか。現実の運用を見ても「職務質問といおうが、被疑者取調べといおうが、活動の主体に変更がなく、しかも、主体である警察官自身、両者の区別の意識が乏しい場合が少なくない。職務質問と取調べは、限界事例になると、その区別は明確ではない」[3]とも指摘されている。

1） 田中二郎『新版行政法下Ⅱ〔全訂第2版〕』（弘文堂・1974年）253頁。
2） 田中・前掲注1）254〜255頁。
3） 三井誠『刑事手続法(1)〔新版〕』（有斐閣・1997年）94頁。

職務質問を行政警察作用として位置づける意義は、これが犯罪捜査の手段として拡大的に利用・濫用されることへの懸念があるのであろうが、濫用へのチェックは警職法の適切な解釈論を展開することで足りるのではなかろうか。

(2) 職務質問・所持品検査

第二に、警職法上の質問の法的性質が問題となる。

行政法の領域では、警職法はしばしば即時強制を授権した例としてあげられる。確かに、警職法が定める保護（3条）、避難等の措置（4条）、犯罪の予防および制止（5条）、立入り（6条）、武器の使用（7条）は、その発動要件の厳格さ（人の生命・身体への危険が切迫した場合などの緊急性を要件としている）、授権された権限の性質などから見て、即時強制と解して差し支えないと考えられる。

しかし、警職法2条が定める質問は、「停止させて質問」あるいは「警察署に……同行」などの文言に一定の有形力の行使を含むかのごとくであるが、「意に反して……連行され、若しくは答弁を強要されることはない」と明記されているように、その基本的性質は任意調査として観念されている。

任意調査としての質問でさえ、発動要件を限定し、「目的のため必要な最小の限度において用いるべき」こと、「いやしくもその濫用にわたるようなことがあってはならない」ことを定めているのが警職法の趣旨であるから、職務質問の限界もこのような法律の趣旨・目的に忠実に理解されなければならないであろう。

この点で、職務質問やそれに付随する所持品検査について、任意手段と言いながら一定の有形力の行使を認める最高裁判例の立場には疑問を感じる。

例えば最高裁は、所持品検査について、「警職法2条1項に基づく職務質問に附随して行う所持品検査は、任意手段として許容されるものであるから、所持人の承諾を得てその限度でこれを行うのが原則であるが、職務質問ないし所持品検査の目的、性格及びその作用等にかんがみると、所持

人の承諾のない限り所持品検査は一切許容されないと解するのは相当でなく、捜索に至らない程度の行為は、強制にわたらない限り、たとえ所持人の承諾がなくても、所持品検査の必要性、緊急性、これによって侵害される個人の法益と保護されるべき公共の利益との権衡などを考慮し、具体的状況のもとで相当と認められる限度において許容される場合があると解すべきである」と判示している。[4]

　しかし、①警職法2条4項は逮捕者について凶器の有無の検査ができることを規定しているが、その反対解釈からすればそれ以外の場合における所持品検査を否定しているとも解されること、②要件を定めて所持品検査を授権する警職法改正案が不成立になった経過もあること、などに照らせば、現行警職法は、純粋に任意の手段にとどまる場合を別として、所持人の承諾なしの所持品検査を授権していないと見るのが素直な解釈ではなかろうか。

　最高裁は、職務質問においても、任意性の大枠を維持しつつ、個別的状況に照らしての「必要性」「緊急性」「相当性」判断に基づき一定の有形力の行使を認めていこうとしているが、このような解釈は、警職法2条1項をその立法趣旨に反して「即時強制」を授権した規定として読み込んでいく、条文解釈の形をとった新立法と言えるのではなかろうか。[5]

(3) 一斉交通検問と法律の留保

　第三に、交通違反の取締りの武器として活用されている一斉自動車検問の許容性をめぐる問題がある。

　一斉検問は無差別に車を停止させ質問するものであるから警職法2条1項の要件を満たした質問ということはできない。そのほかに一斉検問を授権した法律はないので、法律上の根拠を欠く違法なものであるという批判がある。

　これに対して最高裁は、警察法2条1項（「交通の取締」りを警察の責務

4）　最一小判昭和53・9・7刑集32巻6号1672頁。
5）　本判決についての参考文献および私見につき、曽和俊文・行政判例百選I〔第4版〕（1999年）236頁以下参照。

として定めている）を根拠にして、「任意手段による限り、一般的に許容されるべきもの」であるとしつつ、「それが国民の権利、自由の干渉にわたるおそれのある事項にかかわる場合には、任意手段によるからといつて無制限に許されるべきものでない」として、①「自動車の運転者は、公道において自動車を利用することを許されていることに伴う当然の負担として、合理的に必要な限度で行われる交通の取締に協力すべきものであること」、②「交通取締の一環として交通違反の多発する地域等の適当な場所において」、「短時分の停止を求めて、運転者などに対し必要な事項についての質問などをすることは、それが相手方の任意の協力を求める形で行われ、自動車の利用者の自由を不当に制約することにならない方法、態様で行われる限り、適法なものと解すべきである。」と判示している[6]。

一斉検問に応じるか否かが全く任意に任せられているというのであれば、組織法である警察法を根拠に行うことも許されよう。しかし現実の一斉検問は、それに協力しない場合には不審者として（警職法2条1項に基づく質問の対象者として）追跡の対象となるおそれが強く、事実上の強制力を有している。

この事実上の強制力を法的にどう位置づけるかは困難な課題である。事実上の強制力を根拠にこれを違法であるとする立場にも説得力はあるが、建前としての任意性で割り切る見解も成り立つであろう。そして、任意調査であると割り切った場合に、本最高裁決定は、任意調査であるからといって無制限に許されるとするのではなく、調査実施の必要性に実質的根拠を要求している点、抽象的とはいえ、調査手段の相当性、比例原則を強調している点に注目すべき点があると言えよう[7]。

2. 企業犯罪と行政調査

現代社会において、企業活動は、生産・流通・消費の各局面において国民生活に大きな影響を与えており、企業活動が適正に行われることを確保

6） 最三小決昭和55・9・22刑集34巻5号272頁。
7） 本決定についての参考文献および私見につき、曽和・前掲注5）238頁以下参照。

することが求められている。企業活動の社会的影響の大きさに鑑みて、独禁法、証券取引法、各種環境法など多数の法律が、企業活動に対して種々の法規制を課している。

　法規制の実効性を確保する手段としては、行政処分のほかに刑罰が定められることがある。企業の反社会的行為・法違反行為に対する抑止手段として刑罰と行政処分の両方が規定されている場合には両者の関係が問題となるが、これを証拠収集の面で見れば、刑事手続上の捜索と行政調査の関連の問題ということになる。以下では、独占禁止法の領域を素材にして、問題の所在を示したい。

(1) 独禁法執行における行政手続と刑事手続の競合

　独占禁止法（以下、「独禁法」）は、公正かつ自由な競争を促進し市場経済秩序を維持すること等を目的として、私的独占、不当な取引制限、不公正な取引方法などを規制している。独禁法の運用は主として公正取引委員会（以下、「公取委」）が担っている。公取委は、独禁法を執行し独禁法違反を抑止するために、違反行為に対する措置として排除措置命令を発する権限があり、さらに違法カルテルに対する措置としては課徴金納付を命ずる権限も有している。排除措置と課徴金納付は行政手続を経て課せられる。また、一定の独禁法違反行為に対しては刑罰の定めがあり、これは公取委の告発に基づき刑事手続で課せられる。このように独禁法違反を是正し、抑止するための法執行手段としては、行政手続と刑事手続が競合的に準備されている。

　法執行手段が複合的に定められている場合には、それぞれの手段の機能、役割分担が勘案されなければならないが、この点についての全面的検討を行う余裕はないので、本稿では、証拠収集手段としての行政調査と刑事手続の関係について考察する。[8]

---

[8]　なお本稿の以下の部分は、曽和俊文「行政手続と刑事手続—企業の反社会的行為の規制における両者の交錯」ジュリスト1228号（2002年）116頁以下の一部と重なっていることをお断りしたい。ジュリスト論文では本稿で触れることのできなかった二重処罰の問題等についても論じているので併せて参照されたい。

(2) 独禁法執行における行政調査と刑事調査の関係

独禁法違反事実の収集は、基本的には、公取委によって行われる。公取委は、関係人等に対する証人出頭命令、審訊、報告徴収、営業所等への立入検査、帳簿書類その他の物件の提出命令などの行政調査権限を付与されている。これらの調査権限は実力強制を認めたものではなく、正当な理由なく調査を拒む者に対する刑罰の威嚇の下で行われる間接強制調査であると理解されている。また、これらの調査権限は行政処分の前提となる情報の収集手段として認められたもので、「犯罪捜査のために認められたものと解釈されてはならない」（独禁法46条4項）ととくに明文で規定がある。

独禁法違反に対して刑事罰を発動する場合には、その前提となる証拠は捜査機関が刑事訴訟法等に定める捜索等により得ることになる。捜索においては裁判官の発する令状に基づき実力強制調査が可能である。

(i) 独禁法違反に対する行政調査の問題点

独禁法違反に対する行政調査のあり方に関して、2つの問題が提起されている。

第一の問題は、現行法上の調査権付与規定が令状主義を定めた憲法35条、自己負罪拒否特権を定めた憲法38条に違反しないかという問題である。

独禁法違反に対する刑罰権の発動の前提には公取委の告発が必要である（専属告発制度）ので、公取委は、刑事罰の発動が相当であるという判断を行うために必要な情報を行政調査権で入手しなければならないことになる。これは行政調査権が刑事目的でも利用されることを前提とするものであるから、憲法35条および38条の適用があるべきであるというのである。[9]

第二の問題は、現行法上の調査権付与規定が、独禁法違反に対する専属告発制度を前提とした場合には不十分なので、調査権限を強化すべきではないのかという問題である。

現行法上の調査権は間接強制調査にとどまっており、刑事事件としての告発に十分な証拠を収集するには自ずから限界があるので、告発を前提とした調査の場合には、一般の行政調査権とは別の犯則調査手続を認め、裁

---

9) 白井滋夫「行政罰則とその手続をめぐる若干の問題」福田平・大塚仁博士古稀祝賀『刑事法学の総合的研究(上)』（有斐閣・1993年）498頁以下参照。

判所の発する許可状に基づく実力強制調査権をを付与すべきであるというのである。[10]

　これらの問題は直接には行政調査権に関する問題として提起されているが、実質的に問われているのは行政手続と刑事手続の関連、および、両手続における証拠の相互利用の問題である。それでは、これらについてどう考えればよいのだろうか。

　(ⅱ)　**憲法 35 条・38 条と独禁法上の行政調査**　憲法 35 条および 38 条違反の主張に対して、通説は、主として以下の二点で反論している。すなわち、① 公取委の調査権はあくまで行政処分の発動の前提資料収集のために認められたもので、たまたまその結果として刑事告発に至る場合があるからといって調査権の性質が変わるわけではない。② 実際の運用においても、行政調査で得た資料をそのまま検察庁に引き渡すことはしていない。

　以上の反論は、憲法 35 条・38 条が基本的には刑事手続に対する制限であることを前提に、行政手続と刑事手続を峻別することによって違憲論を回避しようとしたものということができる。

　しかし、同一の違反事実に対して行政手続と刑事手続が発動される場合には、両手続を観念的に峻別するだけでは問題は解決できないと思われる。両手続の効率的な運用により実効的な独禁法規制を実現しようとすれば、公取委と検察庁との協力体制が必要になるし（このために、1991 年 1 月、公取委と検察庁の両者が参加する告発問題協議会が設置された）、行政手続で得た資料を刑事手続でも利用することが可能になることが望ましいと言えるからである。

　実際の運用においても、確かに行政調査で得た資料をそのまま検察庁に引き渡すことはしていないが、検察庁が公取委に対して令状に基づく捜査を行うことで公取委の資料が検察に引き渡されることになっているようである。これでは逆に憲法 35 条や 38 条の保障の趣旨が十分に配慮されてい

---

10)　落合俊和=安達敏男「独禁法違反事件の刑事告発をめぐる諸問題」司法研修所論集 88 号（1993 年）32 頁以下、芝原邦爾「経済犯罪の訴追における犯則調査手続と行政調査手続」法学教室 174 号（1995 年）56 頁以下等参照。

るとは言えないのではないだろうか。

　そこで改めて憲法の趣旨について考えてみたい。先に述べたように、憲法35条の定める令状主義の趣旨は、公権力の介入から私人のプライバシーを保護することにあると解されるので、公正取引委員会の立入検査権が実力強制立入検査を授権したものであると解せられるとすれば、原則として令状を必要とするという解釈も成り立つように思われる、しかし現行法上の独禁法上の調査権は間接強制にとどまっていると解されている。その限りで、憲法35条違反の問題は生じないと考えられるのであろう。しかし、間接強制にとどまっている場合には調査の実効性から見た問題が残っていることも先に述べた通りである。

　憲法38条の定める自己負罪拒否特権の保障について見れば、問題とされるべきは情報の性質であって手続の性質ではないはずである。そこで、行政調査手続で収集した情報が後の刑事手続でも利用される可能性があるのであれば、行政手続でも自己負罪拒否特権を援用できると解すべきではなかろうか。

　アメリカでは、原則として行政手続においても自己負罪拒否特権は及ぶと解されており、ただ、法人の主張適格を否定したり、行政上の必要から記帳を義務付けられた記録については自己負罪拒否特権が及ばないと解したりして、行政規制の必要性との調和をはかっているのである。[11]

　以上のように、刑事・行政手続峻別論の上に立った合憲論は、現実の法執行の必要性に十分に応えたものではないし、また、対象となった企業や個人の人権に十分な配慮を示したものとも言えない。同一の法違反事実に対して行政手続と刑事手続が発動される場合には、むしろ、行政手続においても原則として憲法上の手続保障が及ぶということを前提として、一定の要件の下で、両手続の相互関連を認め、証拠についても相互利用の可能性を認める方がよいのではなかろうか。

　なお、この点に関連して、行政調査権は「犯罪捜査のために認められた

---

11)　アメリカの法理について、詳しくは、金子宏「行政手続と自己負罪の特権—租税手続を中心とするアメリカ判例法理の検討」国家学会百年記念『国家と市民　第1巻』(有斐閣・1987年) 106頁以下を参照。

ものと解してはならない」と明文で定めがある場合の解釈が問題となる。この規定を刑事手続での行政調査資料の利用を一切排除した規定と読む解釈もあるけれども、むしろ、この規定は行政調査権が当該行政目的の範囲内で行使されるべきとする当然のことを定めたもので、利用の可否は別問題であると解釈していいのではないだろうか。[12]

　もちろん、自己負罪情報やプライバシー情報のようにセンシティブな情報については、各情報の性質に応じて特別の利用制限が定められるべきである。また、行政手続で得た資料を刑事手続でも利用できるとする制度を一般的に導入することにはなお警戒的であるべきである。しかし、少なくとも本稿で検討の対象とした企業による法違反行為の規制の局面においては、法規制の実効性を高めるために、行政手続の整備を条件として、一定範囲で両手続の相互関連を認める法システムが求められていると言えよう。

　(iii)　**公正取引委員会への犯則調査権の付与**　　本稿の主張は、行政調査手続における適正手続を整備することを条件に行政調査で得た資料の刑事手続での利用を認めるものであるが、一挙にそこまで行かないとすれば、公取委手続のように刑事手続との関連性を制度上有する行政手続においては、証券取引等監視委員会に認められたような犯則調査権（裁判所の許可状を条件とした実力強制調査権）を付与すべきであろう。現行法制度の下では、公正取引委員会は、専属告発制度の下で独禁法違反に対する刑事罰の発動の是非を判断することが期待されているけれども、その判断を十分に行うだけの資料収集権限が与えられていないと思われるからである。［→《補足3》公正取引委員会への犯則調査調査権の付与］

3.　おわりに：行政・刑事峻別論の再検討

　捜査に対しては憲法上の規制をはじめとして厳格な規制が課せられてい

---

12)　アメリカでも、刑事目的で行政調査権を行使することは違法であるとの解釈が判例法理として確立しているが、いったん収集された行政調査資料の刑事手続での利用の可否は別の理屈で規制されている。曽和俊文「経済規制行政領域における行政調査の法的統制(2)」法学論叢109巻6号（1981年）95～96頁および98～99頁注⑬～⑰参照。

る。それは捜査が、一方では社会の治安維持にとって重要な機能を有することを認めつつ、他方で、その性質上被疑者・市民の権利利益と衝突する場合が少なくないこと、公権力行使の典型として歴史的にもしばしば権限が濫用されてきた事実があることなどによるのであろう。

　本稿で見たように、現行法制度や判例は、捜査に対して要求される厳格な規制法理がどこまで行政手続に及ぶのかについてなお限定的な態度をとっている。確かに行政手続、行政調査の態様は多様であり、それが必要とされる局面もさまざまであるので、一律に刑事手続と同様の法理を適用するわけにはいかないであろう。

　しかし、一方で国民の権利・利益を保護するために適切な行政活動・行政調査の発動が要請され、他方で違法・不当な公的介入から国民の自由を守る必要があるという基本的構図においては、刑事手続も規制的行政手続もそれほど異なるところがない。ドグマティシュな行政・刑事峻別論にたつのではなく、現実の機能に着目した法理が求められているように思われる。本稿は以上のような視点からの思いつき的な問題提起である。刑事訴訟法学の立場からのご意見をいただけると幸いである。

〔[補論2]　初出、2003年〕

《補足 3》　公正取引委員会への犯則調査権の付与

　公正取引委員会に犯則調査権限を付与すべきであるという提言はかねてから何人かの研究者により主張されていた（落合俊和=安達敏雄「独禁法違反事実の刑事告発をめぐる諸問題」司法研修所論集 88 号（1992 年）16 頁以下、芝原邦爾「経済犯罪の訴追における犯則調査手続と行政調査手続」法学教室 174 号（1995 年）60 頁以下、島田聡一郎「公正取引委員会の調査権限について」立教法学 62 号（2002 年）178 頁以下等参照）。そして 2005 年の独禁法改正により、公正取引委員会に犯則調査権が付与されることとなった。公正取引委員会に犯則調査権が付与されるに至った経緯、その内容については、佐藤英明「犯則調査権限導入に関する若干の論点整理」ジュリスト 1270 号（2004 年）47 頁以下、川出敏裕「犯則調査権限の導入」ジュリスト 1294 号（2005 年）27 頁以下が詳しい。

　以下では、これらの文献を参照しつつ、公正取引委員会の犯則調査権について簡単に補足しておきたい。

　第一に、導入の背景としては、次のような事情があった。

　① 公正取引委員会は独占禁止法違反に対して刑罰を科す場合の専属告発権を有していたが、改正法以前には、証拠収集手段として通常の行政調査権しか認められておらず、間接強制による行政調査手段だけでは十分な証拠収集ができないのではないかが問題とされていた。

　② また、告発後の刑事手続との関係でも、行政調査権が「犯罪捜査のために認められたものと解釈してはならない」（旧独占禁止法 46 条 4 項）と規定していることとの関係で、行政調査で得た資料はそのままでは刑事手続で使えず、改めて検察による捜索・押収により使用するといういびつな構造となっていた。

　③ さらに、結果的に行政調査で得た資料が刑事手続で使用されることとなる場合に、調査対象となる事件関係人の手続的な権利との関係でも問題があった。

　第二に、改正法による犯則調査権は以下のような内容である。

　① 犯則調査の対象となるのは、独占禁止法 89 条から 91 条までの罪に

係る事件（犯則事件）であり、届出義務違反や検査妨害などの犯罪は対象から除外されている。

②犯則調査は任意調査と強制調査に分かれるが、任意調査としては、犯則嫌疑者への質問、物件の検査・留置、官公署等への照会ができ（独占禁止法 101 条）、強制調査としては、「公正取引委員会の所在地を管轄する地方裁判所又は簡易裁判所の裁判官があらかじめ発する許可状により、臨検、捜索又は差押えをすることができる」（同 102 条 1 項）。

③犯則調査は、通常の審査部とは独立した犯則審査部が担当する。

④犯則調査の結果、犯罪事実の心証を得た場合には、検事総長に対する告発がなされ、留置物件および差押物件が検察官に引き渡される。

第三に、犯則調査権の行使にあたっては、憲法 38 条 1 項の自己負罪拒否特権の保障が及ぶ。強制調査の場合には裁判官の許可状を前提とすることで、憲法 35 条の令状主義の要請も満たしている。

2005 年独占禁止法改正によって導入された犯則調査権の内容は以上の通りであるが、この犯則調査権と従来の行政調査権との関係、あるいは、行政調査権で得た資料の刑事手続での利用などについては、なお検討すべき課題が残っている。

［補論3］　行政調査の瑕疵の効果

1.　はじめに

　「行政調査の瑕疵の効果」というテーマは、多くの行政法教科書において、「行政調査」の項目の終わりあたりで短く取り上げられているテーマである。そこでは、例えば、《行政調査に瑕疵（ないし違法）があったときに、その調査を基礎としてなされた行政行為の法的効力はどうなるのか》といった問題が検討されている。
　しかし、この問題はなかなかの難問であって、裁判例や学説でも結論が一致しているわけではない。突きつめていけば、そもそも手続と実体との関係をどのように理解すべきかという行政法学の基本課題にもつながっている問題である。
　また、従来の行政法学では、「調査の瑕疵」を調査自体の瑕疵（すなわち調査過程において行政機関が遵守すべき法規範への違反）と捉えてきたが、最近では、調査の懈怠（すなわち本来なされるべき調査が欠落ないし不十分であるという意味での、行政機関の調査義務違反）も含めて論ずべきではないかという問題が提起されてきている。この角度からは、《行政機関に調査の懈怠があったときに、その調査を基礎としてなされるべきであった行政行為・行政活動の法的効力はどうなるのか》という問題も考えることができる。
　以上のように、「行政調査と、その瑕疵の効果」というテーマは、奥行きの深い問題を含んでいる。以下では「調査の瑕疵とその是正方法」にはどのような類型があるのかという角度から、主題について考察していきたい。

2.　調査自体に瑕疵がある場合

　行政調査は調査対象となった私人の権利利益保護の視点から種々の法的

制約を課されている。これらの法的制約に違反して行われた調査は「瑕疵ある調査」であって違法である。

このような「調査の瑕疵」がどのような法的効果をもたらすのかは、調査対象となった私人が調査の違法性を争う法的手段によって異なるので、場合を分けて考察する必要がある。

(1) 調査命令の取消訴訟

行政調査が証人出頭命令や文書提出命令の形式で行われる場合には、「調査の瑕疵」の是正は、これら調査命令の取消訴訟によることになり、調査の瑕疵が肯定されると調査命令は取り消されることになる。しかし、これまで調査命令の取消訴訟を肯定した裁判例は存在しない。

静岡地裁昭和56年12月4日判決（行集32巻12号2205頁）では、市議会特別調査委員会の発した記録提出・証人出頭命令が行政処分に該当することを認めつつ、①調査拒否に対して罰則を科す刑事手続で調査の違法性を争えること、②刑事訴訟手続と行政訴訟手続での判決間の矛盾のおそれがあること、③地方議会の百条委員会の調査権行使を尊重する必要があることなどを指摘して、取消訴訟を不適法としている。しかしこのような見解が今日もなお妥当するのかには疑問がある[1]。

(2) 行政調査の違法と国家賠償訴訟

現実の行政調査の多くは一過性の事実行為として行われる。それ故、行政調査に瑕疵（違法）があれば、その違法性は（後続する行政処分の取消訴訟の中で争われる場合のほか）、事後的に国家賠償訴訟によって争われる。

最高裁昭和63年12月20日第三小法廷判決（訟月35巻6号979頁）では、「国税調査官が税務調査のため店舗内に無断で立ち入った行為」が違法であるとして、国家賠償請求が認容されている。なお、このほかに、税務調査の違法を争う国家賠償訴訟の例としては、岡山地裁平成4年4月15日判決（税資189号65頁）、神戸地裁伊丹支部平成6年9月29日判決

---

[1] このような見解に対する批判として、曽和俊文「行政調査論再考(2)」三重大学法経論叢4巻2号（1987年）58～60頁参照。

（税資 205 号 726 頁）、横浜地裁平成 8 年 10 月 2 日判決（税資 229 号 30 頁）、横浜地裁平成 8 年 12 月 19 日判決（税資 230 号 65 頁）などがある（いずれも請求は棄却されている）。

(3) 行政調査の違法と後続処分の取消訴訟

行政調査の瑕疵が後続処分の違法性をもたらすかについては、これまで、税務調査の違法と課税処分の違法との関係として議論があった。

この点に関して、裁判例は、① 税務調査の違法と課税処分の違法を峻別する見解（例えば、大阪地判昭和 59・11・30 判時 1151 号 51 頁、福島地判平成 5・7・19 税資 198 号 220 頁等）、② 税務調査の違法と課税処分の違法とを一応区別しながらも、税務調査の違法性が公序良俗に反するなどの重大な違法性に至る場合には課税処分も違法となるという見解（東京地判昭和 48・8・8 行集 24 巻 8=9 号 763 頁、大阪地判平成 2・4・11 判時 1366 号 28 頁、仙台高判平成 7・7・31 税資 213 号 372 頁等）、③ 重大な違法性を持つ税務調査によって収集された資料は課税処分の資料としては使えないという見解（東京地判昭和 61・3・31 判時 1190 号 15 頁）などに分かれている。

課税処分の適法性は、処分が課税要件に合致しているか否かで判断されるという立場（実体法重視の立場）にたてば、課税処分が課税要件に合致している限り、税務調査にどのような違法性があろうとも課税処分は違法とはならないという結論（上記①）となる。しかし他方で、課税処分の事前手続である税務調査に重大な瑕疵がある場合には、適正手続を重視する立場（手続法重視の立場）から、税務調査が違法であれば課税処分も違法となるという結論（上記②、③）になる。

ところで、行政手続法は、不利益処分や申請に対する処分を行う場合には原則として理由の提示や審査基準の設定・公表などの手続を遵守することを求め、最高裁は、適正手続を重視する見地から、これらの手続に違反した場合には原則として処分も違法となるとの判例法理を形成してきている（例えば、理由の提示に関して、最三小判平成 23・6・7 民集 65 巻 4 号 2081 頁参照）。これら判例法理の背後にある適正手続の法理を重視すれば、一定の場合に税務調査の違法が課税処分の違法となる場合を想定してもよい

と思われる。

　もっとも、行政手続法上の事前手続は、処分の相手方の手続的権利として保障されているのに対して、税務調査は課税処分の前提資料を収集するために職権で行われるものであるので、行政手続法の法理がストレートに妥当しないことにも理由がある。むしろ状況としては、犯罪の立件資料を収集する捜査と有罪の認定との関係に似ており、この点で、刑事訴訟法における違法収集証拠排除法則の適用を思い起こさせる上記②ないし③の見解が出てくる。

3. 調査の懈怠（調査義務違反）という瑕疵がある場合

　行政機関は、行政活動の各段階において適切な調査を行うことを期待されている。従来は、いかなる調査をどの程度行うかは、最終的な行政決定に至るまでの準備段階、内部行為として、基本的に行政機関の裁量に委ねられてきた。しかし最近では、適切な行政活動の前提には適切な情報が不可欠であるとして、各行為の性質に応じて「調査義務」を法規範として導くことが求められている。[2]

　調査の懈怠ないし調査義務違反を「調査の瑕疵」と捉えた場合に、その瑕疵は法的にどう評価されるのか。以下、救済手段に着目して考察する。

(1) 調査の懈怠と国家賠償訴訟

　国家賠償請求訴訟では、調査義務違反が過失または違法性として認定されることがある。例えば、公務員の職務内容が一定の事実の調査・確認・証明である場合（登記官、執行官等）には、職務上要求される調査義務に違反することが過失ないし違法とされる。一般の行政処分においてもそれぞれの処分を適切に行う上で要求される調査の水準が想定されるので、そ

---

[2] 蓮井一成「申請手続過程と法」磯部力ほか編『行政法の新構想』（有斐閣・2008年）269頁以下、北村和生「行政の調査義務と裁判による統制」芝池義一先生古稀記念『行政法理論の探究』（有斐閣・2016年）161頁以下、須田守「行政調査論の基礎的構成」行政法研究25号（2018年）109頁以下等参照。

の水準に至らない杜撰な調査・検討の結果、私人に損害を与えた場合には調査義務違反が違法・過失の一要素として評価されることがある。

(2) 調査の懈怠と後続処分の取消・無効確認訴訟

十分な調査が行われなかった結果、実体的な要件を欠く処分がなされた場合には、当該処分の取消訴訟等でその違法性が是正される。このときは、実体的瑕疵を理由として処分が取り消されるので、調査義務違反は表面には出てこない。もっとも、調査過程・手続過程の適切性が結果の適切性を保障している選挙のような場合には、調査の不適切が直接に結果の違法をもたらすことがある（最三小判昭和60・1・22民集39巻1号44頁）。

(3) 調査の懈怠と義務付け訴訟

環境保護行政の領域では、公害の被害者に調査請求権（三重県生活環境の保全に関する条例102条）や規制措置申立て権（名古屋市市民の健康と安全を確保する環境の保全に関する条例124条）を認めるものがある。独占禁止法45条は、何人も独禁法違反事実を公正取引委員会に「報告し、適当な措置をとるべきことを求めることができる」（1項）と定め、さらに報告に対応する調査義務（2項）、報告者に対する事後措置の通知義務（3項）を規定している。公益通報者保護法10条は公益通報があった場合の行政の調査義務を定めている。

このように、法違反行為について私人が行政機関に申告・通報する制度が整備されてきているが、裁判例は、これらの制度は行政権限の発動の端緒を私人からの情報提供に求めたにすぎず、調査請求権・規制措置請求権を通報者の権利として保障したわけではないとして、調査権ないし規制権の発動を行政機関の広範な裁量に委ねている（独占禁止法45条について、最一小判昭和47・11・16民集26巻9号1573頁参照）。

しかし、規制権限の発動における裁量と調査権の発動における裁量は同一ではない。これらの規定に基づき被害者から違反事実の調査・規制請求があった場合には、規制権の発動はともかく、少なくとも調査権の発動は義務づけられると解してもよいのではなかろうか（曽和俊文「私人の申告・

通報」高木光・宇賀克也編『行政法の争点』(有斐閣・2014年) 54頁以下参照)。もっとも、義務付け訴訟の訴訟要件として「重大な損害」要件や補充性要件等が定められている(行訴法37条の2第1項)ので、現在のところ調査権発動の義務付け訴訟が認められた例はない。

〔[補論3] 初出、2018年〕

第5章

税務調査の法的統制

はじめに

　〔2015年改正前の〕所得税法234条は、税務職員に対して、「所得税に関する調査に必要があるとき」に納税義務者等に対して「質問し、又はその者の事業に関する帳簿書類その他の物件を検査する」権限を授権している［なお、2015年の税務調査手続の改正については、第4章［補論1］の《補足1》を参照］。この質問検査権は、一方で、適正な課税処分を行うために必要な情報を収集するために不可欠の手段として認められたものであるが、他方で、調査対象となる納税者等のプライバシー、営業の自由などに対して侵害的効果を持つことがある。そのために、質問検査権の行使にあたっては、両者の適切な調整が求められることになる。ところが、所得税法234条の規定は、質問検査権の要件、範囲、手続等に関して具体的・明確かつ詳細な規定を欠くために、これまで、質問検査権のあり方に関して、実際上ないし学説上、激しい対立が見られてきた。

　税務職員が税法上の処分をなすために法律上認められた税務調査権は、所得税法上の質問検査権に限られない[1]が、本章では、これまで激しい議論の的となってきた所得税法上の質問検査権を中心に、その法的統制のあり方につき検討を加えることにする。

　このテーマは、既に多くの研究者により検討されてきたものであるが、

---

1) 税務調査は、その目的から、①課税処分等のための調査（所得税法234条、法人税法153条以下、相続税法60条、物品税法41条、国税通則法24条等）、②滞納処分のための調査（国税徴収法141条、142条）、③犯則事件のための調査（国税犯則取締法1条、2条）の三種に分けられる。

本章ではとくに次の三点に留意することで、これまでの蓄積に多少とも新たなものを付け加えられることを願っている。

第一に、本章では質問検査権に関するこれまでの判例・学説を検討の対象としているが、個々の論点についての細かな解釈論にはあまり立ち入ることなく、問題の全体的な構造を示すことに重点を置く。

これまでの質問検査権をめぐる法的紛争を概観するとそこにはいくつかの特徴が指摘できる。本章では、その特徴、問題の構造、問題の分析枠組みなどを、紛争の社会的背景にも留意しながら検討する事にしたい。

第二に、本章では、アメリカの法理を適宜参照することにより、わが国での議論の特徴ないし特殊性を明らかにしようとしている。

アメリカの税務調査制度はわが国とはかなり異なるところがあるけれども、適正な課税処分の実現の要請と調査対象たる私人のプライバシー利益保護の要請の調整という課題は両国において共通であるはずである。共通の課題に対する異なる制度的枠組みでの問題処理の経験は、わが国での問題解決にも何らかの示唆を与えるであろう。

第三に、本章では、他の行政領域における議論も参照しつつ行政法学の一般理論にひきつけた分析をなすことにより、税務行政領域での議論の特徴・特殊性を明らかにすることにも留意している。

税務調査はもとより行政調査の一典型例であり、行政法一般理論において行政調査論を展開する上で豊富な素材を提供してきた。そして、行政法一般理論における行政調査論の展開は、税務行政領域以外の行政調査と税務調査とを比較することにより、逆に税務調査の特徴・特殊性を明らかにするものとなるかもしれないのである。

---

2) アメリカの税務調査権の紹介・研究として、金子宏「アメリカにおける税務調査」日税研論集 9 号（1989 年）1 頁、中里実「アメリカにおける租税調査権の概観」一橋論叢 94 巻 5 号（1985 年）18 頁、佐伯彰洋「内国歳入庁の税務調査と合衆国憲法修正 4 条」税法学 455 号（1988 年）30 頁、大塚正民「アメリカ連邦税法における質問検査権(1)(2)」税法学 231 号（1970 年）20 頁、232 号（同年）1 頁などがある。また、一般にアメリカの行政調査制度に関して、水野忠恒「行政調査論序説」雄川一郎先生献呈論集『行政法の諸問題(下)』（有斐閣・1990 年）469 頁、曽和俊文「経済規制行政における行政調査の法的統制(1)～(4・完)」法学論叢 109 巻 3 号（1981 年）29 頁、6 号（同年）70 頁、110 巻 3 号（1982 年）22 頁、111 巻 1 号（同年）21 頁等参照。

本章の構成は次の通りである。まず最初に、税務調査をめぐる紛争の基本構造を分析して、本章の検討視角を明確にする（第1節）。次に、これまでの判例・学説を概観して、その特徴と今後の課題を示す（第2節）。最後に、いくつかの論点に即して調査裁量の統制のあり方を検討する（第3節）。

第1節　問題の分析枠組み

質問検査権をめぐる紛争の基本的な対立状況は、適切な課税処分の実現を求める税務行政の立場とプライバシー利益の保護を求める納税者の立場の対立として概括的に把握することができる。しかし、わが国の質問検査権の適切な運用を考える場合には、右の概括だけでは大雑把にすぎるのであって、少なくとも右の概括に加えて次の諸点を考慮することが必要である[3]。

1.　申告納税方式と質問検査権

所得税法は、申告納税方式を原則としているが、この点と質問検査権行使の要件・手続等とはいかなる関係にあるのか。ある論者は、「申告納税制度の意義・理念や、更正処分の性質をどう捉えるかによっては実は質問検査権のとらえ方にも大きな差異となってあらわれてくる」として、次のように問題を整理している。

「これまでの多数説によれば、納税申告は、納税者において税務署長に宛てた課税資料の提供行為としての私人の公法行為であり、これに対して税務署長の更正処分は、適正な納税額を確認するための処分であるから、質問検査権は、右確認のために必要不可欠な手段であると説く。……これに対し、反対する学説は、……申告により税額は確定し、右申告確定権は

---

[3]　なお、北野弘久『税法学原論〔第3版〕』（青林書院・1992年）309～311頁は、質問検査権の法理を解明する際の基本的視角として、租税法律主義の原則、「権利立法」としての税法、課税処分目的という調査権の特性、適正手続の4つを挙げる。

人民の固有権と捉える。しかして、税務署長の更正処分は、新たな税額を形成する処分であるから、したがって、質問検査権はいったん確定した税額を変更させ不利益を与える行政処分（更正処分）発動のための手段たる本質に鑑みれば、当然に厳格な法規制が必要であり、これは基本的人権（納税者基本権）の要請であると説く」。「前者を『国庫説』と呼び、後者を『人民主権説』と呼ぶことができるが、実は質問検査権に基づく税務調査をめぐって最高裁の判断が示されるまでの間、長い間両者に鋭角的な論争が続いたのは、このような根本的な考え方の対立があったからであった[4]」。

　右の整理は、質問検査権の法理をめぐる対立の背景に、申告納税方式の理解をめぐる対立さらには租税をめぐる基本理念の対立があったことをうかがわせるものであるが、論理的に、申告納税方式と質問検査権の法理がどのように関係しているのかを明確に説明するものではない。「国庫説」は質問検査権行使の要件について税務職員の裁量を広く肯定する解釈を導き、「人民主権説」は質問検査権行使の要件について厳格な解釈を要求するというのが、一応の印象であるが、本当にこのように言えるのであろうか。

　申告納税方式は、確かに、納税額の第一次的確定を納税者の自発的申告に求める点で、税務行政領域における国民主権原則の一つの表現であると言うことができよう。そして、元来は自主申告で納税額が確定すべきであるとの理念からすれば、更正処分は補足的・例外的なもので、したがって、更正処分の前提資料を収集するための質問検査権の発動も補足的・例外的なものであるべきである、と言うことができる。ここからは、質問検査権発動の「必要性」要件に関する限定的解釈が導かれよう。

　しかし他方で、申告納税方式は、納税者が正しい税額を自主的に申告することを前提としているものであるから、納税者が申告を怠ったり申告額をごまかしたりする場合には、むしろ、積極的な質問検査権の行使が必要であるという論理も成り立つ。正直者が損をする制度では申告納税方式は

4）　松澤智「税務調査をめぐる争訟」小川英明・松澤智編『裁判実務大系 20 巻租税争訟法』（青林書院・1988 年）90〜91 頁。さらに松澤智「国家賠償をめぐる最高裁判決が与える税務調査への影響」税理 32 巻 6 号（1958 年）10 頁も参照。

根付いていかない。それゆえ、申告納税方式は、メタルの裏側に積極的で適切な質問検査権の行使およびそれに基づく正しい課税処分の実現があって初めて機能するとも言えるのである。

また、申告納税方式の適切な運用は、納税者の自覚に待つところが多いのであって、理念的には、申告をなした納税者は自己の収入その他申告の前提となった資料について積極的・自発的に開示し、質問検査権に自発的に協力することが求められているとも解し得るのである。

以上のように考えると、申告納税方式と質問検査権の法理との関係は、それほど単純なものではないことがわかる。

本章では、わが国の所得税制度が申告納税方式を基本とすること、すなわち納税者の自発的な税制度への関与を期待していることを前提とした上で、申告納税方式の理念が質問検査権行使の要件・手続等に及ぼす影響については、問題となる局面ごとに、個別的に検討することにする。

2. 社会的不公平の是正と質問検査権の強化

質問検査権の行使は、行政機関による個別的な課税処分の前提として行われる情報収集活動であって、行政調査、いわゆる個別的調査の1つである。通常は、調査対象となった私人の任意の協力を得て調査が実施されるが、正当な理由なく調査に協力しない私人に対しては刑罰を科すことが認められている点で、間接強制を背景とする権力的行政調査の1つと言える。[5]

権力的行政活動の法的統制は、これまでの行政法学の中心課題であって、質問検査権の法的統制も、調査対象となった私人の権利・利益を過度に侵害しないように、主として調査対象となった私人の権利・利益を保護する

---

5) 従来、税法学においては、所得税法234条に基づく質問検査権の行使を「任意調査」として説明してきた(さらに、法律にとくに明示的な根拠なく納税者の協力を得て進められる調査は「純粋な任意調査」と言われる)。このような説明は、質問検査権行使の前提に納税者の同意が必要であること、同意なしに質問検査権を実力で強行することはできないということ等を強調する意味で用いられてきたものと思われる。しかし、法律上間接強制によって裏づけられている調査を「任意調査」と呼ぶのは誤解を招きかねないので、本稿では権力的行政調査の1つとして説明する。権力性を正面から認める方がその適切な法的統制にとっても有益であろう。

視角からなされてきた。従来、わが国では、国家の介入に対抗する私人のプライバシーの観念の発展が十分ではなかったために、この視角からする質問検査権の法的統制の法理の究明は、依然として、この問題領域における中心的課題であると言えよう。

　しかし、今日、税制度の運用における社会的不公平の是正の要請は無視できず、そのために積極的な質問検査権の行使が求められる局面が増えてきている。それゆえ、質問検査権の法的統制を、調査対象となった私人の権利・利益保護の視角から、制限的に考察するだけでは十分であるとは言えないであろう。

　この点に関して注目すべきは「他の納税者の平等権」を考慮すべきであるとの高梨克彦弁護士の主張である。すなわち、「調査の客観的必要性自体を判断する場合の対立利益としては、従来……課税権行使の確保という国家利益と当該納税者の営業の自由・生活の平穏という私的利益とが掲げられるのが常であった。しかし、いまここでは、これら以外にこの双方にまたがったともいえる第三の利益をも想定できるのではないか、と考えられる。それは調査対象となった当該納税者ならぬその他の納税者（市民、企業）のそれである」というのである。

　このような主張は、政治家や大企業の巨額の脱税が報道される度に多くの国民が抱く割切れない思いを法的に表現するものとして、妥当なものである。今日では、国民の立場から、適切な調査権の発動を求める局面が増加してきていると言えよう。

　もっとも従来からも、調査の必要性は調査対象となった私人の権利・利益と対抗する公益の一内容として税務行政機関により主張・説明されてきたから、適切な調査権の発動の要請がまったく考慮の外に置かれていたわけではない。しかし、従来の法理では、調査権発動の適切性の判断を行政機関の裁量に委ねてきたために、仮に行政機関がその裁量行使を誤り、調査権限を発動しないことがあったとしても、その法的統制が極めて困難、

6）　高梨克彦「税法における質問検査権の法的限界」北野弘久編『税法学の基本問題』（成文堂・1972年）99頁。また、阿部泰隆『行政の法システム(上)〔新版〕』（有斐閣・1997年）127頁も参照。

不十分であったのである。
　そこで、本章では、調査対象となった私人の権利・利益を保護する視角と並んで、適切な調査権の発動を求める権利・利益を保護する視角からも、質問検査権の法的統制を考えることにする。

3. 納税者のプライバシー利益の明確化

　質問検査権の行使は、仮にそれが非権力的な手段で行われるとしても、調査対象となった私人の権利・利益を侵害する可能性を有する。この行政調査と対立する私人の権利・利益は、通常、プライバシーの語で概括されることが多い。しかし、その内容を詳細に見ると、そこには多種多様な権利・利益が含まれていることがわかる。
　まず、第一に、調査対象となった情報それ自体の内容・性格から、調査を拒否し得る権利が導かれることがある。
　これにはさらに二類型が考えられる。1つは自己負罪情報や思想信条に関する情報のように、一定の類型の情報について、一般的に、情報の内容的特質からその提供を拒否し得るものである（非開示特権を持つ情報の主張）。2つめには、調査目的との関連性がない情報のように、当該調査とのかかわりにおいて、情報の内容的特質からその提供を拒否し得るものである（調査目的との関連性の主張）。いずれも共に、情報の内容に着目して認められる権利・利益である点で共通性を持つが、後者は当該調査の文脈において判断される点で、調査過程の特質を捨象して絶対的に成立する可能性のある前者と区別される。
　第二に、調査の強制を拒否し得る権利・利益がある。現行法は刑罰による間接強制を中心にしているが、行政機関があくまで調査を実現しようとすれば、最終的には相手方の身体・財産に直接実力を加えるしか方法はない。とすれば、いかなる場合に調査機関は実力を行使出来るのか、その手続はいかにあるべきかが問題となる。いわゆる令状主義をめぐる問題であり、質問検査権とのかかわりに関しては後に改めて論じることにする。
　調査の強制を拒否し得る権利・利益の実体的内容としては、人身の自由、

住居の不可侵、営業の自由などの憲法上の諸権利が考えられる。

第三に、調査過程の合理性を要求する権利・利益がある。例えば、調査過程で不必要に私的領域に侵入されることを拒否する権利・利益（家屋の神聖等の主張）や営業妨害になるような形での調査を拒否する権利・利益（実体的には営業の自由の主張）がある。

これまでのわが国の税務調査をめぐる紛争は、多くの場合、この調査過程の合理性を求める権利・利益との関連で生じており、そこで想定されているプライバシーは調査過程の合理性を求める権利・利益であったと言える。

第四に、調査手続において適正な手続の遵守を求める権利・利益（適正手続の主張）がある。事前通知や調査理由の開示などがここで問題となる。

いかなる手続が適正かに関しては見解が分かれようが、憲法13条の個人の尊重の趣旨、あるいは申告納税主義が前提とする納税者の自発性の尊重の趣旨からすれば、質問検査権の行使にあたって適正手続が要求されるという点では広範な一致が見られるのではないだろうか。

このほかにも、例えば、宗教団体への税務調査が信教の自由を侵害するのではないかとか、特定団体に対する税務調査が結社の自由や平等権を侵害するのではないかという問題も生じ得る。

こういうふうに考えていくと、行政調査によって侵害される可能性のある権利・利益は、先にまとめた4つの類型を中心として、多種・多様なものがあり、それぞれの権利の内容に関しても種々の議論があり得る。質問検査権の法的統制においては、これらの多様性を十分に認識・区別することが必要である。

4. 紛争場面の特質と質問検査権の法的評価

質問検査権をめぐる法的紛争は種々の形態をとる。例えばこれまでの裁判例を類型化すれば、大きく分けて次の四類型があげられる。

第一は、検査拒否罪あるいは公務執行妨害罪を裁く刑事訴訟における抗弁として調査の違法性が主張される場合である。

第二は、課税処分の取消訴訟において調査の違法性が主張される場合である。

　第三は、青色申告承認取消処分の取消訴訟において調査の違法性が主張される場合である。

　第四は、質問検査権の行使が違法であることを理由に国家賠償請求がなされる場合である。

　かつては第一の類型の紛争が一定数見られたけれども、最近は第二、第三の類型の事件がほとんどである。また、後に見るように、最近第四の類型で国家賠償請求を認容した最高裁判決が出されたので、第四の類型も今後増えることが予想される。

　ところで、このように調査の違法性が主張される紛争場面・訴訟類型が異なる場合に、調査の適法性判断に何らかの差異がもたらされるのであろうか。この点は、従来自覚的に取り上げられることの少なかった問題であるが、考察に値する問題であるように思われる。

　この問題に対してまず考えられる解答は、紛争場面の差異にかかわらず調査の適法性要件は同一である（べきである）とする見解である。質問検査権の適法性要件は税務職員に対する行為規範として示されるものであり、それが紛争の類型が異なることによって異なるとするのは奇妙である、というのが理由としてあげられよう。

　この見解は常識にもかなっているように思われるが、紛争の具体的な解決をめざす裁判過程において見ると、必ずしもそう言いきれないのではないかとの疑問も生じる。

　例えば、第一の類型で問われているのは、調査拒否を理由に刑事罰を科することの妥当性であるから、刑事罰を科することを可能な限り限定的に解する立場からすれば、調査の一般的適法性に加えて不作為を罰するに値する特段の事情を要求する解釈も成り立つと思われる。[7]

　また、第二の類型にあっては、推計課税の必要性判断の一環として調査拒否の態様が評価される。一般に所得課税の原則は実額課税であり、推計

7）　北野・前掲注3）320〜321頁参照。なお、柴田孝夫・法曹時報25巻10号（1973年）200頁も参照。

課税は実額計算が不可能な場合にとられる例外的、補助的な課税方法である。通説は「納税者が税務調査に非協力的であって実額調査ができない場合」には推計課税が許されると解するが、この場合の「調査非協力」の認定は（換言すれば尽くすべき調査努力の程度は）、推計課税の例外性をどの程度のものと解するかにより左右されるであろう。

さらに、第三の類型にあっては、青色申告承認取消事由としての「帳簿書類の備付け、記録、保存が大蔵省令の定めるところに従って行われていない」（所得税法150条1項1号）との事実を推認する前提として、調査拒否の態様が評価される。現実に帳簿書類の記録、保存がなされている場合であっても、調査拒否という義務違反事実があれば「帳簿書類の備付け、記録、保存がされていない」との事実を推認するこの論理にはなお検討すべき問題を含むように思われるが、ここでは青色申告承認制度の存在理由との関係で、納税者の調査協力義務が語られていることが注目されるべきであろう。

最後に、第四の類型にあっては、質問検査権の態様が社会通念上妥当なものであったか否かが、私人に与えた損害を国家が賠償すべきか否かの脈絡で検討される。最も直接に、調査の違法性・社会的相当性を問うものと言えよう。

以上のように見てくると、質問検査権をめぐる法的紛争場面の性格に応じて、そこで要求される調査の程度、方法、態様の法的評価も異なり得るとの考え方も、十分に成り立ち得るところである。

本章では、以下で質問検査権の適法性判断が争点となった判例を分析する場合に、事件の性格の違いが判断に影響を与えていないかどうかという角度も加味して検討していくことにする。

第2節　判例・学説の展開と今後の課題

質問検査権の行使をめぐる紛争は、戦後のわが国の税務行政の運用において見られた諸紛争の中でも、とりわけ対立の厳しかった紛争の1つであるといわれている。本節では、質問検査権の法的統制のあり方を具体的に

考察する前提として、簡単に、これまでの判例・学説の展開をたどり、今後の課題を明らかにしたい。

1. 判例・学説の展開

質問検査権の行使をめぐるこれまでの判例・学説の展開は、次の3つの段階に分けることができる。

(1) 第一期（紛争の激化）

第一期は、昭和40年代初期から昭和47年頃までである。昭和40年代になって、質問検査権の行使について全国で紛争が激化したが、これを受けて、昭和45年頃から質問検査権の法理を究明する研究が進んだ[8]。

この時期の議論は、国税庁『税務調査の法律的知識』（昭和47年）と北野弘久編『質問検査権の法理』（昭和49年）によって、ほぼ網羅的にうかがうことができる。前者は、質問検査権の行使における税務職員の裁量を広くとらえる税務署の見解を代表しており、後者は、質問検査権の行使を限定的にとらえる納税者の立場を集大成したものである。両者をみれば、質問検査権をめぐる対立点が網羅的に示されており、その基本的対立構造は今日においても変わらない。

今日から見て注目すべきこの時期の特徴としては、質問検査権の行使に厳格な法的判断を示した下級審判決がいくつか見られることである。最近では、質問検査権の行使を違法とする判決は極めてまれであるので、ここで少し検討しておきたい。

まず、[1] 東京地裁昭和44年6月25日判決（判時565号46頁）は、税務職員の質問に対する不答弁罪の成立の有無が争点となった事案であるが、裁判所は、刑罰法規の限定解釈の原則を前提に、「いわゆる白色申告者である場合には、単に帳簿書類を見せてほしい、得意先、仕入先の住所氏名をいってほしい、工場内を見せてほしいといわれただけで、これに応じな

---

8) 例えば、「税務職員の質問検査権」をテーマに開催された日本税法学会第38回大会（1970年5月）の記録（税法学234号、235号）参照。

かったからといって、ただちに不答弁ないし検査拒否として処罰の対象になるものと考えることはできない」と判示し、不答弁罪の成立を否定した。

また、[2] 千葉地裁昭和46年1月27日判決（判時618号11頁）は、「税の徴収確保と被調査者の私的利益の保護との調和するところで、質問検査権の限界を考察すると、被調査者は当該税務署職員に対し調査の合理的必要性の開示を要求でき、右要求がいれられない限り、適法に質問検査を拒むことができる」と述べて、調査拒否のために所得の補足が不可能となったとしてなされた推計課税処分を違法として取り消した。

さらに、[3] 静岡地裁昭和47年2月9日判決（判時659号36頁）は、調査理由の事前開示の必要性、第三者の立会い要求の正当性、反面調査の限定性などを前提に、被調査人の「要求にもかかわらず、一切調査をする具体的理由を告げずもっぱら第三者の立退きを要求するばかり」の調査を違法とし、公務執行妨害罪の成立を否定した。

これらの判決は、被調査人の要求があれば、調査理由を具体的に開示すること、第三者の立会いを認めることなどを法的要請として認めており、これらの要請に応えない調査を違法としている。また、調査の必要性についても具体的必要性を要求するなど相当厳格な判断をしている。反面調査は「納税者の調査の過程において、その調査だけではどうしても課税標準および税額等の内容が把握でないことが明らかになった場合にかぎり、かつ、その限度において可能と解すべき」と判示する（[3] 判決）。

これらの判決の論理は、質問検査権の行使に相当厳格な枠をはめるもので、税務職員の裁量を広く認める最近の諸判決の論理と対照をなしている。なお、納税者側はさらに進んで、質問検査権制度・運用の違憲を主張したけれども、これらの判決は、質問検査権制度の違憲性を認めているわけではない。

(2) 第二期（判例基準の確立）

第二期は、昭和47年から48年頃である。この時期には、[4] 最高裁昭和47年11月22日大法廷判決（刑集26巻9号554頁）と、[5] 最高裁昭和48年7月10日第三小法廷決定（刑集27巻7号1205頁）の2つの最高

裁判決・決定が出され、質問検査権制度の合憲性が判例上確立された。

右の最高裁判決・決定に関しては、既に多くの研究がなされており、本章でも後に検討を予定しているので、以下では基本的な事項のみまとめておきたい。

まず、[4] 判決で最高裁は、質問検査権と憲法上の令状主義の関係につき初めて判断を下した。すなわち、憲法35条の令状主義の規定は「本来、主として刑事責任追及の手続における強制について、それが司法権による事前の抑制の下におかれるべきことを保障した趣旨であるが、当該手続が刑事責任追及を目的とするものでないとの理由のみで、その手続における一切の強制が当然に右規定による保障の枠外にあると判断することは相当ではない」として、行政手続にも令状主義が及ぶ可能性を一般論としては認めた。

しかし、所得税法上の質問検査権については、① 質問検査がもっぱら行政上の目的でなされること、② 実質上、刑事責任追求のための資料の取得収集に結びつく作用を一般的に有するものではないこと、③ 間接強制にとどまっていること、④ 検査制度の必要性と強制の合理性があること、を主たる理由に、令状を不要と判示した。[9]

また、[5] 決定で最高裁は、質問検査権行使の要件・手続について税務職員の裁量を認めて、次のように判示している。

「所得税法234条1項の規定は、国税庁、国税局または税務署の調査権限を有する職員において、当該調査の目的、調査すべき事項、申請、申告の体裁内容、帳簿等の記入保存状況、相手方の事業の形態等諸般の具体的事情にかんがみ、客観的な必要性があると判断される場合には、前記職権調査の一方法として、同条1項各号規定の者に対し質問し、またはその事業に関する帳簿、書類その他当該調査事項に関連性を有する物件の検査を行なう権限を認めた趣旨であって、この場合の質問検査の範囲、程度、時期、場所等実定法上特段の定めのない実施の細目については、右にいう質問検査の必要があり、かつ、これと相手方の私的利益との衡量において社

---

9) [4] 判決の詳細は、成田頼明・租税判例百選〔第3版〕(1992年) 168頁、熊本信夫・行政判例百選〔第2版〕(1987年) 214頁およびこれらに引用の文献参照。

会通念上相当な限度にとどまるかぎり、権限ある税務職員の合理的な選択に委ねられているものと解すべく、また、暦年終了前または確定申告期間経過前といえども質問検査が法律上許されないものではなく、実施の日時場所の事前告知、調査の理由および必要性の個別的、具体的な告知のごときも、質問検査を行なううえの法律上一律の要件とされているものではない」。[10]

これら2つの最高裁判決・決定により、判例上、質問検査権制度の合憲性が確立し、この後、問題の焦点は、憲法論から質問検査権行使の具体的な要件の検討へと移っていった。

(3) 第三期（その後の展開）

第三期は、昭和49年以後今日に至るまでの時期である。それ以前と比べてとくに目立った特徴はないものの、次の四点が指摘できよう。

第一に指摘できるのは、2つの最高裁判決・決定の後も、質問検査権の行使をめぐる紛争は絶えることはなく、この分野の法理はなおも不安定であることである。もっとも、最高裁判決・決定を受けてのその後の下級審判決は、ほとんどすべてが争いの対象となった税務調査の適法性を認めており、この点は第一期と比べてのひとつの特徴と言えるであろう[11]。

第二に、税務調査をめぐる諸外国の法制度の紹介・検討が進み、わが国の制度をより広い視野から検討するための素地が作られつつあることである[12]。もっとも、現段階では諸外国の法制度の客観的紹介が中心で、それを

---

10) 小早川光郎・租税判例百選〔第3版〕（1992年）166頁、曽和俊文・行政判例百選〔第2版〕（1987年）216頁およびこれらに引用の文献参照。なお、高梨・前掲注6) 91頁は、本決定の射程距離を具体的事案との関連で限界づけようとするもので有益である。
11) 最高裁判決・決定後の下級審の動向を包括的に検討するものとして、清永敬次「所得税法における質問検査権行使の要件」シュトイエル200号（1978年）1頁、三木義一「最近における質問検査権をめぐる下級審判決の動向」税理27巻4号（1984年）77頁、玉国文敏「租税調査の現代的課題」租税法研究14号（1985年）52頁等がある。本稿では、主としてこれらの論文で検討された以後の最近の下級審判決を対象に検討する。最近の判決の一般的特徴については本章第2節を、個別的要素に即した検討は本章第3節を参照されたい。
12) 例えば、西ドイツに関して、木村弘之亮「西ドイツ税務調査の諸問題」税法388号（1983年）1頁、同「西ドイツにおける調査命令に基づく税務調査—調査命令の法的性質と意義」法

わが国の法改革にどう活かすかはむしろ今後の課題である。

　第三に、犯則調査に関する法理の究明が進み、判例上の展開もあったことである。[6] 最高裁昭和59年3月27日第三小法廷判決（刑集38巻5号2037頁）は、国税犯則取締法に基づく犯則事件の調査について、憲法38条1項の供述拒否権の保障が及ぶことを明言した。[13] また、[7] 最高裁昭和63年3月31日第一小法廷判決（判時1276号39頁）は、課税処分（および青色申告承認取消処分）の取消訴訟における判断として、国犯法上の調査により収集した資料の課税処分における利用を認めた。[14]

　第四に、最近注目すべきは、税務調査の際の立入りの違法性を認めて国家賠償請求を肯定した最高裁判決である。すなわち、[8] 最高裁昭和63年12月20日第三小法廷判決（訟月35巻6号979頁）で、最高裁は、税務調査のために被調査者の店舗兼作業場に臨場した国税調査官が、被調査者の不在を確認する目的で、被調査者の意思に反して同店舗内の内扉の止め金を外して同店舗兼作業場内に立ち入った行為が違法であるとして、国に対し、3万円の慰謝料の支払いを命じた原審判決（大阪高判昭和59・11・29訟月31巻7号1559頁）を維持し、上告を棄却した。本件は、留守中の家屋内に無断で立ち入った事例である点で、事例としては特殊であるが、質問検査権の行使の1つの限界を示すものとして重要であろう。[15]

学研究56巻9号（1983年）1頁、高野幸大「西ドイツ税務調査における Prüfungsanordnung の法的性格(1)(2)」税法学447号（1988年）34頁、453号（同年）12頁などがあり、フランスについて、伊藤悟「フランスの税務調査と納税者の権利保障」税理30巻4号（1987年）147頁、イギリスについて、宮谷俊胤「イギリスの税務調査―直接税を中心にして」福岡大法学論叢22巻3=4号（1978年）363頁、23巻3=4号（1979年）395頁、24巻2=3号（同年）137頁、30巻1号（1985年）1頁、同「イギリスの付加価値税の情報収集手段について」法学博士中川一郎生誕80年記念税法学論文集（税法研究所・1989年）117頁、林眞義「イギリスにおける情報請求権」シュトイエル341号（1990年）1頁などがある。アメリカに関しては、前掲注2）参照。また、これらの諸国に関する最新の総合的紹介・研究として、金子宏=木村弘之亮=宮谷俊胤=吉村典久『税務調査(1)』日税研論集9号（1989年）が有益である。

13)　本判決の詳細は、高窪貞人・判例評論312号（1985年）230頁、渥美東洋・法律のひろば37巻7号（1984年）48頁等参照。
14)　[7] 判決の詳細は、佐藤英明・ジュリスト938号（1991年）84頁参照。
15)　[8] 判決の詳細は、松澤智「国家賠償をめぐる最高裁判決が与える税務調査への影響」税理32巻6号（1989年）10頁、高橋靖・ジュリスト961号（1990年）234頁等参照。

2. これまでの議論の特徴と今後の課題

　以上の経過を踏まえて、これまでの議論の特徴と今後の課題をまとめると、次の点が指摘できる。

(1) 令状主義の意義・機能の再検討
　これまでの（とくに第一期から第二期にかけての）議論で中心的に論ぜられてきた問題の1つに、憲法35条に定める令状主義の税務調査における適用可能性の問題があった。判例上・実務上は、[4] 判決により、質問検査権に令状主義は及ばないとの解釈が確立していると言ってよい。しかし、学説上はなお令状の必要性を説くものも見られる。[16] そこで、この点をまず検討しておこう。
　従来の議論は主として憲法の解釈論として展開されている。しかしこの問題に対するアプローチとしては、令状主義の現実的機能の分析も必要である。すなわち、仮に令状が必要との解釈をとるとすれば、それは逆に令状に基づく実力による強制調査を認めることにならないか、あるいは、実力による調査の強制が税務調査において必要・不可欠であるとすれば、実力強制調査の適法性を事前に保障する1つのシステムとして令状主義の適用が考慮されてしかるべきではないか、が問題となると思われる。
　そこで、まず、質問検査権の行使において、このような実力による調査の強制の必要性があるか否かを検討してみる必要がある。
　現行法上、質問検査権の行使においては、正当な理由なく調査請求を拒否した者には刑罰の定めがあり、刑罰による威嚇を背景に調査への協力を求めることができる。しかし、刑罰による威嚇は間接的な強制方法であって、刑罰権の発動も税務行政機関とは別の検察の手に委ねられているために、調査を拒否する私人から情報を収集・獲得する手段としてはおのずから限界を持っている。そこで、適正な課税の実現とそのための情報収集・獲得の必要性を強調すれば、調査対象となった私人があくまで調査を拒否

---

16) 佐伯・前掲注2) 41頁、松井茂記・憲法の基本判例 (1985年) 149頁およびそれらに引用の文献参照。

する場合には、最終的には、実力による調査の実現が認められるべきであると解するのも１つの立場であろう。

調査主体（捜査機関）と調査対象（被疑者）との拮抗関係が先鋭である刑事捜査の場合には、事前に裁判所の発する令状を得ることを条件として、捜査機関は実力で被疑者の家庭に侵入し必要な書類等を強制的に取得することを認められている。質問検査権の行使においても、このような実力による調査の強制が認められるべきなのであろうか。

刑事捜査ではない行政調査においても、実力による調査の実現が求められるべき行政領域がある。例えば公害防止行政領域で法令上認められた工場への立入検査が工場主により拒否された場合には、立入検査の実力による実現を認める必要性は高い。立入検査の実現が遅れ、その結果実効的な行政規制が遅れることによって、周辺住民の生命・健康に回復しがたい危害が生じる可能性があるからである。

しかし、税務行政領域では、このような意味での調査の強制的実現の要請が高いとは思われない。調査拒否は実額に基づく課税を困難にするけれども、調査の遅れにより直ちに私人の権利に回復しがたい損害が生じるわけではないからである。また、現行法上認められた推計課税の存在も、ここで考慮すべき一要素であろう。

以上のように考えると、課税処分の前提たる質問検査権の行使においては、被調査者があくまで調査を拒否した場合に、実力に訴えてまで調査の強制をはかる必要性は少ないといえよう。[4]判決は、税務調査に令状主義が及ばない理由としていくつかの事情をあげている。本章の問題関心からすれば、間接強制にとどまることが理由として重視さるべきではないかと思われる。[17]

なお、プライバシー保護を強調する立場からすれば、間接強制調査であっても調査の適切性を裁判所が事前にチェックする令状システムの導入が望ましいという理屈はあり得る。しかし、間接強制の場合には、刑事訴訟における抗弁としてではあれ、プライバシーが侵害される以前に当該調査

---

17) なお、阿部・前掲注６）312頁は、このほかに質問検査権の発動要件たる客観的必要性を裁判所が判断することの困難も指摘する。

の適法性を裁判所で争うことができる。また、調査要求を行政処分ととらえて、その取消訴訟を可能とする解釈なども成り立たないわけではない。[18]

このように、質問検査権については、調査の強制的実現の前に裁判所の判断を介在させるシステムが令状のほかにも考えられる。令状システムは、刑事捜索の場合に典型的にみられるように、実力強制と結びついたシステムとして理解すべきではなかろうか。

本章では、右のような立場から、税務調査における令状主義の問題は[4]判決により基本的に解決されたと考える。したがって今後は、令状主義に代わって納税者の権利・利益を保護する法理の探求、具体的には、調査裁量の手続的、実体的統制基準の解明が課題となるであろう。

(2) わが国の税務調査をめぐる紛争の特徴

これまでの裁判例を見ていると、そのほとんどは、民主商工会に所属する納税者にかかわる事件であることに気付く。税務調査に関する紛争は民主商工会に所属する納税者と税務署との間でのみ生じているとは考えられないが、不服申立ておよび訴訟にまで至る事件としては、民主商工会に所属する納税者にかかわるケースが圧倒的に多い。

このことは、それ自体法社会学的検討の対象とするにふさわしい、わが国の税務調査をめぐる法的紛争のひとつの特徴と言ってよいだろう。右の特徴は、いかなる理由で説明できるのであろうか、また、判例理論の形成において、何らかの特質を生み出していないのであろうか。これらの点についてここで十分に検討する余裕はないが、さしあたり以下の諸点が指摘できる。

第一に、税務調査が民主商工会に所属する納税者に対してとくに頻繁に行われたために、法的紛争も多いのではないかという点が疑問として指摘できる。[19]

---

18) さしあたり、曽和俊文「行政調査論再考(1)」三重大学法経論叢 4 巻 2 号（1987 年）57～61 頁参照。
19) なお、雄川一郎ほか『行政強制―行政権の実力行使の法理と実態』ジュリスト増刊（有斐閣・1977 年）139 頁における冨尾一郎東京国税局査察部長と塩野宏教授のやりとり参照。

例えば、[9] 東京地裁昭和43年1月31日判決（判時507号7頁）は、「質問検査権の行使が……特定の団体を構成している納税者のみを対象とした場合、または、調査対象者の選定については差別はなくとも、右納税者のみを他の納税者よりも深い度合で質問検査した場合においては、その質問検査は、特定の団体の構成員であることの故をもってなされた差別行為であり、その質問検査自体が団体の構成員の結社の自由に対する介入行為となる場合がありうる」とわざわざ判示して、民主商工会に属する納税者に対する一連の税務調査の適法性に疑問を投げかけている。

第二に、民主商工会に所属する納税者と税務署の争いが多い理由として、民主商工会が税務調査に関して厳格な法理論をとっていることがあげられよう。

すなわち、納税者側は、調査に先立つ事前通知、調査理由の具体的開示、第三者の立会い等を調査の適法性要件と解する立場から、これらの保障のない調査要求に従わず、他方税務署は、これらの要件を税務職員の裁量と解する立場からこれらの保障を与えず、その結果、非和解的対立となって法廷に持ち込まれるケースが多い。

法理論の対立が法的紛争をよぶことは珍しくはない。また、納税者が自己の権利を法廷で主張することは、むしろ望ましいことと言えよう。しかし、一連の裁判例を検討してみると、税務署及び納税者の双方にかたくなな態度が見られて、必要以上に対立しているのではないかと思われるケースもないではない。

申告納税主義を前提にする以上、納税者は申告内容の根拠となった情報を調査官の求めに応じて申告後ならいつでも開示するのが当然ではないのか。他方で税務職員も、調査を円滑に進めるために納税者への事前通知や調査理由の開示を最大限保障するべきではないのか。このような素朴な疑問に応える調査裁量の行使基準の解明が、改めて求められているように思われる。

(3) **調査裁量の法的統制と裁判所の役割**

質問検査権制度の合憲性を前提にすれば、今後の中心的な課題は調査裁

量の法的統制のあり方の究明である。[5] 決定で示された最高裁の基準はなおも抽象的、一般的であるので、具体的事件において、これらの基準がいかに適用されるべきかが問われることになる。

[5] 決定以後、多くの下級裁判所判決が出されている。そのほとんどすべては、結論として税務調査を適法とするものであるが、判決のスタイルを子細に見ると、大きく2つのタイプがあるように思われる。

(i) 第一のタイプ：形式的・抽象的審査型　　第一のタイプは、紛争の対象となった税務調査の態様を記述した後で、[5] 決定の中心部分を引用しつつ、本件税務調査が「社会通念上相当な範囲で実施された」ことを結論的に述べるだけのもの、すなわち当該税務調査の態様に即した具体的分析が見られないものである。

例えば、[10] 京都地裁昭和50年7月18日判決（判時816号34頁）は、事前通知なしに6回訪問し、うち3回は留守のため調査できず、残る3回の面談では多忙を理由に調査を拒否されたこと等を事実認定した上で、「原告に対して税務調査の日時等を予め通知しなかったとはいうものの、それ故に本件調査が社会通念上相当な限度を逸脱しているものとも認められない」と判示して、調査の適法性を認めている。

事前通知なしでいきなり訪問しても会えないことがあるのは当然であるから、もっと納税者との時間調整をはかればよかったのにという、素朴な疑問に答える判示部分はない。

また、[11] 京都地裁平成元年3月24日判決（シュト329号38頁）では、約束の日に訪問すると民商会員が立ち会い、「退席を求めたにもかかわらず退席しなかったために、調査に着手せず」ということが繰り返された後、調査に協力しないので推計課税に及んだことの違法性が争われた。裁判所は、「調査担当者が事前に通知せずに臨場し、調査の具体的理由を開示せず、第三者の立会を拒否し、原告の同意を得ずに反面調査をしたことが調査の違法事由になると認めるべき特段の事情は窺えない」と判示して、調査の適法性を認めている。

調査実施の細目が調査担当者の合理的選択に委ねられているとしても、裁判所は、当該事案において調査官がいかに振る舞うことが合理的選択で

あったのかを具体的に認定すべきではないかと思われる。しかし、この判決では、「特段の事情」がない限り調査担当者の対応は不合理とは言えないとの立場をとっており、事実上税務職員に自由裁量を認めているがごとくである。

　(ⅱ)　**第二のタイプ：実質的・具体的審査型**　　判決のもう１つのタイプは、調査の具体的態様を分析し、調査の必要性、調査方法の正当性等を個別的に認定した上で、調査の適法性を認定するものである。第一のタイプを形式的・抽象的審査型と名づけるならば、第二のタイプは、実質的・具体的審査型とでも名づけることができる。

　例えば、[12] 東京地裁平成3年2月27日判決（シュト358号35頁、359号1頁）は、民商会員十数名の立会いの下で現況調査が行われたが、原告は調査の具体的理由の開示を求めて帳簿書類の提示に応じなかったとの事実を認定した上で、「原告の調査理由開示の要請に対し、原告について長期間調査が行われていないので申告内容の適否を確認する必要がある旨及び原告宅の取得資金について疑問点がある旨を述べて……調査理由を開示している……右程度の調査理由を告げて、調査に対する原告の協力を求めたことに、右の裁量の逸脱があるものとは到底解し得ない」と判示して、本件調査の適法性を認定している。

　第三者の立会いも認め、調査の必要性についても一般的とはいえ説明がなされているにもかかわらず、なお納税者が具体的調査理由の開示がない限り調査に応じないとの態度を崩さなかったために推計課税に及んだこと等が、具体的に認定・評価されて結論に至っているので、説得力がある判示となっている。

　第二のタイプは、したがって、事案によっては調査担当者の調査努力の不十分を指摘し、納税者の請求を認容する結論に至ることもある。

　例えば、[13] 東京地裁平成3年1月31日判決（判時1376号58頁）は、「右に認定したような二回にわたる臨場調査の状況からすると……現に帳簿書類の入ったダンボール箱が準備され、その一部については原告側が箱から取り出して机の上に提示して見せるといった行為まで行われているのに、約20分間という短時間で被告側が調査を切り上げてしまった62年2

月18日の調査については、その際、被告側係官において、ある程度の時間をかけて冷静な態度で調査を継続し、原告のもとで所要の帳簿書類の備付け、記録及び保存が正しく行われているか否かを確認……することが可能な状況があったのではないかとの疑いを否定できない」と調査の態様を具体的に認定・評価した上で、調査拒否（帳簿書類提示拒否）を理由とする青色申告承認取消処分を違法として取り消している。

　第一のタイプと第二のタイプのいずれが好ましい審査方法であるかは言うまでもないだろう。最高裁は、質問検査の「実施の細目については、……権限ある税務職員の合理的な選択に委ねられている」と述べる。これは、それぞれの要素についていかなる対応をなすのが合理的選択であるのかを具体的ケースにおける個別的判断に委ねた趣旨と解し得る。したがって、この基準の下で裁判所は、調査の態様を具体的に認定・評価すべきである。

　いかなる基準で調査裁量の法的統制がなされるべきかは、裁量が問題となる各要素・局面ごとに分析されねばならない。この点を次節で検討しよう。

第3節　調査裁量の法的統制

　税務職員に委ねられた調査裁量は、調査対象・手段の選択、調査の時期・場所・方法の選択等、多岐にわたる広範なものである。これらの裁量が適正に行使されることを保障するためには、それぞれの要素ごとに、いかなる利益が対立しており、それらがいかに調整さるべきかが検討されねばならない。

1.　調査対象の選択裁量の統制

(1)　調査の「必要性」

　税務調査における納税者と税務職員の対立は、納税者が調査対象として選ばれたときに始まる。納税者としては、なぜ自分が調査対象に選ばれた

かに関心を持つであろう。所得税法234条は、「所得税に関する調査に必要があるとき」に調査できると定めているので、法解釈上は、「必要があるとき」とはいかなる場合であるのかが問題となる。[20]

　まず、[5]決定（第2節1(2)参照）は、「税務官署による一定の処分のなされるべきことが法令上規定され、そのための事実認定と判断が要求される事項があり、これらの事項については、その認定判断に必要な範囲内で職権による調査が行われることは法の当然に許容されるところと解すべき」との前提のもとで、質問検査権の行使を位置づけている。すなわち質問検査権は、個別的行政処分の前提資料収集のために認められたものであって、一般的な統計目的等のために行使されてはならない。この点には異論はないであろう。

　次に、課税処分の前提として質問検査権が行使される場合の「必要性」に関連して、申告（期限）前の調査において質問検査権行使が許されるかという問題がある。[5]決定は、「暦年終了前または確定申告期間経過前といえども質問検査が法律上許されないものではな」いと判示するが、これが課税処分以外の行政処分の前提資料収集について述べたものか、課税処分についての事前調査を認めたものかは明確ではない。申告納税主義のもとでは課税処分は申告内容が疑わしい場合あるいは無申告の場合に補充的・限定的に認められるものであるから、課税処分の前提としての質問検査権の行使は、申告期限終了後に限定されると解すべきである。[21]

　いちばん問題となるのは、申告期限終了後に課税処分の前提資料収集目的で質問検査権が行使される場合の「必要性」をどう理解すべきかである。これまでの学説においては、この点に関して、次の2つの見解が対立している。

　第一は、当該納税者に対してとくに調査しなければならない個別的必要

---

20)　「必要性」は当該納税者に対する場合と納税者以外の者に対するいわゆる反面調査の場合とでは異なると解される。反面調査に関しては後に節を改めて検討するので、以下では納税者本人に対する質問検査権の「必要性」に限定して検討する。
21)　清永敬次『新版税法〔全訂版〕』（ミネルヴァ書房・1996年）172頁、鶴見祐策「課税処分のための質問検査権」北野弘久編『日本税法体系3』（学陽書房・1980年）293頁等参照。

性が要求されると解する見解である（個別的必要性論）。「過少申告については、前年度との比較、同業者との比較、景気の動向等々からいって……当該納税者について過少申告を疑うについて相当の理由がなければならない」というわけである。

第二は、質問検査権は右の相当の理由がある場合に限られず、「正しい課税標準はいくらか、申告が正しいかどうかを確認する必要がある場合等広くその行使を認められている」と解する見解である（一般的必要性論）。

最高裁は、[5] 決定において、「客観的必要性」が要求されると述べるが、それが個別的必要性か一般的必要性かは述べていない。一般論として言うならば、質問検査権の発動の前提となる「必要性」は一般的必要性で足りると解すべきであろう。

個別的必要性論は、その根拠として、①「申告納税制度のもとでは、納税者は第一次的に納税義務確定権を有し、課税庁の課税処分は第二次的・補完的であること」、②質問検査権の行使は非調査者にさまざまな影響を与える権力的作用であること、③罰則によって担保されている以上必要性も厳格に解すべきであることを挙げている。しかし、これらの理由は、十分な根拠を与えるものとは思われない。

まず、申告納税制度は納税者の自発的申告を尊重するものであるが、それを絶対視するものではない。納税者は自ら申告をする以上はその根拠資料をいつでも説明できる準備をなすべきであろう（無申告の場合は無申告の正当性を主張できるようにすべきであろう）。

税務行政機関の人員・コストが限られていることを前提にすれば、質問検査権は、個別的必要性がある場合に行使されるべきであるということが一応言えよう。けれどもそれは、政策的考慮からくる制限であって法的制限とは解すべきでない。「一般的にいって、たとえば申告内容にとくに疑

---

22) 北野・前掲注3）317頁。
23) 国税庁「税務調査の法律的知識」北野弘久編『質問検査権の法理』（成文堂・1974年）565頁所収。
24) 北野・前掲注3）318頁、なお、鶴見・前掲注21）294頁は、さまざまの調査方法の中でもとくに罰則の裏づけのある質問検査権によらねばならない「必要性」でなければならないとする。

問はないが念のために調査するというような場合——このような調査はおそらく現実にはないであろうが——であっても、そのときに調査に応じられない特別の事情が納税義務者側にある場合を除き、納税義務者が調査を拒否すべき合理的な理由はない[25]」と思われるからである。

質問検査権の行使が調査対象者に与える影響、罰則の存在などは確かに、質問検査権の行使が適法に行われるべきことを要請する要素である。しかし、申告納税制度のメタルの裏側に適切な質問検査権の行使があるという本章の立場からすれば（第1章第1節参照）、申告納税制度がうまく機能していることの単なる確認のために質問検査権が行使されても、それを違法ということはできないように思われる。

(2) 調査対象選択の合理性

調査対象の選択は、合理的根拠に基づく「客観的必要性」を有するものでなければならない。ここで言う合理的根拠としては、例えば、次のようなものが挙げられよう。第一は、先に触れた個別的必要性・「相当の理由」がある場合である。第二は、一定の客観的手法により統計的に調査対象に選ばれた場合である。第一の場合は改めて説明する必要はないであろう。ここでは第二の場合をアメリカの例を参考にしながら説明してみる。[26]

わが国でもアメリカでも、申告数の膨大さに比べて調査人員が少なく、公平で適正な課税の実現に大きな障害となっている。そこで、限られた資源のもとで効率的で公正な課税を実現するために、調査対象を適切に選択する必要が生じている。この点アメリカでは、申告書情報をコンピュータに入力した上で一定の方法で調査対象を第一次的に選択する。その方法としては、①総関数選択法、②情報申告書照合法、③申告水準調査法、④プロジェクト別選択法がある。

わが国の場合、「調査は納税者の質的要素を加味した上、高額な者から優先的に、また、悪質な脱漏所得を有すると認められるもの及び好況業種等重点業種に属するものから優先的に行なうこととする」（「税務運営方

---

25) 清永敬次・判例評論151号（1971年）9頁。
26) 以下の説明は、金子・前掲注2）5〜10頁に依拠している。詳しくは同論文参照。

針」）とされている。しかし、アメリカのような包括的な調査対象選択手法は確立されていない。いかなる手法に基づく選択が合理性を持つのかについてはさらに検討する必要があるが、客観的手法により調査対象に選ばれた場合には、合理的根拠を有する場合として、調査の「客観的必要性」を肯定してよいであろう。

調査対象の選択が恣意的である場合には、「必要性」を欠く調査として、あるいは不当目的調査として、違法とされるべきである。税務調査権限は私人の自由に対する強力な権力的介入手段ともなり得るから、それが課税目的以外で濫用されることがあってはならない。そこで、調査対象選択の合理性をめぐる問題の1つとして、以下では不当目的調査について考えてみたい。

ここでとくに問題となるのは、一定の団体・グループに集中的に調査が行われる場合の調査の適法性である。平等原則を前提にすれば、調査対象として、特定団体に所属する納税者が集中的に選ばれることがあった場合には、その合理的根拠が示されない限り、当該調査は不当目的調査であるとの推定を受けると言ってよいであろう。しかし、この点に関して、従来の判例は、それほど自覚的ではないように思われる。

例えば、［14］東京地裁昭和50年3月18日判決（行集26巻3号346頁）では、民主商工会に属する納税者に対する質問検査権の行使が民主商工会の組織破壊を目的とするものであって違法であるとの納税者の主張に対して、裁判所は、次のように述べて、その主張を排斥している。

すなわち、「各証言によると、荒川税務署においては、昭和40年ころ、民主商工会に加入する納税者など、税務調査に対して組織的に非協力の態度を示し、円滑な調査が必ずしも期待できないと思われる者に対する調査を1つの係に主に担当させて調査の促進に努めたこと、被告は、昭和40年7月及び9月に荒川民主商工会会長宛に文書で被告の税務行政に協力するように警告したことが認められる」が、原告に対する調査の個別的必要性は認められるから、調査目的の不当の主張は認められない、と言うのである。

裁判所の論理は、① 税務署が民主商工会に属する納税者に対して特別

の体制をとって臨んでいることを事実認定しつつ、② 当該事案に関して調査の必要性を認めることができるので調査は適法、というものである。平等原則を重視するならば、①の事実が合理的根拠を有するものか否かをもう少し綿密に審査してもよかったのではないかと思われる。

また、[15] 大阪地裁平成3年8月30日判決（訟月38巻4号588頁）では、税務懇談会での税務職員の説明が民主商工会の名誉・信用を侵害するとして、国家賠償および謝罪広告掲載が求められたが、裁判所は、次のように判示して、原告の請求を棄却している。

まず、税務懇談会での発言内容について原告と被告との間で食い違いがあるが、裁判所は被告側の主張を採用している。それによると次のような発言があったとされる。藤井勇署長「私の大阪国税不服審判所における経験によれば、民商会員は、税務職員の質問検査権に基づく適法な税務調査に対し、民商事務局員等の調査立会いや具体的な調査理由の開示を要求し、また、事前通知のない調査や納税者の承諾のない反面調査は違法であると主張し、かつ、納税額の確定は申告によるとの解釈によって、調査に協力せず、帳簿書類の提示もしない。納税者の中にこうした非協力的で、自分だけが不当に税を免れようとする者がいることは許されず、適正な税務行政の執行上、調査に応じない者に対しては、反面調査（取引先等の調査）により推計課税を行っている。取引先の皆さん方には、いろいろお手数をかけているが、今後ともよろしくご協力をお願いしたい」。川井彰統括官「民商会員は、税務調査には非協力的で、調査拒否・妨害が多く暴力行為に及ぶこともあり、豊中民商事件や上京事件の例がある。大半の民商会員は白色申告者で、3月13日に集団申告により各種所得欄には所得金額しか記載しない確定申告書を提出している。民商会員は調査に非協力的であるが、だからといって調査をやめるわけにはいかない」。

このような発言に対して、裁判所は、発言内容が事実であること、原告の社会的評価を低下させるものではないこと、発言の趣旨は反面調査への協力依頼であったことなどを指摘して、「正当な職務行為の範囲内で行われたもの」で不法行為を構成しないとする。

しかし、本件で名誉棄損の成立を認めるのが困難であるとしても、右の

ような裁判所の判示には次のような疑問がある。すなわち、税務懇談会は、所轄管内法人25社の経理担当者を集めて開催されたもので、このような席上で特定団体の性格・行動についてあれこれ言うこと自体、公正・中立な行政機関のあり方として妥当を欠くのではないか。また、民商会員の中にはさまざまな思想、信条、行動原理を持つものがいるはずであるから、民商会員は税務調査に非協力的と一律にレッテルを貼ることも、参加者に誤解を与え、適切さを欠くと言えるのではないか。

これらの判決例において、裁判所は、税務署が民主商工会に所属する納税者をとくに集中的にねらって調査対象に選んだということまでも認定しているわけではない。しかし、これまでの民主商工会と税務署の対立には根深いものがあり、引用した判決文からも、税務署が民主商工会を特別に意識した税務行政運営を行っていることがうかがえる。とすれば裁判所は、税務調査の執行において特定団体への敵視といった不当目的が含まれていないかどうかを、より厳格に審査すべきであろう。

(3) 調査開始裁量の統制

以上に述べてきた問題は、主として、調査対象となる私人の権利・利益を保護する視角から調査対象の選択裁量の統制を論じるものであった。しかし、他方で、適切な調査の発動を求める権利・利益の視角からも当該テーマを考察する必要がある。

適切な調査権の発動を行政機関が怠る場合に、私人がいかなる手段でその不作為の違法を追及することができるかは、最近の行政法学において解明が求められている課題の1つである[27]。そして、例えば公害・環境保護行政領域では、行政規制によって保護される権利・利益を持つものが、一定の要件の下で、適切な調査権の発動を求める権利を持つべきであるとする理論も主張されている。しかし、税務行政領域では、税務調査の発動を怠ることによって直ちに私人の生命・健康に危害が生じるということはないために、公害・環境保護行政領域と同様に適切な調査権の発動を求める権

---

27) この点を検討したものとして、曽和俊文「行政調査論再考(2)」三重大学法経論叢5巻2号 (1988年) 64頁以下参照。

利の成立を語れるのかどうか、1つの問題となり得る。

　おそらく現在の通説的理解によれば、適切な税務調査の発動を求める私人の権利は次の理由により承認しがたいとされるであろう。すなわち、調査権の不発動により特定個人に損害が生じるわけではないから個人は訴えの資格を欠くこと（反射的利益論）、および、調査権の発動は税務行政機関の公益判断に基づく裁量に委ねられていること（税務行政機関の公益独占・自由裁量論）である。これらの主張は不作為の違法を理由とする国家賠償請求訴訟においては否定されつつあるが、取消訴訟の局面での適用はなお今後の課題である[28]。また、税務調査権の発動が要求される局面が現実にどの程度存在するのかも明確ではない。しかし、適切な調査権の発動が適切な課税処分の前提となることを考えると、私人の調査請求権を認める方向での理論化がはかられるべきであろう。

2. 調査手続に関する裁量の統制

　これまでの判決例で納税者と税務職員の主張が鋭く対立している争点の1つが調査手続をめぐる問題である。

　最高裁は［5］決定で、調査「実施の日時場所の事前告知、調査の理由および必要性の個別的、具体的な告知のごときも、質問検査を行なううえの法律上一律の要件とされているものではない」と判示する。この最高裁の判示については、調査手続を広く税務職員の裁量に委ねる趣旨であって調査手続に関連して調査が違法になる場合はほとんどないとの理解があり得るが、むしろ、具体的な事情次第では一定の調査手続をとることが調査の適法性要件として要求されることを述べたものであると積極的に解すべきであろう[29]。

　いかなる場合にいかなる手続をとることが要求されるのかは、各要素ごとに、具体的事例に即して検討されなければならない。

28）曽和・前掲注27）80〜96頁参照。
29）南博方・昭和48年度重要判例解説（1974年）40頁、清永・前掲注11）9頁等参照。

(1) 事前通知

税務調査の実施にあたって、調査の日時、場所を事前に納税者に通知することは、調査の円滑な実施のために必要なことであり、また、現実に、ほとんどの場合に事前通知がなされているようである。

例えば、東京税理士会が昭和58年から61年にわたって実施した「税務調査等に関する実態調査」の結果によれば、事前通知があった割合は、92.9％（58年）、90.5％（59年）、93.1％（60年）、93.0％（61年）と9割を超えている。昭和43年から45年にかけての調査ではその割合が、30％（43年）、34％（44年）、32％（45年）であったことと照らし合わせると「事前通知の割合は著しく改善した」と言える[30]。

今日では現実にほとんどの場合に事前通知が保障されているようであるが、法理論としても、税務職員は調査に当たって原則として事前通知を行うべきであり、事前通知のない調査要求は、特別の正当化理由のない限り、税務職員の裁量の適正な行使と言えないとの推定を受けると言うべきであろう。その根拠としては、次の諸点が指摘できる。

まず第一に、申告納税主義は納税過程への納税者の自発的な参加を前提にしているから、納税者の自主的態度を最大限尊重することを要請する。

事前通知は、後で検討する調査理由の開示と並んで、納税者の自主的な調査協力を得る上での重要な要素である。したがって、事前通知により調査が困難になることが客観的に予想される場合を除き、原則として、事前通知をなすことが適正な裁量行使のあるべき形と解すべきである。

第二に、行政機関自身が、税務行政のノーマルな姿として事前通知の励行を奨励していることが挙げられる。

例えば、税務運営方針は、「税務調査は、その公益的必要性と納税者の私的利益の保護との考量において社会通念上相当と認められる範囲で、納税者の理解と協力を得て行うものであることに照らし、一般の調査においては、事前通知の励行に努め」と定めており、また、「税務調査の際の納税者及び関与税理士に関する事前通知について」と題された通達（昭和37

---

30) 北野編・前掲注23) 254頁。
31) 日本税理士会連合会「税務行政手続の諸問題について」(1988年) 78〜81頁。

年9月6日官総6-230)は、「納税者に対する事前通知は、原則として調査着手前妥当な時間的余裕をおいて、文書または電話で行うものとし、調査着手直前に電話等単に形式的な通知にとどまることのないように配慮すること」を指示している。これらの内部的指示は直接に納税者に「事前通知をうける権利」を与えるものではないが、平等原則をも考え合わせると、事前通知のない調査はその必要性について特別の説明がない限り行政慣行に反するものとして裁量の逸脱が推定される、と言ってよい。

第三に、事前通知のメリットとデメリットとの比較考量の視点からも、事前通知の必要性が導かれる。

事前通知は、納税者に調査への準備を促し、納税者の都合のよい時間に調査することを可能にするものであるから、無用な調査拒否を減少させる。事前通知のデメリットとして、事前通知をすると納税者が書類を破棄したり偽造したりするおそれがあるとの見解もあるが、このようなおそれは抽象的なものであって、現に事前通知のある調査が9割の割合で実施されてなお格別の支障が報告されていない現実に照らして支持しがたい。また、書類の破棄、偽造がなされたことが判明すれば、それらは独自に処罰されるべきであって、そうした例外的事例を理由に事前通知を否定するのは本末転倒と言うべきであろう。

仮に抜き打ち調査の必要性が肯定されるケースであったとしても、被調査人が拒否すれば実力で強制できないところに質問検査権の1つの限界がある。脱税容疑が明確で強制調査が必要な場合には、国税反則取締法上の強制調査によるべきであろう。

以上のように考えると、事前通知は原則として質問検査権行使の適法性要件と解すべきであろう。事前通知がない場合には一般に裁量の濫用の推定を受ける。したがって、事前通知のないことを正当化する特別の事情がない限り、事前通知のない調査は違法となる。[32]

---

32) 石島弘「事前通知をめぐる税務上の諸問題」税理29巻5号（1986年）2頁参照。

(2) 調査理由の開示

神奈川、千葉、埼玉三県の青年税理士連盟が実施した「税務調査アンケート」（昭和60年、神奈川、千葉、埼玉、山梨各県対象）によれば、調査理由の開示がなされている割合は、法人調査において20.9％、個人調査において25％という結果となっている。[33]調査の事前通知と比べて、調査理由の開示は実際には余りなされていないことがうかがえる。

しかし、税務調査は「客観的必要性」があって初めて認められるものであるから、また一般に理由のない行政活動はあり得ないはずであるから、税務職員の適正な裁量行使のあり方としては、原則として調査理由を納税者に開示することが要請され、調査理由の事前開示をしない場合には、特別にその正当性を税務職員の側で主張・立証しない限り、裁量濫用の推定を受けるというべきであろう。その根拠としては、事前通知のところで挙げた第一の理由および第三の理由がそのままここでも妥当する。

問題となるのは、調査理由としてどの程度詳しい理由が要求されるかということである。

民主商工会に属する納税者に対する税務調査が争われた多くの判決例では、納税者は、調査の具体的理由のない限り調査には応じられないとの態度をとっており、一般的な調査理由の開示にとどまる税務職員との間で対立を呼んでいる。本稿は、先に述べたように、調査の必要性として「一般的必要性」でもよいとの立場をとっているが、同時に、それは調査官の恣意によらない「客観的必要性」であるから、調査理由には合理的根拠が必要であると考えている。

このような本稿の立場からすれば、ここで要求される調査理由の開示は、当該調査の真の理由である。すなわち、個別的必要性に基づいて開始された調査であれば当該個別調査を必要と考えた根拠・理由を、また何らかの合理的根拠で調査対象として選択したのであればその選択の根拠・理由を、税務職員は開示すべきである。

なお、調査理由の開示と調査範囲の関係につき「各調査権は……当該調

---

33) 日本税理士会連合会・前掲注31) 82頁。

査に先立って開示された調査理由の範囲内においてのみ行使し得る」との学説がある。しかし、調査範囲が調査目的と関連性を有する範囲にとどめられるべきことは言うまでもないが、この関連性をあまりに限定的に解することは妥当でないであろう。調査の必要性判断は限られた資料に基づいて判断されるので、調査の過程でさらに調査の必要性が高まり調査範囲が広がることもある。適正な課税の実現という目的との関連性が認められる限り、このような調査の拡大を違法と見ることはできないであろう。

(3) 第三者の立会い

最近の税務調査をめぐる法的紛争の1つの焦点に、第三者の立会いをめぐる問題がある。納税者の側が民主商工会事務局員等の立会いを求め、税務職員の側ではそれを拒否し、両者の対立から調査不能に陥るケースが増えている。税務職員の適正な裁量行使のあり方としては、第三者の立会いをどのように理解すべきなのであろうか。

申告納税主義の下で、納税者本人が記帳・申告に責任を持っておれば、原則として税務調査は納税者本人に対して行うことで足り、納税者本人以外が税務調査に立ち会う必要性はとくに認められない。しかし、税理士その他の第三者が記帳・申告事務を援助している場合には、これらの援助者の同席を求めることが、納税者の利益にもなるし、税務調査の効率的実現にも役立つであろう。

税理士法34条は、納税者に事前通知をして調査を行う場合には、関与税理士にも調査日時を事前に通知することを義務づけているが、これは関与税理士の調査への立会いをも保障する趣旨と解される。

このように、第三者が記帳・申告事務を援助している場合であって、納税者がこれらの援助者の立会いを求めている場合には、第三者の立会いを認めることが適正な裁量行使のあり方というべきである。

税理士以外の第三者の立会いを拒否する理由として、税務署は、① 税

---

34) 北野・前掲注3) 307頁。この学説によれば「たとえば、開示された調査理由が昭和58年分の所得税のA事項について調査をするという場合には、ひそかに昭和58年分の所得税のB事項を調査することは許されない」同307頁。

理士法違反のおそれ（税理士専管事項を資格のないものが業として行うことの禁止）、②公務員の守秘義務違反のおそれ（税務調査の過程で第三者のプライバシーが侵される危険）の二点を挙げており、これらの主張を認める判決例もある[35]。

しかし、記帳事務を第三者に援助してもらうことは納税者が自由にできることであり、また、税務調査への立会い自体は税理士の専管事項とは言えない。さらに、税務職員の守秘義務は本来納税者保護の為に認められるはずべきものであるから、当該納税者が同意しての立会い拒否の理由にはならない。仮に、税務調査の過程で第三者の秘密がもれるおそれがあるとすれば、そのときだけ席をはずすという対応も可能であろう[36]。このように、税務署が立会い拒否の理由として持ち出す先の二点は、説得的なものとは言えない。

これまでの判決例を見ていると、納税者の側で民主商工会事務局員等十数人の立会いを求め、その要求が容れられない限り調査を拒否するという事例も見られる。しかし、第三者の立会いを認める主たる趣旨が先に挙げたものであるとすれば、多数人の立会いを特に認める根拠はないように思われる。第三者の立会いを認める趣旨を調査過程を透明化することにより調査の適正さを確保することにあると解しても、多数人の参加を認める必要性に乏しく、税務職員は適正な裁量行使の一内容として、人数制限をはかることができると解すべきであろう[37]。

3. 反面調査の法的統制

わが国の税務調査の法的統制という課題にとって、とくに重要な意義を有すると考えられるのが反面調査の法的統制である。

現実の税務行政執行過程では、納税者本人に対する調査が困難と考えられる場合に簡単に反面調査に移行し、反面調査の結果に基づき推計課税が

---

35) 大阪地判平成2・4・11判時1366号28頁、金沢地判平成3・5・7シュト360号15頁等。
36) 静岡地判昭和47・2・9判時659号36頁参照。
37) 首藤重幸「税務調査における第三者の立会い」税理34巻10号（1991年）8頁参照。

なされることが少なくない。しかし、申告納税主義の趣旨、あるいは、調査によって侵害される私人の権利・利益の多様性の視点から見れば、反面調査には独自の制限法理が働くと考えられる。

反面調査の対象としては、取引先企業、税理士・弁護士などさまざま考えられるのであるが、とりわけ銀行は、豊富な金融情報を持つその特質ゆえに反面調査の対象とされることが多い。以下では、反面調査の典型として銀行に対する反面調査を取り上げ、銀行および納税者本人がそれぞれどういう権利・利益を持つのか、現行法制度はこれらの利益を十分に保障しているのかを検討する。

(1) 反面調査と銀行の権利・利益

反面調査において、銀行はまず、顧客の秘密をどの程度他者に明らかにできるかの問題に直面することになる。根拠づけとその範囲にはいろいろな説があるとはいえ、私法上銀行が顧客に関する情報の守秘義務を負っていることに異論はないからである。しかし、私法上の銀行の秘密保持義務は、通説によれば、適法な行政調査に対して拒否の理由とすることはできない。[38]

そこで次に銀行は、調査の合理性を要求することになる。たまたま第三者に関する情報を豊富に持っているというだけで調査対象となることの多い銀行にとっては、広範な範囲で頻繁に調査が繰返され、調査に応じるコストが多額になることは、調査拒否の正当な一理由となろう。

「金融機関の預貯金等の調査について」と題された国税庁長官通達（昭和26年10月16日直所1-116）は、銀行調査の必要性について相当の理由を要求しており、また、全銀協会長から各会員銀行に出された「銀行の預金などに関する税務調査について」と題された通知は、個人別の調査であっても「常識的に判断して被調査者が余りにも多数である場合」「被調査者が当該銀行と取引関係があるかどうか不明の場合」「同時に被調査者以外の者の預金等を調査する場合」には調査を拒否できると指示している。

---

[38] 銀行の秘密保持義務の根拠、内容につき、色摩和夫「銀行の秘密保持義務と税務調査(上)」手形研究31巻6号（1986年）31～34頁参照。

当該行政調査に関して実質的には第三者であるという銀行の地位が調査の合理性・必要性の判断においても考慮さるべきであるから、過度に広範でコストのかかる調査要求は拒否できると解すべきである。

ちなみにアメリカにおいては、銀行等が反面調査に応じるコストが不合理に莫大であるとの批判が1970年代に入って有力となり、判例上損失補償法理の可能性が探られたあとで、結局立法的に調査費用の補償の制度が定められた。[39]

わが国では、適法な税務調査に応じることによって私人に生じるコストは受忍されてしかるべきであると考えられているようであるが、コストが余りに過大になるようであれば、その補償が考慮されてもよいであろう。

(2) 反面調査と納税者の権利・利益

納税者は、求められている情報は自分自身に関するものであるのに本人の知らない間に調査が行われることにまず不合理を感じるであろう。自己に関する情報についてコントロールする権利がプライバシーの権利の一内容であるとすれば、納税者に知らされない反面調査は納税者のプライバシー権を侵害するものということができよう。そして、当該情報が何らかの非開示特権をもち、非開示特権の主張適格をもつのがほかならぬ納税者本人以外にないという場合などでは、納税者への通知のない反面調査がこれらの権利を侵害する可能性も生じるところである。したがって、納税者は、反面調査に先だって、調査の事前通知を受けることができ、こうした事前通知を欠く反面調査は違法の推定を受けるというべきである。

この点についてアメリカでは、判例上、銀行に対する調査を強制する訴訟への納税者の訴訟参加権の問題として議論があったが、1976年に法改正があり、銀行等一定の第三者情報保管者に対して召喚状による反面調査を行う場合には、① 必ず納税者本人へ通知すべきこと、② 納税者は違法と考える反面調査の執行停止請求権を持つこと、③ 納税者は執行訴訟に権利として訴訟参加できることなどが認められた。納税者の執行停止請求

---

39) 曽和・前掲注18) 65～66頁注⑪～⑭参照。

権はその後取消訴訟請求権に替わったが、いずれにしても、納税者は反面調査の違法性を調査実施以前に争う機会が保障されているのである。[40]

わが国では、反面調査に固有の議論として、学説上、反面調査の補充性（反面調査は本人調査によって十分な資料が得られない場合にその限度においてのみ可能であるとの法理）が説かれているが[41]、それも実務上はかならずしも厳格に守られていないようである。反面調査の必要性は納税者本人に対する場合と比べて厳格に解釈されるべきであるから、反面調査の必要性、本人調査から反面調査に移行した経過、根拠などが具体的に認定・評価されるべきである。

もっとも、納税者の主張の中には、反面調査実施の要件として納税者本人の同意が必要であるという主張もある。納税者が自分自身の情報をコントロールする権利を認められるべきであるとの見解を徹底すれば、反面調査に対する納税者の拒否権を導く論理も有り得よう。しかし、現行法は反面調査に納税者の同意を前提としない独自の法的根拠を与えており、反面調査の実際の必要性から見てこのような立法が違憲であるとまでは言えない以上、納税者本人の同意を反面調査実施の前提要件と解することはできない。

但し、納税者のプライバシー権を尊重するならば、反面調査においては、事前通知に加えて、反面調査の違法性を調査実施以前に争うことを可能にする機会を納税者に保障することが求められよう。

4. まとめ

税務職員は質問検査権の行使に際して広範な裁量を有している。最高裁は税務職員の「合理的選択」を強調しているが、これは決して自由裁量を認めたものと解してはならない。調査権行使の個々の要素ごとに適切な裁量行使のあり方をモデル化し、その逸脱について特別の正当化事由を税務職員に要求することによって、適切な調査裁量の法的統制がはかられるこ

---
40) 曽和・前掲注18) 66頁注⑮〜⑯、金子・前掲注2) 59〜63頁参照。
41) 金子宏『租税法』(弘文堂・1976年) 379頁、清永・前掲注21) 172頁等参照。

ととなろう。この点で、裁判所がより具体的かつ綿密に調査の実態を審査することが求められる。

ところで、調査裁量の法的統制のテーマのもとで論ずべき課題は以上のほかにも多く残っている。なかでも、調査手段の選択裁量の統制をめぐる問題、非開示特権を持つ情報の取扱い、調査資料の利用をめぐる問題については、当初、本章で触れる予定であった。しかし、紙幅および素材の準備等の関係で本章で検討することがかなわず、別の機会に譲るほかない。

本章の基本的スタンスは、一口で言えば、《調査の実体的要件については比較的緩やかに、手続的要件についてはより厳格に解すべきではないか》というものである。

税務調査手続の適正化の動きは最近先進諸国でも強調されていることであり、またわが国では一般行政手続法の制定の動きと共に注目されているところでもある。いかなる手続が適正であるのかに関する個々の結論については既にそれぞれのところで述べてきたのでここでは繰り返さない。

おわりに

わが国の税務調査をめぐる法的紛争は、質問検査権の行使に関する豊富な判例・学説を生み出してきた。それらは税法分野における論議にとどまらず、行政調査論の発展など行政法の領域での議論を豊富にするものでもあった。本章は、これまでの質問検査権をめぐる紛争と法を、再度、行政法の一般理論をベースに検討したものである。取り扱った論点も限られており、結論もあまり独創的なものではないが、このような視角に基づく研究を今後も引き続いて行っていきたい。忌憚のないご批判をお願いしたい。

〔第5章 初出、1995年〕

---

42) さしあたり、石村耕治「各国の納税者権利宣言」北野弘久編『現代税法講義〔改訂版〕』（法律文化社・1991年）355頁参照。
43) 三木義一「租税手続の独自性と法制定に向けての課題」税理34巻15号（1991年）10頁参照。

第6章

行政法執行システムと行政調査

はじめに

　行政調査に関しては、従来、主として調査対象となった私人の権利・利益保護の視点から、行政調査権限の濫用を抑止するための法理が説かれてきた。しかし、前章までの検討でも述べたように、行政活動の適切性を確保するために、行政活動の各局面で、適切な行政調査が行われなければならない。本章では、行政過程における行政調査の積極的役割に注目した最近の論考を収めている。

　第1節から第3節に収めた3つの論考は、掲載誌からの求めに応じて、それぞれ独立に執筆したものである。それらを「行政法執行システムと行政調査」のタイトルの下にまとめるにあたって、まず、「行政法執行システム」とはいかなるものであるのかについて、簡単に説明しておきたい。

　「行政法執行システム」という言葉は行政法学界において必ずしも一般的ではないが、私はこれを狭義と広義の2つの意味で理解している。すなわち、狭義の行政法執行システムとは、行政上の義務に私人が従わないときに義務履行を確保するための法的仕組み・法的手法を言い、従来「行政上の義務履行確保」とか「行政の実効性確保」というテーマで研究されてきた領域を言う。また、広義の行政法執行システムとは、行政制度がその目的を実現するための法的仕組み・法的手法を言い、規制的手法、給付的手法、経済的手法など、行政活動全般がその対象となる。

　行政調査は、狭義の行政法執行システムにとっても、広義の行政法執行システムにとっても、重要な役割を果たす。

　狭義の行政法執行システムにおいては、私人の義務違反の前提となる事

実に関する情報の収集が不可欠であるが、当該事実について知られたくない私人の抵抗が予想されるところであり、ここでは、行政による情報収集利益（公益）と私人の権利利益との調整が求められる。この分野では、従来、主として調査対象となった私人の権利利益保護の視点から行政調査の法的統制が語られてきたが、近年では、三極構造の社会的規制行政の領域を中心にして、適切な調査権の発動を求める視点からも行政調査の法的統制が求められる。

　広義の行政法執行システムにおいては、一定の行政目的を達成するためにいかなる行政手法が望ましいのか、選択された行政手法が果たして行政目的を十分に達成するのに役立っているのか、そもそも、一定の社会問題の解決のためにいかなる法制度・法的手法が求められているのかなどが検討される。ここでは、制度設計のための基礎的な事実調査、行政法執行の実態調査、社会問題解決のための原因調査など、さまざまな行政調査が必要となる。

　本章には、消費者保護行政における問題や独占禁止法執行における問題を検討した論考を収めている。いずれも、必ずしも行政調査に焦点を当てた研究ではないが、広義・狭義における行政法執行システムのあり方を検討した論文であり、その中で行政調査の積極的役割にも触れているので、「行政法執行システムと行政調査」のタイトルの下で、本章にまとめて収録した次第である。

第1節　消費者事故調査機関のあり方について

1.　はじめに

　昨年（2010年）8月から今年（2011年）5月まで、消費者庁の「事故調査機関の在り方に関する検討会」に委員として参加する機会を得た。検討会は、再発防止を目的とする独立した事故調査機関の設置を提言する「取りまとめ」を公表して解散した。「取りまとめにいたる全体的経過」や「事故調査と刑事調査との関係について」は別稿〔宇賀克也「『事故調査機関の

在り方に関する検討会取りまとめ』について」ジュリスト1432号（2011年）20頁以下、笹倉宏紀「事故調査と刑事司法──『事故調査機関の在り方に関する検討会』の『取りまとめ』をめぐって(上)(下)」ジュリスト1432号（2011年）29頁以下、1433号（同年）64頁以下〕が予定されている。そこで本節では、検討会に参加する中で「事故調査機関の在り方」について考えさせられたことをいくつかピックアップして記することにしたい。

2. 事故原因調査の必要性・重要性

改めて論じるまでもないかもしれないが、事故原因調査の必要性・重要性について確認しておきたい[1]。そしてあわせて、事故原因調査に必要な諸要素についても概観しておきたい。

(1) 事故原因調査の必要性・重要性

現代社会においては、科学技術が発展し、社会生活が便利になった反面で、さまざまなタイプの事故（人の生命・身体・財産を損なう突発的出来事）の危険も増大している。

例えば、自動車事故、火災事故、食品事故、医薬品事故、エレベーター事故、遊戯施設事故、航空機事故、鉄道事故、医療事故、原発事故など、毎年数え切れない事故事例が新聞等で報道されている。

事故は「突然」生じ、人の生命・身体・財産を損ない、人々の日常生活を破壊する。しかし子細に見れば、ある日突然生じたように見える事故でも、事故に到った経過と理由（原因）がある。過去に同種の事故が起きていたようなこともあるし、その兆候が事故以前に見られることもある。そこで、今後二度と同種の事故が起きないようにするためには、事故に至る

---

[1] 事故調査機関の必要性と調査体制のあり方については、日本学術会議・人間と工学研究連絡会・安全工学専門委員会『事故調査体制の在り方に関する提言』（2005年6月23日）が初期のまとまった提言として重要である。消費者庁の検討会でも本提言が紹介され議論に生かされてきた。

までの事実と経路を詳しく調査し、事故原因を究明し、再発防止策を工夫することが求められる。

(2) 事故原因調査に求められる諸要素

ところで、事故原因調査とは、具体的には何を明らかにするものであるのか。通常は、製造物の欠陥や関係者の逸脱行動などの事故の直接的な原因を究明することがイメージされるかもしれない。しかし検討会に参加して教えられたことは、事故原因調査の範囲を広く観念することの重要性である。

(ⅰ) **直接原因と間接原因・背景事情**　事故はさまざまな要因が絡み合った結果として生じるので、背景事情も含めて広く事故原因を究明することが必要である。

例えば、交通事故の直接原因がバス運転手の居眠り運転であるという場合でも、居眠り運転に到る過程にバス運行日程の窮屈さや運転手の過酷な労働条件がかかわっていなかったかが問われる。ふじみ野市大井プール事故（プールの吸水口に小学2年生児童が吸い込まれるという事故）の原因調査では、吸水口の設計・構造の問題、プールの管理体制の問題から民間委託の問題まで様々な要因を検討する必要性が報告されている。

(ⅱ) **事故防止措置の懈怠、被害拡大防止の不十分**　多くの事故は過去に同種の事故事例があり、その教訓から事故防止のための装置や設備が開発されてきていることがある。また、不幸にして事故が起きた場合でも、対応策をあらかじめ想定しておれば被害の拡大を防げた場合もある。このような場合には、事故防止措置の懈怠、被害拡大防止措置の懈怠の有無を究明することも事故原因調査の範囲に入れるべきであろう。

例えば、JR 西日本福知山線脱線事故では、自動運転停止装置の未設置が事故の原因の1つとなったのではないかが問われている。日本航空機123便が墜落した事故では、座席の構造が死亡者拡大原因となった可能性が検討され、その後、墜落事故においても搭乗者の頭部と腹部を防護する実用的かつ実行可能な安全対策の調査開発が進められたことが報告されている。[2]

(iii)　**インシデント情報の収集と分析**　事故原因調査は、当然のことながら事故が起き被害が顕在化してから開始される。しかし事故原因調査を広くとらえるならば、具体的な被害が生じる以前から、もしかしたら事故に到るかも知れない異常事態の事例（これを「インシデント」あるいは「ヒヤリ・ハット」事例と言う）についての情報を収集し、分析する必要がある。

　経験則として、1件の重大事故（重症被害をもたらす事故）の背後には29件の軽度の事故があり、300件のインシデントが潜んでいると言われる（ハインリッヒの法則）。したがって事故原因調査機関は、日常的にインシデント情報の収集・分析に務め、事故原因を究明し、重大事故の発生を予防することも任務となる。

　(iv)　**事故原因調査のプロセス**　事故原因調査は、通常、① 事実の収集、② 収集した事実の分析・調査研究、③ 調査結果の公表と再発防止策の提言というプロセスを経る。

　① 事実の収集では、事故現場の保存、事故に関係する物体・資料の保存・収集、関係者の証言獲得などが求められる。私人の支配下にある物体・資料を収集し関係者から供述を得るためには、関係者の任意の協力を得ることが不可欠である。そして仮に関係者からの任意の協力が得られない場合でも関係資料を収集し証言を得るためには、事故原因調査機関に何らかの強制的調査権が必要となる。

　② 事実の分析・調査研究では、収集した事実やデータを下にして、専門的知見による分析・検討が必要となる。場合によっては再現実験や現場検証が必要である。ここでは専門機関による科学的・技術的知識の動員が求められる。

　③ 調査結果は報告書として公表される。事故原因の究明は再発防止目的で行われるものであるから、報告書には事故原因の分析と同時に今後の再発防止のためにとるべき対策も明記されるべきである。

　(v)　**個別特殊性と一般的普遍性**　個々の事故はそれぞれ固有の事情・要因によって引き起こされるものであろうから、事故原因調査も個別事例

---

2)　中島貴子「事故調査と被害者救済」ジュリスト1307号（2006年）44頁参照。

の特殊性を前提として行われることになろう。しかし他方で、多数の事故調査事例を総合的に分析すれば、製品の製造過程や社会システムについて共通の欠陥が明らかになり、事故に至る経過や事故防止のあり方についての一般的な教訓が明らかになることもあるだろう。[3]

したがって事故原因調査は、個別事案の特質に応じて多様なアプローチで取り組む必要があると同時に、個別の事故調査結果を踏まえて一般的教訓を導く統一的な調査・検討を行う機関も必要となろう。

以上、事故原因調査に求められる諸要素と事故調査機関の必要性・重要性を説明してきた。それでは現代日本の事故原因調査の現状はどうなっているのであろうか。この点を次に概観してみたい。

3. 事故に対する法制度と事故原因調査の現状

一般に、事故に対する法制度は、(1)被害者救済、(2)責任の追及、(3)再発防止の3つの角度から設計されており、それぞれにおいて事故原因の正確な究明が求められる。(1)～(3)は相互に関連しており単純に分離することはできないが、以下では一応分けて検討する。

(1) 被害者救済と事故原因の究明

事故に際して第一に重要なことは、被害者の受ける精神的・物質的被害に十分な救済を保障することである。不幸にして事故に遭遇し、取返しがつかない被害が生じてしまった場合には、せめて事後的に可能な限りの救済が与えられるべきである。そのために現行法では、被害者救済の制度として、種々の保険制度があり、民法や個別法（製造物責任法、消費者契約法等）による損害賠償請求制度などの救済制度がある。

保険制度による救済では保険機関による事故原因の調査・分析が行われ、

---

3) この点では、事故の再現実験などを通じて事故原因を究明し今後の再発防止に生かすべく活動している畑村洋太郎氏を中心とする「危険学プロジェクト」の取組みが注目される。畑村洋太郎『失敗学のすすめ』（講談社・2000年）、同『危険不可視社会』（講談社・2010年）などを参照。

保険契約に従って救済が行われる。民法等による救済では、事故に責任のある加害者（事故を起こした直接的な加害者のみならず事故を防止できなかった不作為に対する責任者も含まれる）に対する損害賠償請求等で救済が図られる。

いずれの場合でも、事故がどのような状況で生じたのか、事故原因がなんであるのかが問題となるので、その限りで事故原因調査が必要となる。しかしながら被害者救済機関が十分な調査権を持っていることはまれなので、被害者救済との関係で事故原因調査がきちんと行われることは期待しにくい。

例えば民事上の損害賠償の場合を例にとって考えてみると、加害者と被害者が話し合って事故原因を究明することになるが、加害者は損害賠償責任を免れようとするので事故に不利な事実を進んで明らかにすることが期待できない（事故によっては、加害者を特定するためにも調査が必要となることもある）。加害者が進んで賠償に応じないときは民事訴訟によることになるが、裁判所による文書提出命令などの利用にも限界があり、裁判における証拠収集は原則として原告となる被害者が負担することになる。事故被害に対する損害賠償請求訴訟では、被害者の立場にたつ弁護士などの懸命な調査努力によって事故原因の究明が行われていると言っても過言ではなかろう。

このように被害者救済制度の運用において事故原因の究明が求められるにもかかわらず、現行法制度のもとでは十分な事故原因の究明が行われているとは言いがたい。

(2) 責任の追及と事故原因の究明

事故が人為的原因によって生じた場合には、法律に従って、事故責任者に対する責任が追及される。責任には大きく分けて民事責任、刑事責任、行政責任がある（そのほかに組織内部での懲戒責任などもある）が、民事責任との関係については先に検討したので、以下では、刑事責任と行政責任について、責任追及と事故原因調査との関係について検討してみる。

（i）刑事責任追及と事故原因調査　人身事故で人為的原因が疑われる

場合には、業務上過失致死傷罪等の成立の可能性があるので刑事捜査が開始される。刑事捜査は刑事責任の追及を目的として認められるものであるが、現場保存や令状に基づく捜査・押収権など、相手方の抵抗を排除してでも捜査できる強力な調査権を有している。警察組織は全国に及び人員・予算の裏づけのある実効的な捜査体制を有していることも重要である。事故原因の究明も刑事捜査の一環として行われる。他に十分な調査体制がない現状では刑事捜査は事故原因の究明にとっても重要な役割を果たしてきたということができる。

　しかし刑事捜査は刑事責任の追及を目的として行われるものであるから、事故原因の完全な究明という視点から見て、以下のような限界も持っている。

　第一に、刑事捜査の対象とならない事故、あるいは、刑事捜査の対象となったけれども最終的に不起訴となった事件などでは、刑事捜査が事故原因調査には生かされない。前者の場合はともかく、後者の場合に被害者などから不起訴記録の開示が求められることもあるが、一般に警察・検察庁は不起訴記録の開示に消極的である。

　第二に、刑事事件の被疑者には憲法上「自己負罪拒否特権」（憲法38条）が保障されており、事故関係者は刑事責任追及の証拠となるような供述を拒むことができる。事故原因の正確な究明のためには、関係者が進んですべての事実を包み隠さずに明らかにすることが求められるが、刑事捜査では刑事責任の追及をおそれて真実を明らかにしない関係者も生まれる。

　第三に、起訴され刑事裁判になった場合には、刑事捜査で収集され公判廷に提出された証拠は事故原因を究明するための資料としても利用できる。しかし、公判廷が開かれるまでは捜査の秘密を理由としてむしろ捜査資料は非開示にされがちであるし、公判廷に捜査資料のすべてが提出されるわけではない。そして何よりも、刑事捜査は刑事責任の追及を第一次目的としているから調査範囲もその目的に拘束され、2の(2)で見たような事故原因調査に求められる諸要素に応える調査を行うわけではない。

　以上の限界は刑事捜査が刑事責任の追求を目的として行われている以上当然の限界であり、それだからこそ、事故原因の究明を独自任務とする調

査機関が必要であることが了解される。

　(ii) **行政責任追及と事故原因調査**　　行政法令の中には人の生命・健康・安全の保護を目的として企業活動や私人の行動を規制しているものがある。例えば食品衛生法や薬事法は食品や医薬品の安全を確保するために食品や医薬品の製造・販売に対する一定の規制を定めている。そこで食品事故や薬品事故が生じた場合には、行政機関による事故原因の調査と違反改善命令などの行政権限の行使がなされる。

　このような場合に行政機関には報告要求権や立入調査権などの調査権が付与されるのが通常であるが、刑事捜査の場合とは異なり、実力での立入りは認められず、「正当な理由なく」調査を拒んだ者に対する刑罰による間接強制調査権となる。

　以上のような行政規制の仕組みは、事故を事前に防止するために一定の基準を前もって遵守することを企業等に求め、事故があった場合には事故原因を究明し、将来の事故防止のために許可の取消しや改善命令等を発動するというもので、本節で検討する再発防止を目的とする調査機関の任務とかなり重複する役割を持つものである。

　しかし以上の行政制度は、事故原因の完全な究明という視点から見て、以下のような問題点を有している。

　第一に、人の生命・身体を保護するための予防的規制は食品や医薬品などの限られた領域について見られるものの、なお部分的であり、世の中で生じる事故の一部をカバーするにとどまっている。エレベーター事故やプール事故や観覧車事故などが生じて、初めてこれら施設に求められる安全性の基準についての議論が開始され行政規制の必要性が論じられる。すなわち行政規制が後追い的になっている。

　第二に、規制する行政機関と規制対象となる企業等との間に構造的な癒着があり適正な法執行が行われていないのではないかとの疑惑が持たれることもある。例えばエイズ被害の拡大を防げなかったのは厚生省が医薬品業界の事情を考慮したためではないかとか、最近の例では、原子炉の安全性を確保するための規制を行うべき原子力安全・保安院が原子力を推進する経済産業省に置かれて十分な規制がなされていなかったのではないかと

かいった指摘がある。これらの指摘が当たっているのかどうかはさておき、規制対象業界と規制行政機関の癒着の危険性は政治学的にも分析の対象とされている。

　第三に、行政責任の追及を目的とする調査では、刑事捜査の場合と同様に、責任を負うかもしれない関係者が事故原因についての正確な供述を拒むおそれもある。

　これらの事情を考慮すれば、行政責任の追及とは別に、事故の再発防止を目的として事故原因の正確な究明を任務とする事故調査機関が、特定行政分野を超えて一般的に存在することが求められる。

(3) 再発防止と事故原因の究明

　それでは現在のわが国で、再発防止を目的とする事故調査機関はどれだけ存在しているのであろうか。検討会に提出された調査報告[4]によれば、以下のような実態がある。

　(i) **運輸安全委員会**　第一に、航空機事故、列車事故、海難事故に関する調査機関として、運輸安全委員会が存在する。

　これは、1971年の航空機事故（全日本空輸機と自衛隊機との接触・墜落事故、東亜国内航空機の墜落事故）を契機に専門的な航空機事故調査機関の常設を求める世論がわき起こり、それに応えて1974年に運輸省（当時）の付属機関として設置された航空事故調査委員会を前身とする。その後、2001年に鉄道事故も扱う航空・鉄道事故調査委員会となり、2010年には、それまで海難審判庁が担っていた船舶事故の調査機能も取り込んで、国土交通省の外局である委員会（3条機関）として設立された。

　運輸安全委員会は委員長と委員12名で構成され、委員のうち5名が非常勤。事務局職員の定員は176名（うち地方事故調査官が72名）、2010年度予算は20億7499.8万円である。

---

[4] 以下の調査機関の概要（職員数や予算規模の数字等）については、みずほ情報総研株式会社「国内における事故調査等実施機関に関する調査報告書」（http://www.caa.go.jp/safety/index9.html）による。運輸安全委員会に関しては、宇賀克也「運輸安全委員会の現状と課題」ジュリスト1399号（2010年）10頁以下も参照。

運輸安全委員会は、事故の原因究明と再発防止を目的とする調査機関としては最も整備された機関であるが、残念ながら、航空機・列車・船舶事故調査に限定された調査機関であり、他の分野の事故をも広く対象とする包括的な調査機関は未だ存在していない。

(ⅱ) **特定分野での事故原因究明機関**　第二に、比較的多数の事故が生じる特定分野では、事故原因の科学的究明のための専門機関が存在する。

例えば、交通事故の原因分析を行う機関として、財団法人交通事故総合分析センター（事務局職員 35 名、平成 22 年度経常費用 4 億 3487 万円）が設置されており、各交通事故の詳細な調査分析結果をデータベース化している。

火災原因の調査は各地の消防署が行うが、例えば東京消防庁では各消防署に火災調査を専門とする職員が 1～2 名程度は位置され、消火活動に当たった職員とともに火災原因の特定を行っている。

食品事故の監視は各都道府県の保健衛生部局が担当し、保健所職員が立入調査や収去検査の権限を行使して食中毒事故などの調査を担当している。

医療事故情報の収集分析は、財団法人日本医療評価機構（職員 117 名、2010 年度予算 20 億 7177 万円）が行い、医薬品のヒヤリ・ハット事例の収集・分析作業も行っている。また、医薬品の副作用被害の救済と情報収集の機関として、独立行政法人医薬品医療機器総合機構（常勤職員 599 名、非常勤職員 286 名、平成 22 年度予算 33 億 7000 万円）があり、医療死亡事故の原因を調査研究する機関として、一般社団法人日本医療安全調査機構がある。

高圧ガス・LP ガス事故の調査機関としては、高圧ガス保安協会（役員 12 名、職員 186 名、平成 22 年度予算 51 億 7000 万円）が事故の原因究明と類似災害の未然防止を目的として事故の原因調査・解析を実施している。

これらの調査機関は、専門的知識を駆使して事故原因を究明し、事故事例を分析してデータベース化することにより、将来の事故防止を図ることに役立っている。

しかし限界もある。すなわち、これら特定領域の調査機関の多くは、多数にのぼる個別事故のすべてについて原因の究明を徹底的に行う調査体制

を持っているわけではなく、個別の事故に関して別の調査委員会がもたれることもある。元々、2の(2)に挙げた調査機関の諸要素のすべてを備えた調査機関として設置されたものではなく、調査過程の一部を担うにすぎないものもある。

(iii) **アド・ホックな調査機関**　第三に、上記に列挙した調査機関を除けば、再発防止と事故原因の究明を目的とする常設の調査機関は存在しない。社会的関心の高い事故においてはその都度、調査委員会が設置され事故原因の究明に当たることもあるが、そのようなアド・ホックな調査では、調査権限や調査体制が不十分となりがちである。

(4) 小　括

以上、事故に対する法制度を、被害者救済、責任の追及、再発防止の3つの側面から概観してきた。これまでの検討から、再発防止を目的とした独立した事故原因調査機関が——運輸安全委員会を除けば——わが国に存在しないこと、そのことが被害者救済の面でも問題をもたらしていること、さまざまな事故を包括的に対象とする新しい事故調査機関が必要であることなどが明らかとなったと思われる。そこで4において、新しい事故調査機関のあり方についてまとめてみたい。

4．新しい事故調査機関のあり方

(1) 事故調査機関に求められる組織的属性

新しい事故調査機関は、再発防止を目的として事故原因を正確に究明することを任務とする機関であり、(i)独立性、(ii)公正性・中立性、(iii)網羅性・包括性、(iv)専門性、(v)実効性が求められる。それぞれの属性について私の理解するところを簡単に説明しておきたい。

（i）**独立性**　事故原因の究明は被害者救済の視点あるいは責任追及の視点からも行われるが、新しい事故調査機関は、再発防止の目的から事故原因の正確な究明を行う。したがって、組織的にも規制機関や救済機関とは独立した調査機関として設置される。さらに、関係者からの影響を受

けずに調査に専念するためには、調査機関のメンバーに身分保障が与えられ、独立して職務を行うことのできる強い権限も認められるべきであろう。

もっとも、再発防止策の提言や実施においては規制機関との協力が避けがたいし、事故に関する事実の収集において警察や規制行政機関との協働はあり得るところである。

(ⅱ) **公正性・中立性**　調査に当たる職員は当該事故に関して予断と偏見を持たず、事実に基づき事故原因を科学的に究明することを職務とする。公正・中立の立場で調査を行うことが求められ、公正らしさ、中立性を疑われるような行動は慎まなければならない。

例えば、JR西日本福知山線事故調査の過程では、JR西日本による運輸安全委員会調査委員への接触・働きかけが発覚して問題となった。事故に何らかの利害関係を持つ者は調査委員から除外されるべきであるし、調査委員が事故の関係者と調査手続以外で接触することは禁じられるべきである。

(ⅲ) **網羅性・包括性**　再発防止目的での調査機関としては既に運輸安全委員会があり、医療事故に関しても新しい事故調査機関設立の動きがある。交通事故や火災事故についても事故原因調査体制は一応整っていると評価することができる。したがって新しい事故調査機関は、これらの既設の調査機関では対応できない事故に対して網羅的に対応できる調査機関として設置されるべきである。

もっとも、調査機関の人員・予算の制限もあるので、すべての事故を対象とするのは現実には不可能であり、調査対象は自ずから重大事故に限られると思われる。しかし縦割り行政を前提として調査対象となる事故類型をあらかじめ限定するのは妥当とは思われない。

包括性というのは調査範囲を広くとるということである。2の(2)で詳論したように、事故原因調査の範囲は事故の直接原因・間接原因にとどまらず、背景事情、被害拡大要因、事故防止措置の有無など、事故に関する情報を広く収集・分析して行われるべきである。また、個々の事故原因の究明と並行して、日常的にインシデント情報を収集・分析することも新しい事故調査機関の役割とすべきである。

(iv) **専門性** 事故原因の正確な究明のためには、情報を収集し分析・評価する専門的な知識・能力が不可欠である。調査機関の中心メンバーには事故原因調査に関する見識のある者が任命されるべきであるし、個別の事故調査においては、事故類型に応じた各分野の専門家が調査員として動員されるシステムを工夫する必要がある。そのために各分野の専門家をあらかじめ調査員候補として予備登録することも考えられる。

(v) **実効性** 検討会の「取りまとめ」には出てきていないが、新しい調査機関が「実効性」ある調査を行うことができるように配慮することが重要である。「実効性」を持つためには人員・予算面で十分な調査体制を組めるようにすること、および、十分な調査権限を持つことである。調査権限については次項(2)で検討する。

(2) 調査権限をめぐる問題

再発防止と事故原因の究明の重要性を強調すれば、事故調査機関の行う調査は原則として関係者の任意の協力を得て進めることができるであろう。しかし関係者の中には責任の追及をおそれて、あるいは、プライバシーの権利を理由として、調査に任意協力しない場合も想定される。そのような場合には、相手方の意に反してでも情報を入手するための強制調査権限が必要となる。

(i) **私人に対する行政調査の類型** 私人を対象とする行政調査は、その目的から分類すれば、政策立案の基礎になる情報を広く収集する一般調査・統計調査と、行政処分を発動する前提資料を収集する個別調査に分けることができる。事故調査機関による事故原因調査はそのいずれとも言い難いが、いわば両者の中間的な性質を持つと言える。

行政調査は、強制の態様から分類すれば、実力強制調査（裁判所の令状を得て相手方の実力抵抗を排除して調査を実行できる）と間接強制調査（正当な理由なしに調査を拒否した者に刑罰を科すと定めて、その間接的な強制力で調査の実効性を保つ）と純粋の任意調査に分けられる。一般の行政調査は（一部の例外を除き）間接強制調査にとどまっている。事故調査機関の調査権も、多くが任意調査として実施されるであろうことを考えると、せいぜ

い間接強制調査権でも十分であろう。

　なお、自己負罪拒否特権との関係を考慮して、供述義務は課すが義務違反に対する刑罰を科さないという立法例（運輸安全委員会設置法 18 条、32 条参照）もあるようであるが、事故原因の正確な究明のために関係者からの供述は不可欠であるので、自己負罪拒否特権との関係では、むしろ、供述記録を刑事手続で直接証拠とすることを禁止する規定・運用の方が望ましいと思われる。[5]

　行政調査は、調査手段によって分類するならば、関係者に対し質問する権限、証人として出頭を求める権限、文書・資料の提出を求める権限、報告書の作成・提出を求める権限、立入調査の権限などに分けることができる。事故原因調査においては基本的にこれらの調査権がすべて認められるべきである。

　(ii) **警察や他の行政機関が有する資料**　一定の事故の場合には責任の追及を目的とする刑事捜査や行政調査が行われることがあるので、これらの調査と事故原因調査との関係を整理する必要がある。

　事故現場で刑事捜査と事故原因調査が競合する場合の調整については、運輸安全委員会の経験が参考になる。わが国のこれまでの運用は、事故現場での警察による捜査が優先されてきている[6]が、事故原因調査機関の能力に対する信頼性が高まるならば、事故調査機関の果たす役割も大きくなるのではなかろうか。

　刑事捜査や行政調査で得た資料、あるいは規制行政機関が日常的に収集している情報については、可能な限り、再発防止目的での事故原因調査に役立てるべきである。

　刑事訴訟法 47 条は「訴訟に関する書類は、公判の開廷前には、これを

5）　この点に関して、山本隆司「事故・インシデント情報の収集・分析・好評に関する行政法上の問題(下)」ジュリスト 1311 号（2006 年）174〜176 頁も参照。なお、行政調査と憲法 35 条（令状主義）・38 条（自己負罪拒否特権）との関係に関する私見については、曽和俊文『行政法執行システムの法理論』（有斐閣・2011 年）33〜39 頁、149〜153 頁を参照。

6）　とりわけ医療事故の場合に刑事手続先行型になっている点について、宇賀克也「医療事故の原因究明・再発防止と行政処分―行政法的視点からの分析」ジュリスト 1396 号（2010 年）17 頁以下を参照。

公にしてはならない。但し、公益上の必要その他の事由があって、相当と認められる場合は、この限りでない」と定めているが、刑事捜査資料が事故原因の迅速な究明に必要な場合には、秘密性保護を条件として、捜査・公判廷への支障がない形での資料提供の仕組みが工夫されるべきである[7]。

不起訴記録の場合には公判廷への影響は考えられないので、関係者のプライバシーなどに配慮しながら事故調査機関が事故原因の究明に利用することに何ら支障はないと思われる。

(3) 再発防止策の提言等

新しい事故調査機関は、事故原因の調査機能に加えて、以下のような機能もあわせて持つべきである。

(i) **再発防止策の提言・勧告** 事故原因の究明は将来の事故防止を目的として行われるものであるから、新しい事故調査機関は、事故調査結果を踏まえた再発防止策を関係者に提言し、関係機関に勧告する機能を持つべきである。再発防止策の実行においては、規制行政機関との協働もはかるべきであろう。

(ii) **事故情報の統合** 先に見たように、現在のわが国には、事故原因調査を担当する機関として、保健所、消防署、運輸安全委員会、医療事故調査機関など複数の機関が存在している。事故類型が多様であるので多様な調査機関が存在するのは無理のないことであるが、他方で事故情報を統一的に扱い、多様な事故類型の分析から共通の一般的な教訓をまとめていくことも重要である。

そこで、新しい事故調査機関は、これまでの調査機関で対象とされなかった事故類型を網羅的に対象として調査を行うと同時に、多数の事故調査機関の経験を交流する情報ネットワークの中心としても機能すべきであろ

---

7) 山本・前掲注5) 171頁は、「確かに、捜査機関から他の行政機関への開示といえども、刑事訴訟法47条の趣旨を損なうような開示は認めるべきでない。しかし、事故調査の手続・組織が法定され、同条の保護法益である関係者の名誉等、捜査の密行性、裁判への不当な影響の排除などが保護・保全される体制ができており、かつ事故調査機関が当該資料を取得する法的権限を有していれば、『公益上の必要』を認めるべきであろう」と指摘している。

う。とりあえずは調査機関相互で連絡協議会のような組織を工夫して、事故情報の統合に取り組むことが望まれる。

　(iii) **被害者の納得**　新しい事故調査機関は、再発防止を願う事故被害者たちの強い願いから生まれたものである。したがって事故原因調査の過程において、可能な限り被害者にも情報を公表し、被害者達の納得を得るよう努力すべきである。また被害者の視点を事故原因調査に生かすことで、技術論に陥りがちな弊害を避け、事故原因調査の質が高まることが期待できるのではないかと思われる。危険に満ちた現代社会では、国民はいつ被害者の立場になるかも知れない。被害者の納得を得るということは国民の納得・信頼を得るということでもあるだろう。

〔第1節　初出、2011年〕

第2節　悪質業者の規制と被害者の救済——行政の役割

1.　はじめに

　2011年10月、消費者庁に「消費者の財産被害に係る行政手法研究会」（委員14名、オブザーバー4名。座長は小早川光郎教授）が設置された。この研究会（以下では「行政手法研究会」と呼ぶ）は、それ以前から消費者庁で検討してきた「集団的消費者被害救済制度」の延長として、「財産に対する重大な被害の発生・拡大防止のための行政措置」、「行政による経済的不利益賦課制度」および「財産の隠匿・散逸防止策」の各課題を検討するために設置されたものである。研究会は、その後1年半余、18回にわたる検討を経て、2013年6月、最終報告書（「行政による経済的賦課制度及び財産の隠匿・散逸防止策」）をまとめて解散した。

　本節は、この研究会の一員として参加した経験を踏まえて、悪質業者（悪質な詐欺的商法により消費者に被害を与える業者。悪質性の定義等についても研究会で議論があったがここでは省略する）の規制と被害者の救済における行政の役割について考察したものである。研究会では、多岐にわたる論点が議論されたが、以下では、テーマに関連して筆者が重要と考えるいく

つかについて、議論を紹介し、私見を述べたい。[8]

2. 悪質業者による詐欺的商法

はじめに、本節で検討対象としている悪質業者による詐欺的商法について、その具体的なイメージを共有するために、研究会で紹介された典型例を確認しておきたい。[9]

(i) **温泉付き有料老人ホーム事件**（被害総額約4億7800万円）　「温泉付き有料老人ホームの利用権を代わりに買ってもらえば6か月後に1.6倍で買い取る」と買取業者から電話があった。その後、利用権の販売業者から老人ホーム運営業者に関するパンフレットと申込書が届き、買取業者から何度も電話で催促されたので、一口20万円を6口購入、120万円を販売業者の銀行口座に振り込んだ。その後、警察に相談し、現地を確認したところ有料老人ホームらしき建物はなかった。このような事例が相次ぎ、被害件数は78件。振込額は5万円から6000万円までさまざまであるが、平均被害額は約61.3万円。

(ii) **外国通貨取引勧誘事件**（被害総額約55億2000万円）　業者から電話で「いま円をイラク通貨のディナールに両替しておけば、必ず儲かる」、「イラクからアメリカ軍が撤退すれば、ディナールの貨幣価値は20～30倍にまで必ず上がる」、「選ばれた300人にしか勧めていない」などと、ディナールの購入を勧誘された。その後、送付されたパンフレットを見たり、「希望すれば、すぐにディナールを円に両替する」と言われたこともあり、1口（＝2万5000ディナール紙幣1枚）10万円の契約をした。約200万円を業者の指定する銀行口座に振り込んだところ、ディナール札が送付されてきた。1か月半後に業者に「円に両替してほしい」と業者に申し出たとこ

---

[8] 研究会の議論全体については、報告書・議事要旨・配布資料等がインターネット上で公表されている（http://www.caa.go.jp/planning/index9.html）ので参照されたい。

[9] 事例(i)と(ii)については、第4回行政手法研究会後にまとめられた報告書「財産に対する重大な被害の発生。拡大防止のための行政措置について」（2011年12月）5～7頁を参照。事例(iii)については、本文で前述した「最終報告書」資料編「資料6」を参照。

ろ、「今はできない」と断られた。同様の手口で、スーダン通貨のボンド、ベトナム通貨のドンなどの取引を勧誘するが両替はされない。被害件数は1066件、被害額は1万円から最大1億3000万円まで、平均被害額は約517万円。

　(iii)　ワールドオーシャンファーム事件（被害総額約 850 億円）　　フィリピンのマニラ近郊で営んでいるブラックタイガー養殖事業や不動産事業などを投資対象とする匿名組合に出資して投資すると1年で倍になる（10日ごとに5.556％、1年間36回で合計100％の配当）との宣伝文句で多数の消費者から投資を募る。匿名組合員が他の投資家を紹介すると3～19％の紹介料を得られる仕組み（マルチ商法的要素）であり、口コミで被害が拡大。実際には、宣伝文句の20分の1程度の養殖場しか持っておらず、養殖事業の実体がほとんど存在せず、不動産事業その他の収益事業も行っていなかった。被害者数約4万人。平均被害額は約212万円。

　(iv)　小括　　これらの悪質業者による被害事例には、① 被害者が多数にのぼり、被害額も相当大きいこと、② 消費者からの相談・苦情が全国的に、短期に集中して見られること、③ 業者は当初から消費者を欺くことを目的に行動しており、問題が顕在化すれば事業をたたみ、行方をくらませ、別の案件に取りかかることなどの特徴がある。

　もちろん、このような悪質事例に対しては、民事法上の責任や刑事上の責任の追及が考えられる。しかし、いずれも事後的な措置となる点で限界があり、被害の事前防止の方策が求められる。さらに事後的な民事的救済においても、加害業者が行方をくらませたり、存在しても資力がなかったりした場合には被害者にとって十分な救済がなされない。そこで、これらの悪質業者による被害防止のための行政的な措置、あるいは、被害者の救済に直接に結びつくような行政措置が考えられないかが課題となる。

3.　消費者保護のための行政規制の概観

　行政手法研究会では、消費者被害の拡大の防止や被害者の救済のための新たな行政手法について検討してきたが、その内容を紹介する前に、現行

法上の消費者保護行政制度について簡単に説明しておきたい。消費者保護行政の内容としては、事業者規制のほか、消費者に対する支援などもあるが、以下では主として、財産的被害防止のための規制に焦点を当てる。

(1) 業界規制と消費者保護

消費者庁が設置される以前は、消費者保護のための規制は、経済産業省や厚生労働省や農林水産省がそれぞれの業界を規制する中で行われてきており、この実態は消費者庁が設置されてからも大きくは変わっていない。

例えば宅地建物取引業法は、宅地建物取引業に免許制を定めて国土交通大臣および都道府県知事の監督に服せしめるとともに、① 取引における不実告知や事実不告知、不当に高額の報酬を要求する行為、「宅地建物取引業に係る契約の締結の勧誘をするに際し、宅地建物取引業者の相手方等に対し、利益を生ずることが確実であると誤解させるべき断定的判断を提供する行為」などの禁止行為を定め（47条、47条の2）、消費者が安心して取引できる環境を作ろうとしている。② また、事業者が「業務に関し取引の関係者に損害を与えたとき、又は損害を与えるおそれが大であるとき」、「業務に関し取引の公正を害する行為をしたとき、又は取引の公正を害するおそれが大であるとき」、「業務に関し他の法令……に違反し、宅地建物取引業者として不適当であると認められるとき」などには、国土交通大臣又は都道府県知事は、免許を受けた宅地建物取引業者に対して「必要な指示をすることができる」（65条1項）。③ さらに事業者が上記の禁止行為等に違反し、あるいは上記の指示に従わない場合などには、「国土交通大臣又は都道府県知事は、……当該宅地建物取引業者に対し、一年以内の期間を定めて、その業務の全部又は一部の停止を命ずることができる」。

このような規制は、宅地建物取引「業務の適正な運営と宅地及び建物の取引の公正とを確保するとともに、宅地建物取引業の健全な発達を促進し、もつて購入者等の利益の保護と宅地及び建物の流通の円滑化とを図ることを目的」として行われる。

同様の法的仕組みは、① 銀行法（免許制（4条）、銀行業務に関する禁止行為（13条の3）、銀行業に対する内閣総理大臣の監督（24～29条）等参照）、

②貸金業法（登録制（3〜9条）、貸金業務に関する禁止行為（12条の6）、貸金業に対する内閣総理大臣または都道府県知事の監督（24条の6の2〜24条の6の12）等参照）、③旅行業法（登録制（3条〜6条の4）、誇大広告の禁止（12条の8）、禁止行為（13条）、観光庁長官による業務改善命令（18条の3）等参照）、④金融商品取引法（金融商品取引業者についての登録制（29条〜29条の4）、認可制（30条〜30条の4）、登録業者の禁止行為（38条）、内閣総理大臣による業務改善命令その他の監督上の処分（51〜55条）等参照）、⑤保険業法（免許制（3〜5条）、禁止行為（300条）、内閣総理大臣による業務停止命令等（132条）等参照）などにも定められている。

　これらの個別法は、それぞれの業務の適正化を図ることにより公正な取引を確保し、結果的に消費者被害を防止することを目的としている。法の目的として「預金者の保護」（銀行法1条）や「購入者等の利益の保護」（宅地建物取引業法1条）を明記するものもあり、中川丈久教授は、「消費者保護という考え方自体は、すべての産業規制法——とりわけ勧誘方法や契約内容に関する行為規制（説明義務、約款規制等）を定める部分——にも、組み込まれているはずである」と指摘している。

　なるほど、個別法による業界規制が存在している場合には、個別法の規制によって消費者保護が図られるかもしれない。しかし、2で示したような悪質業者による消費者被害の防止については、そもそも業界規制が存在しないのでこれらの個別法による規制が及ばない。そこで、業界別の個別法とは別に包括的な消費者保護法が求められることになる。

(2) 消費者庁による一般的規制

　消費者庁は、「消費者行政の司令塔」として消費者行政に関する法令の企画立案を行うとともに、「表示」「安全」「取引」に関する規制権限を有する行政機関としてもその役割が期待されている。消費者庁が所管する消

---

10) 中川丈久「消費者行政—消費者庁の設置と今後の法制展開」ジュリスト1414号（2011年）53頁。
11) 宇賀克也「消費者庁関連三法の行政法上の意義と課題」ジュリスト1382号（2009年）21頁。

費者保護法としては、「不当景品類及び不当表示防止法」や「特定商取引に関する法律」も重要であるが、以下では「消費者安全法」による財産被害防止の法制度を概観しておきたい。

　消費者庁の設置と同時に制定された消費者安全法は、消費者事故（財産的被害との関係では「虚偽の又は誇大な広告その他の消費者の利益を不当に害し、又は消費者の自主的かつ合理的な選択を阻害するおそれがある行為であって政令で定めるものが事業者により行われた事態」（2条5項3号）と定義されている）があった場合に、内閣総理大臣（消費者庁）が、①注意喚起（消費者の注意喚起のための情報公表）を行い（38条）、②措置請求（被害の防止を図るために実施し得る他の法律の規定に基づく措置がある場合に、法律に基づく措置をとるよう関係大臣に要求）をなす権限を認めていた（39条）。また、生命身体に対する重大な被害をもたらすような重大事故の場合には、事業者に対して、③必要な措置をとるように勧告し（40条1項）、④正当な理由なく勧告に従わない場合には当該措置をとるように命令する権限も認められていた（40条2項）。

　この消費者安全法は、個別業界規制法や個別法の適用がない領域（いわゆる「すきま事案」）において消費者庁に一般的規制権を認めたもので、「わが国では先例がないと思われる」[12]と評されていた。しかし制定当初の消費者安全法は、重大事故の場合の勧告・命令権を「生命・身体被害発生又は拡大の防止を図るため特に必要があると認めるとき」に限定していたので、財産的被害を生じる事案に対する対処の必要が論じられてきた。

　行政手法研究会の第1回から第4回まではこの点の改善の必要が論じられ、重大事故の概念を財産被害にも拡大すること等が提言された。その提言を受けてまとめられた消費者安全法改正が2012年9月に成立し、改正法が2013年4月1日に施行された。

　改正法では「多数消費者財産被害事態」[13]が発生した場合において、内閣

---

12)　宇賀・前掲注11) 33頁。
13)　消費者安全法2条8項によれば、「多数消費者財産被害事態」とは、「消費者の財産上の利益を侵害することとなる不当な取引であって、事業者が消費者に対して示す商品、役務、権利その他の取引の対象となるものの内容又は取引条件が実際のものと著しく異なるもの」、そのほか「消費者の財産上の利益を侵害することとなる不当な取引であって、政令で定めるもの」

総理大臣は「多数消費者財産被害事態による被害の発生又は拡大の防止を図るため必要があると認めるときは、当該多数消費者財産被害事態を発生させた事業者に対し、消費者の財産上の利益を侵害することとなる不当な取引の取りやめその他の必要な措置をとるべき旨を勧告することができ」（40条4項）、「勧告を受けた事業者が、正当な理由がなくてその勧告に係る措置をとらなかった場合において、多数消費者財産被害事態による被害の発生又は拡大の防止を図るため特に必要があると認めるときは、当該事業者に対し、その勧告に係る措置をとるべきことを命ずることができる」（40条5項）と定めて、内閣総理大臣に勧告・命令権を付与した。但しこの勧告・命令権の発動は、いわゆる「すきま事案」に限定されている。

(3) 消費者被害の救済における今後の課題

多数消費者財産被害事態に対する勧告・命令権の新設により、悪質業者の詐欺的商法に対する行政上の規制権限はかなり強化されたと言える。しかしこれで、2で挙げたような悪質業者による消費者被害に対する対策として十分であるかと問われると、残念ながらそうだとは言えない。以下のような課題が残っている。

　(i) **早期介入の必要性**　第一に、消費者安全法による勧告・命令権にせよ、個別業界規制法による業務改善命令等の権限にせよ、その発動のための要件がかなり厳格であり、命令の時点では既に多数の被害が出ている、あるいは業者が逃走している可能性が多分に考えられる。

業務停止命令などの命令権の発動は事業者の取引活動に対する重大な制約であるので、制約するだけの十分な根拠が証拠で示されて初めて発動できるというのがこれまでの考え方であろう。商取引は基本的に私人間の自由意思を最大限尊重して行うべきであり、行政介入はできるだけ控えるべきであるという自由主義的な考え方がその基礎にあるとも言える。

このような考え方もわからないわけではないが、はじめから消費者をだまそうとしているような悪質な詐欺的商法の規制として、このような伝統

であって、それらに「該当するものが事業者により行われることにより、多数の消費者の財産に被害を生じ、又は生じさせるおそれのあるものをいう」と定義されている。

的な考え方だけで対処できるのかが問われている。私的取引の自由を尊重しながらも、もっと早期に行政が介入して被害の拡大を防止するような行政手法が必要なのではなかろうか。

　(ii)　**違法抑止の実効性**　　第二に、消費者安全法に基づく「不当な取引の取りやめその他必要な措置」命令権にせよ、個別法に基づく事業停止命令権にせよ、違法行為が発覚した段階でそれ以降の違法行為の停止を命ずるというものであるから、違法行為の抑止手段・予防手段としてどれほどの効果があるのかについて疑問がある。

　悪質業者などは違反が発覚するまでに荒稼ぎして、発覚して取引停止措置を受けてもそれまでに稼いだ額を隠匿・逃亡するおそれが高いのである。このように経済的利得を求めて行う違法行為に対しては、単に違法行為を止めさせるだけではなく、違法行為を行ったことに対して（不当に利得を得た以上の）高額の金銭的負担を課して、言わば違法行為をすればするほど損をするような制度を作るべきなのではなかろうか。

　(iii)　**被害者救済の実効性**　　第三に、被害者救済に直結するような行政措置の必要性がある。違法・不当な取引による被害者の救済は、これまでは民事訴訟の守備範囲として考えられてきた。行政活動の役割は違法行為の事前予防ないし被害の拡大の防止であり、個別の被害者の救済は民事訴訟で行うべきとされてきたのである。

　基本的な役割分担はそれでよいと思われるが、被害者救済をめざす行政措置を考えることが行政活動の守備範囲からはずれていると言えるのかどうか。多数の深刻な消費者被害を前にして、行政の役割を改めて考え直すべきではなかろうか。

　(iv)　**小括**　　以上、とりあえず三点の課題を指摘した。これらの課題設定は筆者なりの整理であるが、同様の問題意識から、第5回以降の行政手法研究会では、引き続き「財産に対する重大な被害の発生・拡大防止のための行政措置」、「行政による経済的不利益賦課制度」および「財産の隠匿・散逸防止策」の検討が続けられた。

　そこで、次に、研究会の議論の中からいくつかのトピックを選んで、私見を交えつつ、これらの課題について検討してみたい。

4. 行政の早期介入

(1) 早期介入の必要性・可能性

　第10回行政手法研究会に提出された参考資料3は、「破産手続が開始された近年の詐欺的な大型消費者被害事件に係る消費生活相談件数の推移」を9つの事件についてまとめている。事例により差異はあるが、事件が破産手続や刑事手続で終息するまでに数年から十数年が経過しており、その間被害はずっと続いているから、いずれも初期の相談の段階で早期の行政介入がなされたならば以後の被害の拡大は防止できたのではないかとの感想を持つ。

　例えば、2(iii)でも挙げたワールドオーシャンファーム事件では、事業者代理人が民事再生を申し立てた段階（2007年5月30日）で一挙に相談件数が増えている（同年5月に269件、6月に146件、7月に178件）が、その1年前から毎月10数件以上の相談件数があった（2006年4月に18件、5月に20件、6月に14件、7月に35件など）。

　ブラックタイガー養殖事業や不動産事業への投資を求めたこの事業については、「実際には、宣伝文句の20分の1程度の養殖場しか持っておらず、養殖事業の実体がほとんど存在せず、不動産事業その他の収益事業も行っていなかった」というのであるから、初期の相談の段階で綿密な調査が行われておれば被害の拡大が防げたのではないだろうか。

　もちろんこれは、事件が発覚して後になっていうことであって、現実にはそう単純な話ではないのかも知れないが、資料をみる限り、そのようなことも言えるのではないかと思われる。

　ただ、早期の段階でどのような介入手段が可能であるのかは1つの検討課題である。行政手法研究会での議論も踏まえて、筆者が多少なりとも制度化の意義があるのではないかと考えたのは、説明命令、供託命令、調査手段の拡充である。順次説明していきたい。

(2) 説明命令

　消費者センターのベテラン職員となれば、消費者からの相談を聞いた段

階で事案の悪質性について一定の勘が働くようである。そこで、ベテラン職員から見て怪しいと判断される事例について、事業者に対して、当該事業についての詳しい説明（例えば、事業内容、当該事業を進めるに必要な資産・資金の存在、事業計画などの説明）を求めるというのはどうだろうか。

　（i）**説明命令のアイデア**　消費者に対して説明させるのも必要かもしれないが、この説明命令は消費者センターのような公的機関に対して説明させることに眼目がある。ある意味では調査命令と同様であるが、違法性の疑いがあるときに発動される調査命令とは異なり、むしろ正当な事業活動であることを事業者自身が説明し、行政機関が確認するために行うものとして制度化する点で調査命令と区別される。

　消費者に投資や商品の購入を求める事業活動には、当然、事業内容について説明する義務が本来伴うはずである。この説明命令は、事業者の社会的責務としての説明義務を根拠に制度化するものである。まともな事業者にとっては、説明を求められてもそれほど負担にはならないであろう。しかし当初から消費者を欺瞞しようとする悪質な事業者にとっては、説明命令は効きめがあるかもしれないのである。

　詐欺的商法に対する早期の行政介入を制度化する場合、留意すべきは健全な事業活動にとって過度の介入とならないかと言うことである。そこで健全な事業活動にとってはそれほどたいした負担ではなく、悪質な事業者にとっては効果のある行政命令として、説明命令のようなものを考えてみたのであるが、いかがであろうか。

　（ii）**説明命令の発動要件と実効性**　説明命令の発動要件としては、「消費者事故が生じる懸念がある場合」というような、いささかあいまいな要件とならざるを得ないが、消費者からの相談に応じる現場職員の勘を信じて運用するほかないであろう。

　説明命令に従わない者が出た場合には、不服従に対する刑罰や過料もあり得るが、それよりも十分な説明ができないと言うことで事業活動についての違法性・不当性の推定を高め、次の段階、すなわち、強制的な立入検査や消費者への注意喚起、あるいは、次に検討する供託命令に移行するということが現実的であろう。

(3) 供託命令

供託命令というのは、消費者に被害を与えるおそれがある事業者に対して一定の金銭を供託所に供託すべき旨を命ずる命令である。刑事罰や破産によって事件が終結する段階では事業者に十分な資金が残されていないことが多いので、もう少し早い段階で事業者に、万一事業が破綻した場合に被害者救済にあてるべき金銭を供託しておいてもらおうというわけである。

(i) **供託命令のアイデア**　供託命令のアイデアは、暴力団員による不当な行為の防止等に関する法律（以下、「暴対法」）の改正議論の中ででてきたものである。それは、指定暴力団員が暴対法上の不当な要求行為によって得た財産上の利益について、それに相当する額の金銭を供託することを都道府県公安委員会が命じ、民事訴訟などで債務名義を得た被害者が、その被害額分につき供託金の払渡しを受けることができるというものである（ただしこのアイデアは制度化には至らなかった）。元々は被害者救済制度としての財産保全・凍結制度の1つとして検討されたものであったが、私はこれを早期の行政介入手段として再構成できないかと考えたわけである。

ここで参考になるのは、現行法で制度化されている供託制度の一類型としての営業保証供託制度である。これは、一定の取引業について、特定の相手方等が被る損害を担保するために、前もって一定額を供託させておく仕組みである。

例えば、宅地建物取引業法25条1項は「宅地建物取引業者は、営業保証金を主たる事務所のもよりの供託所に供託しなければならない」と定めている。営業保証金の額は「主たる事務所につき1000万円、その他の事務所につき事務所ごとに500万円の割合による金額の合計額」（宅地建物取引業法施行令2条の4）である。

また、旅行業法7条1項は「旅行業者は、営業保証金を供託しなければならない」と定め、供託書の写しを観光庁長官に「届出をした後でなければ、その事業を開始してはならない」（同2項）としている。営業保証金の額は「当該旅行業者の前事業年度における旅行業務に関する旅行者との取引の額……に応じ、……業務の範囲の別ごとに、旅行業務に関する旅行者との取引の実情及び旅行業務に関する取引における旅行者の保護の必要

性を考慮して国土交通省令で定めるところにより算定した額」（8条）であるが、具体的には旅行業法施行規則別表で、小は100万円から大は1億3000万円までの各ランクが定められている。

　これらの営業保証金は、それぞれ対象となる営業者の取引が広範かつ継続的であり、万一相手方に被害が生じたときの額も大きくなることが予想されるために、取引の相手方に対する損害や債務を担保するための供託を義務づけているものである。

　このような供託制度は、自治体の政策法務でも必要性が語られることがある。例えば筆者は、以前に三重県で、産業廃棄物処理場の許可をする際に事業者からあらかじめ供託金を取る制度を作れないかと相談を受けたことがある。違法操業をしたり途中で倒産したりする事業者がいた場合に処理場に有害物質がそのまま残されてしまうようなケースがあり、それらの処理費用として供託金をあらかじめ供託させ、無事に処理場が安全に閉鎖されたら返還するといった制度であった（但し、制度化には至らなかった）。

　また、北海道砂利採取計画の認可に関する条例6条、7条では、砂利採取により生じた掘削跡地等の埋め戻しがきちんとなされるための保証措置として、北海道砂利工業組合による保証または金融機関の保証を許可申請の前提として要求している。砂利採取法にはこのような保証措置を求める条文が存在しないために、条例による保証措置の要求が法律に違反しないかが争われた事案において、公害等調整委員会平成25年3月11日裁定では、保証措置のないことを理由とした不認可処分が適法と判断されている。

　(ii) **新しいタイプの供託命令**　営業保証供託制度は事業活動の違法性を前提とせず、万一の事故に備えて損害賠償金を供託させる制度であるが、その前提として事業活動に対する事前規制（登録制、許可制）が存在している点が重要である。しかし、本節が検討対象としているような悪質な詐欺的商法の事業者は事前規制がない場合がほとんどであるので、この種の営業保証供託はそのままの形では適用できない。

　他方で、暴対法改正時に検討された供託命令は、暴力団員による違法活動が明確となった時点での財産の保全・凍結手段として、実質的には違法活動による財産の没収制度のような形で構想されている。しかし、本節が

検討対象としているような悪質な詐欺的商法の場合には、違法性が確定じた段階ではもはや供託させるべき財産が残っていない可能性が高い。

そこで、両方の中間的な制度として、行政の早期介入、財産の保全・凍結手段として、新たな供託命令制度を構想できないかが問題となる。

新しいタイプの供託命令は、相談員からの情報等を端緒として、被害の現実の発生を前提とせず、早い段階での事業の裏づけとなる財産の証明を求め（これは(2)で述べた説明命令と重なる部分である）、財産の証明がない場合やそのほか事業活動により消費者被害が生じる可能性がある場合に、あらかじめ一定額の供託をなすように事業者に命令するものである。

供託命令は、事業者の財産を奪うわけではないのでそれほど侵害的な処分ではなく、万一に備えて被害回復に必要な額を供託させておくだけなので、まっとうな事業者であれば対応できるのではないかと考えたのであるが、それでも資金の一部を自由に使用できない状態に置くということはまっとうな事業者にとっても権利侵害性の高い処分となるとの反論もあり得るところである。供託させるべき金額をどのような基準で算定すべきかもなかなか難問であるが、事案に応じて柔軟に考えるべきであろう。

正当な理由なく供託命令に従わない事業者に対しては、事業活動に対する調査を強め、必要ならば事業停止命令を出すに至ることもあり得るであろう。

筆者の構想の眼目は、最終的な業務停止命令に至るまでに、できるだけ早期に、説明命令、供託命令などの中間的な命令を置き、このような段階的な規制システムで、できるだけ早く、悪質な詐欺的商法の芽を摘めないか、というところにあったのだが、行政手法研究会での大方の同意を得るところまでに至らず、今後の課題となった。

(4) 調査権の拡充

説明命令や供託命令についてはまとまらなかったが、行政手法研究会の大方の委員で同意できたのは調査権の拡充の必要性である。

消費者からの相談件数が一定数に及び、どうも怪しいと思われる事業に対しては、迅速に調査がなされるべきである。調査の質と量を高めること

が、この種の消費者被害の拡大を防ぐ1つのポイントであろう。

　消費者安全法45条は「内閣総理大臣は、この法律の施行に必要な限度において、事業者に対し、必要な報告を求め、その職員に、当該事業者の事務所、事業所その他その事業を行う場所に立ち入り、必要な調査若しくは質問をさせ、又は調査に必要な限度において当該事業者の供給する物品を集取させることができる。ただし、物品を集取させるときは、時価によってその対価を支払わなければならない」と定め、事業者に対する報告命令権と立入検査権を消費者庁職員に認めている。

　しかし、この調査権規定は、他の法律と比較しても十分なものではない。第一に、調査手段としては、立入検査や報告命令のほか、必要な書類や物件の提出命令権も付与されるべきであろう。第二に、事業者以外の関係者(事業者との取引先や銀行など)に対しても調査できる旨の規定が必要ではないかと思われる。

　さらに法律上の権限とは別に、実際に必要なのは、調査を担当する人員の増強、予算の拡充であろう。「平成10年度から消費者庁ができる前までの10年間で、地方自治体の消費者行政予算は約163億円が約100億円と39％減少し、消費者行政担当職員は1万172名から5646名と45％も減少しました」、「消費者行政職員は、消費者庁ができた以降も更に減っています。平成21年度で5190名が、平成24年4月時点で5182人と8人ほど減っています」[14]ということである。このような状況では、十分な調査ができていないのではないかと心配が残る。

5.　経済的不利益賦課制度としての課徴金

　行政による経済的不利益賦課制度としては、違法行為の抑止を主たる目的として課される課徴金制度と、違法行為による収益を剥奪して被害者に分配することを目的とする違法収益剥奪処分とが検討された。

　本節が対象としている悪質な詐欺的商法の事例では、どちらかというと

---

14)　いずれも、河上正二・川口康裕・池本誠司「鼎談：消費者法の新たな地平を目指して」(ジュリスト1461号(2013年)11頁以下)24頁での池本弁護士の発言より引用。

後者の角度から検討がされた。それはこのテーマの検討が「集団的消費者被害救済」の延長として考えられてきたという経過にも一因があるように思われる。

　前者のタイプの課徴金を詐欺的商法に課してみても、悪質業者を対象とした場合には、課徴金納付命令を課す手続をしている間に逃げてしまうのではないか、課徴金は国庫に納付されるのでそれを被害者に分配する制度が必要なのではないか、などの意見が消極論として示された。

　筆者としては、前者のような経済的賦課制度も、詐欺的商法がばれれば高額の課徴金が課せられると言うことから、一般的違法抑止効果が期待でき、その結果として消費者被害も未然に防止できるのではないかと考えて、何らかの課徴金を制度化する余地がありそうに思えたが、具体策を構想するには至らなかった。

　後者のようなタイプの経済的賦課制度についても、処分段階では既に財産がそれほど残っていないのではないかとか、被害者への配分をなす場合に個別損害額の認定をいかに行うべきかなど、なお検討すべき課題が多いことが指摘され、この面での積極的な提案ができなかった。

　行政による経済的賦課制度として、行政手法研究会委員の大方の同意が得られたのは、不当表示を対象とした賦課金制度であった。当初、消費者庁の担当部局では、措置命令の実効性がある（すなわち、不当表示を止めることを命ずる措置命令を出した後の再犯事例はほとんど見られない）こと、課徴金導入の場合の事務量の増加への懸念などから、課徴金の導入に必ずしも積極的ではなかったが、課徴金の一般的違法抑止機能の意義を説く委員の意見に基づき、導入についても道をひらく報告書となった。

　このたび、有名ホテルでの食材の虚偽表示事例などをきっかけに景表法違反に対して課徴金を盛り込むことの具体的検討が始まったとの報道を聞いて、委員の一人として喜んでいるところである。この課徴金についてもいくつか述べたいことがあるが、本節のテーマとはずれるのでこれくらいにとどめておくことにする。

6. 被害者に対する直接的救済と行政の役割

　消費者の財産的被害の救済に直結する行政措置として、行政手法研究会ではさまざまな手法が検討された。事業者の財産を保全する方法としては、行政による保全命令申立制度、財産の保全・凍結を目指す供託命令制度、消費者庁への破産手続開始申立権付与などがあり、より直接的に被害の救済を目指すものとしては、行政が事業者に被害金額の返還を命令する制度や、行政が裁判所に対して事業者に対する被害回復命令を出すように申し立てる制度などが検討された。

　いずれもなかなか難しい問題を含むが、以下では、行政が事業者に対して被害の回復を命じる命令（仮に「被害回復命令」としておく）について、簡単に検討しておきたい。

(1) 行政による被害回復命令

　個別事件において、当該取引や事業の違法性や損害額を認定して、事業者に被害回復措置を命じ被害者を救済するのは民事訴訟における裁判所の役割であるから、行政機関が事業者に対して被害の回復を命ずるというのは行政の役割を逸脱しているように見えるかもしれない。しかし一概にそうとも言えないところがある。

　(i) **被害回復命令のアイデア**　被害回復命令のアイデアは、行政手法研究会のメンバーの一人でもある中川丈久教授がかねてから主張するところである。[15]その見解を私なりにまとめると以下のようになる。

　行政による被害回復命令は、第一に、法令違反行為に対して違反の是正を命ずる是正措置命令の一種として構想されており、その意味では従来の行政命令の延長上にある。すなわち、現在継続中の違反行為の中止を命ずるだけではなく、過去の違反行為についても放置せず是正せよと命ずる（したがって個別の被害額の認定は不要である）ことで、結果的に被害の回復がはかられる。

---

15)　中川丈久「集団的消費者被害救済制度と行政法」消費者法 3 号（2011 年）24 頁以下参照。

第二に、過去の違反の是正を命ずるこのような命令は、生命身体の安全分野での回収命令（消費者安全法42条）に似た側面を持つ。また、債務の履行拒否や不当遅延といった違反行為の是正措置として、例えば債務の履行を命ずるといった形でとらえるならば、それほど違和感のある制度ではなく、同様の事例が、特定商取引法に基づく必要な措置の指示（7条）としてなされたこともある。

　第三に、この種の命令は、アメリカにおいて、エクイティ上の救済手段として見られるところであり、行政が命令する場合もあれば、行政機関が裁判所に申し立て裁判所が命ずる場合もあると紹介されている。[16]

　(ⅱ)　**被害回復命令に対する批判と反批判**　被害回復命令のアイデアに対して、行政手法研究会では、「被害の回復は私人間の問題であって、国が一方当事者を手助けすることが認められるかという問題がある」（第7回議事要旨）とか、「被害回復を命ずることは、私人間の権利義務関係を終局的に確定することであるから、裁判所が裁判手続で行うべきであり、これを行政機関に委ねることは憲法違反の疑義が出てくる」（第8回議事要旨）などの厳しい意見も出た。しかし、このような批判は当たらないと考える。

　消費者行政は、悪質な事業者の行為を取締り、消費者の利益を保護するために行われるのであるから、消費者庁が消費者の利益を守るために行動するのはむしろ当然のことである。行政法のモデル的に言えば、消費者行政は、消費者の利益を保護するために事業者の事業活動を規制するという三極構造の行政法関係として考えるべきであろう。

　また、違法行為を行った場合に、将来に向けての違反の是正にとどまらず過去の違反についても被害回復措置をとらねばならないとなれば、事業者に対するインパクトも大きく、それゆえ、違反の抑止効果も期待できる。これも被害回復命令の公益性の根拠となろう。[17]

　被害回復命令が行政処分であるとすれば、それに不服がある事業者は取

---

16)　詳しくは、最終報告書の資料42「アメリカ合衆国における『消費者被害回復』（consumer redress）について」（中川丈久委員提出）を参照。
17)　中川・前掲注15) 26頁。

消訴訟等でその違法性を裁判所で争うことができるから、憲法違反になるとの批判も当たらない。

　(iii)　**被害回復命令の課題**　もっとも、2で挙げたような悪質詐欺的商法の事例を念頭に置いた場合に、この被害回復命令がどの程度有効なのかについてはさらに吟味が必要である。

　事業活動の違法性が明確になった時点での介入となれば、救済としては遅すぎるし、裁判手続と比較してのメリットがどれほどあるのかもわかりにくい。個別の被害額の認定なしに過去の違反の是正を命ずるだけなら行政処分として構成しやすいが、処分に従わない事業者が出た場合に命令の実効性をどう確保すべきかも課題となる。

　もっと早期の介入手段ということになれば、4で検討したような行政措置の方が有効なのではなかろうか。

　(2)　**私人間紛争の解決と行政**

　なお、私人間の紛争に行政機関が介入して紛争解決に一定の役割を果たす制度としては、かねてから労働委員会制度や公害等調整委員会制度があり、消費者保護の領域では、国民生活センター紛争解決委員会制度がある。[18]

　私人間紛争に行政がいかに関与すべきかについても、行政と司法との役割分担にからむ問題があり[19]、先に検討した被害回復命令との関係も問題となるが、ここでは問題の指摘にとどめたい。

7.　おわりに

　消費者保護法の執行は、被害者による民事訴訟、警察・検察による刑事手続、行政機関による行政規制、さらには消費者保護団体による集団訴訟

---

18)　最近の活動状況について、井口尚志・日野勝吾「国民生活センター紛争解決委員会によるADRの運用状況と今後の課題」ジュリスト1461号（2013年）49頁以下参照。

19)　この領域での理論的検討として、斎藤誠「私人間紛争における行政の権力的関与」西谷剛ほか編『政策実現と行政法―成田頼明先生古稀記念』（有斐閣・1998年）159頁以下、同「消費者保護における行政法・地方自治法の役割―紛争解決に定位して」新世代法政策学研究16号（2012年）1頁以下等参照。

など、さまざまな法主体による多元的な法執行として進められていくところに1つの特徴がある。[20]

　本節は、悪質な詐欺的商法による消費者被害を救済するために行政機関としていかなる役割を果たすべきかについて、行政手法研究会での検討結果を素材に考察したものである。消費者保護法についてあまり研究蓄積がない筆者による検討なので、思いがけない誤解があるかも知れないので、お気づきの点があればご指摘いただきたい。

　行政手法研究会での議論の紹介としても、議論した内容のごく一部しか紹介・検討できず、検討内容もかなり主観的なものになってしまったが、1つの試論として参考になれば幸いである。

　なお、行政手法研究会では立法論的課題の検討に主眼があったので、本節の分析（とくに後半部分）も立法論的検討が中心となったが、本節で述べたようなアイデアを解釈論に活かせないかも今後検討してみたいテーマである。

　例えば、消費者安全法は財産被害をもたらすような消費者事故があった場合の注意喚起や措置要求の制度を定め、多数消費者財産被害事態が発生した場合にはさらに「消費者の財産上の利益を侵害することとなる不当な取引の取りやめその他の必要な措置をとるべき旨」の勧告・命令権を定めている。

　従来のとらえ方では、「勧告・命令」は最後の手段であって、事業活動の違法性が明確になった時点での発動が予定されていたと思われるが、具体的事案の特質に応じて、「必要な措置」の内容やその発動時期をより柔軟に理解することができないかどうかが問題とされるべきであろう。すなわち、4で述べた説明命令や供託命令を「必要な措置」の内容として考え、できるだけ早期に発動できるならば、法改正がなくても現実の運用の中で消費者保護が進むのではないかと期待されるところである。

〔第2節　初出、2014年〕

---

[20]　中川・前掲注10）54〜55頁参照。なお、現代社会における行政法執行システムの課題については、曽和・前掲注5）1〜21頁参照。

第3節　裁量型課徴金の導入と協調的法執行

1.　はじめに

　独占禁止法（以下、「独禁法」）における課徴金は、一定の独禁法違反行為に対して公正取引委員会により課される金銭的不利益処分である。制度導入から数えて40年が経過し、今日では、《経済的利得をねらってなされる独禁法違反行為に対して経済的不利益を課すことにより違反行為を抑止しようとする行政上の措置》として、その役割が評価され、制度的にも定着していると言ってよいであろう。

　例えば、2006～2015年に課された課徴金額の推移を見ると、多い年で720.8億円、少ない年でも85.1億円の課徴金納付が命じられており、1年間に平均140名（社）の事業者に対して280.9億円に及ぶ課徴金が課されている[21]。また、2005年独禁法改正により導入された課徴金減免制度（リニエンシー制度）は、事業者による自主的な違反行為の申告があった場合の課徴金の減免を行うことで、違反（事件）発見の端緒となる効果をあげている[22]。

　1977年（昭和52年）の課徴金導入時には、違法カルテルにより得られた経済的利得（不当利得と擬制された金額）を国庫に回収する制度であるという説明が強調されていた。しかし、その後の3度の改正（1991年、2005年、2009年）[23]を経て、課徴金の対象となる行為が拡大され、課徴金の算定率も引き上げられたことにより、また、繰返し違反行為や違反に主導的役割を果たした事業者に対する5割増し規定などが定められたことにより、違反企業に対する制裁的性質も強まり、今日では、不当利得の回収という

---

21)　独占禁止法研究会『独占禁止法研究会報告書』（2017年4月。以下『報告書』という）別紙21参照。
22)　課徴金減免制度の運用実態とその効果の分析として、泉水文男「課徴金減免制度の効果の検討」舟田正之先生古稀祝賀論集『経済法の現代的課題』（有斐閣・2017年）523頁以下参照。
23)　課徴金制度の変遷の概略については、『報告書』別紙14を参照。

側面は後景に退き、違反抑止のための行政上の措置という説明が一般的となっている。

　独禁法上の課徴金は、法定された客観的な算定要件・算定方式に従って、カルテル等の対象商品または役務の売上高または購入額に一律に一定率を乗ずる方法により画一的かつ機械的に算定される課徴金額を、義務的に賦課する制度であり、この画一性・非裁量性は制度導入時から今日に至るまで変わっていない。

　しかし、比較法的に見ると、わが国の課徴金のような画一的・非裁量的な義務的賦課制度はむしろ例外的である。

　例えば、今回の「独占禁止法研究会」でもしばしば言及されている欧州諸国（EU、イギリス、フランス、ドイツ）の行政制裁金（競争法秩序違反に対して課せられる経済的負担金）は、違反関連売上高を基準とする基本額（違反に関連する売上高の10～30％以内）に多様な加算・減算要素を考慮した上で決定するものであるが、その賦課にあたって行政機関に広範な裁量を認め、個別の違反行為の内容や違反者の事情等を配慮して、違反抑止に必要かつ十分な制裁金となるように仕組まれている。[24]

　競争法分野を離れてより一般的に見れば、行政法違反に対する抑止手段として、違反に対し経済的負担を課す制度は、比較法的にも珍しくはない。

　例えばアメリカでは、1970年代以降、事故防止・安全確保行政、環境規制行政、金融・証券取引規制行政などで、違反に対する刑罰（criminal penalty）とは別に civil penalty を課す規定を置く立法例が増えており、civil penalty は違反抑止手段として有効に活用され、新しい法執行手段として注目されている。[25] アメリカの civil penalty 制度では、一般に、civil penalty 額の決定において、行政機関の裁量が認められていることが多いが、この点については後に（「協調的法執行」との関係で）検討する。

　これまで、ヨーロッパ諸国の行政制裁金をモデルに、わが国の課徴金を裁量型課徴金に変更すべきであるという主張がなされてきたが、[26] 後述する

---

[24] 『報告書』本文5頁、別紙1参照。
[25] 詳しくは曽和・前掲注5）43頁以下参照。
[26] 村上政博「課徴金額の算定実務と裁量型課徴金の創設」判例タイムズ1350号（2011年）34

ようなさまざまな理由から、制度化には至らなかった。ところで、昨年(2016年) 2月から本年 (2017年) 4月まで15回にわたって開催された「独占禁止法研究会」は、裁量型課徴金制度の導入の是非を正面から議論し、その導入を提案している。

研究会報告書が提案する裁量型課徴金は、基本的にはこれまでの課徴金制度を維持しつつ、新たに、調査協力インセンティブを高めるために調査協力度合いに応じて課徴金を減算する制度を（従来の課徴金減免制度の発展型として）設け、また、調査妨害があった場合に課徴金を加算する制度を設けるというものである。

ヨーロッパ諸国の行政制裁金で認められているような広範な行政裁量（違反の重大性や行為者の主観的事情等を考慮して制裁金を課す裁量）を付与するのではなく、独禁法違反事実の収集・審査に資する要素を考慮して課徴金額を決定する、その意味では控えめな行政裁量を認めるものである。

控えめであるとは言え、わが国でこれまでに認められてきている課徴金ないしその類似制度は、基本的に、その賦課における行政裁量を認めてこなかった（後述）ので、今回の提案が実現するとなれば、独占禁止法分野のみならず、行政法の一般理論においても、重要な意味のある改革となるであろう。

本節は、裁量的課徴金の導入をめぐる法律問題について、もっぱら行政法学の立場から検討を加えるものである[27]。

2. 裁量型課徴金の導入をめぐる問題

(1) 課徴金の法的性質

行政法学においては、課徴金は、「行政の実効性確保」あるいは「行政

頁以下、栗田誠「平成21年改正独占禁止法における課徴金制度の問題点」千葉大法学論集26巻1=2号（2011年）314頁以下等参照。

[27] なお筆者は、2016年3月18日の第2回独占禁止法研究会の場で「裁量型課徴金の導入について」という題目で発言する機会を得た。研究会での発言とレジメは、http://www.jftc.go.jp/soshiki/kyotsukoukai/kenkyukai/dkkenkyukai/dokkinken-kaisai.html に掲載されているので、あわせて参照していただきたい。

上の義務履行確保」の一手段として位置づけられている。

　行政機関が法違反に対して課す金銭的負担としては、課徴金の他に、加算税（国税通則法65〜68条）、反則金（道路交通法125〜130条の2）、通告処分（国税犯則取締法14〜16条）、放置違反金（道路交通法51条の4）、地方公共団体の長が科す過料（地方自治法14条3項、255条の3）などがある。これらの手段は、それぞれ固有の必要性に基づき散発的に制度化されてきたため、その分類については議論があるが[28]、全体として「行政の実効性確保」手段として説明されている。筆者は、課徴金、加算税、放置違反金などを一括して、《新しい実効性確保手段としての経済的不利益制度》として説明している[29]。

　さらに最近は、法違反の調査→是正指導→是正命令ないし法違反に対する不利益処分という一連の過程を「法執行システム」として捉えて、その法的統制の在り方を考察するアプローチも登場してきている。ここで「法執行システム」というのは、アメリカ法にいう「エンフォースメント（Law Eonforcement）」に近い概念であって、「私人による（行政）法違反を是正し、（行政）法目的に適合した状態を実現するための法的仕組み」を言う[30]。

　この角度からは、課徴金は法執行システムの一手段ということになる。従来から独禁法の分野では、独禁法のエンフォースメント手段として、排除措置命令、課徴金、刑罰、民事差止訴訟や損害賠償訴訟などが包括的に検討されている。

(2) 法執行における裁量

　行政法の分野では、一般に、行政機関は法執行（法違反の是正・抑止を目的とした活動）において裁量を持つのが通常である。

　例えば、建築士法10条1項は、一級建築士等が、構造計算の偽装や違反建築などの法違反行為をなしたときの懲戒処分について規定しているが、

---

28) 塩野宏『行政法〔第6版〕』（有斐閣・2015年）270〜271頁参照。
29) 曽和俊文『行政法総論を学ぶ』（有斐閣・2014年）390〜396頁参照。
30) 曽和・前掲注5）1頁以下参照。

ここでは、法令違反等に対して課される処分の種類（戒告か業務停止か免許取消しか）、程度（何か月の業務停止か）、発動の有無（処分をするのかしないのか）について、処分行政機関に一定の裁量を認めている。

そして国土交通省では、処分に予測可能性を与え、裁量が適正に行使されることを確保するために、裁量の行使基準をあらかじめ「処分基準」として制定・公表している。この処分基準は、行政手続法に基づき、国民から広く意見を聴取する手続を経た上で制定されている。その基準によれば、処分の内容や発動の可否は、行為者の意識（重大な悪意等）、行為の態様（長期性、常習性、情状酌量の余地など）、是正等の対応（違反の自主的是正等）、社会的影響などの個別事情を踏まえて決定されることになっている。

違反是正手段の選択や違反是正措置の発動において行政裁量が認められる根拠としては、①限られた資源（人員・予算）の下で効果的な法執行を行う必要性があること、②相手方の事情等を考慮して法執行手段を選択することにより違反是正が効果的にはかられること、などの事情があると思われる。

実際の行政過程では、すべての法違反に対して処分がなされているわけではないし、違反があってもいきなり処分するのではなく、相手方の任意の違反是正を期待して行政指導がなされることが多いことも周知のところである。

課徴金も法執行手段の1つであると考えれば、違反の悪質性や行為者の事情、違反是正に対する態度などを考慮要素として課徴金額を決定するということも十分に考えられることである。

実際にアメリカのcivil penaltyや欧州の行政制裁金では裁量が認められている。しかしこれまでわが国では、課徴金の賦課において裁量を認めることに対しては強い反対論ないし消極論があった。そこでこの点について、次に検討する。

---

31) 国土交通省「一級建築士の懲戒処分の基準」（平成27年5月8日制定、平成29年6月1日一部改正）（http://www.mlit.go.jp/common/001187168.pdf から入手）参照。

(3) 裁量型課徴金の導入に対する反対論・消極論の検討

　裁量型課徴金の導入に対する反対論は、必ずしも明確な形で主張されているわけではない。これまでの国会答弁や研究会での発言などを参照しつつ、反対論（消極論）の論拠を類型化してみれば、(ⅰ)不当利得の回収という説明との矛盾、(ⅱ)二重処罰禁止規定との関係、(ⅲ)運用の困難さへの懸念、(ⅳ)前例の乏しさ、(ⅴ)裁量濫用に対する懸念、などが挙げられるのではなかろうか。それぞれについて、簡単に検討してみたい。

　(ⅰ)　**不当利得の回収という従来の説明との関係**　第一に、課徴金が導入された当初、カルテル等による不当利得の回収という側面が強調されていた。しかしその後、違反抑止に十分な金額に引き上げるべきであるとの議論が強くなり、課徴金の算定率が引き上げられ、また、繰返し違反行為や違反に主導的役割を果たした事業者に対する五割増し規定などが定められたことにより、制裁的側面があることが正面から認められた。

　このような経過を見ると、違反抑止のための行政措置という側面は制度当初から存在していたが、なにぶん新しい手段を導入することへの抵抗を少なくするために、課徴金を課しても不当ではない根拠の1つとして不当利得の回収という側面が強調されたのではないかと思われる。

　論理的には、課徴金額が不当利得額と同レベルにとどまっている場合には（違反が発覚して課徴金を支払っても損はしないので）違反の抑止手段として不十分と言わざるを得ない。課徴金を違反抑止の手段と考えるならば、課徴金額の算定は違反抑止に実効的な水準にすべきであるし、課徴金賦課に裁量を認めるべきか否かも、違反抑止の実効性の観点から考えられるべきであるということになろう。

　(ⅱ)　**二重処罰禁止原則との関係**　第二に、課徴金賦課において裁量を付与すると刑罰に近づき二重処罰禁止規定に違反するのではないかという懸念が国会答弁などで示されている。二重処罰禁止規定との関係については別の論考〔宍戸常寿「課徴金制度と二重処罰」ジュリスト1510号（2017年）37頁〕が予定されているので、ここでは簡単にコメントしておきたい。

　まず、これまでの判例では課徴金賦課と刑罰の重複は二重処罰禁止原則に違反しないとされている（最三小判平成10・10・13判時1662号83頁）。

課徴金賦課処分において裁量を認めることで課徴金の性質が刑罰に近づくという論理的な関係はない。刑罰においては被告人の主観的事情が考慮されるが、先に見たように制裁的行政処分の発動においても相手方の主観的事情が考慮されることがある。アメリカにおいて、civil penaltyと刑罰の重複が二重処罰禁止原則に触れないかについて議論があるが[32]、civil penalty賦課において裁量を認めること自体が二重処罰に当たる根拠として語られることはない。

(iii) **措置の迅速性との関係** 第三に、裁量を認めることで「運用が複雑となることにより措置の迅速性といったメリットが損なわれる」との懸念がある[33]。この点は実際にあり得る考慮点であろう。

この点については歴史的に振り返る必要がある。制度導入時の課徴金は適用対象が限られており裁量を持つ必要性が高くはなかった。新しい手段の導入には抵抗も多いところ、法律で決まった金額を粛々と課す方が運用し易かったのではないかと思われる。

しかし、法改正によって課徴金の適用対象が広がる中で、画一的・義務的な運用ではかえって運用が困難になる事態が生じたことが報告されている[34]。また、時の経過の中で課徴金制度が定着して、運用主体である公正取引委員会の運用能力も高まってきている。このような事情から、今日では、課徴金賦課における裁量を認める必要性が高くなってきていると言えるのではないだろうか。

(iv) **前例との関係** 第四に、前例の乏しさがある。先に述べたように、法執行手段においては行政裁量を広く認めるのが通例であるが、違反抑止手段としての経済的不利益制度に限れば、裁量を認める例はわが国ではまれである。加算税も、反則金も、放置違反金も、条例違反に対する過料も、法律や条例で額が法定されている[35]。

---

32) アメリカでの議論について、さしあたり、曽和・前掲注5）104〜136頁を参照。
33) 「課徴金に関する独占禁止法改正問題懇談会」報告書別紙5参照。
34) 例えば、村上・前掲注26）44〜45頁、栗田・前掲注26）23〜40頁、『報告書』2〜4頁等参照。
35) 例外的に、地方自治法228条3項が定める過料は、使用料等の徴収を違法に免れた者に対して免脱額の五倍以下の過料を科す旨を定めており、過料額の決定における行政裁量を認めて

しかし、前例が乏しいことは制度化に反対すべき理由とはならない。諸外国では実例が多数ある。課徴金は違反の抑止手段であるので、問題は、独禁法違反抑止手段としての課徴金の運用において行政裁量を認めるべき理由があるのか否かである。

(v) **濫用への懸念**　第五に、裁量を付与した場合にそれが濫用される懸念からくる消極論がある。この点は、一般論としては当然出てくる懸念であろう。

しかし、課徴金賦課において裁量を付与する必要性が認められるのであれば、問題は、いかなる裁量をどの程度認めるべきであるのか、付与した裁量が適切に行使されるようにいかに統制すべきかであろう。

(4) 裁量統制のあり方

まず行政裁量という場合、法律（議会）との関係で認められる裁量（A）と司法審査（裁判所）との関係で認められる裁量（B）を区別する必要がある。[36]

例えば処分要件を不確定概念で規定している場合には、その適用段階で行政機関に一定の判断余地（A）を与えるが、行政機関の判断が後の司法審査で裁判所によって全面的に審査され置き換えられ得る場合には、裁量（B）は認められない。裁量（B）が認められるべきか否かは、法律の規定が一義的か否かに加えて、行政機関の判断を裁判所が尊重すべき実質的理由があるか否かによって決せられる。

今回提案されている裁量型課徴金は、調査協力度合い（または調査妨害）を考慮して課徴金額を減額（または増額）する裁量を認めようとするものである。『報告書』によれば、調査協力度合いは、事業者が自主的に提出した証拠の証拠価値（違反事実の立証への寄与の程度、とりわけ調査開始前で

いるが、自治体が徴収すべき金銭を違法に免れた場合（つまり自治体が被害者の場合）の規定であり、公益保護規定違反に対する経済的負担の場合とは少し異なる。civil penalty にも財産管理者としての政府が科す civil penalty と公益保護者としての政府が科す civil penalty の二類型があることについて、曽和・前掲注5）63～64頁を参照。

36) 裁量の二区分について、芝池義一『行政法読本〔第4版〕』（有斐閣・2016年）68～69頁、曽和・前掲注29）177～180頁等を参照。

あれば「立入検査の確実性・正確性・迅速性を高める度合い」等）により公正取引委員会により個別的に決定され、「証拠価値の評価及び具体的な減算率の決定は、公正取引委員会の専門的知見による判断に委ねることが適当」とされている。ここで付与された裁量の性質を考慮すれば（さらに一般に法執行において行政機関が持つべき裁量を考慮すれば）、減算基準の詳細は公正取引委員会のガイドライン（裁量基準）等で具体化され、課徴金額の決定における裁量は司法審査においても尊重されることになる（すなわち裁量（B）である）と思われる。

司法審査との関係で裁量が認められる場合でも、裁量権を逸脱・濫用した場合には違法となる。行政機関は裁量の行使基準を前もって定めて公表し、個々の課徴金決定の司法審査においては、① 裁量基準が合理的であったか否か、② 裁量基準が合理的であったとして、個別事例への適用が合理的であったか否か、などが審査されることになるであろう。

3. 裁量型課徴金の導入と協調的法執行

裁量型課徴金の導入は、法執行のあり方に1つの変化をもたらすかもしれない。『報告書』の冒頭では「裁量により課徴金額を決定する仕組みを導入することは、事業者と公正取引委員会が協力して事態解明・事件処理を行う領域を拡大するものであり、事業者による自主的な内部調査を含めたコンプライアンスの推進にも資する」ことが指摘されている。この点は、アメリカ法で言う「協調的法執行」の考え方とも相通じるところがある。

---

37)『報告書』32～33頁参照。
38) もっとも、名古屋地判平成16・9・22判タ1203号144頁は、地方自治法223条3項に基づき下水道使用料の免脱額の三倍額（5643万8000円）の支払いを命じた市長の過料処分の取消訴訟において、二倍額（3762万5000円）が相当と判断して、二倍額を超える部分について裁量権の逸脱＝違法として取り消している。本判決は市長の裁量を認めつつ金額について裁判所の判断を代置しており、通常の裁量審査手法とは少し異なる手法をとっている。本判決の紹介・検討として、曽和・前掲注29) 388～390頁も参照。

(1) 協調的法執行とは何か：アメリカでの一例

少し回り道になるが、アメリカの環境行政分野で取り組まれた事例を素材にして、「協調的法執行」というアプローチの内容および意義について考えてみたい。[39]

1990年代にクリントン政権の下で National Performance Review（NPR）と呼ばれる行政改革が取り組まれた。NPR は「成果本位」での行政運営を求め、《法律の形式的基準にいかに従っているのかよりは法律の目的が実際に達成されているのかに着目すべきである》と主張する。環境規制行政の分野を例に取れば、大気汚染規制において「問題の焦点は、企業が書式や手続を順守したかではなくて、大気がきれいになったか否かである」。

手続よりも結果を重視するこの見解は、同時に、規制行政機関と被規制企業との関係の見直しを迫る。すなわち「規制者と非規制者の関係も、伝統的な対立的関係から、共通の目標達成に向かう協力関係と考えるべきである」というのである。

従来の環境規制行政は、環境保護のために企業が順守すべき基準を定め、法令上の基準違反に対して罰則や是正命令などを課することで順守を確保しようとするものであった（これを「命令・監督手法」と言う）。このような構造の下では、被規制企業は違反を隠そうと行動し、規制行政機関は違反の取締りを行おうとするが、人的・予算的制約からすべての違反を適切に取り締まることができない。しかし、そもそも環境保護は社会全体で取り組むべき課題であり、企業も行政機関も市民も、それぞれの立場から環境保護を目指すべきである。そこで企業が行う環境保護のための自主的取組みを積極的に評価し、企業の協力を得て環境保護を実現すべきではないのか。このような発想から生まれたのが協調的法執行である。

協調的法執行は、違反の是正（ないし予防）における企業の自主的取組みを重視し、civil penalty の賦課においても、企業の自主努力の有無を考慮する。

例えば、1995年の環境保護庁（EPA）の政策表明では、EPA は、① 自

---

39) 以下の記述について、詳しくは、曽和・前掲注5）243〜273頁（「環境規制の新展開と協調的法執行」（初出1999年））を参照。

発的な自己監視を行い、② 違反について自発的な開示をなし、③ 違反が発見されれば迅速に是正し、④ 人体および自然環境に対する重大かつ緊急の危険がなく、⑤ 繰り返しの違反の予防体制も約束し、⑥ 当該違反がなされたことに情状酌量の余地があり、⑦ 違反への対応で EPA との協力を行っている企業に対しては、civil penalty を科さないとしている (Voluntary Environmental Self-Disclosing Interim Policy Statement, 60 Fed. Reg. 16875 (1995))。

また、法律でこのような要素を civil penalty 額の決定において考慮することを求める例もある。例えば、水質汚濁防止法（Clean Water Act）は、裁判所が civil penalty 額を決定する上で、① 違反の重大性、② 違反によって得た利益、③ 違反の事情、過去の違反歴、④ 法律を遵守しようとした善意の努力、⑤ 違反者に与える経済的打撃、⑥ その他正義の視点から求められる事項の6つの要素を考慮することを定めている（33 U. S. C. § 1319 (d)）。

アメリカにおいて、協調的法執行は、従来の対立型法執行に代わるもの（または補うもの）として、近年注目を浴びている。もちろん、協調的法執行は行政裁量を広く認めるものであるので、法の支配を重視する論者からの批判もある。法執行裁量が公正かつ適切に行使されるための制度的手当が必要であり、ガイドライン等による裁量基準の制定や、運用過程の情報公開などが求められている。

(2) 独禁法の執行と協調的法執行

独禁法の執行は、伝統的には規制機関と被規制企業との対立を前提とした法執行であったと言えよう。対立型法執行の典型は警察機関による犯罪の取締りであるが、公正取引委員会による調査過程が警察による捜査過程になぞらえられることもある。

警察機関が取り締まる一般的な犯罪（とくに故意犯）は、最初から警察に捕まらないように秘密裏になされるのが普通であり、ここで（部分的にはともかく）[40] 一般的に協調的法執行を語ることはできないであろう。

40) 協調的法執行に似た制度として司法取引がある。わが国の刑事法執行においては、これま

それでは、独禁法執行はどうであろうか。独禁法執行も警察による法執行と同質のものであるとすれば、協調的法執行を導入することには慎重でなければなるまい。しかしむしろ環境法執行と共通する要素が多いとなれば、先に述べたアメリカでの経験も参考になるのではなかろうか。

独禁法は「公正且つ自由な競争を促進し、事業者の創意を発揮させ、事業活動を盛んにし、雇傭及び国民実所得の水準を高め、以て、一般消費者の利益を確保するとともに、国民経済の民主的で健全な発達を促進すること」（独禁法1条）を目的とする。このような独禁法の目的は、経済界も賛同するところであろう。

不当な取引制限や不公正な取引方法の分野などでは、確信犯的な、意図的な違反の事例も多々あるとは思われるが、総論として独禁法秩序を守ることには関係者の同意があろうし、実際に個々の企業においても、独禁法違反となる行為を避けるべく内部的な研修を行うなどのコンプライアンス体制の確立が目指されている。こうした事情を前提とすれば、独禁法執行において協調的法執行が有効に機能する場面が今後広がっていくのではないかと思われる。

今回の裁量的課徴金の導入は、直接には、公正取引委員会の調査機能の不備を補い、企業からの情報提供を促進することで、独禁法執行の実効性を高めようとするものである。その背景には、先に述べたような協調的法執行の考え方が潜んでいる。

そして、協調的法執行という見地からは、今後、課徴金賦課における考慮要素の拡充（例えば、企業のコンプライアンス体制の整備状況や違反に対する自主的是正努力などを考慮要素とする）や、調査手法の見直し（供述聴取中心から報告命令重視への転換など）が、さらに検討されるべきであろう。

〔第3節　初出、2017年〕

で司法取引は認められてこなかったが、2016年5月の刑事訴訟法改正により、分野を限定して、捜査・公判協力型協議・合意制度と刑事免責制度が導入された。

あとがき

　「最初にどのような研究テーマを選ぶのかが研究者のその後の研究にとって重要な意味を持っている」とはよく言われることである。私の場合も、行政調査を研究の出発点としたことが、その後の私の研究を大きく規定したということができる。本書を作成するために過去の論文を読み直していて、改めて、行政調査研究が私の研究全体において持つ意味について考えさせられた。以下では、そのことについて少し書いてみたい。

　行政調査は、行政行為や行政計画などの行政決定の前提となる情報を収集する作用（決定前の準備作用）であるので、行政行為論中心の以前の行政法学においては、その一部（物理的強制の場面＝即時強制）を除いて、研究の対象とはなってこなかった。しかし、1970年代に入り、従来の行政行為論中心の行政法学は反省を迫られ、行政行為論から行政過程論へと学会の関心が移っていった。行政の決定過程のあり方に焦点を当てた場合に、行政調査は行政過程の重要な一段階としての意義を持つ。私の行政調査論研究もそのような流れの中で、行政法学の現代的課題の１つを取り扱うものとして意識することができた。裁量統制としての調査義務論の究明は私にとっての今後の研究課題である。

　当初の行政調査論では、行政調査を独自に研究対象として捉える意義として、従来見逃されてきた行政調査の侵害的側面（行政調査がその相手方のプライバシー利益と総体的に抵触するという側面）を強調すべきであると考えていた。しかし研究を進めていくうちに、適切な行政調査の発動によって保護される利益にも注目すべきであると考えるに至った。規制権限の不行使の違法を争う国家賠償訴訟の増大がこのような変化に目を向けるきっかけとなった。この視点の変化は行政法学の基本構造の変化に対応している。二極対立構造で行政法関係をとらえる自由主義的な近代行政法学だけではなく、三極構造・多極構造で行政法関係をとらえる現代行政法学を

構想すべきであるという問題意識から、行政法の基本構造を組み立て直したいというのが目下の私の研究関心であり、おおざっぱながらそのような研究をぽつぽつと公表している。そして行政調査についても、そのような視点からの研究を今後さらに進めてみたい。

　行政調査研究は予期せぬ鉱脈に私を導くこともあった。アメリカの行政調査制度の研究において、わが国ではなじみの少ない「司法的執行の原則」に出会い、英米法固有の司法的執行原則がなぜ成立したのかをさんざん考えた（未だによくわからないところがある）。また、行政調査の強制手段としての civil penalty について調べていくうちに、civil penalty 制度一般について興味が広がり、関連論文や判例を多数読むことになった。さらに、大陸法由来のわが国の行政上の強制執行制度との比較にまで関心が広がり、法執行システム一般の考察にまで研究が及んでいった。また、宝塚市パチンコ店建築等規制条例事件の最高裁判決をきっかけとして、わが国における行政上の義務の司法的執行についても考える機会があった。この領域の研究は、『行政法執行システムの法理論』（有斐閣・2011 年）として、一応のまとめをすることができた。

　アメリカにおける司法的執行の原則の研究は、さらに、行政機関と裁判所との役割分担の問題、さらには、司法権（事件性）の守備範囲の研究へと私を導いてくれた。司法的執行の原則を確立したとされる Brimson 判決が「事件性」に関する判決であったこと、大学院生時代に佐藤幸治先生のスクーリングで連邦司法制度のケースブックを読み、そこで自治体の原告適格などの議論を勉強したことから、住民訴訟や地方公共団体が原告となる訴訟などの研究を進めることになった。地方公共団体の訴訟に関する論文は先の『行政法執行システムの法理論』の一部となったが、住民訴訟に関する論考はまだまとめる機会を得ておらず、近い将来に本書に続く単行本として公刊したいという希望を持っている。

　行政調査は、情報を扱う行政過程というその特質から、情報化社会の進展とともに、その研究の重要性が増してきた。三重大学に就職して、三重県の情報公開条例や個人情報保護条例の制定・運用に係わる機会が増えて、行政情報の収集・保管・利用・公表の一連の流れの中で行政調査を分析す

るという視角を得た。情報公開制度や個人情報保護制度の運用に携わる中で、情報公開制度に関する論文を公表したり、研修の講師を務めたりして、行政情報に関する研究も私の研究領域の一部となった。ただ【第 2 部：解題】でも書いたように、行政情報の流れの中に位置づけた場合の行政調査研究は未完のままであり、この点は今後の課題として残されている。

　大学院生の頃は、研究時間の大部分を行政調査研究にあてていた。連邦取引委員会の行政調査に関する判例は手に入るものをすべて読もうとした。「アメリカ」に関する書物、「調査」と名づけられた論文などを手当たり次第に広く収集し、片っ端から読んでいった。そのような集中的な研究が、第 1 章に収めた論文という形になった。今回、その後の展開を少しでも補充したいと考えたけれども、大学院生時代のような密度と集中力で研究をすることが到底かなわず、補充を断念した。研究者となって年齢だけは重ねてきたが、果たして進歩しているのかどうか。ただ、気力だけはまだ残っているので、上に書いたような今後の課題に、残された時間、もう少しだけチャレンジしてみたいと考えている。

　　2019 年 1 月

　　　　　　　　　　　　　　　　　　　　　　　曽和　俊文

事項索引

あ

IRS 調査 …………………………………… 148
　――の二重目的性 …………………… 159
　――の濫用 …………………………… 172
青色申告承認取消 ………………………… 316
　――処分の取消訴訟 ………………… 315
悪意に基づく調査 …………………… 66, 171
悪質業者による被害事例 ………………… 363
アクセス権（right of access） ………… 21
　――の強制 …………………………… 44
アクセス・コピー権 ……………………… 21
アド・ホックな調査機関 ………………… 356
アメリカ行政法理論の伝統的モデル …… 13
アメリカの税務調査制度 ………………… 308

い

一斉交通検問 ……………………………… 291
一般調査（general investigation） … 16, 21
一般調査権の発展 ………………………… 91
一般調査権の発動 ………………………… 21
一般的必要性論 …………………………… 330
一般令状 …………………………………… 120
一方的手続（ex parte proceeding） …… 135
違法収益剥奪処分 ………………………… 374
違法収集証拠排除法則（ルール）… 138, 304
医療事故情報の収集分析 ………………… 355
インシデント情報の収集 ………………… 349

う

運輸安全委員会 …………………………… 354

え

営業上の秘密情報の取扱い ……………… 112
営業保証供託制度 ………………………… 371
エクイティ上の救済手段 ………………… 377
エクイティ上の権限 ………………… 85, 169
FTC（連邦取引委員会） ………………… 14
　――の設立経過 ……………………… 91
FTC 調査権の意義と機能 ………………… 15
FTC 調査権を強化する FTC 法改正案 …… 42
FTC 法改正 ………………………………… 116
LB プログラム（Line of Business Report
　Program） …………………………… 41, 97
enforcement ………………………………… 29

お

Open Fields 理論 ………………………… 141
OSHA 検査 …………………………… 119, 122

か

会計検査院長（Comptroller General）
　 ……………………………………… 101, 169
会計士・顧客特権（accountant-client
　privilege） …………………………… 76
開示（discovery）手続 …………………… 28
火災原因の調査 …………………………… 355
加算税（civil penalty） ……… 151, 381, 383
　――の賦課 …………………………… 389
課税処分等のための調査 ………………… 307
課税処分の取消訴訟 ……………………… 315
課徴金制度 ………………………………… 374
課徴金納付命令 …………………………… 293
課徴金賦課における考慮要素の拡充 …… 391
合衆国行政協議会 …………………… 23, 85
合併事前報告制度（Pre-merger Notification
　Program） …………………………… 93
カネミ油症訴訟 …………………………… 249
過料（civil forfeiture） …………………… 25
　――による強制 ……………………… 39
　長が科す―― ………………………… 383
過料徴収の民事訴訟 ……………………… 25
過料累積停止の認容基準 ………………… 43
管轄権抗弁（jurisdictional defense） …… 50
間接強制立入検査 …………………… 225, 231
　――と実力強制立入検査の区別 …… 276
関連性および重要性要件 ………………… 153
関連性および特定性 ……………………… 106
関連性要件 …………………………… 68, 72

き

期間制限（statute of limitation）............ *163*
企業秘密................................ *112, 214*
企業秘密保護法......................... *140, 144*
規制権限（regulatory power）............ *13*
　――の発動裁量（prosecutorial discretion）
　.................................... *110*
規制制定手続............................ *102*
　調査計画と――との関連................ *102*
規制措置申立て権........................ *305*
規制対象業界と規制行政機関の癒着........ *354*
規制的調査（regulatory investigation）... *15*
規則制定権.............................. *17*
既判力（collateral estoppel）............ *67*
既判力原則（the principles of res judicata
　and collateral estoppel）.............. *67*
客観的侵害（objective intrusiveness）.... *131*
客観的必要性............................ *331*
救済方法に関する司法裁量................ *223*
行政介入請求権.......................... *259*
行政過程論.......................... *211, 235*
行政管理予算庁（Office of Management
　and Budget）.......................... *100*
行政機関の行為類型...................... *206*
行政機関の公益独占.................. *267, 335*
行政警察と司法警察の区別................ *289*
行政裁量................................ *387*
行政上の一般的制度...................... *207*
行政上の義務の民事執行.................. *49*
行政上の義務履行確保.................... *382*
行政上の捜索（administrative search）... *130*
行政情報の公開.......................... *112*
行政情報の法的コントロール.............. *212*
行政制裁金.............................. *381*
行政責任追及と事故原因調査.............. *353*
行政調査
　――で得た資料の刑事事件での利用可
　　能性................................ *65*
　――と刑事調査との関係............ *158, 284*
　――と刑事調査の峻別.................. *186*
　――と法律の根拠.................. *59, 238*
　――の意義と機能の拡大................ *110*
　――の位置づけ........................ *206*
　――の違法と後続処分の取消訴訟........ *303*
　――の違法と国家賠償訴訟.............. *302*
　――の概念............................ *11*
　――の瑕疵の効果...................... *301*
　――の事前の司法審査.................. *108*
　――の司法的執行の原則........ *48, 49, 136*
　――の用語............................ *203*
　――の類型............................ *358*
違法な――に対する司法救済.............. *228*
憲法35条・38条と独禁法上の――
　.................................... *295*
裁量的決定における――.................. *211*
捜索と――の関連の問題.................. *293*
行政調査運営計画........................ *286*
行政調査基本法.......................... *286*
　韓国における――...................... *286*
行政調査資料の他目的利用................ *186*
行政調査手続
　――と行政手続法...................... *281*
　――における証人の手続的権利保障...... *78*
　――に対する憲法上の制約.............. *185*
　――の立法的整備の課題................ *281*
行政調査命令に対する一般的審査基準...... *57*
行政調査命令の法的統制基準.............. *106*
行政調査論が登場することの背景.......... *204*
行政的召喚令状（administrative subpoena）
　.................................... *12*
行政手続
　――に関する司法長官委員会報告書...... *26*
　――の整備............................ *128*
行政手続法.............................. *281*
　行政調査手続と――.................... *281*
行政手続法草案.......................... *280*
行政手続法法律案要綱（案）.............. *280*
行政と司法との役割分担.................. *378*
行政による被害回復命令.................. *376*
行政の実効性確保........................ *382*
行政の不作為の違法論.................... *237*
行政法執行システム...................... *345*
　狭義の――............................ *345*
　広義の――............................ *345*
供託命令................................ *371*

新しいタイプの――……………… 373
協調的法執行………………………… 389
業務停止命令………………………… 367
銀行の秘密保持義務………………… 341
銀行秘密特権………………………… 218
銀行秘密法（Bank Secrecy Act）……… 165
銀行法………………………………… 364
緊密な政府規制を受けている営業（closely regulated business）……………… 132
金融商品取引法……………………… 365

け

計画行政法論………………………… 260
経済的不利益制度…………………… 386
警察官職務執行法（警職法）……… 288
――2条……………………………… 289
形式的審査主義……………………… 243
形式的・抽象的審査型……………… 326
刑事・行政手続峻別論……………276, 296
刑事責任の追及と事故原因調査…… 352
刑事訴訟法47条……………………… 359
刑事調査（criminal investigation）…… 151
――と行政調査との関係………158, 284
――と民事調査との二重目的……… 174
行政調査と――の峻別……………… 186
刑事調査部（Criminal Investigation Division）…………………………… 151
刑事手続での行政調査資料の利用… 277
刑事法執行部（Criminal Enforcement Division）…………………………… 151
刑事目的抗弁（criminal purpose defense）…………………………… 175
刑罰による強制……………………… 36
権限逸脱の法理（ultra vires theory）…… 50
権限発動の自由裁量性（起訴便宜主義）…… 267
検査拒否罪…………………………… 314
建築士法10条1項…………………… 383
建築主事の審査範囲………………… 244
憲法35条……………………………… 222
憲法13条……………………………… 222
権力的行政調査……………………… 311
権力的事実行為……………………… 228
権力分立制度………………………… 34

こ

高圧ガス・LPガス事故の調査機関…… 355
公益通報者保護制度………………… 278
公記録（public record）……………… 179
公金支出と法律の根拠……………… 169
抗告訴訟と国家賠償訴訟との関係…… 245
広告実証制度（Ad. Substantiation Program）…………………………… 94
公正取引委員会……………………… 19
――の立入検査……………………… 48
――の犯則調査権…………………297, 299
交通事故総合分析センター………… 355
合理性基準…………………………… 130
ゆるやかな――……………………… 126
合理的決定理論……………………… 260
合理的明確さの要件………………… 154
Corporate Patterns Report Program…… 105
国税庁長官通達……………………… 341
個人情報保護条例…………………… 282
国家賠償訴訟での調査義務違反…… 254
国家賠償訴訟の違法と取消訴訟の違法…… 255
国庫説………………………………… 310
個別事件調査（special investigation）…15, 19
――の発動…………………………… 19
――の非公開原則…………………… 87
個別事件調査権と刑事調査権との区別と関連…………………………… 65
個別的必要性論……………………… 330
個別法による業界規制……………… 365
コモン・ロー上の証言拒否特権…… 76
コンプライアンス体制の確立……… 391

さ

裁決型聴聞（adjudicative hearing）…… 23
再発防止策の提言…………………… 360
再発防止を目的とする事故調査機関…… 354
裁判所侮辱罪（contempt of court）…… 22
裁量型課徴金………………………… 382
裁量基準……………………………… 388
裁量権の逸脱・濫用………………… 388
詐欺的商法…………………………… 362
作為的インジャンクション（mandatory

injunction）訴訟 …………………… 39
探り出し的調査（fishing expedition）……… 55
査察官調査における事前告知要件 ……… 181
査察部（Intelligence Division）…………… 151
差止命令（cease and desist order）………… 15
三面的・多面的対立構造…………… 211, 263

し

事業所のプライバシー………………… 224
事件性 ………………………………… 31, 33
事故原因調査の必要性 ………………… 347
事故原因調査のプロセス ……………… 349
自己情報コントロール権 ……………… 214
事故調査機関に求められる組織的属性 … 356
自己負罪拒否特権（self-incrimination
　　privilege）……… 73, 180, 214, 296, 352, 359
事故防止措置の懈怠 …………………… 348
事前規制的一般調査 ……………………… 17
事前通知 ……………………………… 336
　　——と聴聞の保障 ………………… 136
　　——のメリットとデメリット …… 337
　　調査の—— …………… 79, 273, 283
　　反面調査に先だつ調査の—— …… 342
執行訴訟（enforcement action）……… 24, 155
　　——における訴訟参加権 ………… 163
　　——の性格 ………………………… 38
実質審査主義 ………………………… 243
実質的・具体的審査型 ………………… 327
実質的に保護に価する利益（substantial
　　protectable interest）……………… 161
質問検査権 …………………………… 307
　　——行使の要件・手続 …………… 319
　　——制度の合憲性 ………………… 319
　　——と憲法上の令状主義の関係 … 319
　　——の行使における適正手続の内容… 216
　　——をめぐる法的紛争場面の性格… 316
　　申告納税方式と——の法理との関係… 311
質問書（interrogatories）……………… 178
実力強制立入検査 ……………………… 229
実力による調査の強制の必要性 ……… 322
私的ファイルの捜索 …………………… 126
自発的遵守手続（voluntary compliance
　　procedure）………………………… 19

司法権 …………………………………… 32
司法省反トラスト局 …………………… 27
司法的（judicial）……………………… 32
司法的執行（judicial enforcement）… 29, 156
　　行政調査の——の原則 …… 48, 49, 136
社会的規制行政 ………………………… 346
社会的不公平の是正 …………………… 312
住居の不可侵 …………………………… 275
州際・州内記録二分論 ………………… 51
州際通商委員会（Interstate Commerce
　　Commission, ICC）……………… 30, 31
修正 1 条の価値 ………………………… 125
修正 5 条 ………………………………… 54, 73
修正 4 条 ……………………………… 54, 130
　　——に言う捜索 …………………… 142
　　——の文言 ………………………… 124
　　預金者の——上の権利 …………… 166
州における行政調査権 ………………… 13
主観的侵害（subjective intrusiveness）… 131
準刑事手続 …………………………… 215
準立法的権限行使 ……………………… 15
召喚状（summon）………………… 27, 148
　　——発給権 ………………… 150, 153
　　——発給目的 ……………………… 153
　　——を強制する方法 ……………… 155
　　——を発する相手方 ……………… 153
召喚令状（subpoena）……………… 21, 23
　　——の強制 ………………………… 30
　　——発給権の地方局長への委任 …… 62
上空からの工場写真の撮影 …………… 139
証言記録のコピーを得る権利 ………… 84
証言録取書（depositions）…………… 178
証拠開示（discovery）制度 ………… 173
証人召喚令状（subpoena ad testicandum）
　　……………………………………… 12
証人の手続的権利とデュープロセス条項
　　との関係 …………………………… 83
消費者安全法 ………………………… 366
消費生活用製品安全法 93 条 ………… 278
情報化社会 …………………… 113, 212
情報調査（informational investigation）…… 16
情報法 ………………………………… 212
食品事故の監視 ……………………… 355

事項索引　401

職務執行令状（writ of mandamus）………22
職務質問の限界……………………………290
所持品検査…………………………………290
職権主義の原則……………………………280
所得税法234条……………………………307
処分基準……………………………………384
自力執行力……………………………………48
申告（complaint）……………………………19
申告（期限）前の調査……………………329
申告書関連情報（Return Information）…182
申告納税方式………………………………309
　──と質問検査権の法理との関係……311
審判開始決定…………………………………19
審判開始決定前調査（pre-complaint
　investigation）………………………………20
審判手続（adjudicative proceeding）………15
　──における調査……………………………20
新聞社に対する調査………………………123
人民主権説…………………………………310

す

推計課税……………………………………315
水質汚濁防止法（Clean Water Act）……390
すきま事案…………………………………366
スモン訴訟…………………………………249

せ

制裁的行政処分……………………………386
正式調査（formal investigation）……………18
制度的悪意（institutional bad faith）基準
　………………………………………………178
税務行政と直接関係のない刑事法執行
　（nontax criminal law enforcement）…182
税務職員の守秘義務………………………340
税務調査
　──の違法と課税処分の違法との関係
　……………………………………248, 303
　──の特徴・特殊性……………………308
　──をめぐる諸外国の法制度…………320
税務調査権行使の要件……………………185
税務調査資料の刑事手続での利用………185
税務調査手続の改正………………………285
税務調査手続の整備………………………279

税理士の調査への立会い…………………339
説明命令……………………………………370
　──の発動要件…………………………370
善意基準……………………………………176
1976 Tax Reform Act………………………149
センサス法による秘密性保障………………75
センシティブな情報………………………297
専属告発制度………………………………294

そ

早期介入の必要性…………………………369
捜索令状申請権……………………………152
相当の理由（probable cause）……79, 119, 179
　──基準の緩和……………………131, 134
　伝統的な──基準………………………131
即時強制……………………………………206
　──立入検査……………………225, 284
　──を授権した例………………………290
措置請求……………………………………366
訴追勧告前基準……………………………176
　司法省への──…………………………178
訴追的調査（prosecutorial investigation）…15

た

対決・反対尋問権……………………………84
第三者的記録保管者（third-party record
　keepers）…………………………………163
第三者に対する捜索と被疑者に対する捜索…125
第三者の立会い……………………………339
対審的（adversary）…………………………38
代替的保障措置……………………………133
台帳課税主義………………………………244
滞納処分のための調査……………………307
大陪審（Grand Jury）………………………28
宅地建物取引業法…………………………364
　──25条1項……………………………371
多元的な法執行……………………………379
多数消費者財産被害事態…………………366
立入検査（inspection）……………………130
　──と文書提出命令の選択……………227
　間接強制──………………………225, 231
　間接強制──と実力強制立入検査の区別
　………………………………………………276

行政上の―― ……………………… 117
公正取引委員会の―― ……………… 48
事実行為としての――の取消訴訟の性格
　 …………………………………… 232
実力強制―― ……………………… 229
即時強制―― ………………… 225, 284
複合的強制―― …………………… 225
令状なき強制―― ………………… 223
立入検査権 ………………………… 152

ち

注意喚起 …………………………… 366
調査
　――と規制制定との関係 ………… 103
　――の懈怠 ………………………… 301
　――の懈怠と義務付け訴訟 ……… 305
　――の懈怠と後続処分の取消・無効確認
　　訴訟 …………………………… 305
　――の懈怠と国家賠償訴訟 ……… 304
　――の実効性確保 ………………… 278
　――の遅延 ………………………… 34
　――の適切性 ……………………… 262
　――の適切性を判定する基準 …… 261
　――の日時・場所の合理性要件 … 154
　――の日時、目的、調査範囲を知らせる
　　事前通知 ……………………… 283
　――の必要性 ……………………… 328
　――の比例原則 …………………… 280
　審判手続における―― ……………… 20
調査一回原則 ……………………… 154
調査開始決定 ……………………… 19
調査開始裁量の統制 ……………… 334
調査概念
　狭義の―― ………………………… 257
　広義の―― ………………………… 256
調査過程の合理性 ………………… 216
　――を求める権利 ………………… 314
調査過程の不適切性と判断過程の瑕疵 … 254
調査可能事項と調査禁止事項との関係 … 245
調査義務
　――で言う調査の概念 …………… 256
　――と法律の根拠 ………………… 238
　――の構造 ………………………… 252

――の規範論的根拠 ……………… 258
課税処分と―― …………………… 247
行政計画と―― …………………… 251
高度の―― …………………… 240, 250
裁量的決定における―― ………… 246
三面的対抗関係における―― …… 249
実体的違法と――の関係 ………… 254
訴訟類型の違いと―― …………… 252
法律による――の緩和 …………… 243
ゆるやかな―― …………………… 241
調査義務違反 ……………………… 304
調査義務論登場の背景 …………… 235
調査協力度合い …………………… 387
調査局（Audit Division） ………… 151
調査計画の承認手続 ……………… 101
調査権
　――と規制権の区別論 …………… 60
　――と公表権との結合 …………… 94
　――と犯罪捜査との関係 ………… 280
　――の拡充 ………………………… 373
　――の発動を求める権利 … 264, 270, 334
調査権限外の抗弁 ………………… 61
調査権限の有無 …………………… 231
調査権限不存在確認訴訟 ………… 232
調査権行使の手続的要件 ………… 185
調査権行使の要件の差異 ………… 158
調査権発動の実体的要件 ………… 185
調査裁量の法的統制 ……………… 325
調査事項の選択裁量の統制 ……… 257
調査自体の瑕疵 …………………… 301
調査実施差止訴訟 ………………… 232
調査手段 …………………………… 220
　――の選択 …………………… 221, 283
　――の選択裁量 ……………… 110, 227
　――の選択裁量の統制 …………… 123
　――の相当性 ……………………… 292
調査手法の見直し ………………… 391
調査請求権 ………………………… 305
　――の否定論 ……………………… 266
　条理上の―― ……………………… 269
　法律・条例による―― …………… 268
調査対象事項の選択 ……………… 262
調査対象選択手法 ………………… 332

調査対象選択の合理性 331
調査対象たる私人の権利・利益 210
調査聴聞 (investigational hearing) 23
　——における証人の手続的権利 80
調査手続
　——と裁決手続との区別論 83
　——と審判手続との並行実施 96
　——とデュープロセス条項との関係 78
　——における証人の権利 78
　——の遵守 231
調査場所の修正 85
調査範囲
　——に関する抗弁 98
　——に対する裁判所の審査 71
　——の修正 85
　——の適切性 231
　——のゆるやかな特定性要件 57
　調査目的および——の事前通知 79, 283
調査費用の補償 (reimbursement)
　　　　　　　　　　 89, 168, 218, 342
　自動的な—— 170
調査負担の合理性 231
調査不服従を確認する通知 (notice of default) 25
調査命令 22
　——の取消訴訟 229, 231, 302
調査目的
　——および調査範囲の事前通知 79
　——との関連性 313
　——と求める情報の関連性要件 57
　——や調査理由の開示 274, 283
　正当な—— 106
調査理由
　——と調査目的の開示 283
　——の事前開示 79, 338
徴収局 (Collection Division) 151

つ

通告処分 383

て

適正手続 106, 216
　——の法理 303

質問検査権の行使における——の内容 216
適正な手続の遵守を求める権利 314
適切な調査を求める権利・利益 210
適切な調査を要求する権利 259
デュープロセス 32, 35

と

同意命令手続 (consent order procedure) 19
10日以上の猶予要件 154
10日間の猶予のある事前通知 (ten-day notice) 88
特定性要件 68, 72
　調査範囲のゆるやかな—— 57
独立行政委員会 14
独占禁止法執行 293, 391
独占禁止法上の課徴金 381
独占禁止法45条1項 266
独占禁止法40条 21
独占禁止法46条 21
取消訴訟における調査義務違反 253
取引上の秘密 (trade secret) 77, 86

な

内国歳入庁 (Internal Revenue Service, IRS) 148
内国歳入法典7601条以下 150
名古屋市公害防止条例39条 268

に

二重効果的規制行政 226
二重処罰禁止原則との関係 385
二重目的 (dual purpose) 152
二段階訴訟手続 (two-stage proceeding) 33
　——による強制 155
任意調査 150, 157
　——としての立入り 114
　——と法律の根拠 59
　——に対する手続的統制 282
　——の促進 18
　純粋な—— 207, 311

ぬ

抜き打ち調査の必要性······················337

の

納税義務（tax liability）の確定············151
納税者
　——の権利章典···························280
　——の訴訟参加権····················160, 219
　——のプライバシー利益·················181
　反面調査に対する——の拒否権·········343
納税者提出申告書関連情報（Taxpayer
　Return Information）·····················182

は

排除措置命令································293
ハインリッヒの法則···························349
反射的利益論······················251, 267, 335
反則金···383
犯則事件のための調査······················307
犯則調査······································300
　——に関する法理·························321
犯則調査権限·································299
判断過程の統制方式························246
反トラスト調査権······························29
反面調査·································159, 217
　——に応じるコスト···················218, 342
　——に先だつ調査の事前通知·········342
　——に対する納税者の拒否権·········343
　——の執行停止請求権·················219
　——の対象·································217
　——のための特別手続···················164
　——の停止（stay）申請権··············163
　——の法的統制···························340
　——の補充性·······························343

ひ

被害回復命令の公益性·····················377
被害拡大防止措置の懈怠··················348
非開示特権·····························106, 214
　——を持つ情報（privileged information）
　···73, 313
被害者救済の制度···························350

非公式調査（informal investigation）·······18
秘密性保護措置······························86
秘密性保護命令（protective order）······87
百条調査権···································230
表見主義の原則······························244
比例原則·······················216, 228, 292

ふ

不意打ち調査·························126, 227
フーバー委員会·······························60
不起訴記録の開示···························352
不合理な負担要件···························57
不作為の違法を理由とする国家賠償訴訟···267
侮辱処罰権···································34
負担の合理性································106
不当表示を対象とした賦課金制度·······375
不当目的禁止の原則（improper purpose
　doctrine）·································64
不当目的抗弁（improper purpose defense）
　··65, 171
不当目的調査································332
不当利得の回収······························385
不問処分·································19, 267
プライバシーの権利の公法的側面········205
プライバシーの合理的期待···············142
プライバシー法······························111
　金融上の——（the Financial Right to
　Privacy Act）·······················164, 171
プリ・エンフォースメント訴訟（pre-
　enforcement review）················37, 97
文書開示（discovery）······················39
文書持参証人召喚令状（subpoena duces
　tecum）·····································12
文書証拠（documentary evidence）······45
文書提出命令（subpoena）·········115, 123
　立入検査と——の選択·················227
　令状と——との差異····················126

へ

並行手続（parallel proceedings）··········66
弁護士依頼権（the right to counsel）······80
弁護士・依頼人特権（attorney-client
　privilege）·····························76, 214

ほ

報告書要求権（report power）………… *21, 24*
法執行システム……………………………… *383*
放置違反金…………………………………… *383*
法廷侮辱罪…………………………………… *155*
保険業法……………………………………… *365*
保険制度による救済………………………… *350*
補償（額）を命じる場合の判断基準……… *170*
北海道砂利採取計画の認可に関する条例
　　6条、7条………………………………… *372*

み

三重県公害防止条例40条…………………… *268*
身分証の携帯・提示………………… *273, 283*
ミランダ告知（miranda warnings）……… *180*
民事上の損害賠償…………………………… *351*
民事調査（civil investigation）…………… *151*
　　刑事調査と――との二重目的………… *174*
民事調査請求（Civil Investigative Demand,
　　CID）………………………………………*28*
民主商工会…………………………………… *324*

め

命令・監督手法……………………………… *389*

も

黙示的同意（implied consent）…………… *129*
　　調査への――……………………………… *120*

よ

予備調査（preliminary investigation）……*19*
予防的規制…………………………………… *353*

り

より制限的でない手段（less drastic means）
　　………………………………………………*127*

リーニエンシー・プログラム……………… *278*
利害関係人の訴訟参加……………………… *160*
立法調査（legislative investigation）………*16*
略式手続（summary proceeding）…………*38*
旅行業法……………………………………… *365*
　　――7条1項……………………………… *371*

れ

令状システムに代わる合理的検査システム
　　……………………………………………… *136*
令状主義……………………………………… *274*
　　――の及ぶ範囲………………………… *221*
　　――の現実的機能……………………… *322*
　　――の趣旨……………………………… *296*
　　――の例外……………………………… *121*
　　――をめぐる問題……………………… *313*
令状主義原則………………………………… *118*
　　――の妥当性をめぐる議論…………… *128*
令状なしの実力強制調査…………………… *276*
令状発給要件………………………… *223, 225*
連邦行政手続法（Administrative Procedure
　　Act, APA）…………………………………*36*
　　――6条(a)項………………………………*81*
連邦取引委員会――→FTC（Federal Trade
　　Commission）
連邦レポート法……………………………… *100*
労働安全健康法（The Ocupational Safety
　　and Health Act, OSHA）……………… *117*

判例索引

【日本の判例】

東京地判昭 43・1・31 判時 507-7	*325*
最一小判昭 43・6・27 判時 523-38	*241*
東京地判昭 44・6・25 判時 565-46	*317*
千葉地判昭 46・1・27 判時 618-11	*318*
大阪地判昭 46・9・14 訟月 18-1-44	*248*
静岡地判昭 47・2・9 判時 659-36	*220, 318, 340*
最一小判昭 47・11・16 民集 26-9-1573	*266, 305*
最大判昭 47・11・22 刑集 26-9-554	*147, 221, 275, 318*
最一小判昭 47・11・30 民集 26-9-1746	*229*
最三小決昭 48・7・10 刑集 27-7-1205	*147, 158, 216, 274, 318*
東京高判昭 48・7・13 行集 24-6=9-533	*246*
東京地判昭 48・8・8 行集 24-8=9-763	*303*
広島高岡山支判昭 48・9・11 判時 719-102	*230*
東京地判昭 50・3・18 行集 26-3-346	*332*
東京高判昭 50・3・25 判時 780-30	*220*
京都地判昭 50・7・18 判時 816-34	*326*
大阪高判昭 50・11・27 判時 797-36	*251*
大阪高判昭 51・1・29 シュト 167-45	*248*
東京高判昭 51・3・30 判時 810-4	*253*
金沢地判昭 53・3・1 判時 879-26	*249*
福岡地小倉支判昭 53・3・10 判時 881-17	*250*
東京高判昭 53・7・18 判時 900-68	*265*
東京高判昭 53・8・3 判時 899-48	*249*
最一小判昭 53・9・7 刑集 32-6-1672	*291*
広島地判昭 53・12・19 判時 923-68	*230*
東京高判昭 54・9・27 判時 939-26	*245*
横浜地判昭 54・10・31 判時 947-35	*267*
東京高判昭 54・12・27 判時 956-67	*243*
名古屋地判昭 55・9・11 判時 976-40	*251*
最三小決昭 55・9・22 刑集 34-5-272	*292*
名古屋高金沢支判昭 56・1・28 判時 1003-104	*251*
浦和地判昭 56・9・18 判時 1030-65	*242*
静岡地判昭 56・12・4 行集 32-12-2205	*230, 302*
最三小判昭 57・1・19 判時 1031-117	*237*
福岡地小倉支判昭 57・3・29 判時 1037-14	*250*
東京地判昭 57・4・28 判時 1059-87	*243*
千葉地判昭 57・6・4 判時 1050-37	*247*
大阪高判昭 57・8・31 判時 1064-63	*242*
大分地判昭 58・1・24 行集 34-1-71	*252*

大阪高判昭 58・2・28 判時 1088-81 …………………………………… *246*
東京高判昭 58・3・30 判時 1077-71 …………………………………… *242*
浦和地判昭 58・7・13 判時 1094-24 …………………………………… *244*
東京地判昭 58・9・29 判自 13-131 …………………………………… *265*
大津地判昭 58・11・28 判時 1119-50 ………………………………… *246*
福岡高判昭 59・3・16 判時 1109-24 …………………………………… *250*
最三小判昭 59・3・27 刑集 38-5-2037 ……………………………… *215, 321*
最二小判昭 59・3・29 判時 1112-20 …………………………………… *237*
福岡高判昭 59・5・16 判時 1135-35 …………………………………… *253*
東京地判昭 59・5・18 判時 1118-28 …………………………………… *223*
大分地判昭 59・9・12 判時 1149-102 ………………………………… *245*
最一小判昭 59・11・26 判時 1149-87 ………………………………… *243*
大阪高判昭 59・11・29 訟月 31-7-1559 …………………………… *229, 321*
大阪地判昭 59・11・30 判時 1151-51 ……………………………… *248, 303*
最三小判昭 60・1・22 民集 39-1-44 ………………………………… *240, 305*
東京地判昭 60・1・25 判時 1167-70 …………………………………… *242*
福岡地小倉支判昭 60・2・13 判時 1144-18 ………………………… *250*
最三小判昭 60・7・16 判時 1168-45 …………………………………… *246*
東京高判昭 60・7・17 判時 1170-88 …………………………………… *251*
東京地判昭 60・11・25 判時 1178-62 ………………………………… *265*
津地判昭 60・12・26 判時 1199-62 …………………………………… *247*
東京地判昭 61・3・31 判時 1190-15 ……………………………… *248, 303*
福岡高判昭 61・5・15 判時 1191-28 …………………………………… *250*
高知地判昭 61・6・23 判時 1248-108 ………………………………… *242*
最一小判昭 62・2・26 判時 1242-41 …………………………………… *244*
京都地判昭 62・3・23 判時 1232-77 …………………………………… *245*
東京地判昭 62・4・28 判時 1244-79 …………………………………… *245*
最一小判昭 63・3・31 判時 1276-39 …………………………………… *321*
最三小判昭 63・12・20 訟月 35-6-979 …………………………… *302, 321*

京都地判平元・3・24 シュト 329-38 …………………………………… *326*
大阪地判平 2・4・11 判時 1366-28 ……………………………… *303, 340*
東京地判平 3・1・31 判時 1376-58 …………………………………… *327*
東京地判平 3・2・27 シュト 358-35, 359-1 ………………………… *327*
金沢地判平 3・5・7 シュト 360-15 ……………………………………… *340*
大阪地判平 3・8・30 訟月 38-4-588 …………………………………… *333*
岡山地判平 4・4・15 税資 189-65 ……………………………………… *302*
福島地判平 5・7・19 税資 198-220 …………………………………… *303*
神戸地伊丹支判平 6・9・29 税資 205-726 …………………………… *302*
仙台高判平 7・7・31 税資 213-372 …………………………………… *303*
横浜地判平 8・10・2 税資 229-30 ……………………………………… *303*
横浜地判平 8・12・19 税資 230-65 …………………………………… *303*
最三小判平 10・10・13 判時 1662-83 ………………………………… *385*

最二小決平 16・1・20 刑集 58-1-26 ·· *277*
名古屋地判平 16・9・22 判タ 1203-144 ·· *388*
最三小判平 23・6・7 民集 65-4-2081 ·· *303*

【アメリカの判例】

A. O. Smith Corp. v. FTC, 396 F. Supp. 1108 (D. Del. 1975) ················· *95, 97, 102*
A. O. Smith Corp. v. FTC, 417 F. Supp. 1068 (D. Del. 1976) ································· *97*
A. O. Smith Corp. v. FTC, 530 F. 2d 515 (3d Cir. 1976) ································· *41*
Abbott Laboratories v. Gardner, 387 U. S. 136 (1967) ·································· *41*
Adams v. FTC, 296 F. 2d 861 (8th Cir. 1961) ···························· *68, 70, 71, 85, 108*
Aluminium Co. of America v. FTC, 390 F. Supp. 301 (S. D. N. Y. 1975) ················ *97*
Anheuser-Busch, Inc. v. FTC, 359 F. 2d 487 (8th Cir. 1966) ························· *37*
Arkey v. Lemke, 1962 Trade Case 70417 (1962) ··· *87*
Ashland Oil, Inc. v. FTC, 548 F. 2d 977 (D. C. Cir. 1976) ···························· *111*
Atlantic Richfield Co. v. FTC, 546 F. 2d 646 (5th Cir. 1977) ··························· *38*
Backer v. Commissioner of IRS, 275 F. 2d 141 (5th Cir. 1960) ······················· *82*
Barlow's, Inc. v. Usery, 424 F. Supp. 437 (1976) ·· *118*
Bellis v. United States, 417 U. S. 85 (1974) ·· *74*
Blue Ribbon Quality Meats, Inc. v. FTC, 560 F. 2d 874 (8th Cir. 1977) ············· *61*
Boren v. Tucker, 239 F. 2d 767 (9th Cir. 1957) ·· *175*
Bowlos v. Baer, 142 F. 2d 787 (7th Cir. 1944) ··· *81*
Boyd v. United States, 116 U. S. 616 (1886) ·· *54, 74*
Brown v. Walker, 161 U. S. 591 (1896) ··· *74*
Burlington Northern, Inc. v. ICC, 462 F. 2d 280 (D. C. Cir. 1972) ················· *45*
CAB v. Hermann, 353 U. S. 322 (1957) ·· *72*
CAB v. United Airlines, Inc., 542 F. 2d 394 (7th Cir. 1976) ························· *45*
California Bankers Ass'n v. Shultz, 416 U. S. 21 (1974) ································ *165*
California v. Ciraolo, 476 U. S. 207 (1986) ··· *142*
Camara v. Municipal Court, 387 U. S. 523 (1967) ·················· *6, 46, 118, 120, 128, 145*
Chrysler Corp. v. Brown, 441 U. S. 281 (1979) ··· *111*
Clarke v. FTC, 128 F. 2d 542 (9th Cir. 1942) ··· *34*
Cobbledick v. United States, 309 U. S. 323 (1940) ·· *28*
Colonnade v. United States, 397 U. S. 72 (1970) ························ *6, 118, 121, 129, 152*
Couch v. United States, 409 U. S. 322 (1973) ································ *77, 149, 180*
Craft v. FTC, 244 F. 2d 882 (9th Cir. 1957) ··· *59*
Cudahy Packing Co. v. Holland, 313 U. S. 357 (1942) ··································· *62*
DiPiazza v. United States, 415 F. 2d 99 (6th Cir. 1969) ································· *175*
Donaldson v. United States, 400 U. S. 517 (1971) ························· *64, 149, 161, 175, 219*
Donovan v. Dewey, 452 U. S. 549 (1981) ·· *140*
Dow Chemical Co. v. United States, 476 U. S. 227 (1986) ··················· *8, 139, 239*
EEDC v. General Motors Corp., 569 F. 2d 315 (5th Cir. 1978) ····················· *169*
Ellis v. ICC, 237 U. S. 437 (1915) ·· *50*
Endicott Johnson Corp. v. Perkins, 317 U. S. 501 (1943) ································· *51*

Exxon Corp. v. FTC, 436 F. Supp. 1012 (D. Del. 1977) ·················· 88
Exxon Corp. v. FTC, 588 F. 2d 895 (3d Cir. 1978) ····················· 38
Falsone v. United States, 205 F. 2d 734 (5th Cir. 1953) ················ 77
FCC v. Cohn, 154 F. Supp. 899 (1957) ································ 85
FCC v. Schreiber, 329 F. 2d 517 (9th Cir. 1964) ··················· 82, 84
FCC v. Schreiber, 381 U. S. 279 (1965) ····················· 86, 87, 104
First Nat. City Bank v. FTC, 538 F. 2d 937 (2d Cir. 1976) ············· 37
Fisher v. United States, 425 U. S. 391 (1976) ···················· 149, 180
Fleming v. Mohawk Wrecking & Lumber Co., 331 U. S. 111 (1947) ········ 62
Flotill Products, Inc. v. FTC, 278 F. 2d 850 (9th Cir. 1960) ············· 20
FMC v. New York Terminal Conference, 373 F. 2d 424 (2d Cir. 1967) ···· 36
Frank v. Maryland, 359 U. S. 360 (1959) ····················· 6, 120, 128
FTC v. Ace Book, Inc., 1961 Trade Case 70164 (S. D. N. Y. 1961) ···· 85, 90
FTC v. American Standard, Inc., Civ. No. M-18-304 (1975) ·············· 98
FTC v. American Tobacco Co., 264 U. S. 298 (1924) ············ 44, 54, 55
FTC v. Anderson, 442 F. Supp. 1118 (D. D. C. 1977) ·············· 88, 113
FTC v. Associated Merchandising Corp., 261 F. Supp. 553 (S. D. N. Y. 1966) ··········· 71
FTC v. Atlantic Richfield Co., 567 F. 2d 96 (D. C. Cir. 1977) ········ 91, 96
FTC v. Baltimore Grain Co., 284 F. 886 (D. Md. 1922) ················· 44
FTC v. Browning, 435 F. 2d 96 (D. C. Cir. 1970) ··················· 24, 70
FTC v. Carter, 464 F. Supp. 633 (D. D. C. 1979) ··············· 71, 88, 170
FTC v. Claire Furnace Co., 274 U. S. 160 (1927) ······················ 40
FTC v. Claire Furnace Co., 285 F. 936 (D. C. Cir. 1923) ············ 51, 92
FTC v. Cockrell, 431 F. Supp. 561 (D. D. C. 1977) ····················· 88
FTC v. Continental Can Co., 267 F. Supp. 713 (S. D. N. Y. 1967) ········ 86
FTC v. Craft, 355 U. S. 9 (1957) ····································· 60
FTC v. Crowther, 430 F. 2d 510 (D. C. Cir. 1970) ·············· 66, 79, 107
FTC v. Dilger, 276 F. 2d 739 (7th Cir. 1960) ·························· 75
FTC v. Dresser Industries, Inc., CCH 1977-1 Trade Cases 61400 (D. C. Cir. 1977) ········· 66, 90
FTC v. Feldman, 532 F. 2d 1092 (7th Cir. 1976) ···················· 67, 70
FTC v. Gibson, 460 F. 2d 605 (5th Cir. 1972) ························· 63
FTC v. Gibson Products of San Antonio, Inc., 569 F. 2d 900 (5th Cir. 1978) ··········· 71
FTC v. Gladstone, 450 F. 2d 913 (5th Cir. 1971) ······················ 24
FTC v. Green, 252 F. Supp. 153 (S. D. N. Y. 1966) ················· 70, 88
FTC v. Guignon, 390 F. 2d 323 (8th Cir. 1968) ······················ 107
FTC v. Hallmark, Inc., 265 F. 2d 433 (7th Cir. 1959) ·················· 71
FTC v. Harrell, 313 F. 2d 854 (7th Cir. 1963) ························ 23
FTC v. Kujawski, 298 F. Supp. 1288 (N. D. Ga. 1969) ·················· 39
FTC v. Lonning, 539 F. 2d 202 (D. C. Cir. 1976) ··················· 77, 87
FTC v. MacArthur, 532 F. 2d 1135 (7th Cir. 1976) ·················· 24, 71
FTC v. Markin, 532 F. 2d 541 (6th Cir. 1976) ·························· 67
FTC v. Maynard Coal Co., 22 F. 2d 873 (D. C. Cir. 1927) ············ 25, 92
FTC v. Miller, 549 F. 2d 453 (7th Cir. 1977) ·························· 60

判例索引　411

FTC v. Millers' National Fed'n, 47 F. 2d 428 (D. C. Cir. 1931) ……………………………………92
FTC v. P. Lorillard Co., 283 F. 999 (S. D. N. Y. 1922) ………………………………………………51
FTC v. Page, 378 F. Supp. 1052 (N. D. Ga. 1974) ………………………………………………79, 107
FTC v. Reed, 243 F. 2d 308 (7th Cir. 1957) ……………………………………………………20, 64
FTC v. Rockefeller, 591 F. 2d 182 (2d Cir. 1979) ………………………………………………90, 91
FTC v. Rubin, 145 F. Supp. 171 (S. D. N. Y. 1956) …………………………………………………63
FTC v. Rubin, 245 F. 2d 60 (2d Cir. 1957) …………………………………………………………64
FTC v. Scientific Living, 150 F. Supp. 495 (M. D. Pa. 1957) ……………………………………71
FTC v. Smith, 34 F. 2d 323 (S. D. N. Y. 1929) ………………………………………………………51
FTC v. Standard American, Inc., 306 F. 2d 231 (3d Cir. 1962) ……………………………70, 71, 85
FTC v. Stroiman, 428 F. 2d 808 (8th Cir. 1970) …………………………………………………24
FTC v. Swanson, 560 F. 2d (1st Cir. 1977) ………………………………………………………61
FTC v. Texaco, Inc., 517 F. 2d 137 (D. C. Cir. 1975) ……………………………………………71, 87
FTC v. Texaco, Inc., 555 F. 2d 862 (D. C. Cir. 1977) ……………………………61, 67, 70, 88, 113, 170
FTC v. Tuttle, 244 F. 2d 605 (2d Cir. 1957) …………………………………………………23, 51, 77
FTC v. United States Pipe and Foundry Co., 304 F. Supp. 1254 (D. D. C. 1969) ……………71, 86
FTC v. Western General Dairies, Inc., 432 F. Supp. 31 (N. D. Cal. 1977) …………………24, 107
G. M. Leasing Corp. v. United States, 429 U. S. 338 (1977) ……………………………………149
Genuine Parts Co. v. FTC, 445 F. 2d 1382 (5th Cir. 1971) ………………………………………40
Graber Manufacturing Co. v. Dixon, 223 F. Supp. 1020 (D. D. C. 1963) …………………38, 108
Green v. McClroy, 360 U. S. 474 (1959) ……………………………………………………………78
Greene County Planning Bd. v. FPC, 559 F. 2d 1227 (2d Cir. 1977) ……………………………169
Grosso v. United States, 390 U. S. 62 (1968) ……………………………………………………74
H. P. Hood & Sons, Inc., 58 F. T. C. 1184 (1961) …………………………………………………111
Hale v. Henkel, 201 U. S. 43 (1906) …………………………………………………………54, 74
Hall v. Lemke, 1962 Trade Case 70338 (1962) ……………………………………………………87
Hannah v. Larche, 363 U. S. 420 (1960) ……………………………………………54, 78, 83, 84
Harriman v. ICC, 211 U. S. 407 (1908) ……………………………………………………………92, 54
Hermann v. CAB, 237 F. 2d 359 (1956) ……………………………………………………………72
Hester v. United States, 265 U. S. 57 (1924) ……………………………………………………143
Hunt Food & Industries, Inc. v. FTC, 286 F. 2d 803 (9th Cir. 1961) ……………………………69, 108
ICC v. Brimson, 154 U. S. 447 (1894) ……………………………………………………………32
In re Cole, 342 F. 2d 5 (2d Cir. 1965) ……………………………………………………………161, 162
In re FTC Line of Business Report Litigation, 432 F. Supp. 274 (D. D. C. 1977) ………………98
In re FTC Line of Business Report Litigation, 595 F. 2d 685 (D. C. Cir. 1978)
　…………………………………………………………39, 76, 91, 95, 96, 98, 101, 102, 105, 113
In re Groban, 352 U. S. 330 (1957) …………………………………………………………29, 83
In re ICC, 53 F. 476 (C. C. N. D. Ill. 1892) …………………………………………………………32
In re Magnus, Mabee & Reynard, Inc., 311 F. 2d 12 (2d Cir. 1962) ……………………………175
In re Pacific Ry. Comm'n, 32 F. 241 (C. C. N. D. Cal. 1887) ……………………………………30, 31
Jenkins v. McKeithen, 395 U. S. 411 (1969) …………………………………………………83, 84
Joint Anti-Fasist Refugee Committee v. McGrath, 341 U. S. 123 (1951) ………………………78
Jurney v. MacCracken, 294 U. S. 125 (1935) ……………………………………………………35

Justice v. United States, 365 F. 2d 312 (6th Cir. 1966) ······ *161, 219*
Kastiger v. United States, 406 U. S. 441 (1972) ······ *74*
Katz v. United States, 389 U. S. 347 (1967) ······ *140, 141, 142*
Kohatsu v. United States, 351 F. 2d 898 (9th Cir. 1965) ······ *181*
Luther v. United States, 481 F. 2d 429 (4th Cir. 1973) ······ *162*
Marchett v. United States, 390 U. S. 39 (1968) ······ *74*
Marshall v. Barlow's, Inc., 436 U. S. 307 (1978) ······ *7, 46, 48, 117, 129, 140, 141, 145, 225*
Marshall v. Chromally Am. Corp., 589 F. 2d 1335 (7th Cir. 1979) ······ *136*
Marshll v. Pool Offshore Co., 7 O. S. H. Cas. (BNA) 1179 (W. D. La. 1979) ······ *135*
Marshall v. Weyerhaeuser Co., 456 F. Supp. 474 (D. N. J. 1978) ······ *135*
McGrain v. Daugherty, 273 U. S. 135 (1927) ······ *35*
Mead Corp., 62 F. T. C. 1467 (1963) ······ *82*
Menzies v. FTC, 242 F. 2d 81 (4th Cir. 1957) ······ *20, 64*
Michigan v. Tylar, 436 U. S. 399 (1978) ······ *123*
Midwest Growers Co-op. Corp. v. Kirkemo, 533 F. 2d 455 (9th Cir. 1976) ······ *47*
Miranda v. Arizona, 384 U. S. 436 (1966) ······ *180*
Moore Business Forms v. FTC, 307 F. 2d 188 (D. C. Cir. 1962) ······ *70*
New Orleans Public Service, Inc. v. Brown, 507 F. 2d 160 (5th Cir. 1975) ······ *169*
New York v. Burger, 482 U. S. 691 (1987) ······ *7*
O'Donnell v. Sullivan, 364 F. 2d 43 (1st Cir. 1966) ······ *161*
Oklahoma Press Publishing Co. v. Walling, 327 U. S. 186 (1946) ······ *53, 54, 55, 68, 108, 158, 235*
Oliver v. United States, 466 U. S. 170 (1984) ······ *140, 143*
Olmstead v. United States, 277 U. S. 438 (1928) ······ *142*
Papercraft Corp. v. FTC, 307 F. Supp. 1401 (W. D. Pa. 1970) ······ *96*
Penfield Co. v. SEC, 330 U. S. 585 (1947) ······ *34*
Quinn v. United States, 349 U. S. 155 (1955) ······ *74, 215*
Reisman v. Caplin, 375 U. S. 440 (1964) ······ *36, 38, 64, 149, 155, 160, 175*
Scarafiotti v. Shea, 456 F. 2d 1052 (10th Cir. 1972) ······ *162*
SEC v. Arthur Young & Co., 584 F. 2d 1018 (D. C. Cir. 1978) ······ *90, 169*
SEC v. Higashi, 359 F. 2d 550 (9th Cir. 1966) ······ *82*
SEC v. Wall Street Transcript Corp., 422 F. 2d 1371 (2d Cir. 1970) ······ *54*
See v. City of Seattle, 387 U. S. 541 (1967) ······ *6, 46, 118, 121, 128, 140*
Shapiro v. United States, 335 U. S. 1 (1948) ······ *74*
Smith v. United States, 337 U. S. 137 (1949) ······ *74, 215*
South Dakota v. Opperman, 428 U. S. 364 (1976) ······ *132*
St. Regis Paper Co. v. United States, 368 U. S. 208 (1961) ······ *25, 40, 57, 91*
Stanford Daily v. Zurcher, 353 F. Supp. 124 (N. D. Cal. 1972) ······ *124*
Stark v. Connally, 347 F. Supp. 1242 (N. D. Cal. 1972) ······ *165*
Stark v. Wickard, 321 U. S. 288 (1944) ······ *50*
T. C. Hurst & Son v. FTC, 268 F. 874 (E. D. Va. 1920) ······ *46*
Texas Industries, Inc., 67 F. T. C. 1378 (1965) ······ *96*
Tractor Training Service v. FTC, 227 F. 2d 420 (9th Cir. 1955) ······ *80*
Ullman v. United States, 350 U. S. 422 (1956) ······ *74*

Union Bag-Camp Paper Corp. v. FTC, 233 F. Supp. 660 (S. D. N. Y. 1964) ··· *96*
United States v. Associated Merchandising Corp., 256 F. Supp. 318 (S. D. N. Y. 1966) ················ *39*
United States v. Backer, 259 F. 2d 869 (2d Cir. 1958) ·· *155*
United States v. Bank of Commerce, 405 F. 2d 931 (3d Cir. 1969) ··· *161, 219*
United States v. Basic Products Co., 260 F. 472 (W. D. Penn. 1919) ································ *44, 51*
United States v. Benford, 406 F. 2d 1192 (7th Cir. 1969) ·· *161, 219*
United States v. Billingsley, 469 F. 2d 1208 (10th Cir. 1972) ·································· *176*
United States v. Bisceglia, 420 U. S. 141 (1975) ·· *149, 150*
United States v. Biswell, 406 U. S. 311 (1972) ··· *6, 119, 121, 129*
United States v. Carroll, 567 F. 2d 955 (10th Cir. 1977) ·································· *176*
United States v. Chase Manhattan Bank, 598 F. 2d 321 (2d Cir. 1979) ·································· *178*
United States v. Church of Scientology, 520 F. 2d 818 (1975) ································ *172, 174*
United States v. Continental Bank and Trust Co., 503 F. 2d 45 (10th Cir. 1974) ················· *162, 219*
United States v. Coopers & Lybrand, 550 F. 2d 615 (10th Cir. 1977) ··· *154*
United States v. Covington Trust & Banking Co., 431 F. Supp. 352 (E. D. Ky. 1977) ·········· *169, 170*
United States v. Dauphin Deposit Trust Co., 385 F. 2d 129 (3d Cir. 1968) ······················ *168, 169*
United States v. Davey, 426 F. 2d 842 (2d Cir. 1970) ·································· *89*
United States v. Deposit Trust Co., 385 F. 2d 129 (3d Cir. 1967) ·································· *90*
United States v. Dickerson, 413 F. 2d 1111 (7th Cir. 1969) ·································· *181*
United States v. Erdner, 422 F. 2d 835 (3d Cir. 1970) ·································· *175*
United States v. Euge, 444 U. S. 707 (1980) ·································· *149*
United States v. Farmers & Merchants Bank, 397 F. Supp. 418 (C. D. Cal. 1975)
·· *89, 90, 168, 169, 218*
United States v. Fensterwald, 553 F. 2d 231 (1977) ·································· *173*
United States v. First Nat. Bank, 173 F. Supp. 716 (W. D. Ark. 1959) ·································· *167, 218*
United States v. Friedman, 388 F. Supp. 963 (W. D. Pa. 1975) ·································· *168*
United States v. Friedman, 532 F. 2d 928 (3d Cir. 1976) ························ *89, 90, 168, 169, 170, 218*
United States v. Garden State Nat'l Bank, 607 F. 2d 61 (3d Cir. 1979) ·································· *178*
United States v. Genser, 595 F. 2d 146 (3d Cir. 1979) ·································· *178*
United States v. Haddad, 527 F. 2d 537 (6th Cir. 1975) ·································· *176*
United States v. Held, 435 F. 2d 1361 (6th Cir. 1970) ·································· *154*
United States v. Hodge & Zweig, 548 F. 2d 1347 (9th Cir. 1977) ·································· *176*
United States v. House, 524 F. 2d 1035 (3d Cir. 1975) ·································· *154*
United States v. Humble Oil & Refinings Co., 488 F. 2d 953 (5th Cir. 1974) ·································· *150*
United States v. Interstate Tool & Eng'r Corp., 526 F. 2d 59 (7th Cir. 1975) ·································· *154*
United States v. Jones, 351 F. Supp. 132 (M. D. Ala. 1972) ·································· *170*
United States v. LaSalle National Bank, 437 U. S. 298 (1978) ·························· *64, 149, 177, 178, 179*
United States v. Leahey, 434 F. 2d 7 (1st Cir. 1970) ·································· *181*
United States v. Litton Industries, Inc., 462 F. 2d 14 (9th Cir. 1972) ·································· *95*
United States v. Mancuso, 378 F. 2d 612 (4th Cir. 1967) ·································· *181*
United States v. Martinez-Fuerte, 428 U. S. 543 (1976) ·································· *132*
United States v. Maryland Bank & Trust Co., 76-1 U. S. Tax Cas. 9262 (D. Md. 1975) ············· *170*
United States v. Matras, 487 F. 2d 1271 (8th Cir. 1973) ·································· *153*

United States v. Miller, 425 U. S. 435 (1976) ··· *166*
United States v. Morgan Guaranty Trust Co., 572 F. 2d 36 (1978) ···································· *174*
United States v. Morton Salt Co., 338 U. S. 632 (1950) ·······························*29, 40, 45, 56, 91, 109, 158*
United States v. Newman, 441 F. 2d 165 (5th Cir. 1971) ··· *162*
United States v. Northwest Pa. Bank & Trust Co., 355 F. Supp. 607 (W. D. Pa. 1973) ············· *168*
United States v. O'Connor, 118 F. Supp. 248 (D. Mass. 1953) ··*64, 175*
United States v. O'Henry's Film Works, 598 F. 2d 313 (2d Cir. 1979) ···································· *178*
United States v. Pizzo, 260 F. Supp. 216 (S. D. N. Y. 1966) ··· *77*
United States v. Powell, 379 U. S. 48 (1964) ···*149, 155, 158, 171, 172*
United States v. Procter & Gamble Co., 256 U. S. 677 (1958) ··*28*
United States v. Rosinsky, 547 F. 2d 249 (4th Cir. 1977) ··· *176*
United States v. Roundtree, 420 F. 2d 845 (5th Cir. 1970) ·· *174*
United States v. San Juan Lumber Co., 313 F. Supp. 703 (D. Col. 1969) ······························*25*
United States v. Serubo, 604 F. 2d 807 (3d Cir. 1979) ·· *178*
United States v. St. Regis Paper Co., 285 F. 2d 607 (2d Cir. 1960) ·······································*75*
United States v. Steel, 238 F. Supp. 575 (S. D. N. Y. 1965) ··*82*
United States v. Troupe, 438 F. 2d 117 (8th Cir. 1971) ·· *176*
United States v. Wall Corp., 475 F. 2d 893 (D. C. Cir. 1972) ··· *176*
United States v. Weingarden, 473 F. 2d 454 (6th Cir. 1973) ··· *176*
United States v. White, 322 U. S. 694 (1944) ··*74*
United States v. Zack, 521 F. 2d 1366 (9th Cir. 1975) ·· *177*
UpJohn Co. v. United States, 101 S. Ct. 677 (1981) ·· *149*
Wandere v. Kaplan, 1962 Trade Case 70535 (D. D. C. 1962) ···*81*
Warden v. Hayden, 387 U. S. 294 (1967) ·· *126, 152*
Wealy v. FTC, 462 F. Supp. 589 (D. N. J. 1978) ··*88, 113*
Weyerhaeuser Co. v. Marshall, 452 F. Supp. 1375 (E. D. Wis. 1978) ··································· *135*
Wild v. United States, 362 F. 2d 206 (9th Cir. 1966) ·· *175*
Wilson v. United States, 221 U. S. 361 (1961) ··*74*
Wyman v. James, 400 U. S. 309 (1971) ·· *121*
Zicarell v. New Jersey, 406 U. S. 472 (1972) ··*74*
Zurcher v. Stanford Daily, 436 U. S. 547 (1978) ··*8, 110, 123, 227*

著者紹介

曽和 俊文（そわ・としふみ）
1951年、和歌山県生まれ。関西学院大学司法研究科教授。京都大学大学院法学研究科博士後期課程満期修了、京都大学助手、三重大学人文学部助教授・教授、関西学院大学法部教授を経て現職。行政法専攻。最近は環境法、地方自治法なども研究。

〈主要著作〉
「住民訴訟制度改革論」法と政治51巻2号159頁（2000年）
『行政法執行システムの法理論』（単著、有斐閣・2011年）
『ケースメソッド公法［第3版］』（共編著、日本評論社・2012年）
『行政法総論を学ぶ』（単著、有斐閣・2014年）
『事例研究行政法［第3版］』（共編著、日本評論社・2016年）
『現代行政法入門［第4版］』（共著、有斐閣・2019年）

関西学院大学研究叢書 第203編

行政調査の法的統制　　　　　　　　　（行政法研究双書 38）

2019(平成31)年3月30日　初版1刷発行

著 者　曽和俊文
発行者　鯉渕友南
発行所　株式会社 弘文堂　　101-0062 東京都千代田区神田駿河台1の7
　　　　　　　　　　　　　　TEL 03(3294)4801　振替 00120-6-53909
　　　　　　　　　　　　　　http://www.koubundou.co.jp

印　刷　三陽社
製　本　牧製本印刷

© 2019 Toshifumi Sowa. Printed in Japan
JCOPY 〈(社)出版者著作権管理機構　委託出版物〉
本書の無断複写は著作権法上での例外を除き禁じられています。複写される場合は、そのつど事前に、(社)出版者著作権管理機構（電話 03-5244-5088、FAX 03-5244-5089、e-mail: info@jcopy.or.jp）の許諾を得てください。
また本書を代行業者等の第三者に依頼してスキャンやデジタル化することは、たとえ個人や家庭内での利用であっても一切認められておりません。

ISBN 978-4-335-31513-8

オンブズマン法〔新版〕《行政法研究双書1》	園部 逸夫／枝根 茂
土地政策と法《行政法研究双書2》	成田 頼明
現代型訴訟と行政裁量《行政法研究双書3》	高橋 滋
行政判例の役割《行政法研究双書4》	原田 尚彦
行政争訟と行政法学〔増補版〕《行政法研究双書5》	宮崎 良夫
環境管理の制度と実態《行政法研究双書6》	北村 喜宣
現代行政の行為形式論《行政法研究双書7》	大橋 洋一
行政組織の法理論《行政法研究双書8》	稲葉 馨
技術基準と行政手続《行政法研究双書9》	髙木 光
行政とマルチメディアの法理論《行政法研究双書10》	多賀谷一照
政策法学の基本指針《行政法研究双書11》	阿部 泰隆
情報公開法制《行政法研究双書12》	藤原 静雄
行政手続・情報公開《行政法研究双書13》	宇賀 克也
対話型行政法学の創造《行政法研究双書14》	大橋 洋一
日本銀行の法的性格《行政法研究双書15》	塩野 宏監修
行政訴訟改革《行政法研究双書16》	橋本 博之
公益と行政裁量《行政法研究双書17》	亘理 格
行政訴訟要件論《行政法研究双書18》	阿部 泰隆
分権改革と条例《行政法研究双書19》	北村 喜宣
行政紛争解決の現代的構造《行政法研究双書20》	大橋真由美
職権訴訟参加の法理《行政法研究双書21》	新山 一雄
パブリック・コメントと参加権《行政法研究双書22》	常岡 孝好
行政法学と公権力の観念《行政法研究双書23》	岡田 雅夫
アメリカ行政訴訟の対象《行政法研究双書24》	越智 敏裕
行政判例と仕組み解釈《行政法研究双書25》	橋本 博之
違法是正と判決効《行政法研究双書26》	興津 征雄
学問・試験と行政法学《行政法研究双書27》	徳本 広孝
国の不法行為責任と公権力の概念史《行政法研究双書28》	岡田 正則
保障行政の法理論《行政法研究双書29》	板垣 勝彦
公共制度設計の基礎理論《行政法研究双書30》	原田 大樹
国家賠償責任の再構成《行政法研究双書31》	小幡 純子
義務付け訴訟の機能《行政法研究双書32》	横田 明美
公務員制度の法理論《行政法研究双書33》	下井 康史
行政上の処罰概念と法治国家《行政法研究双書34》	田中 良弘
行政上の主体と行政法《行政法研究双書35》	北島 周作
法治国原理と公法学の課題《行政法研究双書36》	仲野 武志
法治行政論《行政法研究双書37》	髙木 光
行政調査の法的統制《行政法研究双書38》	曽和 俊文